Research on
the Loan Contract System of
Reverse Mortgage

Centering on the Protection of
the Borrower's Rights and Interests

反向抵押借款合同制度研究

——以借款人权益保护为中心

徐海勇 著

法律出版社
LAW PRESS·CHINA
—— 北京 ——

图书在版编目（CIP）数据

反向抵押借款合同制度研究：以借款人权益保护为中心 / 徐海勇著. -- 北京：法律出版社，2022

ISBN 978－7－5197－7089－1

Ⅰ. ①反… Ⅱ. ①徐… Ⅲ. ①房地产抵押贷款—经济合同—经济纠纷—研究—中国 Ⅳ. ①D923.64

中国版本图书馆 CIP 数据核字（2022）第 173917 号

反向抵押借款合同制度研究
——以借款人权益保护为中心
FANXIANG DIYA JIEKUAN HETONG ZHIDU YANJIU
—YI JIEKUANREN QUANYI BAOHU WEI ZHONGXIN

徐海勇 著

责任编辑 谢清平
装帧设计 李 瞻

出版发行 法律出版社
编辑统筹 法律应用出版分社
责任校对 晁明慧
责任印制 刘晓伟
经　　销 新华书店

开本 A5
印张 12.625　**字数** 313 千
版本 2022 年 12 月第 1 版
印次 2022 年 12 月第 1 次印刷
印刷 北京虎彩文化传播有限公司

地址：北京市丰台区莲花池西里 7 号（100073）
网址：www.lawpress.com.cn
投稿邮箱：info@lawpress.com.cn
举报盗版邮箱：jbwq@lawpress.com.cn
销售电话：010－83938349
客服电话：010－83938350
咨询电话：010－63939796

书号：ISBN 978－7－5197－7089－1　**定价**：52.00 元
凡购买本社图书，如有印装错误，我社负责退换。电话：010－83938349

序　言

如何解决人口老龄化带来的养老资金来源问题，是政府、社会，尤其是“房产富有、现金贫困”的老年人所面临的紧迫难题。住房反向抵押借款合同制度有机结合了个人、市场和国家三方的资源。在确保老年人仍然享有房屋所有权，有生之年可以继续占有、使用房屋，直至身故的前提下，反向抵押借款合同制度可以把固化在房屋中的价值转化为老年人可以任意支配的现金收入，解决老年人由于劳动能力下降或者丧失，收入减少而导致的生活质量下降，以及紧急情况下大额费用支出。这不失是一项较为理想的法律制度。

2014 年 6 月，中国保监会出台了《关于开展老年人住房反向抵押养老保险试点的指导意见》，决定在北京、上海、广州、武汉等地开展老年人住房反向抵押养老保险试点工作。此后，中国保监会先后批准了幸福人寿保险股份有限公司、中国人民人寿保险股份有限公司在国内部分城市开展住房反向抵押养老保险试点工作。2018 年 7 月，中国银保监会发布了《关于扩大老年人住房反向抵押养老保险开展范围的通知》，提出要深化商业养老保险供给侧结构性改革，在全国范围内开展住房反向抵押养老保险工作。但是，与政府大力支持反向抵押养老保险试点工作，保险公司积极宣传住房反向抵押养老保险产品形成鲜明对比的是,市场对这两款反向抵押养老保险产品的反应颇为冷淡。上述两家保险公司开办的住房反向抵押养老保险成交数量极少。我国住房反向抵押养老保险的市场现状与发展前景,令人堪忧。相关理论研究尚需深化,制度设计有待完善。

自20世纪90年代起,我国学者开始对"以房养老"和反向抵押制度的概念、作用及运作模式等问题展开理论探讨。目前,国内学者主要从经济学方面,研究住房反向抵押的国内发展环境、产品定价、风险管理等问题。较少有法学领域的学者从法律制度层面,全面研究反向抵押的制度设计、规范运作和风险防范,尤其是该制度中的老年借款人的权益保护等问题。反向抵押借款合同制度能成功运行,关键在于符合条件的老年人愿意积极参与,制度设计和当事人权利义务设置获得市场的认可。老年人愿意参与缔结反向抵押借款合同,除受传统观念、家庭内部意见、个人消费习惯等因素影响外,主要是反向抵押借款合同制度设计合理,老年借款人应当享有的各项实体权益与程序权益,能够得到切实保障。

本书以老年借款人权益保护为切入点,廓清了反向抵押、贷款人无追偿权等基本概念的含义。在此基础上,本书比较研究了美国住房和城市发展部承保的房屋价值转换抵押、我国台湾地区不动产逆向抵押和我国大陆反向抵押养老保险相关的法律、法规与司法判例。本书较为深入地研究了反向抵押借款合同的制度起源与发展、性质与特征、结构与分类等基本问题;较为深入地研究了老年借款人在反向抵押借款合同制度中享有的各项实体权益与程序权益;较为深入地研究了反向抵押借款合同制度蕴含的各类风险,以及如何通过合同条款与保险机制,妥善分散和化解这些风险等问题。最后,本书为我国反向抵押养老保险制度的完善,以及重构我国的反向抵押借款合同制度提出了一些合理化建议。相信本书的出版,会为经济学、法学等领域的学者继续深入研究反向抵押借款合同制度提供可借鉴的素材和思路。

徐海勇博士是我指导的博士生。读博之前,他一直在家乡的中级人民法院工作,先后从事刑事审判和民事审判工作多年。法院的审判经历锻炼了他发现问题、分析问题和解决问题的能力。读博期间,他坚信勤能补拙,围绕审判中遇到的问题展开理论研究,并取得一定成绩。他敏锐地发现在人口老龄化时代,反向抵押借款合同在解决“房产富有、现金贫困”的老年人养老资金来源问题上具有制度优势,并以反向抵押借款合同制度为题,开始了博士学位论文的写作。博士毕业后,他到地方高校任教,兼职从事律师工作,把多年的理论学习与实践相结合,学以致用。他持续关注反向抵押借款合同制度在国内外的最新发展动态,本书的内容就是在其博士学位论文的基础上,结合《中华人民共和国民法典》新的立法精神和反向抵押制度的最新研究成果,全面修订而成。值本书出版之际,作为他的博士生导师,我乐意为之作序。希望徐海勇博士能把民法理论运用于社会实践,再从实践中总结经验,推动民法理论研究工作的开展,并取得好的成绩!

二〇二二年九月二十日

目　　录

第一章 导 论

一、背景与意义

（一）研究背景

目前，我国已经进入人口老龄化社会，且有加速发展的趋势。[1] 2000 年第五次全国人口普查数据显示，我国 60 岁以上人口达 1.3 亿人，占总人口的 10.3%，65 岁以上人口为 8811 万人，占总人口的 7%；2010 年第六次全国人口普查数据显示，我国大陆（除港、澳、台）人口 13.39 亿人，60 岁以上人口为 1.78 亿人，占总人口的 13.3%，65 岁及以上人口为 1.19 亿人，占总人口的 8.9%，分别比 2000 年上升了 3 个百分点和 1.9 个百分点。[2] 2020 年第七次全国人口普查数据显示，全国人口共 141,178 万人，60 岁及以上人口为 26,402 万人，占总人口的 18.7%，65 岁及以上人口为 19,064 万人，占总人口的 13.5%；与 2010 年相比，60 岁及以上人口的比重上升 5.4 个百分点，65 岁及以上人口的比重上升 4.6 个百分点；我国人口老龄化程度进

---

〔1〕 1956 年联合国提出，以 65 岁以上人口占总人口的 7% 作为老龄社会的标准；1982 年"世界老龄问题大会"提出，以 60 岁以上老年人占总人口比例在 10% 以上作为老龄社会的标准。

〔2〕 参见姜向群、杜鹏主编：《中国人口老龄化和老龄事业发展报告》，中国人民大学出版社 2013 年版，第 1～2 页。

一步加深,面临着人口均衡发展的持续压力。[1]

老年人颐养天年虽然是其应得的生命待遇,但也使他们暴露在生存危险之中。生存何以是危险,值得深思。危险的构成要素包括两个方面:一是不确定性;二是损失性。生存危险,就像死亡危险,是一项因生存所致生计费用的损失,而这项损失具有不确定性。[2] 申言之,生存危险,也称生存风险,是指因生存而导致对生活费用的投入具有不确定性。这种不确定性源于三个方面:一是寿命长短的不确定性,即人的寿命无法预计;二是生存负担水平的不确定性,即人在有生之年需要多少生存资源是一个未知数;三是对于普通人而言,其生存费用负担能力的不确定性,除非常富有的人外,每个人仅有有限的、负担自己生存费用的能力。[3] 对老年人而言,其生存风险主要表现在:一是随着生活条件的改善和医疗水平的提高,老年人的平均寿命逐渐延长,但无法准确预测;二是可支配生活资料的有限性与物价波动,使老年人可以支配的生活资源能否满足老年生活所需具有不确定性。研究显示,随着年龄增加,老年人劳动能力减弱,个人收入来源呈现劳动收入减少、离退休金养老金和财产性收入越来越低,依靠家庭其他成员供养、最低生活保障金和其他收入比例越来越高的趋势。如表 1.1 所示。[4]

---

[1] 参见国务院第七次全国人口普查领导小组副组长、国家统计局局长宁吉喆:《第七次全国人口普查主要数据情况》,载国家统计局网,http://www.stats.gov.cn/xxgk/sjfb/zxfb2020/202105/t20210511_1817195.html。

[2] 参见方明川:《商业年金保险理论与实务》,首都经济贸易大学出版社 2000 年版,第 6 页。

[3] 参见庹国柱、方明川主编:《年金保险》,北京大学出版社 2010 年版,第 4 页。严格说,风险的内涵大于危险,风险包含了危险。危险是指不会带来利得而只能带来损失的不确定性,一般指的是纯粹风险。风险是一种随机事件发生结果的不确定性状态,该状态有可能会有利得,此时的风险就是投机性风险,有时也可能有利损,此时的风险就是纯粹性风险。

[4] 参见姜向群、杜鹏主编:《中国人口老龄化和老龄事业发展报告》,中国人民大学出版社 2013 年版,第 25~26 页。2005 年的数据源于当年全国 1% 人口抽样调查数据;2010 年数据来源于《中国 2010 年第六次全国人口普查资料》。

表 1.1 老年人收入来源的年龄差异对比

单位:%

项目	2010 年				2005 年			
	60～69 岁	70～79 岁	80～89 岁	90 岁以上	60～69 岁	70～79 岁	80～89 岁	90 岁以上
劳动收入	42.6	14.8	3.5	2.9	40.9	14.3	2.8	1.2
离退休金养老金	23.8	25.9	21.1	14.2	22.7	21.9	15.4	9.5
最低生活保障金	2.8	5.1	6.0	6.9	1.3	2.2	2.7	2.3
财产性收入	0.4	0.3	0.2	0.2	0.3	0.3	0.3	0.2
家庭成员供养	28.8	51.9	67.1	73.6	33.2	59.3	76.7	84.4
其他	1.7	2.0	2.1	2.2	1.5	2.1	2.2	2.4
合计	100	100	100	100	100	100	100	100

在人口老龄化加速发展的同时,20 多年来,我国房地产业获得了前所未有的发展。1998 年国务院下发《关于进一步深化城镇住房制度改革加快住房建设的通知》以来,中国城镇化过程加速推进,城镇购房人口数量快速增加、家庭规模小型化与城镇居民收入快速增长,这些都成为推动中国城市房地产市场快速发展的主要原因。无论将来房地产市场发展趋势如何,以下两个问题具有确定性:一方面,2010 年第六次全国人口普查住房统计数据显示,全国城市居民住房平均自有率已经达到 74.2%,较 20 世纪 70 年代末的 10% 左右的住房自有率上升了 64 个百分点。[1] 另一方面,买房者投入房屋上的资金转化为有形的固定资产,成为真正的“不动产”——一种不能流动,

〔1〕 参见余秋梅、孙伟增、郑思齐:《住房自有率与经济发展水平——基于中国 31 个省和地区的经验分析》,载《中国房地产》2014 年第 14 期。

不能带来收入的资产。[1] 而今，相当多的购房者未富先老。虽然他们拥有价值数十万元，甚至数百万元的房产，却没有充裕的现金应对通货膨胀背景下日益增长的生活支出，更难以改善和提高生活质量。

中国传统社会是一个乡土社会，而乡土社会是安土重迁的，是生于斯、长于斯、死于斯的社会。[2] 安土重迁、终老故宅的传统观念使很多老年人宁可安守贫困，也不愿把房屋出卖变现，搬到养老机构养老。与我国情况相同的是，美国退休者协会（American Association of Retired Persons，AARP）进行的一项民意测验表明，在55岁以上的老年人中，89%的老年人打算尽可能居住在自己原来的房屋中度过晚年。[3] 如何保障老年人有生之年在占有、使用房屋的情况下，把固化在房屋上的价值转化为现金收入，以解决老年人因劳动能力下降或丧失后，收入减少导致的生活质量下降，以及紧急情况下大额费用的支出难题，使老年人在保持经济独立的前提下有更多的自由选择，这不仅是社会科学领域亟须研究解决的重要课题，也是关系民生福祉和社会稳定的社会问题。

反向抵押（reverse mortgage）借款合同制度，是为解决"房产富有、现金贫困"（house rich，cash poor）的老年人"以房养老"问题而逐渐孕育、发展和完善起来的一项住房抵押借款合同制度。其运作机理是：符合年龄条件的老年人，在保有房屋所有权的前提下，通过为金融机构设定抵押权而可以终身领取借款；合同履行期间，借款余额

---

〔1〕 See Celeste M. Hammond, *Reverse Mortgage: A Financial Planning Device for the Elderly*, 1 Elder Law Journal 75 (1993).

〔2〕 参见费孝通：《乡土中国》，上海人民出版社2013年版，第48页。

〔3〕 See Warren Boroson, *The Reverse Mortgage Advantage—The Tax - Free, House - Rich Way to Retire Wealthy!*, The McGraw - Hill Companies, 2006, p.3.

逐渐增加而不是逐渐减少;[1]当老年人身故、出售房屋或合同约定的情形发生时,整个合同到期;金融机构通过法定程序行使抵押权,以房屋变现金额受偿老年人所欠的借款本金、利息及各项费用;如果房屋售价超过借款余额,差额仍归借款人所有或由其继承人继承,如果房屋售价不足以清偿全部债务,贷款人则自己承担损失。在美国房屋价值转换抵押(Home Equity Conversion Mortgage,HECM)反向抵押借款合同制度中,贷款人可以向作为抵押保险人的美国住房和城市发展部(The Department of Housing and Urban Development, HUD)请求偿还。[2]

美国是较早设立反向抵押借款合同制度的国家之一。1961 年,美国缅因州波特兰城的一家名为迪润储蓄信贷公司(Deering Savings & Loan)的金融机构,与一名中学足球教练的遗孀娜莉 · 杨(Nellie Young)女士,签订了美国历史上第一份反向抵押借款合同,当时只是为了解决娜莉 · 杨女士在丈夫身故后收入减少、生活困难而提出的临时性措施。[3] 为解决"房产富有、现金贫困"的老年人养老问题,1984 年,美国参议院着手研究由联邦住房管理局(Federal Housing Administration,FHA)介入反向抵押借款合同,由美国住房和城市发展部为反向抵押借款合同提供保险。1987 年,美国参议院通过了开展 HECM 反向抵押借款合同的试点建议。[4] 通过缔结 HECM 反

---

〔1〕 See Customer Educ. Group, *Money from Home: A Consumer's Guide to Reverse Mortgage Options*, Fannie Mae, 1996, p. ii.

〔2〕 See Vishaal B. Bhuyan eds., *Reverse Mortgages and Linked Securities: The Complete Guide to Risk, Pricing, and Regulation*, John Wiley & Sons, Inc., 2011, p. 3.

〔3〕 See Wendy Little Schieke, *The Advisability of Reverse Mortgage to Pay for Care Needs*, 47 Maryland Bar Journal 26 (2014).

〔4〕 See Peter M. Mazonas, *The History of Reverse Mortgage: An Insider's View*, in Vishaal B. Bhuyan ed., Reverse Mortgages and Linked Securities: The Complete Guide to Risk, Pricing, and Regulation, John Wiley & Sons, Inc., 2011, p. 9.

向抵押借款合同，拥有房屋产权的老年人在终身居住房屋的同时，可以把积聚于房屋上的价值转换为补充性收入，用以应对必要的生活支出。1988 年 2 月 5 日，时任美国总统里根签署了《联邦住房管理局反向抵押法案》(FHA Reverse Mortgage Bill)，确立了消费者保护的指导方针和基本程序要求。[1] 此后，HECM 反向抵押借款合同快速发展，经历了 2008 年金融危机的考验。目前，HECM 反向抵押借款合同已经占到美国各类反向抵押借款合同市场份额的 98% 以上。

随着老龄化日趋严重，其他国家和地区在借鉴美国反向抵押借款合同制度的基础上，结合自身实际情况，推出了各种形式的反向抵押借款合同。如加拿大的房屋收入计划 (Canadian Home Income Plan, CHIP) 反向抵押，澳大利亚的逆向年金抵押 (Reverse Annuity Mortgage, RAM)，新加坡职总英康保险合作社(Income Insurance Co - operative Limited)的反向抵押借款(RMs)。[2] 在大陆法系，1981 年，日本武藏野市引入该项制度，由地方自治体、信托银行及其他相关市场参与者介入，逐渐形成规模。[3] 2006 年，法国借鉴美国模式的"reverse mortgage"，在《法国消费法典》中引入"附抵押终身金贷款"制度，其所附的抵押被称为"反向抵押"(hypothèque inversée)。[4] 2013 年 2 月，我国台湾地区出台"不动产逆向抵押贷款制度试办方案"(以下简称"不动产逆向抵押试办方案")；同年 4 月，又颁布了"不动产逆向抵押贷款制度试办方案作业规定"(以下简称"不动产逆向抵押作业规定")。

---

[1] See Wendy Little Schieke, *The Advisability of Reverse Mortgage to Pay for Care Needs*, 47 Maryland Bar Journal 26 (2014).

[2] 参见范子文：《中国住房反向抵押贷款研究》，中国农业出版社 2011 年版，第 3 页。

[3] 参见潘秀菊、李智仁：《以房养老商品——反向抵押贷款制度之理论与实务》，台北，元照出版有限公司 2010 年版，第 40 ~ 45 页。

[4] 参见李世刚：《关于法国担保制度的改革》，载《政治与法律》2007 年第 3 期。

为解决人口老龄化带来的养老资金不足难题,2013 年 9 月 6 日,国务院发布了《关于加快发展养老服务业的若干意见》(以下简称《养老服务若干意见》),提出要加快养老服务行业的发展,提高老年人生活质量,保障其合法权益,促进社会和谐。《养老服务若干意见》提出的具体措施之一,就是要开展老年人住房反向抵押养老保险试点工作。为贯彻落实国务院发布的《养老服务若干意见》,2014 年 6 月 17 日,中国保监会出台了《关于开展老年人住房反向抵押养老保险试点的指导意见》(以下简称《反向抵押指导意见》),决定从 2014 年 7 月 1 日起,在北京、上海、广州、武汉四地开展为期两年的老年人住房反向抵押养老保险试点工作。2015 年 3 月 23 日,中国保监会批准了幸福人寿保险股份有限公司(以下简称幸福人寿保险公司)报送的《关于〈幸福房来宝老年人住房反向抵押养老保险(A 款)〉保险条款和保险费率审批的请示》。幸福人寿保险公司开办的《幸福房来宝老年人住房反向抵押养老保险(A 款)》(以下简称幸福反向抵押养老保险合同),成为我国第一份由人寿保险公司开办的能够发挥"以房养老"功能的反向抵押养老保险合同。2016 年 10 月,中国保监会批准了中国人民人寿保险股份有限公司(以下简称中国人民人寿保险公司)开办《人保寿险安居乐老年人住房反向抵押养老保险条款》(以下简称安居乐反向抵押养老保险合同,统称幸福反向抵押和安居乐反向抵押两款养老保险合同为反向抵押养老保险合同)。2018 年 7 月,中国银行保险监督管理委员会(以下简称中国银保监会)发布了《关于扩大老年人住房反向抵押养老保险开展范围的通知》,提出要深化商业养老保险供给侧结构性改革,在全国范围开展反向抵押养老保险。

但是,幸福反向抵押养老保险合同的推广效果并不理想。从 2015 年 3 月至 8 月,北京、上海、广州、武汉四地仅有 22 户(32 人)缔结该合同,投保人主要是孤寡、失独、空巢和无子女的家庭。[1] 截至2018年7月31日,幸福人寿保险合同在8个试点机构累计签约201单(141户),累计承保139单(99户);在北京、上海、广州、武汉四座第一批试点城市中,北京地区签约47单(30户),累计承保43单(28户)。[2] 除此之外,2016年10月中国人民人寿保险公司开始在北京、上海、天津、重庆、合肥、福州等全国29个城市试点推广安居乐反向抵押养老保险合同,是开展该项业务区域最广的保险公司;[3]历经两年多的市场推广,2019年6月,第一单安居乐反向抵押养老保险才在广州落地。[4]

纵观反向抵押借款合同制度的发展历程,该制度从无到有,从临时性合同安排到形成规范化法律制度,从在个别国家、地区试办试行到多个国家、地区相互借鉴发展,既是社会发展的客观需要,也是各个国家和地区在人口老龄化背景下解决养老资金来源问题的积极选择。反向抵押借款合同制度能否成功运行,关键在于能否保障老年人合同缔结前、履行期间和履行终结时的各项正当性权益,解除其后顾之忧的同时,又能妥善防范、分散与化解合同履行过程中的各类风险,保障贷款人的正当利益。这正是本书以借款人权益保护为视角,研究反向抵押借款合同制度的目的所在。

---

[1] 参见幸福人寿保险公司:《部分失独老人尝试幸福人寿"以房养老"》,载幸福人寿保险公司网2015年9月6日,http://www.happyinsurance.com.cn/Info/226185。

[2] 参见王潇燕:《试点4年承保不足百户"以房养老"缘何频频遇冷》,载新浪网,http://finance.sina.com.cn/consume/xiaofei/2018-08-20/doc-ihhxaafz3054177.shtml。

[3] 中国人民人寿保险公司:《中国人保寿险开启居家养老新模式推出安居乐老年人住房反向抵押养老保险》,载中国人民人寿保险公司网,https://www.picclife.com/picclifewebsite/webfile/cmpTender/2019-04-02/8a07e6956e1c63e8016e263280af0762.html。

[4] 参见中国人民人寿保险公司:《人保寿险首单老年人住房反向抵押养老保险落地广州》,载中国人民人寿保险公司网,https://www.picclife.com/picclifewebsite/webfile/cmpTender/2019-06-12/8a07e6956e1c63e8016e263b1bb70793.html。

(二)研究意义

近年来,通货膨胀与物价上涨,给低收入老年人维持、提高生活质量带来了持续的、较大的经济压力。在上述社会问题与国家政策背景下,研究反向抵押借款合同制度具有重要的理论意义和现实意义。

首先,反向抵押借款合同的借款人是老年人。他们是消费者群体中处于最弱势地位的一个群体。反向抵押借款合同的外在形式与传统住房抵押借款合同(以下简称传统抵押借款合同)相近,但是,反向抵押借款合同又与传统抵押借款合同存在诸多不同之处。为此,HECM反向抵押借款合同制度中设有准借款人(prospective borrower)缔结合同前的前置性强制咨询程序,保护老年人缔结合同前的知情权;同时,赋予借款人多种借款领取方式的选择权与变更权,并限制借款人使用借款的用途,较好地保护了借款人的实体性和程序性权益。这些保护借款人权益的特殊规定是传统抵押借款合同制度中所没有的。研究反向抵押借款合同制度中借款人权益保护措施与理论基础,对于发现我国反向抵押养老保险合同制度的不足,提出相应的完善措施,具有重要意义。

其次,老年人可以终身在房屋中居住,对超出房屋价值部分的债权,贷款人无权向老年人及其继承人追偿,这是美国和其他多数国家、地区开办反向抵押借款合同制度的特点,也是吸引老年人缔结反向抵押借款合同的关键。然而,贷款人对超出房屋价值的债权无追偿权(non-recourse)的含义是什么?反向抵押借款合同到期后,如果借款余额(债务总额)超过抵押房屋的现值,而借款人或其继承人想要保留房屋所有权,或者说行使赎回权,他(她)是否必须清偿全部借款余额,还是只需要以房屋的现值或变现金额为限,清偿债务?此外,夫妻一方缔结反向抵押借款合同时,如何保障“未参与借款的配偶”(non - borrowing spouse)对房屋的使用权?如果缔结合同的一方配偶身故,仍然健在的另一方“未参与借款的配偶”,是否必须清偿借款余额才能继续在房屋中居住,否则即面临被迫搬离房屋的风险?中国保监会在《〈关于开展老年人住房反向抵押养老保险试点的指导意见〉答记者问》(以下简称《〈反向抵押指导意见〉答记者问》)中指出:如果房产处置所得不足以偿付保险公司已支付的养老保险相关费用,保险公司将承担房价不足的风险,不再向老年人的家属追偿。幸福人寿保险公司、中国人民人寿保险公司,分别在反向抵押养老保险合同中约定:作为被保险人的老年人受到保险人无追偿权的保障,被保险人身故后,若处分抵押房屋所得不足以偿付养老保险相关费用,不足部分由保险公司自行承担,不再向被保险人的继承人追偿。[1] 反向抵押养老保险合同中老年人及其继承人受保险人无追偿权保障,其含义是否与反向抵押借款合同中贷款人无追偿权的含义相同?对于这些问题进行理论研究和探索,对于我国顺利开展和进一步完善反向抵押养老保险合同制度都具有重要的借鉴意义。

再次,反向抵押借款合同的履行期间通常为几年或者几十年,贷款人与借款人都面临着各种不确定的风险。贷款人面临的风险有借款人长寿风险、利率波动风险、房屋贬值与价格波动风险;借款人面临的主要是贷款人违约风险。在 HECM 反向抵押借款合同中,一方面,HECM 反向抵押借款合同通过条款设置,尽可能分散合同履行过程中的借款人长寿风险与利率波动风险;另一方面,HECM 反向抵押借款合同制度中设有抵押保险,由美国住房和城市发展部承保剩余

---

〔1〕 参见《幸福房来宝老年人住房反向抵押养老保险(A 款)》第 8.1 条,《人保寿险安居乐老年人住房反向抵押养老保险条款》第 5.3 条。

部分的借款人长寿、房屋贬值与价格波动及贷款人违约风险。这些措施有效防范和化解了 HECM 反向抵押借款合同履行过程中的各种风险。我国幸福反向抵押养老保险合同中设有延期年金保险合同,承保了合同履行过程中的老年人长寿风险。但是,对于可能发生的房屋贬值与价格波动风险,尚缺乏有效的防范机制。研究 HECM 反向抵押借款合同制度中的这些风险分散与保险机制,对于分析我国反向抵押养老保险合同中存在的不足,提出进一步的完善措施具有重要意义。

最后,反向抵押借款合同与反向抵押养老保险合同内在结构复杂,权利义务关联性强,不易理解。实践中,已经发生多起借"以房养老"之名兜售理财产品,非法侵占老年人房产的案例。针对司法实践中别有用心之人借"以房养老"的名义欺骗老年人,以达到非法侵占老年人房产目的的现象,最高人民法院法官表示,人民法院在审理相关案件中应注重甄别,对不法行为加大打击力度,通过依法确认合同无效等方式维护老年人合法权益,切实保障老年人享受国家政策红利,避免陷入"套路贷"陷阱,实现老年人老有所养、住有所居。[1] 在充分发挥反向抵押借款合同制度"以房养老"功能的同时,如何避免该制度被人利用,避免其成为欺骗、压榨老年人的工具,是政府部门和科研人员面临的一项重要课题。

反向抵押借款合同制度有机结合了个人、市场和国家三方资源,是人口老龄化时代解决养老资金来源难题的一项具有长期性、广泛适用性的制度。从实践层面来看,研究反向抵押借款合同制度,促使该制度结构设计更加合理,各方当事人的权利、义务配置更加妥当,

---

〔1〕 参见孙瀰清:《首次发布! 以司法案例引导老年人权益保护——最高法发布老年人权益保护十大典型案例》,载最高人民法院网 2021 年 2 月 24 日,http://www.court.gov.cn/zixun-xiangqing-287741.html。

对于提高老年人晚年生活质量,完善社会养老保障体系,促进国民经济增长都具有重要的现实意义。

首先,研究反向抵押借款合同制度,对于保障和提高"房产富有、现金贫困"的老年人晚年生活质量具有重要意义。设立反向抵押借款合同制度的目的,就是通过为金融机构设定抵押权,担保老年人可以按期领取借款,以维持和提高生活质量。研究反向抵押借款合同制度,有助于进一步完善我国反向抵押养老保险合同制度,保障老年人享有的各项实体性和程序性权益,增强老年人参与该类合同的意愿,提高老年人的经济消费能力,提高老年人生命周期内的生活质量。

其次,研究反向抵押借款合同制度,对于进一步完善我国社会养老保障体系具有重要意义。目前,我国的社会养老保障制度,主要是退休职工养老金制度和城乡居民最低生活保障制度。对于不符合这两项社会养老保障制度规定的条件,或者虽然符合条件,但仍有"以房养老"需求的老年人而言,反向抵押借款合同是一项较为妥当的选择。研究反向抵押借款合同制度,对于充分发挥该制度的"以房养老"功能,促使其成为我国社会养老保障体系的有益补充,具有重要意义。

最后,研究反向抵押借款合同制度,对于鼓励居民消费,促进国民经济增长具有重要意义。通过研究反向抵押借款合同制度,尤其是研究借款人权益保护措施,可以有效保障老年人在签订、履行反向抵押养老保险过程中享有的各项权益,解除老年人晚年生活资金方面的后顾之忧,改变老年人传统的消费习惯,促进老年人把固化在房屋上的财产价值转化为可支配的现金流,从而扩大社会整体的现金流通总量,增加消费性支出,推动国民经济的增长。

二、研究现状

（一）国外研究现状

整体而言，美国学者对反向抵押借款合同制度研究较多，对保护借款人权益措施的研究较为深入。同时，《美国法典》（United States Code）、《美国联邦条例》（Code of Federal Regulations，以下简称《联邦条例》）、美国住房和城市发展部颁布的抵押权人信件（Mortgagee Letter）以及各州法律，对反向抵押借款合同设有详尽、可操作性的规范，保障了美国反向抵押借款合同制度的顺畅运行。

多罗西·科姆比（Dorothy E. Cumby）研究了房屋价值转换抵押的几种方案，主要是反向年金抵押（Reverse Annuity Mortgages）合同的几种形式，对比分析了反向年金抵押与售后返租（the Sale - lease-back）和价值分割合同（the Split Equity Contract），并就联邦法律中附加保障收入计划（the Supplemental Security Income Program，SSI）、联邦收入税（Federal Income Tax）等制度可能对反向年金抵押借款人产生的不利影响进行了分析。[1] 房利美（Fannie Mae）公司介绍了美国房屋持有人抵押（Home Keeper Mortgage）和HECM反向抵押借款合同在借款人资格要求、可借款金额、借款领取方式、利率确定、费用支付、借款到期条件及偿还借款方式等方面的共性与差异，指导借款人对自己的财务状况、融资目的、资金需求进行评估，选择适合自己的融资方式。[2] 莱斯利·R. 莫斯（Leslie R. Ramos）指出：一些贷款人经常采用误导和不法手段欺诈准借款人，包括不告知顾客享有的

---

〔1〕 See Dorothy E. Cumby, *Effects of Legislation on the Reverse Annuity Mortgages as a Means of Home Equity Conversion*, 13 Fordham Urban Law Journal 869(1985).

〔2〕 See Customer Educ. Group, *Money from Home: A Consumer's Guide to Reverse Mortgage Options*, Fannie Mae, 1996.

选择权，暗示必须用借款购买年金等；《诚信借款法案》(the Truth in Lending Act)、加利福尼亚州《民法典》、加利福尼亚州《保险法》等法律，在保护消费者的知情权、选择权等方面已经作出具体规定。[1] 维多利亚·道森(Victoria C. Dawson)研究认为，根据现有的抵押保险法律和普通法，反向抵押借款中的经纪人、咨询员和贷款人对老年人负有受信义务(Fiduciary Duties，或称信托责任)。[2]

2007年12月12日，美国老龄特别委员会(Special Committee on Aging)指出：HECM反向抵押借款合同制度发展良好，已使40万老年人从中获益，对于开办费和保险费仍有进一步下降的空间；从目前所收保费来看，完全可以承保其中风险而不必动用财政资金；对于向借款人出售保险年金的做法，无异于对老年人开出了两剂药方，只是增加了老年人的经济负担，这是应当禁止的行为。[3] 梅根·加洛韦(Meghan Galloway)、理查德·坎特(Richard Kantor)研究认为：通过对比现在与之前缔结反向抵押借款合同的借款人情况，2008年之后，很多借款人不再把HECM反向抵押借款作为退休后增加收入、补充支出不足的方法，而是作为一种不用每月偿还借款的再融资手段；有70%的借款人选择固定利率的计息模式，部分借款人有较高的预付现金需求，以偿付现存的抵押借款；这些变化，与HECM反向抵

---

[1] See Leslie R. Ramos, *Chapter 202: California Provides Further Protection for Seniors Contemplating Reverse Mortgage Loans*, 38 McGeorge Law Review 45 (2007).

[2] See Victoria C. Dawson, *Reverse Mortgage Facilitators Harvesting Benefits While Escaping Fiduciary Duties: Who's Really Looking out for Whom?*, 10 Fla. St. U. Business Review 117 (2011).

[3] See U. S. Government Printing Office, *Reverse Mortgage: Polishing not Tarnishing the Golden Years*, *Hearing before the Special Committee on Aging*, in Gerald H. Redstone ed., Financial Institutions and Services Series: Reverse Mortgages, Nova Science Publishers, Inc., 2010.

押借款合同制度的设计目的不尽一致，增加了借款人的风险。[1]

（二）国内研究现状

20世纪90年代，我国学者开始对"以房养老"和反向抵押借款合同制度的概念、作用及运作模式进行探讨。曾祥瑞、胡江涛比较了传统住房抵押借款与住房逆向抵押借款的区别。[2] 孟晓苏提出，由从事寿险业务的保险机构为主导，开办"抵押房产、领取年金"的反向抵押借款模式，把老年人拥有的房屋价值化整为零，使他们生前就可以提前利用房屋的交换价值。[3] 柴效武分析了中国推行"以房养老"的必要性和迫切性，从中国自有住房的状况分析了"以房养老"的可行性，分析了"以房养老"中的代际关系，"以房养老"对传统观念的挑战。[4] 李建伟介绍了美国、加拿大、新加坡、澳大利亚开展反向抵押借款的发展模式，着重介绍了住房反向抵押借款制度的基本结构。[5] 范子文阐述了住房反向抵押贷款的概念及理论，研究了美国、英国、新加坡、法国、日本、加拿大等国外开展住房反向抵押贷款的发展规律，对住房反向抵押贷款需求进行了实证分析，对其产品定价、风险管理、实施的制度框架也进行了分析。[6]

柴效武、孟晓苏认为，反向抵押贷款这种金融创新产品，利用人的自然生命和住房使用寿命的差异，把老人去世后住房的余值提前贴现，用以弥补养老期间的收入来源，使人们的财富能够在其一生中

---

〔1〕 See Meghan Galloway & Richard Kantor eds., *Reverse Mortgages: Elements, Considerations and Market Developments*, Nova Science Publishers, Inc., 2013.

〔2〕 参见曾祥瑞、胡江涛：《住房逆抵押贷款研究》，载《中国房地产》1995年第6期。

〔3〕 参见孟晓苏：《论建立反向抵押贷款的寿险服务》，载《保险研究》2002年第12期。

〔4〕 参见柴效武：《以房养老理念》，浙江大学出版社2008年版。

〔5〕 参见李建伟：《住房反向抵押贷款制度研究》，载刘云生主编：《中国不动产法研究》第2卷，法律出版社2007年版。

〔6〕 参见范子文：《中国住房反向抵押贷款研究》，中国农业出版社2011年版。

得到尽可能合理的配置,使房屋的效用达到最大化。[1] 韩再认为,反向抵押贷款的理论依据有信用风险理论、利率期限结构理论、金融市场完全性理论、保险精算原理和外部性理论,分别对有赎回权反向抵押、无赎回权反向抵押的定价模式进行了分析。[2] 鲁晓明认为,住房反向抵押具有物权性、价值性和担保性,也具有一般抵押不具备的特点,住房反向抵押中,超出住房价值的部分债权,依各国通例,债权人无权要求以债务人其他财产偿还,带有风险投资的性质;[3] 反向抵押权作为一种新型担保物权,其运行机理和实现路径异于传统物权;反向抵押权纳入《中华人民共和国民法典》(以下简称《民法典》)"物权编"既具有客观必要性,又具有现实可行性;反向抵押权制度的构建,须围绕抵押权关系中的核心要素,即主体、客体和当事人权益等问题展开。[4]

在我国台湾地区,潘秀菊、李智仁介绍了 HECM 反向抵押借款合同的法律规定、合同内容和常见问题,并对反向抵押贷款的本质与类型,反向抵押贷款与一般抵押贷款,最高信用额度式的反向抵押贷款进行了探讨。[5] 曾品杰从比较法的角度,研究了法国养老金抵押借款与我国台湾地区试行的不动产逆向抵押贷款制度,总结了不动产逆向抵押契约(以下简称不动产逆向抵押借款合同)的 7 项特色。[6]

---

[1] 参见柴效武、孟晓苏:《反向抵押贷款》,人民出版社 2009 年版。

[2] 参见韩再:《住房反向抵押贷款运作机制》,中国金融出版社 2014 年版。

[3] 参见鲁晓明:《解构住房反向抵押——一种新型抵押模式的解读与建构》,载《西南政法大学学报》2006 年第 4 期。

[4] 参见鲁晓明:《论反向抵押权制度在〈民法典〉物权编之建构》,载《清华法学》2018 年第 5 期。

[5] 参见潘秀菊、李智仁:《以房养老商品——反向抵押贷款制度之理论与实务》,台北,元照出版有限公司 2010 年版。

[6] 参见曾品杰:《论以房养老契约——以我国不动产逆向抵押贷款制度为中心》,载《月旦法学杂志》2014 年第 7 期。

苏永钦从物权的自由化角度,分析了创设"以房养老"限制物权——分管契约物权化——的可行性。[1]

比较而言,美国学者对反向抵押借款合同制度的研究较为具体,已经深入到保护借款人实体权益和程序权益的多个方面。在制度设计方面,HECM 反向抵押借款合同条款设置较为合理,制度设计更为严谨,且经受住了 2008 年金融危机的冲击。我国学者对于反向抵押借款合同制度的研究,有以下三个方面的特点:第一,研究工作主要由经济学领域的学者承担,法学领域参与研究反向抵押借款合同制度的学者较少。第二,目前的研究内容,侧重于宏观制度设计层面,如范子文的《中国住房反向抵押贷款制度研究》,柴效武、孟晓苏的《反向抵押贷款制度》等。研究内容主要是介绍国外相关制度、国内发展环境、产品定价、风险管理、养老理念等问题,很少有学者从具有可操作性的法律制度层面,尤其是从借款人与贷款人的权利、义务设置层面,深入研究反向抵押借款合同制度与《民法典》"物权编""合同编"的具体制度,以及与我国保险法律制度的衔接问题。第三,国内研究工作主要是从贷款人、保险人等金融机构的角度开展。学者多是基于金融机构、金融工作者的立场,研究反向抵押借款合同制度、反向抵押养老保险合同制度在我国的可行性、必要性及运作模式等问题。

---

〔1〕 参见苏永钦:《从以房养老看物权的自由化——再谈民法作为自治与管制的工具》,载龙卫球、王文杰主编:《两岸民商法前沿:社会变迁与民商法发展》第 3 辑,中国法制出版社 2015 年版;苏永钦:《从以房养老谈几个民法观念》,载《月旦裁判时报》2015 年第 1 期。

三、研究的范围与方法

(一)研究范围

目前,美国、英国、法国、加拿大、新加坡、我国台湾地区等国家和地区,通过制定相应的法律规范,或通过法院判例,或通过监督金融机构制定格式合同的方式,确立了各自的反向抵押借款合同制度。无论各个国家、地区对这种借款合同模式如何命名,因其均具有资金流向与传统抵押借款合同相反的特征,所以都可以称为反向抵押借款合同。反向抵押借款合同制度在各个国家、地区发展的程度也不尽相同。其中,美国住房和城市发展部承保的HECM反向抵押借款合同,相应的法律规范较为完善,制度运行良好。本书将HECM反向抵押借款合同与不动产逆向抵押借款合同、幸福反向抵押养老保险合同进行对比研究,比较三者在制度结构设计、运行机制、分散与化解风险机制、借款人权益保护等方面的共性与差异。

反向抵押借款合同制度能否成功运行,关键在于符合条件的老年人是否愿意积极参与,制度设计和当事人权利义务设置是否获得市场的认可。老年人是否愿意参与缔结反向抵押借款合同,除受传统观念、家庭内部意见、个人消费习惯等因素影响外,主要是在反向抵押借款合同中,老年借款人的各项实体权益与程序权益能够得到切实保障。通常情况下,反向抵押借款合同由借款合同和反向抵押合同组成。在HECM反向抵押借款合同制度中,另设有抵押保险合同。在幸福反向抵押养老保险合同中,设有延期年金保险合同。本书主要从借款人权益保护角度研究反向抵押借款合同。借款人享有的权益,包括借款人在借款合同中享有的权益,如借款人的知情权、借款领取方式选择权与变更权,以及限制借款人用借款项购买年金保险的措施等;也包括借款人在反向抵押合同中享有的权益,如借款人及其配偶的房屋使用权、赎回权等;还包括借款人在抵押保险合同、延期年金保险合同中享有的不受追偿的权利、按期领取借款的权利等。为表述统一,本书称 HECM 反向抵押借款合同中的借款合同为 HECM 借款合同,反向抵押合同为 HECM 抵押合同,抵押保险合同的称谓不变。本书称不动产逆向抵押借款合同中的借款合同为逆向借款合同,反向抵押合同为逆向抵押合同。本书称幸福反向抵押养老保险合同中的借款合同为养老借款合同,反向抵押合同为养老抵押合同,延期年金保险合同的称谓保持不变。

(二)研究方法

(1)语义分析的方法。研究反向抵押借款合同制度,需要通过语义分析的方法,辨明反向抵押借款合同及借款人享有的各项权利的含义,进而确定研究该类合同的对象与范围。通过对比分析反向抵押借款合同的不同概念,确定反向抵押借款合同的性质与特征。

(2)比较与比较法分析。反向抵押借款合同与传统抵押借款合同,二者有一定的相似性。通过对比研究,更利于理解反向抵押借款合同的性质、内容及特征。同时,本书主要以 HECM 反向抵押借款合同制度为研究对象,对比研究不动产逆向抵押借款合同和幸福反向抵押养老保险合同,分析三类合同在组成结构、借款人和被保险人权益设置与保护方面的共性与差异。此外,比较研究美国、我国台湾地区和我国大陆关于反向抵押制度的法律规范。

(3)定性分析与定量分析的方法。研究反向抵押借款合同及借款人权益保护,须对各类反向抵押借款合同,以及借款领取方式选择权与变更权、合同履行的中止权与终止权等程序性权利进行定性分析。同时,借款合同中借款人可借款金额、利率及费用直接关系借款人实体权益,对反向抵押借款合同进行定量分析,才能显示各种反向抵押借款合同之间的比较优势,分析出其占市场份额较大的内在原因。

(4)案例研究的方法。本书选取了美国具有代表性的司法案例,对涉及借款人及其继承人的赎回权、贷款人对超出抵押房屋变现金额部分债权无追偿权及"适格未参与借款的配偶"的房屋使用权等问题进行分析,发挥案例对理论的反馈作用。通过案例研究,为我国反向抵押养老保险合同制度提供可借鉴的经验,为制度合理设计与顺畅运行提供可操作性的建议。

小　结

在人口老龄化加速发展的背景下,如何保障老年人有生之年在占有、使用房屋的情况下,把固化在房屋上的价值转化为可任意支配的现金收入,以解决老年人在劳动能力下降或丧失后,收入减少导致的生活质量下降,以及紧急情况下大额费用的支出问题,这是社会科学领域亟须研究解决的重要课题,也是关系民生福祉和社会稳定的社会问题。反向抵押借款合同制度是为解决"房产富有、现金贫困"的老年人"以房养老"问题,而逐步孕育、发展和完善的一项住房抵押借款合同制度。中国保监会(现中国银保监会)决定,从 2014 年 7 月 1 日起,在北京、上海、广州、武汉四地开展为期两年的老年人住房反向抵押养老保险试点工作。2018 年 7 月,中国银保监会发布《关于扩大老年人住房反向抵押养老保险开展范围的通知》,提出要深化商业养老保险供给侧结构性改革,在全国范围开展反向抵押养老保险。从理论层面来看,研究其他国家和地区反向抵押借款合同制度中的风险分散与防范机制,明晰反向抵押借款合同中为保护借款人利益而设置的各项具体制度的背景、含义、操作措施和意义,对于完善我国反向抵押养老保险合同制度,进一步提高被保险人权益保护能力,建构起符合我国国情的反向抵押借款合同制度,都具有重要的借鉴意义。从现实层面来看,完善的反向抵押养老保险合同,对于保障和提高“房产富有、现金贫困”的老年人晚年生活质量,补充和完善我国现有的社会养老保障体系,鼓励居民消费、促进国民经济增长都具有重要意义。从反向抵押借款合同制度的研究现来看,美国学者对反向抵押借款合同制度研究较多,已经深入借款人权益保护的各个方面,且《美国法典》《联邦条例》和美国住房和城市发展部颁布的抵押权人信件,以及各州法律,为反向抵押借款合同制定了详尽、可操作性的规范。我国学者一般是从经济学角度、从贷款人和保险人的视角研究反向抵押借款合同的宏观制度设计,少有学者从合同结构和法律制度设计层面,从借款人权益保护角度对反向抵押借款合同制度进行系统研究。本书主要运用语义分析、比较与比较法、定性分析与定量分析和案例研究等方法,通过对比 HECM 反向抵押借款合同、不动产逆向抵押借款合同和幸福反向抵押养老保险合同,研究反向抵押借款合同制度的合同结构、蕴含风险和风险分散与保险机制,着重研究合同中借款人权益保护问题。

第二章 反向抵押借款合同制度概述

反向抵押贷款是一种特殊的融资机制，也是美国、英国、日本、澳大利亚等国家为解决“房产富有、现金贫困”的老年人养老问题而开发的一种金融商品。[1] “反向抵押”一词，不是指反向抵押借款合同中的抵押权的设定方式或行使方式与传统抵押借款合同相反，而是源于借款人与贷款人之间的借款、还款模式。在传统抵押借款合同中，借款人从获得借款后的次月开始，每月向贷款人偿还部分本金及利息；在反向抵押借款合同中，借款人可以每月领取借款，只有在借款人去世或搬离房屋时才需偿还所欠本息，两者资金流向相反，所以称为反向抵押借款合同。[2] 从经济学角度来看，反向抵押借款合同作为一种“以房养老”模式，近似于传统的家庭养老模式。在传统的家庭养老模式中，子女是一种“金融资产”；人们在青壮年时，其生产的产品消费不了，同时假定这些产品无法储存，人们就把这些消费不了的产品“投资”到孩子身上；当他们进入老年而丧失劳动能力时，养老问题由子女承担；中国传统所倡导的“孝”道，是这种家庭养老模式

---

〔1〕 参见潘秀菊、李智仁：《以房养老商品——反向抵押贷款制度之理论与实务》，台北，元照出版有限公司2010年版，第10页。

〔2〕 See Customer Educ. Group, *Money from Home*: *A Consumer's Guide to Reverse Mortgage Options*, Fannie Mae, 1996, p. ii – iii.

的道德保障。[1] 反向抵押借款，则是人们在年轻时把个人收入投资到房屋上形成固定资产，老年时把累积于房屋上的资产逐渐支取出来用以养老。反向抵押借款合同制度，是这种"以房养老"模式的制度保障。

一、反向抵押借款合同与反向抵押借款合同制度

（一）含义界定

概念乃是解决问题所必需的和必不可少的工具；没有限定的专门概念，我们便不能清楚和理智地思考法律问题。[2] 明确概念的内涵与外延，是确定研究的主题范围，进行深入研究的前提。因此，本书首先揭示反向抵押借款合同与反向抵押借款合同制度的内涵，进而确定研究的范围。

1. 反向抵押贷款与反向抵押贷款制度

汉语中，"借款"作为动词，是指向人借钱或借钱给人；作为名词，是指借用的钱。[3] "贷款"作为动词，是指银行、信用合作社（Credit Union）等机构借钱给用钱的单位或个人，一般规定利息、偿还日期；作为名词，是指贷给的款项。[4] 英文中，"loan"作为名词，被译为借贷、信贷、贷款、放款、借款，是指一方将某项财产（尤指金钱）给予另一方在一段时间内无偿或有偿使用，在规定的借用限期届满时，由借方归还借出物，并支付约定的利息或报酬；就出借方而言，为贷出或

---

〔1〕 参见袁志刚主编：《养老保险经济学》，上海人民出版社2005年版，第1页。

〔2〕 参见［美］E. 博登海默：《法理学：法律哲学与法律方法》，邓正来译，中国政法大学出版社1999年版，第486页。

〔3〕 参见中国社会科学院语言研究所词典编辑室编：《现代汉语词典》（第5版），商务印书馆2005年版，第704页。

〔4〕 同上注，第262页。

贷款，就借入方而言，为借入或借款，就整体而言，则包括贷出与借入、贷款与借款两方面；作为动词，“loan”是指借贷、信贷、贷款、借款。[1] 可见，无论是汉语还是英语，“借款”与“贷款”是分别从借款人与贷款人两个角度对同一行为或事物的指称。我国《民法典》第三编第二分编第十二章，已经把借款合同作为典型合同予以规范。本书主要从借款人权益保护角度研究反向抵押借款合同，为表述统一和便利，本书将“借款”与“贷款”统称为“借款”。

为准确理解反向抵押借款合同制度的内涵，本书从传统个人住房借款的含义出发，通过对比分析，确定反向抵押借款合同和反向抵押借款合同制度的含义。“个人住房借款，是指贷款人向借款人发放的用于购买自用普通住房的贷款。贷款人发放个人住房贷款时，借款人必须提供担保。借款人到期不能偿还本息的，贷款人有权依法处理其抵押物或质物，或由保证人承担偿还本息的连带责任。”[2] 如果借款人用借款所要购买的房屋为贷款人设定抵押权，则借款合同与抵押合同相结合，组成传统抵押借款合同。

英文“mortgage”，译为抵押、抵押权，是指债权人在债务人为担保债的履行而提供但不转移占有的财产（尤指不动产）上设定的优先受偿权；在抵押关系中，债务人称抵押人（mortgagor），债权人称抵押权人（mortgagee）。[3] 在传统抵押借款合同中，借款人是抵押人，贷款人是抵押权人。在反向抵押借款合同中，借款人是抵押人，贷款人是抵押权人。无论是传统抵押借款合同，还是反向抵押借款合同，借

〔1〕 薛波主编：《元照英美法词典》（缩印版），北京大学出版社 2013 年版，第 859 页。

〔2〕 中国人民银行 1998 年发布的《个人住房贷款管理办法》（银发〔1998〕190 号）第 2 条。根据 2011 年 1 月 5 日《中国银行业监督管理委员会关于发布银行业规章和规范性文件清理结果的公告》，《个人住房贷款管理办法》已经失效，但是，该定义对于对比研究传统抵押借款合同和反向抵押借款合同仍具有参考价值。

〔3〕 薛波主编：《元照英美法词典》（缩印版），北京大学出版社 2013 年版，第 929 页。

款人都是以其享有所有权的房屋给贷款人设定抵押权,担保贷款人债权的实现。就此而言,反向抵押借款合同与传统抵押借款合同没有区别。

“反向抵押借款合同”的称谓,没有揭示这一概念的本质,却形象地描述了这种抵押借款模式的主要特点。本书认为,除资金流向相反外,借款人订立反向抵押借款合同的动机,与传统抵押借款合同的动机也是相反的。在传统抵押借款合同中,借款人向贷款人借款的动机,是为了购买房屋。合同履行过程中,借款人以个人收入逐月清偿借款本息,最终是为了保有房屋所有权。在反向抵押借款合同中,借款人向贷款人借款的动机,仅在于获得可支配的现金收入。在多数情况下,当反向抵押借款合同到期,借款人或其继承人以抵押的房屋的变现金额偿还借款本息,最终会失去房屋所有权。

国内学者多是对反向抵押贷款与反向抵押贷款制度进行界定。有学者认为,反向抵押贷款是指一定年龄的老年人,以拥有独立产权的住房做抵押,向银行或其他金融机构贷款消费,同时保留居住权并以住房资产为限来偿还贷款的一种融资工具。[1] 也有学者认为,反向抵押贷款制度,是指拥有房产的老年人把房屋产权抵押给贷款机构,自己仍然可以终身继续使用该房屋;贷款机构对房屋进行评估,根据房屋的净值向借款人支付现金;当借款人身故或到达约定的时间,贷款机构取得被抵押房屋的所有权,对其进行处置以补偿自己的现金支出的一种金融制度。[2] 在我国台湾地区,反向抵押贷款被称为不动产逆向抵押贷款,是指高龄者就其所有不动产建筑物,给融资机构(“政府”或金融机构)设定抵押权,由融资机构评估该房地产的

---

〔1〕 参见韩再:《住房反向抵押贷款运作机制》,中国金融出版社2014年版,第32页;范子文:《中国住房反向抵押研究》,中国农业出版社2011年版,第22页。

〔2〕 参见柴效武、孟晓苏:《反向抵押贷款制度》,浙江大学出版社2008年版,第19页。

价值、贷款人[1]的预期寿命等因素,借由精算于约定的抵押期间或高龄者生存期间内,按月或按年龄给付定期金于可得居住于该抵押建筑物的高龄者,供其生活养老所需,并俟约定期限届至或高龄者身故后,始偿还本息的贷款方式。[2] 我国大陆学者把反向抵押贷款定性为借款人的融资工具,或者把反向抵押贷款制度定性为一种金融制度。我国台湾地区学者把不动产逆向抵押贷款制度定性为一种贷款方式。由于出发点不同,学者们对反向抵押贷款和反向抵押贷款制度的定性也有差异。

《美国退休者协会反向抵押州示范法》(AARP Model State Law on Reverse Mortgages)规定,反向抵押,是指一项由不动产担保的无追偿权借款:[3]

(1)该借款以借款人所有、作为其主要居住地的房屋的净值为依据,向借款人预付现金。

(2)该借款在整个借款合同到期时才需偿还本金及利息。

(3)该借款经过授权,由从事商业的银行、储蓄机构、信用合作社作为贷款人在联邦法律、州法律的范围内开办,其他经州政府授权的贷款人可以开办反向抵押业务。

美国加利福尼亚州《民法典》第1923条,对反向抵押的定义与美

---

[1] 关于借款人与贷款人的称谓,我国《民法典》与我国台湾地区"民法"的表述不一致。我国《民法典》第667条规定,借款合同是借款人向贷款人借款,到期返还借款并支付利息的合同。我国台湾地区"民法"第476条将借款人和贷款人称为借用人与贷与人。我国台湾地区"不动产逆向抵押试办方案"第9条以下、"不动产逆向抵押作业规定"第7条以下,称我国《民法典》第667条的"借款人"为"贷款人"。为避免歧义,并与我国《民法典》中的称谓保持一致,本书以下部分把我国台湾地区"民法"、"不动产逆向抵押试办方案"和"不动产逆向抵押作业规定"所称的借用人、贷款人统称为借款人。

[2] 参见曾品杰:《论以房养老契约——以我国不动产逆向抵押贷款制度为中心》,载《月旦法学杂志》2014年第7期。

[3] See Celeste M. Hammond, *Reverse Mortgage: A Financial Planning Device for the Elderly*, 1 Elder Law Journal 75 (1993).

国退休者协会的定义几乎一致。该条规定:反向抵押是一项由不动产担保的无追偿权抵押借款,它满足以下标准:[1]

(1)依据借款人作为主要居住地房屋的财产价值,向借款人预付现金。

(2)借款的本金及利息,直到借款合同到期时才须偿还。

(3)从事该类借款业务的贷款人必须是经州法律或联邦法律注册或许可。

美国《联邦条例》规定,反向抵押交易是一项无追偿权的消费者信用借款:[2]

(1)以消费者主要居住的房屋设立一项抵押、信托契约,或者经双方协商一致的担保,担保预付给消费者的现金。

(2)在下列情况下,所担保的本金、利息以及价值分享才到期:①消费者身故;②住房所有权转让;③消费者不再以该房屋为主要居住地。

《美国退休者协会反向抵押州示范法》、加利福尼亚州《民法典》和美国《联邦条例》,一方面,三者都强调反向抵押的规范属性,要求金融机构从事该项业务需经政府部门批准;另一方面,三者都规定了借款人受贷款人无追偿权保护的规则。比较我国学者、《美国退休者协会反向抵押州示范法》、加利福尼亚州《民法典》和美国《联邦条例》对反向抵押贷款和反向抵押的界定,它们有以下共同之处:第一,反向抵押借款合同是一项消费借款合同;第二,借款人以其享有所有权的房屋为贷款人设定抵押权,以获得贷款人授信;第三,在借款合同履行期间,借款人可以继续使用房屋;第四,借款人偿还借款本息,

〔1〕 See West's Annotated California Codes, Civil Code, Chapter 8. Reverse Mortgages, § 1923, Reverse Mortgage; Defining Criteria.

〔2〕 See 12 C. F. R. § 226. 33 (a).

延迟到将来发生某些特定的事实。

从法律角度分析，我国台湾地区学者对反向抵押借款合同制度的界定较为准确。第一，借款人可否以房屋价值为限偿还借款，贷款人对超出房屋变现金额的债权是否享有追偿权，要根据各个国家和地区的反向抵押借款合同制度而定。目前，多数国家和地区的反向抵押借款合同是贷款人无追偿权合同，但仍有例外。例如，新加坡职总英康保险合作社开办的反向抵押，没有设"不追讨保证"的规定；如果合同到期时债务总额比房屋价值高，贷款机构可以向借款人或其继承人追讨差额。[1] 第二，就现代抵押担保法律制度而言，无论是大陆法系还是英美法系，作为抵押权人的金融机构在行使抵押权时，除非其与抵押人协商达成一致，可以取得房屋所有权。通常情况下，抵押权人不能直接取得抵押房屋的所有权，而只能就抵押物的拍卖变现金额，优先实现借款本息和费用债权。大陆学者认为"贷款机构取得被抵押房屋的所有权"的说法，对反向抵押借款合同制度的界定并不准确。第三，反向抵押借款合同的履行期限较长，其中蕴含着借款人长寿、利率波动、房屋贬值与价格波动等诸多风险。贷款人在确定借款人可借款项数额时，需要综合房屋的价值、借款人预期寿命等因素，通过保险精算，确定借款人的可借金额。我国台湾地区学者把握住了反向抵押借款合同的这一特征。

2. 反向抵押借款合同的含义

我国《民法典》第667条规定："借款合同是借款人向贷款人借款，到期返还借款并支付利息的合同。"在借款合同中，向对方借款的一方称为借款人，出借钱款的一方称为贷款人。借款合同是转移货

---

〔1〕 参见潘秀菊、李智仁：《以房养老商品——反向抵押贷款制度之理论与实务》，台北，元照出版有限公司2010年版，第31页。

币所有权的合同。自然人与金融机构之间的借款合同,是诺成、双务、有偿合同。反向抵押借款合同作为金融机构与老年人签订的借款合同的一种,也具备借款合同的这些特征。从合同之间的关系而言,借款合同是主合同,反向抵押合同为从合同。借款人为取得贷款人授信,与贷款人订立反向抵押合同,以自有房屋为贷款人设定抵押权,作为将来偿还贷款人借款本息和费用的担保。借款合同与反向抵押合同构成主、从合同关系,反向抵押合同以借款合同的存在为前提。借款合同不成立或无效,反向抵押合同也不能有效成立。

我国台湾地区学者从"逆向"抵押借款的角度与传统抵押借款合同进行比较,认为反向抵押借款合同具有"逆向"特征,表现在以下两个方面。一方面,一般的房屋抵押借款是以房屋为抵押物,用借款购买房屋所有权;相对地,逆向房屋抵押借款系将自己居住的房屋的所有权,变现为依约定按月给付的终身定期金。另一方面,一般房屋抵押借款的借款人,应依契约于借款期间按时清偿借款,所以借款余额随着时间递增而减少,借款人届时取得房屋所有权的正常期待与日俱增;相对地,逆向房屋抵押借款,随着时间推移,按时给付定期金的款项增加,借款余额日益增多,物上担保日渐沉重,借款人在房屋上的权益自然递减。[1]

上述观点一定程度上揭示了反向抵押借款合同的"反向"特征。但是,从法律角度进行分析,尚有以下问题需要说明。第一,关于借款领取方式。在传统抵押借款合同中,贷款人一次性把借款金额付给借款人,借款人用于购买房屋。此后,借款人按期(通常是按月)偿还本金及利息。在反向抵押借款合同中,借款人按期领取借款只是

---

〔1〕 参见曾品杰:《论以房养老契约——以我国不动产逆向抵押贷款制度为中心》,载《月旦法学杂志》2014 年第 7 期。

反向抵押借款合同履行的一种形式。除此之外,随着反向抵押借款合同制度的发展,尤其是在 HECM 反向抵押借款合同中,借款人可选择的借款领取方式灵活多样,不限于按月领取。借款人既可以按期获得借款,也可以一次性领取全部借款,或根据抵押房屋的价值获得一定的信用额度,随时领取。这要根据合同约定的借款领取方式而定。第二,关于房屋权益变动的形式。在传统抵押借款合同中,借款人在签订借款合同后,用所借款项购买房屋,取得房屋的所有权,同时以所购房屋为贷款人设定抵押权,担保贷款人借款本息债权的实现。随着借款人分期偿还债务,抵押权担保的债权数额逐渐减少。在反向抵押借款合同中,借款人为生活消费支出而一次性、分期或在信用额度内从贷款人处领取借款。借款人以房屋给贷款人设定抵押权,担保借款本息债务的履行。借款人并不因此而丧失房屋的所有权,仅在最终以房屋变现金额偿还借款本息时,借款人才失去了房屋的所有权。有学者认为,反向抵押借款合同中"贷款本金和利息总额随时间延长、分期放贷而增长,债务人负债增加,自有资产不断减少"[1]。这一观点形象地从经济学角度描述了借款人在房屋中权益的变化,有一定道理。但是,从法律角度来看,反向抵押借款合同履行期间,不是借款人的"自有资产不断减少",而是借款人的负债逐渐增加,抵押权担保的债务额增加。第三,关于反向抵押借款合同的设立目的与合同结构。随着经济发展和社会变化,HECM 反向抵押借款合同又发展出两款新类型的反向抵押借款合同。一款是符合条件的老年人首付一定比例的款项,再用反向抵押借款合同的模式购买新的住房(HECM for Purchase);另一款是如果已经办理反向抵押借款合同,而合同履行期间房屋升值较高、同期借款利率下跌较多,借

---

〔1〕 参见柴效武、孟晓苏:《反向抵押贷款制度》,浙江大学出版社 2008 年版,第 20 页。

款人只需补足房屋最新的评估价格与房屋原来的评估价格之间的首笔抵押保险费的差额,即可以房屋再次办理反向抵押借款合同,以房屋再次融资(HECM Refinance)。[1] 这两款合同与反向抵押借款合同的最初设置目的和合同结构又有不同。但无论形式如何变化,学者们依"资金流向与传统抵押借款合同相反"这一标准,仍称其为HECM反向抵押借款合同。

基于以上分析,借鉴我国《民法典》第667条关于借款合同的定义,本书将反向抵押借款合同定义为:符合一定条件的老年借款人,以自己享有所有权的房屋为贷款人设定抵押权,贷款人根据保险精算原则确定借款金额,在特定期限内按期向借款人支付借款,或支付至借款人身故,或按借款人选择的其他形式支付借款;当借款人转让或搬离房屋、身故或其他法定或约定条件成就时,借款人或其继承人可以清偿借款本息,以消灭抵押权,或贷款人通过法定程序实现抵押权,以房屋变现金额优先受偿借款本息及费用的合同。依此定义,HECM反向抵押借款合同、不动产逆向抵押借款合同都属于反向抵押借款合同的范畴。幸福反向抵押养老保险合同与安居乐反向抵押养老保险合同,由养老借款合同、养老抵押合同与延期年金保险合同组合而成。其中,养老借款合同、延期年金保险合同中的资金流向与传统抵押借款合同及延期年金保险合同相反,具备反向抵押借款合同的"以房养老"功能,本书也将之纳入反向抵押借款合同的研究范畴。

3. 反向抵押借款合同制度的含义与范围

反向抵押借款合同制度,是指调整金融机构与老年人签订、履行反向抵押借款合同过程中形成的权利义务关系的法律及相应规范的

---

[1] See Consumer Financial Protection Bureau, *Reverse Mortgages Report to Congress*, p. 31 – 33 (June 28, 2012), http://files.consumerfinance.gov/a/assets/documents/201206_cfpb_Reverse_Mortgage_Report.pdf.

总和。各个国家和地区关于调整借款合同与抵押合同的法律规范，以及政府部门针对反向抵押借款合同制定的指导性意见和决定，是反向抵押借款合同制度的主要内容。从规范层面来看，反向抵押借款合同是反向抵押借款合同制度的重要组成部分。当事人的所谓"私人自治"体现在私法行为的创造法律功能中；通过私法行为，人们创造调整当事人相互行为的个别规范，有时甚至是一般规范。[1] 当事人基于意思自治订立的反向抵押借款合同，对于缔结合同的当事人具有约束力。从深层意义上看，"契约或协约对于参与意思表示者有规范上的拘束力，因此，契约或者协约也是一种法源"[2]。更进一步说，当民法以私法自治作为指导原则时，实际上即对法官作成受契约拘束的命令……换言之，契约（广义）除当事人的行为法外，同时也变成了法官的裁判法。[3] 因此，除国家制定的法律规范是反向抵押借款合同制度的主要组成部分外，当事人缔结的反向抵押借款合同，形成具有法律拘束力的次级规范，也成为反向抵押借款合同制度的重要组成部分，是本书研究的主要内容。

从合同的组成结构来看，反向抵押借款合同由借款合同和反向抵押合同组成。在 HECM 反向抵押借款合同制度中，为分散与化解合同履行过程中的风险，在 HECM 借款合同、HECM 抵押合同之外，另设抵押保险合同。三类合同相互结合，组成了一个相对完整的合同制度体系，协力实现"房产富有、现金贫困"的老年人"以房养老"的目的。基于抵押保险合同对 HECM 反向抵押借款合同发挥的重要作用，本书将抵押保险合同，作为反向抵押借款合同制度的重要组成部分予以探讨。从制度的结构体系来看，在 HECM 反向抵押借款

---

[1] 参见[奥]凯尔森：《法与国家的一般理论》，沈宗灵译，商务印书馆 2014 年版，第 210 页。
[2] 参见黄茂荣：《法学方法与现代民法》，中国政法大学出版社 2001 年版，第 8 页。
[3] 参见苏永钦：《私法自治中的经济理性》，中国政法大学出版社 2004 年版，第 14 页。

合同制度中，不但包括以借款合同与抵押合同为主体的内部组成结构，还包括与抵押保险合同、财产灾害保险、抵押借款债权证券化和房屋二手交易相配合的外部结构体系。HECM 反向抵押借款合同制度的内部组成结构与外部结构体系，共同服务于 HECM 反向抵押借款合同“以房养老”的制度目的。财产灾害保险一方面承保借款人房屋所有权可能发生的危险，另一方面通过抵押权的物上代位权制度，为贷款人的债权实现提供安全保障。抵押借款债权证券化和房屋二手交易市场，是保障贷款人资金流动性与抵押房屋在二手市场顺畅流转的交易体系。在反向抵押借款合同制度的外部结构体系中，贷款人参与 HECM 反向抵押借款合同的动机被 HECM 借款证券化的二级市场所刺激[1]，“吉利美(Government National Mortgage Association, Ginnie Mae)向抵押贷款人保证，在二级市场上使他们的抵押贷款获得较好的定价”[2]。抵押借款债权证券化与抵押房屋二手交易市场的建立，使反向抵押借款合同的标的物(包括资金与房屋)融入更为广阔的市场交易系统中，保障了 HECM 反向抵押借款合同制度的良好运转。对于 HECM 反向抵押借款合同制度的外部结构体系，本书仅限于探讨与之联系紧密的抵押保险合同，对于财产灾害保险、抵押借款债权证券化和房屋二手交易组成的外部结构体系，本书不再研讨。

---

〔1〕 See Victoria C. Dawson, *Reverse Mortgage Facilitators Harvesting Benefits While Escaping Fiduciary Duties: Who's Really Looking out for Whom?*, 10 Fla. St. U. Business Review 117 (2011).

〔2〕 See New Ginnie Mae Mortgage - Backed Security Could Help Lower Cost of Reverse Mortgages for Older Americans, Ginnie Mae. Gov. (Oct. 17, 2006), Cited from Victoria C. Dawson, *Reverse Mortgage Facilitators Harvesting Benefits While Escaping Fiduciary Duties: Who's Really Looking out for Whom?*, 10 Fla. St. U. Business Review 117 (2011).

(二)反向抵押借款合同的性质

反向抵押借款合同,是金融机构与普通的老年民事主体缔结的金融消费合同,具有民事合同的性质。从事反向抵押借款合同的贷款人,是以营利为目的的金融机构,如银行、保险公司等。参与反向抵押借款合同的借款人,是达到一定年龄、拥有房屋产权的老年人。美国的房屋持有人抵押、财务自由(Financial Freedom)计划,以及我国幸福反向抵押养老保险合同,都是由金融机构与老年人签订的合同。基于反向抵押借款合同,金融机构与老年人之间形成民事法律关系,该法律关系受到民法的调整。同时,老年人是金融消费者,其权益受到消费者权益保护法的保护。从制度功能来看,反向抵押借款合同以向一定年龄的老年人提供可自由支配借款,以保障、提高老年人晚年生活质量为目的,发挥着一定的社会养老保障功能。由于政府在反向抵押借款合同中所起的作用不同,决定了反向抵押借款合同的法律性质也不尽相同。

我国的幸福反向抵押养老保险合同,由幸福人寿保险公司与符合条件的老年人签订。保险人向缔结合同的老年人支付养老保险金,老年人以享有产权的房屋为保险人设定抵押权,并最终以房屋变现金额为限,偿还积欠保险人的债务。从整个格式合同的内容审查、批准、签订、履行来看,以中国银保监会为代表的政府部门,仅作为市场交易规则的制定者和制度运行的监管者,对保险人制定的格式合同进行审批,以确保合同中各方权利、义务设置合理,保障老年人作为消费者的正当权益。政府没有以合同主体身份,参与到幸福反向抵押养老保险合同中去。尽管幸福反向抵押养老保险合同发挥着一定的社会保障功能,但该类合同仍然是普通的金融消费合同,具有民事合同的性质。

在 HECM 反向抵押借款合同中，借款人与贷款人之间设有 HECM 借款合同、HECM 抵押合同，这两份合同也属于民事合同的范畴。除此之外，美国住房和城市发展部以保险人身份与借款人（投保人、被保险人）缔结抵押保险合同，并以财政收入作为支持，承保 HECM 反向抵押借款合同履行过程中可能发生的各类风险。美国政府部门以保险人身份介入合同，使 HECM 反向抵押借款合同具有了一定的政府职能意义上的社会保障性质。普通法国家原则上不区分公法与私法，允许政府与私人缔结契约，从而把私人间缔结契约的行为方式援用到公共管理目的上来，并且采取单一模式的法律救济途径，与私人间的契约极其相似。[1] 从英美法系的角度来看，HECM 反向抵押借款合同中的抵押保险合同，可以不区分究竟属于民事合同还是行政合同的性质。但是，在不动产逆向抵押借款合同中，我国台湾地区相关部门直接以贷款人（抵押权人）身份与借款人（抵押人）签订合同，向借款人支付借款。大陆法系区分公法与私法，我国台湾地区的不动产逆向抵押借款合同，究竟是以实现一定行政目的而设立的行政合同，还是属于普通的民事合同，值得研究。

所谓行政合同，又称为行政契约、公法契约，是指行政主体为了实现特定行政目的，就特定事项得到相对人同意而签订的协议。[2] 从形式标准来看，不动产逆向抵押借款合同，由政府部门与老年人签订，具备行政合同的主体要件。从实质标准来看，我国行政法学者以“行政目的说”作为划定行政合同和民事合同的“分水岭”。[3] 我国台湾地区“不动产逆向抵押试办方案”第 1 条规定：“为协助老人将房屋及其坐落土地，转化为按月领取之现金，提供老人经济保障多一

〔1〕 参见余凌云：《行政契约论》，中国人民大学出版社 2000 年版，第 5 ~ 7 页。
〔2〕 参见胡建森、江利红：《行政法学》，中国人民大学出版社 2014 年版，第 273 页。
〔3〕 参见余凌云：《行政契约论》，中国人民大学出版社 2000 年版，第 35 页。

项选择,安定老人生活,并落实在地老化政策目标,特订定本方案。"从具体规范来看,设立不动产逆向抵押的首要目的,是把房屋及土地的价值转化为老年人可支配的现金收入,使老年人获得经济保障,同时要实现"在地老化"的政策目标。这是否意味着不动产逆向抵押借款合同是行政合同呢?我国学者认为,在当事人权利义务关系方面,行政合同与民事合同存在以下区别:首先,在行政合同中,对行政主体和相对一方的权力义务配置取决于特定行政目的的达成的需要,表现为以行政机关居于优势地位为特征的双方地位的不平等,民事合同中的平等原则在这里不适用;其次,对行政主体而言,其权力和义务具有同一性,也就是权力和义务是合二为一的,在表现为权力的同时,也表现为义务,因为行政法上的权力义务在法律上是不能放弃和免除的,也不能随意转移给他人,这和民法上的权利义务不同,民法上的权利是为权利者本身的利益而设的,即使该权利被消灭,也不会对公共利益或他人利益造成损害。[1] 基于上述标准,本书认为,不动产逆向抵押借款合同,旨在把房屋及土地的价值转化为老年人可支配的现金收入,使老年人获得经济保障,同时实现"在地老化"的政策目标,但是,政府部门在该类合同中并不居于优势地位。甚至在某种意义上,政府部门把自己置于劣势地位。因为政府部门在没有收取保费的情况下,承担了合同蕴含的各类风险。同时,政府也不是在履行法定的养老保障义务,该合同只是养老保障制度之外的补充措施。因此,本书认为,不动产逆向抵押借款合同,本质上仍然属于民事合同,而不是行政合同。只是由于政府部门作为贷款人与老年借款人签订合同,合同本身具有养老保障功能,使该类合同具有一定的社会保障性质。

---

〔1〕 参见余凌云:《行政契约论》,中国人民大学出版社2000年版,第43~45页。

(三)反向抵押借款合同的特征

上述定义是采用“特征描述法”对反向抵押借款合同进行界定。含义本身已经阐述了反向抵押借款合同的若干特征。与传统抵押借款合同进行对比,反向抵押借款合同具有以下特征。

第一,借款人主体的特殊性。传统抵押借款合同一般不限定借款人的年龄。只要具备民事行为能力,有债务清偿能力的民事主体,都可与贷款人签订该类合同。反向抵押借款合同与之不同,该类合同旨在使一定年龄的老年人,以自有房屋为贷款人设定抵押权而获得授信,领取借款,维持及改善生活质量,所以,各个国家和地区的反向抵押借款合同制度,均对借款人的年龄作出规定或约定。在HECM反向抵押借款合同中,房屋所有人本人或房屋所有人的配偶年龄在62岁以上,或在美国住房和城市发展部部长规定的年龄之上。[1] 美国的房屋持有人抵押要求借款人年龄必须为62岁以上。[2] 美国的财务自由计划要求借款人年龄必须在62岁以上。[3] 我国台湾地区“不动产逆向抵押试办方案”规定:申请人应年满65岁,具有户籍,且没有“民法”第1138条的法定继承人,包括配偶、直系血亲卑亲属(子女、养子女、孙子女)、父母(养父母)、兄弟姐妹、祖父母。[4] 我国反向抵押养老保险合同要求,投保人群应为60周岁以上,拥有房屋完全独立产权的老年人。[5] 反向抵押借款合同是金融

---

〔1〕 See 12 U. S. C. § 1715z - 20 (b), (1).

〔2〕 See Customer Educ. Group, *Money from Home: A Consumer's Guide to Reverse Mortgage Options*, Fannie Mae, 1996, p. 4.

〔3〕 See Warren Boroson, *The Reverse Mortgage Advantage—The Tax - Free, House - Rich Way to Retire Wealthy!*, The McGraw - Hill Companies, 2006, p. 111.

〔4〕 我国台湾地区“不动产逆向抵押试办方案”第4条。

〔5〕 《反向抵押指导意见》第6条第1项。

消费合同,由达到一定年龄的老年人与金融机构签订。在程序上,法律应当保障老年人的知情权,使其在充分理解该类合同的性质、内容和法律后果的情况下,自愿作出缔结合同的意思表示。

第二,对借款人没有最低收入的要求。在传统抵押借款合同中,为确保借款人按期偿还借款,贷款人十分注重借款人的个人信用和经济来源,要求借款人必须有稳定的经济收入,作为分期偿还借款本息的资金来源。如果借款申请人信用不良或没有稳定收入,贷款人通常不会与之签订传统抵押借款合同,或会降低借款金额,以确保债权安全。中国银保监会颁布的《个人贷款管理暂行办法》(以下简称《贷款办法》)第 11 条第 4 项、第 5 项规定,借款人具备还款意愿和还款能力;借款人信用状况良好,无重大不良信用记录。第 14 条规定的贷款调查,第 2 项、第 4 项规定了贷款人有权对借款人收入情况和借款人还款来源、还款能力及还款方式的真实性、准确性、完整性进行调查核实。《贷款办法》第 5 条第 2 款规定,借款人须有稳定的职业和收入,信用良好,有偿还贷款本息的能力。此外,《中国建设银行个人住房贷款办法》(建总发〔2000〕1 号)第 6 条第 2 款规定,借款人必须"有稳定的经济收入,信用良好,有偿还贷款本息的能力"。《中国银行个人住房贷款业务操作办法》第 6 条第 2 款规定,借款人必须"具有稳定的职业和经济收入,信用良好,有偿还贷款本息的能力"。其他各商业银行也都有类似关于借款人经济收入和偿还借款能力的要求。

与之不同的是,反向抵押借款合同对借款人没有最低收入的要求,这对于低收入老年人更具吸引力。在反向抵押借款合同中,相关法律规定及合同约定,待将来借款人搬出、出售房屋,或者借款人身故后,借款人或其继承人才需清偿借款本息,或以抵押房屋的变现金额偿还借款的本金及利息。这样的制度设计对于借款人更为有利。

只要借款人生存,他(她)就没有偿还债务的压力。所以,在签订反向抵押借款合同时,虽然贷款人也对借款人个人收入和信用进行调查,但是,贷款人不把借款人有固定收入和偿债能力作为是否缔结合同的条件。

第三,对于超出房屋变现金额部分的债权,贷款人无权向借款人及其继承人追偿。多数反向抵押借款合同是无追偿权的合同。对于超出房屋变现金额之外的债权,贷款人对借款人或其继承人无追偿权。借款人以房屋变现金额为限,对贷款人承担"有限责任"。当反向抵押借款合同到期,债务进入清偿期后,借款人或其继承人可以通过清偿借款本息及费用的方式保留房屋所有权,也可能任由贷款人行使抵押权,通过法定程序拍卖抵押房屋,以房屋变现金额实现债权。如果房屋变现金额清偿债务后仍有剩余,剩余部分仍归借款人,或由借款人的继承人继承。如果房屋变现金额不足以清偿债务,对于未清偿部分的债务,借款人没有以其他财产清偿的义务。继承人也没有在其继承借款人遗产的范围内,予以清偿的义务。对于未受偿部分的债权,贷款人或自担损失,或向抵押保险人请求补偿。

第四,反向抵押借款合同蕴含了诸多风险。反向抵押借款合同的特殊之处有两点:一是合同履行期间,借款人可以终身在房屋中居住;二是多数反向抵押借款合同是无追偿权合同,对于超出房屋变现金额部分的债权,贷款人无权请求借款人或其继承人清偿。因此,反向抵押借款合同蕴含着较传统抵押借款合同更多的风险。通常情况下,反向抵押借款合同履行期间较长。随着合同履行,借款余额逐渐增加,各类风险也在逐渐增加。在借款人选择终身领取借款的情况下,贷款人必须按照合同约定,向借款人按期支付借款,直至借款人去世。借款本息的总额,视借款人的寿命长短而定,故合同履行蕴含着借款人的长寿风险。此外,合同履行期间,房屋价格随着时间的推移而贬值,并随着市场价格的起伏而波动。合同到期时,如果房屋的变现金额低于借款余额,贷款人就超出房屋变现金额部分的债权,无权请求借款人或其继承人偿还。所以,贷款人承担了房屋贬值与价格波动的风险。此外,如果借款人选择固定利率方式借款,而合同履行的特定期间内,国家的法定利率可能高于合同约定的固定利率。这时,贷款人只能以合同约定的固定利率计取利息。因此,贷款人承担着合同履行期间的利率波动风险。这些风险都蕴含于反向抵押借款合同之中。因此,贷款人在签订合同之初,不但要根据保险精算原则核定借款人可得借款的金额,而且要通过扩大合同签订数量与规模,要求借款人以投保抵押责任保险等方式分散这些风险。

当然,传统抵押借款合同中也有一定的风险,如借款人违约风险、房屋价格波动风险等。但是,传统抵押借款合同有固定的还款时间,借款总额随着合同履行而逐渐减少,所以贷款人承担的风险也逐渐降低。同时,贷款人就抵押房屋变现金额不足部分,有权向借款人或其继承人追偿,借款人以其全部财产对贷款人承担"无限责任",所以,传统抵押借款合同是实定合同,是合同的法律效果在缔约时已经确定的合同。与传统抵押借款合同不同的是,基于合同履行过程中蕴含的各类风险,反向抵押借款合同具有射幸合同的性质。所谓射幸合同,是指合同的法律效果在缔约时尚不能确定的合同,如保险合同、押赌合同、有奖销售合同;对于射幸合同,不能从等价与否的角度来衡量是否公平。[1] 在反向抵押借款合同中,借款人享有不受追偿的权利,贷款人的债权能否全额实现,尚不确定,故反向抵押借款合同属于射幸合同。在 HECM 反向抵押借款合同中,为了分散这些风

---

〔1〕 参见崔建远:《合同法》,北京大学出版社 2013 年版,第 32 页。

险,设置有抵押保险合同,美国住房和城市发展部作为保险人承保借款合同与反向抵押合同履行过程中的风险。因此,HECM 反向抵押借款合同本身是实定合同。其已经通过内部风险外部化的方式,将内在风险转由开办抵押保险合同的美国住房和城市发展部承担。

第五,多数情况下,借款人会丧失房屋所有权。从合同到期后的法律效果来看,传统抵押借款合同与反向抵押借款合同的最终结果截然相反。传统抵押借款合同履行结束,如果借款人按期偿还借款本息,债权消灭,担保债权实现的抵押权随之消灭。借款人最终能保有房屋所有权。相反,反向抵押借款合同到期后,如果借款人或其继承人一次性偿还所欠本金、利息及费用,尚能保有房屋所有权。通常情况,贷款人要依法定程序行使抵押权,将房屋拍卖变现,实现债权。所以,传统抵押借款合同的动机与反向抵押借款合同的动机与目的也是相反的。前者,借款人缔结合同的动机,是用借款购买房屋,是为了取得并保有房屋所有权。后者,借款人缔结合同的目的,就是要把积聚于房屋上的价值逐步利用,获得借款。参与反向抵押借款合同的借款人,最终会丧失房屋所有权。

(四)与其他住房抵押借款合同的比较

以房屋设定抵押权,借款人可以签订四种类型的房屋抵押借款合同,分别服务于不同的借款目的。第一种,是以取得房屋所有权为目的的传统抵押借款合同;第二种,是以取得可支配的信用额度为目的的房屋价值信用额度借款合同;第三种,是以取得可支配现金为目的的房屋价值信用借款合同;第四种,则是本书所研究的,以老年人获得可支配现金收入为目的的反向抵押借款合同。同为住房抵押借款合同,反向抵押借款合同与其他三种形式的住房抵押借款合同之间,存在较大差别。

1. 反向抵押借款合同与传统抵押借款合同的比较

概括而言,反向抵押借款合同的功能如同传统抵押借款合同的"镜像"。[1] 在传统抵押借款合同中,随着借款人向贷款人偿还借款本息,借款人对抵押房屋享有的净值逐渐增加而借款总额日益减少;而在反向抵押借款合同中,随着借款人从贷款人处逐渐领取借款,借款人对抵押房屋享有的净值逐渐减少,而借款的本金及利息逐渐增加。[2] 显然,这是从经济学的角度,对反向抵押借款合同与传统抵押借款合同履行过程中借款人对房屋享有价值的形象描述,并不是从法学角度对两类房屋抵押借款合同的准确分析。因为无论哪种房屋抵押借款合同,在合同履行期间,借款人并不丧失房屋的所有权,所以不存在借款人对房屋享有的价值逐渐增多或减少,而只是有借款人所负债务逐渐增多和减少的问题。传统抵押借款合同与反向抵押借款合同,都是以房屋的交换价值设定抵押权,担保借款人债务履行,这是其共性。相比之下,两者仍存在差异较大。有学者对两类合同之间的差异进行了归纳,如表2.1所示:[3]

表2.1　反向抵押借款合同与传统抵押借款合同的比较

序号	比较项目	反向抵押借款合同	传统抵押借款合同
1	贷款机构	银行、保险公司或特设机构	银行
2	借款人	老年人	中青年人
3	住房产权	产权反向抵押	产权抵押

〔1〕 See Andrew C. Helman, *Putting Equity Back in Reverse Mortgages: How State Legislatures can bring Fairness to Home Equity Conversion Mortgages*, 12 Marquette Elder's Advisor, 415 (2011).

〔2〕 See Meghan Galloway & Richard Kantor eds., *Reverse Mortgages: Elements, Considerations and Market Developments*, Nova Science Publishers, Inc., 2013, p. 7.

〔3〕 参见柴效武、孟晓苏:《反向抵押贷款制度》,浙江大学出版社2008年版,第149页。

续表

序号	比较项目	反向抵押借款合同	传统抵押借款合同
4	住房状况	居住的中期、后期	居住的初期、中期
5	借款目的	资产价值套现养老	购房生活居住
6	借款发放	借款期内分期发放	一次性整体发放
7	借款归还	到期一次性全部归还	借款期内分期归还
8	借款开始拥有住房权益	全部权益	首期付款的权益
9	借款结束拥有住房权益	大量负债,几乎没有房产权	负债归于零,拥有房产权
10	还款手段	住房或货币还款	货币还款
11	借款期限	定期或不定期	定期
12	向机构负债的状况	前期少,逐步加大	前期大,逐步减少
13	借款人对房屋权益	前期大,逐步减少	前期少,逐步加大
14	每期付款额度确定	复杂,可能发生多种变化	简单,易于确定
15	经营风险	很大,前期小逐期加大	较小,且逐期减小
16	财税政策	应予优惠	不优惠
17	联系范围	银行、保险、房产商、政府等	银行、房产商
18	业务属性	具有政策属性	经营属性

表2.1列明了传统抵押借款合同与反向抵押借款合同的主要区别。对于表2.1,尚有以下几点需要说明:

第一,关于借款目的的说明。就借款人签订抵押借款合同的目的而言,在传统抵押借款合同中,借款人取得借款的目的,是以之购买房屋,并最终保有房屋所有权。在反向抵押借款合同中,借款人取得借款的目的,是获得可支配的现金,用以维持或改善生活质量。合同到期后,贷款人行使抵押权,以房屋变现金额实现债权。最终,多数借款人会丧失房屋所有权。

第二,关于贷款人无追偿权。对超出房屋变现金额部分的债权,贷款人是否有权向借款人及其继承人求偿,要根据各个国家和地区的法律规定和合同约定确定。在传统抵押借款合同中,贷款人对于超出房屋变现金额部分的债权,有权请求借款人继续偿还。在多数国家和地区开办的反向抵押借款合同中,对于超出房屋变现金额部分的债务,贷款人无权请求借款人或其继承人偿还,但也有例外。

第三,关于比较分析的角度。上述第 3、8、9、13 项的比较,是从经济学角度,根据借款人、贷款人对房屋享有产权利益的多寡进行的分析。从法律角度来看,房屋所有权人签订抵押借款合同后,并不丧失房屋的所有权。此时,房屋之上设定了抵押权,使所有权人对房屋交换价值的支配权,受到限制而已。

第四,关于合同的功能。反向抵押借款合同在美国的新近发展表明,反向抵押借款合同不仅可以作为"以房养老"、取得养老资金的方式,而且可以作为购置新房的措施。在这方面,反向抵押借款合同的功能,与传统抵押借款合同的功能更加相似。

第五,关于合同的性质。反向抵押借款合同能够发挥"以房养老"功能,体现出国家与政府的政策导向,但是,政府部门在各类反向抵押借款合同中发挥的作用不尽相同。不动产逆向抵押借款,是由政府部门主导开展反向抵押借款业务。HECM 反向抵押借款合同,由美国住房和城市发展部承保合同履行期间的风险。而美国的财务自由计划、新加坡职总英康合作社和华侨银行(Oversea Chinese Banking Corporation Limited, OCBC)开办的反向抵押借款合同,以及我国反向抵押养老保险合同,完全按照市场规律运作和调节,政府没有以市场主体身份参与其中。

2. 反向抵押借款合同与房屋价值信用额度合同的比较

房屋价值信用额度合同(Home Equity Line of Credit,HELOC),是指借款人从贷款人处获得一定的信用额度,该信用额度以借款人抵押的房屋在扣除一切费用后的净值为基础,并以该净值作为借款担保的房屋抵押借款合同。[1] 以 HECM 反向抵押借款合同为例,反向抵押借款合同与房屋价值信用额度合同比较,两者的差异如表 2.2 所示。[2]

表 2.2 HECM 反向抵押借款合同与房屋价值信用额度的比较

		房屋价值转换抵押借款合同(HECM)	房屋价值信用额度合同(HELOC)
资格条件	借款人年龄	借款人年龄在 62 岁以上	无要求
	个人收入	无具体要求,会对借款人进行信用检查	有足够按月偿还贷款的收入来源
	个人信用	无具体要求	通过贷款人要求的承保标准
成本或收益	预付成本	之前较高(借款发放费,抵押保险费、第三方收费);节约型 HECM 较低,但仍高于 HELOC 成本	一般无借款发放费,有的贷款人对于在一定年限内提前终止合同收取一定费用;无抵押保险费
	抵押保险费	标准型 HECM 按房屋评估价格的 2% 预付,以后每年按贷款余额的 0.5%;节约型 HECM 按房屋评估价格的 0.1% 预付;二者按贷款余额的年 1.25% 支付后续保险费,按月计算	无保险费

〔1〕 薛波主编:《元照英美法词典》(缩印版),北京大学出版社 2013 年版,第 485、644 页。

〔2〕 See Meghan Galloway & Richard Kantor eds., *Reverse Mortgages: Elements, Considerations and Market Developments*, Nova Science Publishers, Inc., 2013, p. 24.

续表

		房屋价值转换抵押借款合同（HECM）	房屋价值信用额度合同（HELOC）
成本或收益	利率	固定利率:4.5% ~5%;可调整利率:伦敦银行间拆借利率 +2.25% ~3%	通常利率 +1% ~2%,较高,取决于信用
	最高贷款额与房屋价值比	51% ~77%,取决于借款人年龄和选择的领取方式;终身型领取,无限制	一般 80%,有的可达 90%。无终身领取设计,信用额度超出贷款人标准,相应减少
风险或保护措施	未来可用信用额度	固定利率,无未来信用额度;调整利率:未来信用额度随利息和保险费而增加	房屋价值下降或借款人本人信用状况下降,未来信用额度将减少
	取消赎回权风险	限于未付房产税和未支付房屋保险费	未按月偿还贷款、支付房产税和保险费
借款人义务	每月还款	无要求	需每月偿还,否则将取消赎回权
	税金与保险	按期支付,否则取消赎回权	可委托银行代付
	主要居住地	有要求	有要求

如表 2.2 所示,房屋价值信用额度合同的预付费用较低,甚至没有预付费用,但是,其借款利率比反向抵押借款合同的利率高。合同到期后,借款人必须偿还所有的借款本息。如果房屋价值不足以偿还,借款人对剩余部分的借款余额仍负有偿还义务。同时,由于借款人每月要偿还部分借款,借款人必须满足一定的收入条件和信用得分条件,所以房屋价值信用额度借款合同更适合于参加工作、有稳定收入的个人。对于退休的老年人,由于只有有限的经济收入,通常没有资格签订该类借款合同。

3. 反向抵押借款合同与房屋净值抵押借款合同的比较

房屋净值抵押借款合同(Home - Equity Loan,HEL),又称抵押房屋净值借款,是指银行向房屋所有人提供的限额借款;其借款限额(Line of Credit),以借款人用以抵押的房屋在扣除一切抵押费用所剩余的净值为基础而确定,并以净值作为借款的担保。[1] 通过房屋净值抵押借款合同,借款人获得一笔利率固定的借款,用于一次性支出,如装修房屋。[2] 与传统抵押借款合同相同,在房屋净值抵押借款合同中,借款人以房屋为贷款人设定抵押权,借款的目的在于用于个人消费、生产或经营,而不是用于购买房屋。以 HECM 反向抵押借款合同为例,反向抵押借款合同与房屋净值抵押借款合同相比,两者的差异表现在以下几个方面:

第一,对借款人的个人收入、偿债能力要求不同。《贷款办法》第11条第4项、第5项规定,借款人具备还款意愿和还款能力;借款人信用状况良好,无重大不良信用记录。在借款人以住房为贷款人设定抵押权的情况下,抵押权只是贷款人债权实现的保障措施之一。借款人的个人收入,是贷款人按期收回借款本息的首要保障。HECM 反向抵押借款合同对借款人的个人收入、偿债能力没有要求,抵押房屋是贷款人债权实现的唯一保障。

第二,对借款用途有无限制不同。对自然人在金融机构借款,金融机构一般都有借款用途的要求与限制。《贷款办法》第3条规定,本办法所称个人贷款,是指贷款人向符合条件的自然人发放的用于个人消费、生产经营等用途的本外币贷款。《贷款办法》第7条规定,个人贷款用途应符合法律法规规定和国家有关政策,贷款人不得发

---

[1] 薛波主编:《元照英美法词典》(缩印版),北京大学出版社2013年版,第485、644页。

[2] See Warren Boroson, *The Reverse Mortgage Advantage—The Tax - Free, House - Rich Way to Retire Wealthy*!,The McGraw - Hill Companies, 2006, p.59.

放无指定用途的个人贷款。对于个人房屋净值抵押借款,金融机构在合同中当然要求借款人写明借款用途。与之不同的是,反向抵押借款合同的目的,在于保障老年人日常生活消费支出,因此对借款并未限制其特定用途。

第三,对借款本息清偿期限的要求不同。《贷款办法》第 9 条规定,贷款人应建立借款人合理的收入偿债比例控制机制,结合借款人收入、负债、支出、贷款用途、担保情况等因素,合理确定贷款金额和期限,控制借款人每期还款额不超过其还款能力。因此,对于个人与银行签订的房屋净值抵押借款合同,借款人应当按照合同约定,定期偿还或在合同到期时一次性偿还借款本息。在反向抵押借款合同中,借款人在合同存续期间不必偿还借款。只有当借款人出售房屋、搬离或去世后,借款人或其继承人才需要一次性清偿借款本息、费用,或以房屋变现金额清偿。

第四,对于超出抵押房屋变现金额部分的债权,贷款人对借款人及其继承人有无追偿权不同。这两类合同的相同之处在于,贷款人对于房屋都享有抵押权。如果借款人不能按期清偿借款本息,贷款人可以实现抵押权,并就抵押物变现金额享有优先受偿权。不同之处在于,在房屋净值抵押借款合同中,对于超出房屋变现金额部分的债权,贷款人仍得请求借款人偿还,并可请求借款人以其有处分权的其他财产予以偿还。在借款人身故场合,贷款人可请求借款人的继承人在其继承遗产的范围内偿还。绝大多数的反向抵押借款合同是无追偿权合同。贷款人就超出房屋变现金额的债权,不但成为无担保的债权,而且成为无请求力、无强制执行力的债权。贷款人既不能请求借款人以现有的其他财产偿还,也不能请求借款人的继承人在其继承遗产的范围内予以偿还。贷款人自己承担这部分的债权损失。当然,在 HECM 反向抵押借款合同制度中,对于未受偿部分债权，贷款人可以请求美国住房和城市发展部承担保险人责任。

从反向抵押借款合同与传统抵押借款合同、房屋价值信用额度合同及房屋净值抵押借款合同的比较来看，这四类住房抵押借款合同，都是借款人以房屋设定抵押权，从而获得信用领取借款的合同。但是，反向抵押借款合同服务于“房产富有、现金贫困”的老年消费者群体。老年人缔结该类合同的目的，在于获得可支配的现金收入。多数情况下，借款人受贷款人无追偿权措施的保障。因此，反向抵押借款合同隐含了诸多风险，需要对反向抵押借款合同设计出不同于其他三类房屋抵押借款合同的制度规范，予以防范和化解这些风险。

二、反向抵押借款合同制度的起源与发展

（一）反向抵押借款合同制度的起源

反向抵押借款合同，全称为住房反向抵押借款合同，英国称为抵押年金（Collateralized Annuity）。关于该合同制度的起源，有不同说法。“400 多年前的欧洲就有类似于反向抵押借款的合同安排：投资者购买老人的住房，并允他们有生之年免费居住。20 世纪 20 年代世界经济大萧条时期，一种被称为房屋价值反转继承（Home - equity Reversion）的金融工具在英格兰被创造出来，这个工具可以被视为现代反向抵押贷款的萌芽。”[1] 也有学者认为最早的反向抵押贷款产

〔1〕 参见李建伟：《住房反向抵押贷款制度研究》，载刘云生主编：《中国不动产法研究》第 2 卷，法律出版社 2007 年版。

生于法国,称为“Viager”[1],是指终身年金、养老金。[2] 综上所述,美国历史上第一份反向抵押借款合同,是1961年缅因州波特兰城的迪润储蓄信贷公司与一名中学足球教练的遗孀娜莉·杨女士所签订的;由于失去丈夫,娜莉·杨女士生活艰难,而根据反向抵押借款合同,她一方面把累积于房屋上的财产价值转换为现金流,另一方面可以在房屋中居住到老。[3]

反向抵押借款合同制度作为一项法律制度,其产生既有社会现实需求的因素,也与家庭代际财富传递的观念变革有关。约翰·朗本(John H. Langbein)教授认为,20世纪以来,代际之间的财富传递的形式已经发生了根本性的变化:过去,父母把财富传递给子女主要是通过遗产的形式,如家庭农场或家庭公司;现在,对大部分中产阶级而言,财富传递采取了一种根本不同的形式——投资技术(Investments in Skills),即代际财富传递不再是父母身故后把遗产传给子

---

〔1〕 See Peter M. Mazonas, *The History of Reverse Mortgages: An Insider's View*, in Vishaal B. Bhuyan ed., Reverse Mortgages and Linked Securities: The Complete Guide to Risk, Pricing, and Regulation, John Wiley & Sons, Inc., 2011, p. 8.

〔2〕 “Viager”是法国中世纪的一种制度,被称为“身故投机”(speculation on death)。它是买卖双方对一个人寿命所下的赌注。首先,根据公平的市场(比如,同一地区同等房屋的最近交易价格)确定房屋价格。其次,根据卖方的年龄确定终身年金的价格:卖方60岁者按房屋市场价格的50%确定,70岁者按房屋价格的60%确定,80岁者按房屋价格的70%确定,90岁者按房屋价格的80%确定。再次,买方按终身年金0~30%支付首付款,剩下的70%~100%的终身年金根据卖方的预期寿命按月支付;如果卖方没有按期支付,房屋再次回归卖方,卖方可以再次出卖。最后,卖方身故时,买方取得房屋的所有权;其间,如果卖方过早去世,即没有活至预期寿命,那么买方碰到好运,以低于终身年金的价格买到房屋;如果卖方存活超出预期寿命若干年,买方要支付若干倍房屋价格年金;如果买方先于卖方身故,买方的家庭有义务按月支付年金。See Rone Tempest, *Culture: Life and Death and Real Estate in France: A Practice Called Viager Allows the Elderly to Sell Their Homes but Retain Lifelong use of them, The Longer They Live, the More the Buyer Has to Pay*, Los Angeles Times, Feb. 26, 1991, at A3.

〔3〕 See Wendy Little Schieke, *The Advisability of Reverse Mortgage to Pay for Care Needs*, 47 Maryland Bar Journal 26 (2014).

女，而是父母在世时通过拓展教育，使子女获得一定的技能；同时，父母存活的时间更长，因而产生了对家庭财产更多的请求，以维持父母日常生活的需求，这必然要减少传递给子女的财产。[1] 约翰·朗本教授的理论也许能说明反向抵押借款合同在各国发展的状况。

（二）反向抵押借款合同制度在美国的发展

目前，美国反向抵押借款合同制度已经较为成熟，制度设计较为完善。美国的反向抵押借款合同制度，经历了 20 世纪六七十年代各州自行发展的初创时期，到 1987 年国会统一立法，由美国住房和城市发展部承保的逐步发展时期，再到 2008 年金融危机之后的进一步发展完善时期。

1. 反向抵押借款合同制度的初创时期

除一次性反向抵押借款交易外，1963 年，美国俄勒冈州创立了一种具有广泛适用性的反向抵押借款合同制度。为减轻老年人的经济负担，作为财产税延迟计划的一部分，俄勒冈州公众雇员退休基金（Oregon Public Employee's Retirement Fund）预付给老年人现金，待老年人不再在房屋中居住时才需要偿还借款；此后，美国其他州和地区金融机构也仿效这一做法，逐步开展反向抵押借款合同业务。[2]

这一阶段的反向抵押借款合同可分为两种类型。一种类型是由私人公司开办，没有保险的反向抵押借款合同。这种类型的反向抵押借款，对于借款人使用借款的用途没有限制，借款人可任意支配。

---

〔1〕 See John H. Langbein, *The Twentieth – Century Revolution in Family Wealth Transmission*, 86 Michigan Law Review 722(1988).

〔2〕 See Peter M. Mazonas, *The History of Reverse Mortgages: An Insider's View*, in Vishaal B. Bhuyan ed., Reverse Mortgages and Linked Securities: The Complete Guide to Risk, Pricing, and Regulation, John Wiley & Sons, Inc., 2011, p. 8.

同时,由于贷款人没有保险保障,反向抵押借款合同设有 5 年至 10 年的固定期限,借款额与房屋价值比一般按合同签订时房屋评估价格的 80% 确定,合同到期,借款人应偿还借款的本息;贷款人不承担借款人超出预期寿命的风险,而对于那些想长期居住在自己房屋中的老年人,这一阶段的反向抵押借款合同并不适合。[1] 为改变这种状况,1984 年,一家名为保诚 - 贝奇(Prudential - Bache)的私人保险公司与美国房屋协会(American Homestead)签署推广反向抵押借款的合作协议,成为新泽西州第一家反向抵押借款合同私人提供商。[2] 与有固定期限的反向抵押借款不同,美国房屋协会提供的反向抵押产品允许借款人终身使用房屋,直到借款人不再使用为止。[3] 这一允许借款人终生在房屋中居住,由贷款人承担借款人长寿风险的反向抵押借款模式,成为此后反向抵押借款合同的基本形式。

另一种类型是由各州公众机构(Public Sector)开办,借款用途限于单一目的的反向抵押借款(Single - purpose Loan),如康涅狄格州政府长期以来提供的州立反向年金抵押计划。该计划的主要对象是 70 岁以上、年收入在 86,300 美元以下、有长期照顾需求的老年人,期限为 5 年或 10 年,只要借款额不超过 417,000 美元,最高借款额可达到房屋评估价格的 70%。各州公众机构提供的反向抵押借款主要有以下特点:第一,借款必须用于特定目的,如维修房屋、支付房产税、生活照顾等。第二,借款金额相对较少。第三,仅向急需现金的房主提

---

〔1〕 See Celeste M. Hammond, *Reverse Mortgage: A Financial Planning Device for the Elderly*, 1 Elder Law Journal 75 (1993).

〔2〕 参见范子文:《中国住房反向抵押贷款研究》,中国农业出版社 2011 年版,第 56 页。

〔3〕 See Meghan Galloway & Richard Kantor eds., *Reverse Mortgages: Elements, Considerations and Market Developments*, Nova Science Publishers, Inc., 2013, p. 9.

供。[1] 第四,仅限于向中、低收入的家庭提供。[2] 根据提供反向抵押借款目的的不同,各州公众机构提供的反向抵押借款又可分为两类:一是延迟偿还借款(Deferred Payments Loan, DPL),由地方政府机构开办,借款用途限于房屋维修;二是财产税延迟计划(Property Tax Deferrals, PTDs),由州政府或地方政府提供,用以抵消应付的财产税。[3] 这些由各州公众机构提供的反向抵押借款合同至今仍然存在。

2. HECM 反向抵押借款合同制度成立后的发展时期

在此阶段,美国主要有三种类型的反向抵押借款合同,即 HECM 反向抵押借款合同、房屋持有人抵押和财务自由计划。1987 年,美国《住房和社区发展法》(The Housing and Community Development Act)规定了一种联邦抵押保险计划,其中《国家住房法案》(National Housing Act)第 255 部分,国会授权美国住房和城市发展部设计"住房价值转换抵押"(Home Equity Conversion Mortgage,即 HECM 反向抵押借款合同)借款计划,该类借款由美国住房和城市发展部的下级机构——联邦住房管理局试办承保 2500 笔。[4] 该计划于 1989 年开展了第一笔借款业务。依据《美国法典》,通过授权美国住房和城市发展部开展抵押保险,一是满足老年房屋所有人的资金需求,减少

---

〔1〕 See Warren Boroson, *The Reverse Mortgage Advantage—The Tax - Free, House - Rich Way to Retire Wealthy*!,The McGraw - Hill Companies, 2006, p. 92.

〔2〕 See Kenneth Allen Knapp, *The Influence of Family and Community Ties on the Demand for the Home Equity Conversion Mortgages* (Ph. D. diss., the City University of New York, 2001) p. 11.

〔3〕 See Kenneth Allen Knapp, *The Influence of Family and Community Ties on the Demand for the Home Equity Conversion Mortgages* (Ph. D. diss., the City University of New York, 2001), p. 11 - 12.

〔4〕 See HUD, Home Equity Conversion Mortgages 4235. 1 REV - 1, Chapter 1. General Information, 1 - 3. C.

因医疗、住房等生活支出增加，同时收入减少而引起的生活困难，把累积于房屋上的部分价值转换为流动资金；二是鼓励抵押权人积极参与反向抵押，为老年房屋所有人提供服务。[1] 根据1990年《统括预算调整法》（the Omnibus Budget Reconciliation Act），美国住房和城市发展部承保的HECM反向抵押借款合同数量上升到25,000笔。1998年，美国国会通过《住房和城市发展部拨款法》（the HUD Appropriations Act），HECM反向抵押借款合同结束了试办阶段，授权美国住房和城市发展部永久开办这项业务。[2]

此后，美国住房和城市发展部承保数量逐步提高，1998年增加到150,000笔，2006年增加到275,000笔。HECM反向抵押借款合同快速发展，在市场中占据了主导地位，逐渐占到美国各类反向抵押借款业务的90%以上。2007年，在老龄特别委员会召开的听证会上，戈登·史密斯（Gordon Smith）参议员提出，为帮助更多的老年人，应当删除这样的上额限制；[3] 美国住房和城市发展部的玛格丽特·伯恩斯（Margaret Burns）女士指出，这样的限制既不恰当也无必要，经过18年的试运行，HECM反向抵押借款合同已经证明是整个行业的成功典范。[4] 尽管这些提议与美国退休者协会的报告一致，但

---

〔1〕 See 12 U.S.C. § 1715z-20 (a).

〔2〕 See U.S. Department of Housing and Urban Development, *A Turning Point in the History of HUD's Home Equity Conversion Mortgage Program*, U.S. Housing Market Conditions, 5, 6, First Quarter 2008.

〔3〕 See U.S. Government Printing Office, *Reverse Mortgage: Polishing not Tarnishing the Golden Years, Hearing before the Special Committee on Aging*, in Gerald H. Redstone ed., Financial Institutions and Services Series: Reverse Mortgages, Nova Science Publishers, Inc., 2010, p. 3.

〔4〕 See U.S. Government Printing Office, *Reverse Mortgage: Polishing not Tarnishing the Golden Years, Hearing before the Special Committee on Aging*, in Gerald H. Redstone ed., Financial Institutions and Services Series: Reverse Mortgages, Nova Science Publishers, Inc., 2010, p. 11-15.

HECM 仍维持着这样的上限规定。目前,只有2% ~3% 符合条件的房屋所有人参与了反向抵押借款。随着婴儿潮(Baby - boomer)时代出生的人达到62 岁,到 2020 年,这一群体的人口将增加 36% ,达到5500 万人。[1] 那时,参与 HECM 反向抵押借款合同的老年人的数量也许会极大增加。

1996 年 1 月 29 日,美国联邦抵押协会(the Federal National Mortgage Association,Fannie Mae)推出自己的住房反向抵押——房屋持有人抵押。作为美国最大的住房抵押承销商,房利美公司并不直接承办反向抵押业务,而是向全国大约 2000 家抵押贷款人收购反向抵押业务;房利美公司提供高程度的担保,因为当贷款人违约时,房利美公司将继续向借款人支付借款。[2] 房屋持有人抵押突破了 HECM 反向抵押借款合同对最高借款额度的限制,使具有较高价值的房屋可以获得更高额度的借款,满足了中、高层老年人群体的借款需求,使拥有较高价值房屋的老年人有了更多的选择。另外,1996 年,联邦劳工寿险公司成立财务自由老年人基金公司(Financial Freedom Senior Funding Corporation),推出了一种新型反向抵押借款合同产品,称为"财务自由计划"。该产品借款模式灵活,借款额度高,受到高端老年人欢迎。[3] 房屋持有人抵押与财务自由计划,成为 HECM 反向抵押借款合同的有益补充,服务于不同群体的老年人。

---

〔1〕 See Patricia E. Salkin, *A Quiet Crisis in America: Meeting the Affordable Housing Needs of the Invisible Low - Income Healthy Seniors*, 16 Georgetown Journal on Poverty Law & Policy 285 (2009).

〔2〕 See Customer Educ. Group, *Money from Home: A Consumer's Guide to Reverse Mortgage Options*, Fannie Mae, 1996, p. 4.

〔3〕 See Tom Kelly, *The New Reverse Mortgage Formula: How to Convert Home Equity into Tax - Free Income*, John Wiley & Sons, Inc. , 2005, p. 58.

3. 2008 年金融危机后进一步完善时期

2008 年金融危机发生之前,HECM 反向抵押借款合同已经达到各类反向抵押借款合同市场份额的 90% 左右。为应对危机,2008 年 6 月 30 日,美国时任总统布什签署了《住房和经济恢复法》(the Housing and Economic Recovery Act of 2008),开始了全面的住房金融法的改革。[1] 美国反向抵押贷款人协会(the National Reverse Mortgage Lenders Association)主席彼得·比尔(Perter Bill)指出:目前,市场上已经很难找到其他类型的反向抵押产品,而在一年之前,市场上有各类反向抵押借款合同达 15 种,现在(2008 年 9 月),仅剩下一两种。[2] 因此,HECM 反向抵押借款合同所占比例进一步提高,占到总量的 98%。在数量上,1997 年仅开办了 157 笔 HECM 反向抵押借款合同,2009 年开办数量为 114,692 笔。但是在 2010 年开办数量下降到 79,106 笔。2011 年,西雅图银行(Seattle Bank)、美国银行(Bank of America)、财务自由公司(Financial Freedom)、富国银行(Wells Fargo)宣布退出反向抵押市场。[3]

从美国反向抵押借款合同制度的发展历史来看,私有银行提供的反向抵押借款类型,如房屋持有人抵押、财务自由计划等反向抵押借款合同,与美国住房和城市发展部承保的 HECM 反向抵押借款合同之间存在制度竞争关系。私有银行提供的反向抵押借款产品的优势,主要是吸引那些房屋价值较高而又不愿预付高额保险费的老年人。现在,私有银行提供的各类产品逐渐丧失市场,主要原因有两

---

〔1〕 See Julie R. Caggiano, Therese G. Franzén & Jennifer L. Dozier, *Mortgage and Predatory Lending Law Developments*, 64 Business Lawyer February, 517(2009).

〔2〕 See Kelly Greene, *Most Reverse Mortgages Dodge Credit - Crisis Woes*, Wall St. J., Sept. 20,2008, at B2.

〔3〕 See Paul V. Black, *Reverse Mortgages and the Current Financial Crisis*,8 NAELA Journal 87 (2012).

个:一是整个房地产市场的暴跌使私有抵押证券化停滞;二是对于以前私有银行开展反向抵押借款合同的目标消费者而言,“房屋价值转换抵押”的最新发展变化使 HECM 反向抵押借款合同较之以前更具吸引力;目前,除 HECM 反向抵押借款合同外,只有一家名为“代际抵押人”(Generation Mortgager)的私有银行提供名为“一代加借款”(Generation Plus loan)的反向抵押借款业务。该银行向 62 岁以上的借款人提供 8.875% 的固定利率、不超过 600 万美元的一次性借款。该业务自 2010 年 6 月开展以来,已经达成 51 笔借款业务,金额达 4800 万美元。[1]

立法方面,除《美国法典》《联邦条例》设有专门法律规范,调整反向抵押借款合同关系外,美国多数州也制定了相应的法律规范,对在各州开展的反向抵押借款合同进行规范。如美国亚利桑那州、阿肯色州、加利福尼亚州、科罗拉多州、康涅狄格州、特拉华州、弗吉尼亚州、西弗吉尼亚州、威斯康星州等 38 个州和华盛顿特区,均对反向抵押借款合同设有相应的法律,对各种类型的反向抵押借款行为进行规范。[2]

(三)反向抵押借款合同制度在英国的发展[3]

20 世纪 60 年代中期开始,英国金融机构开展了一种“房产价值释放机制”(Equity Release Mechanism, ERM),或称为“资产释放计划”(Equity Release Schemes)的“以房养老”产品。但是,由于该产品

---

〔1〕 See Meghan Galloway & Richard Kantor eds., *Reverse Mortgages: Elements, Considerations and Market Developments*, Nova Science Publishers, Inc., 2013, p. 10.

〔2〕 See Thomson Reuters, 50 *State Statutory Surveys*, *Financial Services Mortgages*, 0090 SURVEYS, 74 (2014).

〔3〕 参见范子文:《中国住房反向抵押贷款研究》,中国农业出版社 2011 年版,第 82 ~ 86 页。

没有“无追偿权保证”条款,且合同签订后,老年人得到的是一种投资证券而不是现金,贷款机构将款项投资股市,所得收益减去借款利息后,才是老年人可支配的收入;如果股市不景气,可能会使老年人债务增加而没有任何收入,因此,该计划对老年人并没有吸引力。1990年,英国政府下令取缔了该产品。2001 年,英国政府制定新的“资产释放计划”。老年人可以把部分或全部房屋价值转换为现金,并居住在抵押的住房内,直到生命终结。该产品又有两种形式,一种是终身抵押借款(Lifetime Mortgages),借款人生存期间,享有抵押住房的永久使用权,并承担房屋的维护责任;在借款人身故、搬离或移居养老院后,合同到期,住房出售所得支付本金及利息,剩余部分归借款人,或由其继承人继承。另一种是房屋转换计划(Home Reversion),老年人将住房产权全部或部分出售给贷款人,一次性获得现金,用以养老;老年人可以免费或交少量租金继续居住,直到去世或搬离。

(四)反向抵押借款合同制度在新加坡的发展[1]

新加坡开展的反向抵押借款业务,分别由职总英康合作社和华侨银行两家机构开办。1997 年,新加坡职总英康合作社开办反向抵押借款业务,要求老年人必须是 62 岁以上的新加坡国民或永久居民,被抵押的房屋必须在新加坡境内。但是,该借款合同要求,若有一名以上的借款人,只要最年轻的借款人年满 90 岁,借款人就必须偿还所有借款。同时,当借款本金加利息达到房屋价值的 80% 时,借款人也必须偿还借款。该类反向抵押借款合同,没有贷款人无追偿权条款。对于本金、利息超过房屋变现金额部分的债权,贷款人享有

---

〔1〕 参见潘秀菊、李智仁:《以房养老——反向抵押贷款制度之理论与实务》,台北,元照出版有限公司 2010 年版,第 26 ~ 31 页。

向借款人及其继承人的追偿权。如果借款期间被抵押房屋价值下降,贷款人可以减少给付的借款数额。新加坡华侨银行是新加坡唯一一家开展反向抵押借款业务的银行。该银行提供两种借款选择。一种是基于期限的选择方式,借款人可以每月收到一笔现金,直到25年为止,或者当借款人年满90岁时,以较早者为准。另一种是主要适用于担心寿命会超过90岁的借款人。借款人用借款购买保险年金(Annuity - linked Option),由保险公司对投保的老年人终身支付年金。但是,老年人领取的年金数额,要少于每月可以领到的借款数额。2008年,新加坡职总英康合作社、华侨银行停办了反向抵押借款业务。新加坡建屋局倡导的租赁回购计划,取代了反向抵押借款合同。

(五)反向抵押借款合同制度在我国台湾地区的发展

2013年2月,我国台湾地区行政管理机构颁布“不动产逆向抵押试办方案”,决定由内政管理机构负责实施,在台湾地区试办100人参与的反向抵押借款业务。同年4月,我国台湾地区内政管理机构制定“不动产逆向抵押作业规定”,对住房反向抵押借款的实施予以具体化。按照上述规定,不动产逆向抵押借款业务以市、县政府为贷款人,委托台湾土地银行代为办理,而借款人限于年龄在65岁以上、无法定继承人、无配偶的独身老人。此外,抵押物限于登记用途为住宅的建筑,抵押物价值须不超过“社会救助法”规定的中低收入户标准,采取强制性资讯咨询前置主义,以借款人终身为契约存续期间,借款人领款权利系一身专属权,政府承担照顾失能长者责任。[1]

---

〔1〕 参见曾品杰:《论以房养老契约——以我国不动产逆向抵押贷款制度为中心》,载《月旦法学杂志》2014年第7期。

这些构成了我国台湾地区不动产逆向抵押借款制度的特色。

人口老龄化是一个全球性的难题。为解决人口老龄化带来的养老资金短缺问题,除上述国家和地区外,其他国家和地区也根据自身的实际情况,推出了各自的反向抵押借款业务,如加拿大的房屋收入计划、澳大利亚的逆向年金抵押贷款。法国于2006年在《消费者保护法》中规定了养老金抵押借款契约(Le Prêt Viager Hypothêcaire),日本在武藏野市试办"长期生活支援资金借款制度"。本书主要以美国HECM反向抵押借款合同、我国台湾地区不动产逆向抵押借款合同和我国大陆幸福反向抵押养老保险合同为研究对象,研究三类合同的内在结构、风险分散与防范机制,着重研究其中的老年借款人权益保护问题。

三、反向抵押借款合同的结构、分类与比较优势

各个国家和地区开展反向抵押借款的形式不同,合同结构也存在差异。根据不同的分类标准,反向抵押借款合同可分为不同类型。与其他形式的"以房养老"相比,反向抵押借款合同具有相对比较优势。

(一)反向抵押借款合同的结构

1. HECM反向抵押借款合同的结构

反向抵押借款合同履行期限长,其本身蕴含着诸多风险。为实现"以房养老"的目的,在合同结构设计上,应通盘考虑,通过体系化的制度安排,尽可能地分散和化解合同履行过程中的诸多风险。因此,HECM反向抵押借款合同制度中设有抵押保险合同,由美国住房和城市发展部承保合同履行期间产生的各种风险。由于有抵押保险合同的存在,HECM反向抵押借款制度较好地平衡了借款人与贷款人之间的利益,妥善化解了合同中的各种风险,经受住了2008年金

融危机的考验。从制度结构来看,HECM 反向抵押借款合同由以下三部分组成。

一是 HECM 借款合同。HECM 借款合同是 HECM 反向抵押借款合同中的主合同。HECM 借款合同,是指符合条件的老年人,为获得可支配的现金,用于日常生活支出,而向贷款人申请借款;贷款人根据房屋的评估价格、借款人年龄等因素,核定借款人可以领取的借款金额,并按照约定的支付方式,按期向老年人出借资金的合同。HECM 借款合同确定了借款人和贷款人主要权利和义务的内容。HECM 抵押合同与抵押保险合同,则围绕借款人与贷款人在借款合同中的权利、义务的进一步实现而设置。

二是 HECM 抵押合同。HECM 抵押合同是借款人(抵押人)与贷款人(抵押权人)签订,以借款人所有的房屋为贷款人设定抵押权,担保借款合同到期后贷款人债权实现的合同。反向抵押合同以担保贷款人对借款人借款本息和费用债权实现为目的。合同到期后,如果借款人或其继承人偿还借款本息和相关费用,贷款人的债权实现,抵押权消灭,房屋所有权恢复到圆满状态。如果借款人或其继承人不愿偿还借款的本金及利息,则贷款人可以行使抵押权,通过法定程序将房屋拍卖变现,并以变现金额优先受偿,实现债权。

三是抵押保险合同。抵押保险合同是 HECM 反向抵押借款合同制度中特有的合同。如上所述,HECM 反向抵押借款合同履行期限较长,其中蕴含了借款人的长寿风险、利率波动风险、房屋贬值与价格波动风险,以及贷款人违约等商业经营风险。因此,在 HECM 反向抵押借款合同中,HECM 借款合同通过条款设置,化解了部分借款人长寿风险和利率波动风险。除此之外,为保障贷款人债权实现和借款人按期领取借款,美国政府要求借款人投保抵押保险,对剩余部分的借款人长寿风险、房屋贬值与价格波动风险和贷款人违约风险,由美国住房和城市发展部承保,并以国家财政收入作为最终保障。因此,在借款人与美国住房和城市发展部之间存在以借款人为投保人,以美国住房和城市发展部为保险人,以借款人和贷款人为被保险人的抵押保险合同。

HECM 反向抵押借款合同制度由 HECM 反向抵押借款合同与抵押保险合同两部分组成。两者之中,HECM 反向抵押借款合同居于主导与支配地位,抵押保险合同位于附属与保障地位,二者之间形成合同联立关系。HECM 反向抵押借款合同本身,又由 HECM 借款合同和 HECM 抵押合同组成。其中,HECM 借款合同是主合同,是借款人请求贷款人按期给付借款的事实根据,也是合同到期后贷款人请求借款人或借款人的继承人偿还借款本息、费用的法律基础。HECM 抵押合同是 HECM 借款合同的从合同。HECM 借款合同无效、可撤销或者效力待定,当然会影响 HECM 抵押合同的效力。HECM 抵押合同,是借款人以房屋的交换价值为贷款人设定抵押权,担保贷款人借款本息、费用债权实现的合同。当借款合同到期,借款人或其继承人不能清偿到期债务,贷款人即可行使抵押权,以房屋变现金额,优先实现债权。抵押保险合同是 HECM 反向抵押借款合同的联立合同,以保障借款人和贷款人在 HECM 反向抵押借款合同中的权益最终实现为目的。抵押保险合同,承保借款人的借款本息与各项费用超过抵押房屋的变现金额部分的风险,以及贷款人的违约风险。具体言之,抵押保险合同为贷款人和借款人双方提供保险:一方面,由于借款人受无追偿权保障,对于超出抵押房屋变现金额部分的债权,贷款人无权请求借款人及其继承人偿还。但是,这并不是意味着贷款人自己要承担这部分债权不能实现的损失。当贷款人享有的债权超出抵押房屋的变现金额时,这意味着发生了抵押保险合同所承保的风险,贷款人有权请求保险人偿还。另一方面,如果发生贷款人违反约定,拒绝向借款人支付借款,或由于经营不善,陷入破产境地,而不能继续向借款人支付借款,这意味着发生了抵押保险合同所承保的贷款人违约风险。此时,借款人有权向美国住房和城市发展部请求继续支付借款。美国住房和城市发展部则代替贷款人地位(包括抵押权人地位),继续履行 HECM 借款合同,向借款人支付借款。所以,抵押保险合同是 HECM 反向抵押借款合同制度的重要组成部分。抵押保险合同较好地分散了 HECM 反向抵押借款合同中的风险。当然,不是所有的反向抵押借款合同都具有这样的制度设计,这是 HECM 反向抵押借款合同独有的制度与结构设计。正是美国政府的这一独特设计,使 HECM 反向抵押借款合同自 1989 年以来迅速发展,并经历了 2008 年的金融危机,目前已经占美国各类反向抵押借款合同 98% 以上的比例。上述各组成部分相互联系,构成一个较为完整的制度体系,对借款人、贷款人双方的权益作出了较为周延的保护。各组成部分之间的关系与功能,如图 2.1 所示:

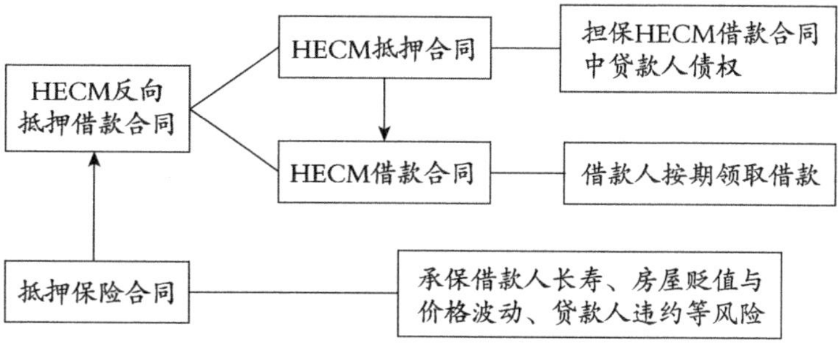

图 2.1　HECM 反向抵押借款合同结构与功能

2. 不动产逆向抵押借款合同的制度结构

与 HECM 反向抵押借款合同制度相比,我国台湾地区不动产逆向抵押借款合同制度的组成结构较为简单,只有逆向借款合同与逆向抵押合同两部分组成。逆向借款合同由我国台湾地区相关部门委托台湾土地银行与符合条件的老年人签订。我国台湾地区相关部门为贷款人,符合一定条件的老年人为借款人。在借款人有生之年,贷款人按月向借款人支付借款。同时,借款人与贷款人签订有逆向抵押合同。借款人以自有房屋为贷款人设定抵押权,担保贷款人债权实现。当借款人将来身故,或合同约定、"法律"规定的条件成就,逆向借款合同到期,贷款人可以通过法定程序行使抵押权,以房屋变现的金额优先实现债权。

不动产逆向抵押借款合同制度并未设置抵押保险合同。合同到期后,如果抵押房屋变现金额不足以清偿借款人欠贷款人的所有债务,贷款人是否有权就借款人其他财产进行追偿,"不动产逆向抵押试办方案"及"不动产逆向抵押作业规定"没有明文规定。但是,不动产逆向抵押借款合同要求借款人必须是无法定继承人的独身老人。我国台湾地区"民法"第1185条规定:"无人继承的遗产于清偿债权并交付遗赠物后,如有剩余,归属政府"。所以,当借款人身故,借款人无人继承的其他遗产,一律归属于台湾地区相关部门所有。相应地,贷款人就未受偿部分的债权,承担不足部分的损失。换句话说,作为贷款人的我国台湾地区相关部门,承担了合同履行期间的借款人长寿风险、房屋贬值与价格波动风险、利率波动风险等风险。所以,与HECM反向抵押借款合同制度相比,不动产逆向抵押借款合同制度组成结构相对简单。不动产逆向抵押借款合同制度的组成结构,如图2.2所示:

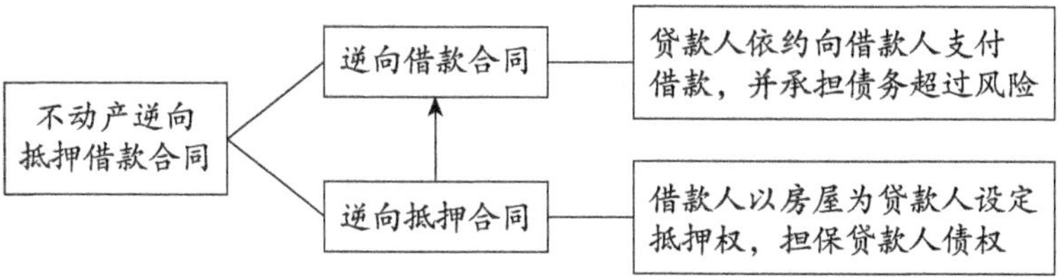

图 2.2　不动产逆向抵押借款合同的组成结构与各部分功能

(二)反向抵押借款合同的分类

依据不同的标准,反向抵押借款合同可以分为不同的种类。对反向抵押借款合同进行分类研究,有利于深化对该类合同的认识,深层次把握该类合同的性质与特征。

1. 有年金保险型反向抵押与无年金保险型反向抵押

以反向抵押借款合同是否与年金保险合同联立为标准,反向抵押借款合同可以分为有年金保险的反向抵押借款合同和无年金保险的反向抵押借款合同。有年金保险的反向抵押借款合同,是指借款人在与贷款人签订反向抵押借款合同,领取借款的同时,再作为投保人与保险公司签订终身年金保险合同,用贷款人支付的借款,购买终身年金保险,由保险公司按期向投保人(借款人)支付年金。无年金保险的反向抵押借款合同,是指借款人与贷款人签订反向抵押借款合同之后,贷款人按合同约定方式按期向借款人支付借款,借款人以所借资金用于生活消费,不再购买年金保险。

借款人长寿风险,是反向抵押借款合同蕴含的主要风险之一。有年金保险的反向抵押借款合同,由于有提供年金保险服务的保险公司介入,有效地分散和化解了可能发生的借款人的长寿风险。但是,借款人用借款购买年金保险,在负担借款利息、费用的同时,还要承担年金保险的相关费用,为此承担了较高的交易成本。反向抵押借款合同与终身年金保险合同相结合,是美国早期开展反向抵押借款合同的一种形式,现已被美国住房和城市发展部所禁止。我国人寿保险公司开办的反向抵押养老保险合同,在养老借款合同和养老抵押合同之外,设有延期年金合同,其组成结构与有年金保险的反向抵押借款合同较为接近。不同之处在于,人寿保险公司把延期年金合同置于反向抵押养老保险合同之内。有年金保险型反向抵押,是在反向抵押借款合同之外另设终身年金保险。

无年金保险的反向抵押借款合同,没有终身年金保险承保借款人的长寿风险。对于借款人长寿风险,如果合同约定借款人可以终身领取借款,则贷款人承担了借款人长寿风险。如果合同约定借款人只能按固定期限领取借款,则借款人承担了自己的长寿风险。美国房屋持有人抵押、财务自由计划,以及我国台湾地区的不动产逆向抵押借款合同,都属于无年金保险的反向抵押借款合同,主要由贷款人承担借款人长寿风险。HECM 反向抵押借款合同,没有与之联立的年金保险合同。但是,在该类合同之外,设有抵押保险合同,由美国住房和城市发展部作为保险人,承保了借款人的长寿风险。

2. 分享增值型反向抵押与不分享增值型反向抵押

以反向抵押借款合同到期结算时,贷款人对合同履行期间房屋增值部分的价值是否有权分享为标准,可以把反向抵押借款合同划分为分享增值型反向抵押借款合同与不分享增值型反向抵押借款合同。分享增值型反向抵押借款合同,是指合同到期结算时,贷款人除按照合同约定利率计取利息和相关费用外,对于合同履行期间房屋增值部分的价值,可以按照合同约定比例,与借款人或借款人的继承人一起,分享部分增值利益。不分享增值型反向抵押借款合同,是指合同到期结算时,贷款人可以按合同约定利率向借款人计取利息,并收取相关费用,对于合同履行期间房屋增值部分的价值,无权与借款人或其继承人一起，分享增值部分的利益。通常情况下，分享增值型反向抵押借款合同的利率低于不分享增值型反向抵押借款合同，或者借款人可以领取更高的借款额。

反向抵押借款合同的履行期限长达数年或数十年。其间，由于通货膨胀、土地增值、周边环境改善等因素，房屋价值可能大幅增值。分享增值型反向抵押对于贷款人较为有利。贷款人既有权收取借款利息，也有权按一定比例分享房屋增值部分的价值。对于借款人而言，不能完全享有合同履行期间的房屋增值利益，会影响其缔结反向抵押借款合同的积极性。当然，贷款人对于房屋增值部分是否有权分享，主要看相关法律规定及合同约定。美国《联邦条例》规定：反向抵押可以设置分享增值条款；当抵押到期应付或借款人全额偿还时，抵押人应当支付额外部分的利息（Additional Amount of Interest），其金额相当于抵押期间房屋增值部分的一定比例，该比例不超过房屋增值部分的25%。[1] 尽管法律有授权性规范，但是，由于房利美公司不承接分享增值型反向抵押借款合同，故实践中HECM反向抵押借款合同都不具有这一特征。[2] 我国反向抵押养老保险合同允许保险人参与分享合同履行期间的房屋增值利益。对此，中国银保监会指出："参与型产品是指保险公司可参与分享房产增值收益，通过评估，对投保人所抵押房产价值增长部分，依照合同约定在投保人和保险公司之间进行分配。非参与型产品是指保险公司不参与分享房产增值收益，抵押房产价值增长全部归属于投保人。"[3] 依幸福反向抵

---

〔1〕 See 24 C. F. R. § 206. 23. Shared appreciation (a).

〔2〕 See Bruce E. Foote, *Reverse Mortgages: Background and Issues*, End Note, 9, in Meghan Galloway & Richard Kantor eds., Reverse Mortgages: Elements, Considerations and Market Developments, Nova Science Publishers, Inc., 2013, p. 167.

〔3〕 参见《反向抵押指导意见》第4条第3项。

押养老保险合同约定，幸福人寿保险公司不参与分享合同履行期间的房屋增值。

3. 有追偿权反向抵押与无追偿权反向抵押

以贷款人对超出房屋变现金额部分的债权，对借款人及其继承人有无追偿权为标准，可以把反向抵押借款合同划分为有追偿权的反向抵押借款合同和无追偿权的反向抵押借款合同。有追偿权的反向抵押借款合同，是指合同到期结算时，如果抵押房屋的变现金额不足以清偿借款余额，贷款人就未受清偿部分债权，可以向借款人及其继承人追偿；借款人应以其所有的其他财产，继承人在其继承遗产的范围内，继续向贷款人承担清偿责任。无追偿权的反向抵押借款合同，是指合同到期结算时，借款人仅以抵押房屋的变现金额为限对贷款人承担“有限责任”；对于超出抵押房屋变现金额部分的债权，贷款人无权请求借款人以其个人的其他财产清偿，也无权请求借款人的继承人在其继承遗产的范围内予以清偿。

综上所述，反向抵押借款合同蕴含诸多风险，均可能导致合同最后结算时，借款的本金、利息和其他费用的总额超出抵押房屋的变现金额。有追偿权的反向抵押借款合同，是早期反向抵押借款合同的主要类型。由新加坡职总英康合作社开办的反向抵押借款合同，是有追偿权的反向抵押借款合同。显然，有追偿权的反向抵押借款合同对于大多数借款人而言并无吸引力，人们更倾向选择无追偿权的反向抵押借款合同。[1] 目前，无追偿权的反向抵押借款合同是多数国家和地区开展反向抵押借款合同的主要形式。

---

〔1〕 See Bruce E. Foote, *Reverse Mortgages: Background and Issues*, in Meghan Galloway & Richard Kantor eds., Reverse Mortgages: Elements, Considerations and Market Developments, Nova Science Publishers, Inc., 2013, p. 151.

4. 固定期限型反向抵押与终身型反向抵押

以借款人领取借款、偿还借款是否有固定期限为标准，反向抵押借款合同可分为固定期限型（Term）反向抵押借款合同与终身型（Tenure）反向抵押借款合同。固定期限型反向抵押借款合同，是指借款人领取和偿还借款设有固定的期限；合同履行期间，借款人依合同按期领取固定金额的借款；期限届至，借款人应清偿借款余额，或搬离房屋，由贷款人行使抵押权，以房屋变现金额实现债权。终身型反向抵押借款合同，是指借款人可以终身占有和使用房屋，可以终身领取借款；当借款人身故、搬离或合同约定的其他合同到期的条件成就，合同才到期清算。对借款人而言，固定期限型反向抵押蕴含的风险较高。因为合同到期时，借款人不但无处领取借款，而且为了清偿还借款本息，还面临着搬离、出售房屋，居无定所的窘境。所以借款人不愿缔结这样的反向抵押借款合同，但是贷款人愿意缔结固定期限型反向抵押借款合同。“在 1990 年之前，贷款人只愿意缔结固定期限的反向抵押借款合同。借款人可领取的借款额容易确定——只要确定利率、借款期限和最终借款额，很容易计算出借款人每月可领取的借款额。”[1] 为保障借款人终身占有、使用房屋的权益，1987 年美国的《住房和社区发展法》授权住房和城市发展部开办 HECM 反向抵押借款合同。这是美国第一种在全国范围内开办的，允许借款人终身居住房屋的反向抵押借款合同。现在各国和地区开展反向抵押业务，都采取终身型反向抵押借款合同。

对贷款人而言，终身型反向抵押借款合同蕴含较高风险。因为在这类反向抵押借款合同中，借款人可以终身领取借款，可以终身占

〔1〕 See Bruce E. Foote, *Reverse Mortgages: Background and Issues*, in Meghan Galloway & Richard Kantor eds., Reverse Mortgages: Elements, Considerations and Market Developments, Nova Science Publishers, Inc., 2013, p. 154.

有、使用房屋。随着时间推移,债务逐年增高。如果借款人缔结合同时年龄过低,或者借款人存活年龄超过其预期寿命,或者抵押房屋预期增值率被高估,债务额将超过抵押房屋的价值。贷款人将承担债务超过的借款人长寿等风险。所以贷款人不愿缔结这样的反向抵押借款合同。随着反向抵押借款合同制度的进一步发展和完善,目前,各个国家和地区开展的反向抵押借款合同,如 HECM 反向抵押借款合同、不动产逆向抵押借款合同和反向抵押养老保险合同,都是终身型反向抵押。

5. 政府指导型反向抵押、政府参与型反向抵押与政府主导型反向抵押

以政府部门在合同签订、履行中所起作用的不同,反向抵押借款合同可分为政府指导型反向抵押借款合同、政府参与型反向抵押借款合同和政府主导型反向抵押借款合同。参与缔结反向抵押借款合同的借款人都是老年人。依法保护老年借款人的合法权益,是政府部门的责任。为确保反向抵押借款合同制度顺畅运行,在通常情况下,政府部门以市场监督者和管理者的身份,指导反向抵押借款合同的签订及履行过程,而并不直接作为合同的当事人参与到合同中。所以一般的反向抵押借款合同都是政府指导型反向抵押借款合同,如我国的反向抵押养老保险合同,美国的房屋持有人抵押和财务自由计划。但是,从社会养老保障视角来看,在 HECM 反向抵押借款合同中,美国住房和城市发展部以政府财政为支持,以抵押保险人身份直接参与到 HECM 反向抵押借款合同制度中,承保合同履行过程中的风险,可以称为政府参与型反向抵押借款合同。在我国台湾地区,政府部门作为贷款人和抵押权人,委托土地银行与符合条件的老年人签订不动产逆向抵押借款合同。这样,我国台湾地区政府部门成为合同的一方主体,既享有合同权利,又承担合同义务。基于这一

特征,我国台湾地区的不动产逆向抵押借款合同,可称为政府主导型反向抵押借款合同。

6. 标准型反向抵押与节约型反向抵押

以借款成本高低与借款额的多少为标准,可以对 HECM 反向抵押借款合同进行再分类,区分为标准型 HECM 反向抵押借款合同与节约型 HECM 反向抵押借款合同。2010 年 10 月,美国住房和城市发展部规定了一种新型的 HECM 反向抵押借款合同(HECM Saver Program,简称节约型 HECM 反向抵押借款合同)。该类合同虽然可借款数额较少,但预付的抵押保险费较低。以房屋价值 200,000 美元、借款人 68 岁、利率按 5% 的案件为例,对比标准型 HECM 反向抵押借款合同与节约型 HECM 反向抵押借款合同的抵押保险费与借款额,如表 2.3 所示:[1]

表 2.3 标准型与节约型 HECM 反向抵押借款合同的比较

特征	标准型 HECM 反向抵押借款	节约型 HECM 反向抵押借款
预付抵押保险费	房屋评估价格或最大请求额(两者中较少者)的 2%;例示:4000 美元	房屋评估价格或最大请求额(两者中较少者)的 0.01%;例示:200 美元
借款额	较大;最高借款额达到房屋评估价格(或最大请求额)的 62% ~ 77%,取决于借款人年龄及利率;例示:130,400 美元	较小;最高借款额达至房屋评估价格(或最大请求额)的 51% ~ 61%,取决于借款人年龄及利率;例示:108,600 美元

统计数据显示,节约型 HECM 反向抵押借款合同在老年借款人及选择可调整利率的借款人中可能更受欢迎。这似乎表明,整体上

〔1〕 See Consumer Financial Protection Bureau, *Reverse Mortgages Report to Congress*, p. 24(June 28,2012), http://files. consumerfinance. gov/a/assets/documents/201206_cfpb_Reverse_Mortgage_Report. pdf.

需要较少借款额的借款人也不需要立即领取所有的借款额，因此不需要大量借款额的借款人，更可能选择节约型 HECM 反向抵押借款合同（以利用其较少的预付抵押保险费），同时可能选择可调整利率（以节约利息成本）。[1] 但是，美国消费者金融保护局调查发现，从当今市场来看，借款人在节约型 HECM 反向抵押借款合同中所支付的利率，要高于标准型 HECM 借款合同 0.25 ~ 0.5 个百分点；所以当借款合同到期应付时，如果借款余额超出了抵押房屋的价值，与标准 HECM 反向抵押借款合同中借款人相比，节约型 HECM 反向抵押借款合同中的借款人领取了较少的借款，而房屋价值中的大部分比例支付了借款利息。[2]

（三）反向抵押借款合同具有的比较优势

1. 多样式的“以房养老”模式

利用房屋的使用价值和交换价值实现“以房养老”功能，其运作模式多式多样。我国传统民法制度中的遗赠扶养协议，即扶养人与被扶养人通过合同约定，扶养人承担被扶养人的生养死葬义务，于被扶养人身故后获得包括房屋产权在内的各项财产权益，在某种程度上也具有“以房养老”的功能。此外，近年来，我国各地也在逐步探索各种形式的“以房养老”模式。例如，2005 年，南京汤山的“温泉留园”老年养老公寓创立了南京模式的“以房养老”，即老年人免费搬到老年公寓生活，该园把老人的房屋出租，所得租金用以补偿老人在

---

[1] See Meghan Galloway & Richard Kantor eds., *Reverse Mortgages: Elements, Considerations and Market Developments*, Nova Science Publishers, Inc., 2013, p. 40.

[2] See Consumer Financial Protection Bureau, *Reverse Mortgages Report to Congress*, p. 27 (June 28, 2012), http://files.consumerfinance.gov/a/assets/documents/201206_cfpb_Reverse_Mortgage_Report.pdf.

公寓内的生活支出，并在老年人去世后取得房屋产权。[1] 2006年，上海市公积金管理中心创设了上海模式的"以房自助养老"模式，实质为售后返租的模式。[2] 2007年，北京市寿山福海国际养老服务中心与中大恒基房产经济有限公司联合推出"养老房屋银行"，实质为老年人搬入养老机构居住，由房屋中介机构代为出租房屋，租金用于支付老年人在养老中心的费用，老年人仍然保留房屋产权，被称为北京模式的"以房养老"。[3] 从实践效果来看，这些探索模式都没有取得预想的社会效果，难以形成规模效应。

我国台湾地区有学者认为，对于各式各样"以房养老"的交易安排，无非针对不同的情形和条件，创造对彼此比较有利的工具，故可以把各种"以房养老"模式，分为以下四种类型：一是单纯民事的"以房养老"安排；二是依大数法则运作的商事交易；三是政府直接间接介入的交易；四是非营利性的社会照顾契约。[4] 按照这一分类标准，我国传统民法上的遗赠扶养协议制度，德国、瑞士、奥地利的定期金不动产负担制度，法国民法规定的终身定期金契约，都属于单纯民事的"以房养老"安排。美国的房屋持有人抵押、财务自由计划，我国上述南京模式、上海模式、北京模式的"以房养老"，以及我国人寿保险公司开办的反向抵押养老保险合同，属于依大数法则运作的商业交易类型。我国台湾地区试行的不动产逆向抵押借款合同制度属于"政府"直接介入的交易。美国HECM反向抵押借款合同，属于依大

〔1〕 王静：《以南京模式重回桌面为例谈以房养老模式的业务主体》，载《劳动保障世界》2012年第7期；邓大洪：《以房养老能否绕过"南京模式之殇"》，载《中国商报》2013年9月24日，第7版。

〔2〕 王成程：《"以房养老"在中国的实践分析》，载《价值工程》2009年第3期。

〔3〕 参见王皓：《京城出现"养老房屋银行"专业机构代空巢老人租房养老》，载《北京日报》2007年10月19日，第6版。

〔4〕 参见苏永钦：《从以房养老谈几个民法观念》，载《月旦裁判时报》2015年第1期。

数法则运作的商事交易,与政府间接介入交易的结合。除民间交易之外,可以减轻政府负担的另一种方式是由社会福利机构投入,提供老人细致照顾的非营利性社会照顾契约。[1]

整体而言,与其他类型的"以房养老"模式相比,反向抵押借款合同具有其自身优势。第一,反向抵押借款合同以可计算的货币形式,明确了借款人与贷款人之间的权利义务关系;第二,多数类型的反向抵押借款合同是无追偿权合同;对于超出房屋价值部分的债权,贷款人对于借款人及其继承人无追偿权,这样借款人及其继承人的权益得到较为周延的保障;第三,在 HECM 反向抵押借款合同中,通过合同的条款设计和政府以保险人身份介入,化解了合同履行期间的借款人长寿风险、利率波动风险、贷款人违约风险及房屋贬值与价格波动风险,更有利于大规模推广适用。总之,在实现"以房养老"功能方面,反向抵押借款合同有其自身的优势。

2. 与遗赠扶养协议相比具有的优势

《民法典》第 1158 条规定:"自然人可以与继承人以外的组织或者个人签订遗赠扶养协议。按照协议,该组织或者个人承担该自然人生养死葬的义务,享有受遗赠的权利。"遗赠扶养协议的主体,一方是有一定财产(通常是房产)、需要扶养的被扶养人,包括老年人以及丧失劳动能力、缺乏生活来源的自然人,另一方是被扶养人所在的集体所有制组织,或者被扶养人的法定继承人以外的、愿意承担扶养义务的自然人。遗赠扶养协议的内容,不是单纯地提供生活资料,也不是单纯地给付金钱,而是扶养人承担对被扶养人生养死葬的义务,享有接受遗赠的权利;被扶养人生前享有受扶养和照顾的权利,并负有将自己的财产遗赠给扶养人的义务。遗赠扶养协议妥善解决了被扶养人生

---

〔1〕 参见苏永钦:《从以房养老谈几个民法观念》,载《月旦裁判时报》2015 年第 1 期。

养死葬问题,使被扶养的老年人、丧失劳动能力又缺乏生活来源的自然人的生活有保障,能安度晚年,身后事宜也得到妥善安排。

从实践来看,签订遗赠扶养协议的被扶养人,主要是农村集体经济组织内的"五保"老人。由于没有子女赡养,老人需要签订遗赠扶养协议,解决其生养死葬问题。遗赠扶养协议与反向抵押借款合同,都能保障老年人在现有的居住条件与环境中养老。遗赠扶养协议能给老年人提供其他生活方面的照顾,这是反向抵押借款合同的不及之处。但是,反向抵押借款合同具有自身的优势。首先,签订反向抵押借款合同的借款人,可能是没有子女的老年人,也可能是有子女的老年人。对于有子女的老年人而言,他(她)仅由于劳动能力降低而收入减少,需补充养老资金,以维持或改善其生活条件,才需要签订反向抵押借款合同。所以反向抵押借款合同的适用范围,要比遗赠扶养协议广泛。其次,签订遗赠扶养协议以有妥适的扶养人愿意承担老人生养死葬的义务为前提。如今,老龄化与少子化问题并存。很多家庭系独生子女。独生子女自己尚有父母需要赡养,更不要说赡养其他老人。所以对于有遗赠扶养协议需求的老年人而言,寻找愿意签订遗赠扶养协议的扶养人,并不是一件容易的事情。在反向抵押借款合同制度中,符合条件的借款人可随时申请借款,以所得借款获得相应的社会服务,并不需要具体的扶养人。最后,遗赠扶养协议表现为被扶养人对扶养人人身的依赖性。遗赠扶养协议既包含遗赠人死后依约定将遗产无偿转让给扶养人的内容,也包含扶养人生前对遗赠人尽赡养义务的内容,而赡养行为本身属于身份行为的范畴,它既包括为遗赠人提供物质上的帮助,也包括对遗赠人的生活料理、精神抚慰等非财产性质的行为。[1] 被扶养人对扶养人的人身依

〔1〕 参见陈本寒:《我国遗赠扶养协议制度之完善》,载《政治与法律》2014 年第 6 期。

赖性决定,老年人寻找到适合自己的交易相对人的机会,要远远低于签订反向抵押借款合同,实现“以房养老”的机会。

3. 与不动产负担相比具有的优势

不动产负担是大陆法系的一种土地利用制度。《德国民法典》第1105条第1款规定:“一块土地可以以该土地中向因设定负担而受利益的人支付定期给付的方式,被设定为负担(物上负担)。如按约定中所定的要件,土地被设定负担的方式和范围可予以确定,则作为物上负担的内容,也可以约定使所需支付的给付易于适应变化了的状况。”[1]不动产负担的特征在于,对权利人支付“来自土地的”继续性给付;该给付不限于金钱给付,还可以为物的给付或劳务给付;不动产负担最主要适用的情形是“终老财产权利”:老农将其农庄移交给其继承人,同时又给自己设定终老财产权利;为使该权利能对继受人产生效力,就必须使其“物权化”;终老财产通常包括一项居住权(采取《德国民法典》第1093条之限制的人役权方式,使其物权化)、按照终老财产人的需求供给实物与农庄的出产物。[2] 老年农民把农家院落的所有权转移给子女或其他继承人,自己保留从土地中获得定期给付(实物给付、金钱给付或劳务给付)的权利,从而使自己老有所养。[3] 因此,作为“以房养老”的一种模式,在不动产负担中,老年人把土地、房屋所有权转让给负有扶养义务的儿子,老年人取得不动产负担权;土地负担权人可以对土地所有权人请求,包括头期款(日常生活事项的备用款)、定月款项、定时打扫、殡葬费及其他;其他事

---

〔1〕 参见陈卫佐译注:《德国民法典》,法律出版社2015年版,第387页。

〔2〕 参见[德]鲍尔、施蒂尔纳:《德国物权法》(上册),张双根译,法律出版社2004年版,第735~737页。

〔3〕 参见孙宪忠:《德国当代物权法》,法律出版社1997年版,第255页。

项包括准备餐点，去医院治疗等内容。[1]

在保障老年人安享晚年方面，依据反向抵押借款合同，贷款人仅向借款人提供现金，而不提供金钱之外的给付，不能满足老年人多方面生活需求，这是反向抵押借款合同的劣势所在。但是，反向抵押借款合同也有其自身优势。首先，反向抵押借款合同适用范围较广。只要是符合年龄条件、享有独立产权的老年人，都可以与从事反向抵押借款合同的金融、保险机构签订合同。其次，在父母与子女之间设立不动产负担，不符合中国人养儿防老的传统观念，难以为民众所接受；在老人与其他自然人之间设定物权性质的不动产负担，不符合物权法定原则。再次，《民法典》第1067条第2款规定：成年子女不履行赡养义务的，缺乏劳动能力或者生活困难的父母，有要求成年子女付给赡养费的权利。《民法典》第1070条规定：父母和子女有相互继承遗产的权利。在《民法典》明文规定父母与子女之间赡养、继承的权利与义务内容的情况下，没有必要再以不动产负担方式，约定父母与子女之间的权利义务内容。最后，在反向抵押借款合同中，借款人与贷款人之间的权利、义务关系明确，可以通过货币数额的形式精确计算；尤其是在HECM反向抵押借款合同中，政府以保险人身份承保了合同履行过程中的各类风险，这是不动产负担无可比拟的优势。

4. 与售后返租相比所具有的优势

“售后返租是对一种交易形式的宽泛界定，用于描述财产让与后，再把交易的标的物出租给销售者的交易。典型的售后返租是关于土地的不动产交易，投者人通过改善土地状况，再把土地出租给土地出让人。”[2]售后返租多用于商业经营领域，企业可以利用这种交

---

〔1〕 参见苏永钦：《从以房养老谈几个民法观念》，载《月旦裁判时报》2015年第1期。

〔2〕 See William L. Vallee, *Sale - Leaseback Transactions by Tax - exempt Entities and the Need for Congressional Guidelines*, 12 Fordham Urban Law Journal 352(1983/1984).

易形式筹得相当于房屋价值的资金,用于生产经营,而负担较少的交易费用。企业通过抵押借款方式,通常只能获得抵押房屋价值70% ~ 80%的借款额;通过售后返租,企业可以获得房屋100%的交易价格(以较低的交易成本),而仍然可以使用和占有房屋。

售后返租作为一种"以房养老"的制度安排,是指老年房屋所有权人将房屋以打折价格出售给投资人,投资人再把房屋租给出售人,使其终身可以居住;投资人负责支付不动产税、房屋保险和保养,再向出售人按月支付扣除租金之后的款项;在一些售后返租安排中,出售人的子女最后购买房屋,以避免房屋出售给不相关的第三方。[1] 通过售后返租的模式,老年人在将房屋卖出的同时与买受人签订终身租赁协议。老年人得到一部分首付款,其余部分款项由买方按月支付本金和利息,老年人按月支付买方租金,仍居住于原来的房屋内。此时,老年人仅以承租人的身份占有并使用房屋。房屋上所有的负担,包括房产税、房屋保险、维修及保养等费用将由新的房屋所有权人承担。这些可变因素使售后返租交易的磋商过程极为复杂,双方必须就交易价格、首付款、借款时间和租赁合同达成一致,而这些条款相互联系,影响老年人的各项利益。[2] 要通过协商谈判就上述各方面问题达成一致,通常超出老年人的能力范围。

与反向抵押借款合同相比,售后返租存在以下几方面不足:第一,售后返租的一个主要障碍是很难找到买房人,或者说投资人。除了第三方投资人外,老年人家庭成员、亲友也许能够提供帮助,但这

---

〔1〕 See Dorothy E. Cumby, *Effects of legislation on the reverse annuity mortgages as a means of home equity conversion*, 13 Fordham Urban Law Journal 869(1984/1985).

〔2〕 See Bruce E. Foote, *Reverse Mortgages: Background and Issues*, in Meghan Galloway & Richard Kantor eds., Reverse Mortgages: Elements, Considerations and Market Developments, Nova Science Publishers, Inc., 2013, p. 151.

不具有确定性,多数人也不愿意做这样的交易。第二,在买方通过传统抵押借款合同形式购房时,一旦买方违约未按期向贷款人偿还借款,老年人可能面临买方赎回权被取消,自己作为房屋承租人所面临的窘境。[1] 第三,房屋出售以后,老年人丧失房屋的所有权,只能以承租人的身份居住他人的房屋,从情感上来说,难以为老年人所接受;第四,从当前房地产发展市场来看,房屋价格波动较大,如果老年人出售房屋后房屋价格上涨,则老年人不能享有房屋增值带来的利益。与售后返租不同的是,反向抵押借款合同则不存在上述问题,老年人可以在自己享有所有权的房屋内居住,而且可以享有房屋增值带来的利益,或者把房屋的增值利益作为遗产留给继承人。

5. 与终身地产权相比具有的优势

终身地产权(Life Estate)是英美法系的一种不动产制度。终身地产权是在一个人生存期间有效的地产权;这种地产权以当事人的终身为期限,不能继承,一旦该当事人去世,地产权限终止。[2] 在终身地产权设置中,房屋所有权人把房屋的剩余利益(Remainder Interest)让渡给他人,而自己保留终身地产权,这种方法与老年人在保持对房屋占有、使用的前提下,把房屋的一部分价值转换成可支配的现金的目标相一致,是一种把房屋所有权区分为当前权益(终身地产权)与未来权益(剩余利益)两部分的方法。房屋所有权人把房屋的剩余利益出售领取一笔现金,或按月领取,或两者的结合;在房主去世时,终身地产权到期,剩余权益人(Remainderman)取得完全权益,

---

〔1〕 See Celeste M. Hammond, *Reverse Mortgage: A Financial Planning Device for the Elderly*, 1 Elder Law Journal 75 (1993).

〔2〕 参见何宝玉:《地产法原理与判例》,中国法制出版社 2013 年版,第 27 页。

有权占有房屋。[1] 终身地产权在家族赠与中较为常见,因多种因素影响,当今设立土地的普通法终身产权已很罕见,它已经被更为有效的工具——信托所取代;英国于 1925 年取消了普通法终身地产权,美国各州最终也可能追随这一做法。[2]

与反向抵押借款合同相比,在保障老年人获得可支配的养老资金方面,终身地产权同样存在不足之处,所遇到的困难与售后返租基本相同。首先,终身地产权交易主要是在家庭成员之外找到剩余利益的受让人,故一般难以找到合适的投资人。在终身地产权人身故时间不确定、未来取得完全权益时间不确定的情况下,谁愿意承担这样的投资带来的风险呢?其次,如果剩余利益的受让人没有按期履行资助老年人的协议,老年人或者不能获得交易收益,或者被迫为此付出额外的成本,以获得有效的现金支持。[3] 最后,如果将来房屋增值,老年人却难以享有增值部分的利益。而在反向抵押借款合同场合,对老年人而言,则不存在这些问题。

6. 与反向年金抵押相比具有的优势

反向年金抵押是 20 世纪 70 年代提出的一种"以房养老"方式,是现代反向抵押借款合同的早期形态之一。反向年金抵押是寿险公司与银行联合运作的反向抵押模式。其运作的过程是:首先,房主以其拥有完全产权的房屋为抵押,向银行一次性取得整笔借款;其次,房主用所借款项向寿险公司购买终身年金保险;再次,房主每期从寿

---

〔1〕 See Celeste M. Hammond, *Reverse Mortgage: A Financial Planning Device for the Elderly*, 1 Elder Law Journal 75 (1993).

〔2〕 参见[美]约翰·G. 斯普兰克林:《美国财产法精解》,钟书峰译,北京大学出版社 2009 年版,第 107~110 页。

〔3〕 See Andrew C. Helman, *Putting Equity back in Reverse Mortgages: How State Legislatures Can Bring Fairness to Home Equity Conversion Mortgages*, 12 Marquette Elder's Advisor 415 (2011).

险公司取得年金收入作为养老生活支出,一直到身故为止;最后,房主身故后,以房屋偿还所欠银行的反向抵押借款,银行对该笔借款业务的开办成本与收益最后结算。[1]

本书将在第三章“对借款人使用借款的用途限制与保护”部分,对反向年金抵押作进一步研究。此处仅从反向年金抵押与反向抵押借款合同比较的角度,对比分析反向年金抵押。老年人通过反向年金抵押从寿险公司获得的可支配收入,与老年人从银行借款时约定的借款利率之间有紧密联系。在利率较高的情况下,老年人通过反向抵押年金获得的收益可能不足以支付相应的利息。以一位女性老年人为例,老人通过一份反向抵押借款合同获得 20 万美元借款,全部用于购买年金保险,其在不同年龄段和不同借款利率下的每月年金总收益、需扣除的利息和扣除利息后的每月年金净收益,如表 2.4 所示:[2]

表 2.4 反向年金抵押每月收益的比较

单位:美元

	房屋所有人年龄					
	55 岁	**60 岁**	**65 岁**	**70 岁**	**75 岁**	**80 岁**
年金总收益/月	**1062**	**1114**	**1243**	**1380**	**1611**	**1937**
扣除利息						
5% 利率	833	833	833	833	833	833
年金净收益	229	281	410	547	778	1104

[1] 参见潘秀菊、李智仁:《以房养老商品——反向抵押贷款制度之理论与实务》,台北,元照出版有限公司 2010 年版,第 13 ~ 14 页。

[2] See Bruce E. Foote, *Reverse Mortgages: Background and Issues*, in Meghan Galloway & Richard Kantor eds., Reverse Mortgages: Elements, Considerations and Market Developments, Nova Science Publishers, Inc., 2013, p. 152.

续表

	房屋所有人年龄					
	55 岁	60 岁	65 岁	70 岁	75 岁	80 岁
6% 利率	1000	1000	1000	1000	1000	1000
年金净收益	62	114	243	380	611	937
7% 利率	1167	1167	1167	1167	1167	1167
年金净收益	-105	-53	76	213	444	770
8% 利率	1333	1333	1333	1333	1333	1333
年金净收益	-271	-219	-90	47	278	604
9% 利率	1500	1500	1500	1500	1500	1500
年金净收益	-438	-386	-257	-120	111	437
10% 利率	1667	1667	1667	1667	1667	1667
年金净收益	-605	-553	-424	-287	-56	270
11% 利率	1833	1833	1833	1833	1833	1833
年金净收益	-771	-719	-590	-453	-222	104
12% 利率	2000	2000	2000	2000	2000	2000
年金净收益	-938	-886	-757	-620	-389	-63

反向年金抵押有效分散了借款人长寿风险。但是对于借款人而言,与反向抵押借款合同相比,其不足之处也十分明显。第一,借款人可支配的现金收入较少,难以实现老年人缔结反向抵押年金合同的目的。如表 2.4 所示,借款人的借款总额一直保持在 20 万美元,但其年金收入在扣除借款成本以后,所剩无几。借款人 55 岁时,按借款利率 5% 计算,每月年金收益是 1062 美元,扣除 833 美元利息,实得收益 229 美元。第二,利率增长与存活年龄较短,对借款人构成风险。如表 2.4 所示,女性借款人年龄在 55 岁至 60 岁时,如果借款

利率达到7%时,借款人每月应付的借款利息为1167美元,每月的年金收益尚不足以支付借款利息,成为负值。老年人缔结反向抵押年金合同,根本不能实现"以房养老"的目的。"此外,如果借款人身故过早,反向年金抵押对借款人也是一种风险;假定一位75岁的女性老年人领取反向抵押年金12个月后去世,即使她收到的总收益为1.9332万美元,而抵押房屋所负的债务,已达2万美元。"[1]第三,老年人为了获得可支配的年金,需要缔结两份合同,承担两份费用。首先,老年人为购买反向年金,需要以房屋设定抵押,向贷款人借款,签订抵押借款合同;其次,为了能领取终身年金,老年人需要与保险人签订终身年金保险合同,用所借款项购买终身年金。老年人为其负担两笔交易的费用,而贷款人和年金保险人均获得稳定的投资收益。第四,与HECM反向抵押借款合同相比,对于可能发生的房屋贬值与价格波动风险、利率波动风险及保险人违约风险,反向年金抵押缺乏相应的风险分散与防范机制。

由于反向年金抵押存在上述缺陷,美国通过立法,限制参与HECM反向抵押借款合同的老年人以获得的借款购买年金保险。因为HECM反向抵押借款合同已经分散了合同履行过程中的各类风险,老年人再以借款购买年金保险,程序设置上没有必要,资金使用上也没有效率。

四、反向抵押养老保险合同的性质、结构与特征

通过反向抵押实现"以房养老",有多种类型的运作模式。从承办机构来看,反向抵押可以由从事信贷业务的银行开办,如反向抵押

---

〔1〕 See Bruce E. Foote, *Reverse Mortgages: Background and Issues*, in Meghan Galloway & Richard Kantor eds., Reverse Mortgages: Elements, Considerations and Market Developments, Nova Science Publishers, Inc., 2013, p. 153.

借款合同,也可以由从事养老保险业务的寿险公司开办,如反向抵押养老保险合同,还可以由银行与保险公司联合开办,如反向年金抵押。幸福反向抵押养老保险合同,是由从事寿险业务的幸福人寿保险公司独立开办的反向抵押类合同。对比 HECM 反向抵押借款合同与幸福反向抵押养老保险合同,二者在合同名称、组成结构等方面存在诸多不同,但二者的运行原理、合同性质与各组成部分的功能,并不存在实质性差异。在幸福反向抵押养老保险合同中,发挥主要功能的是借款合同和抵押合同,而在 HECM 反向抵押借款合同制度中,也设有综合性的抵押保险合同。不同之处在于,幸福反向抵押养老保险合同中的延期年金保险合同,仅承保借款人的长寿风险,而 HECM 反向抵押借款合同中的抵押保险合同,则承保了借款人长寿风险、房屋贬值与价格波动风险,以及可能发生的贷款人违约风险。

(一)反向抵押养老保险合同的性质

根据《反向抵押指导意见》的规定,我国老年人住房反向抵押养老保险,是一种将住房抵押与终身养老年金保险相结合的创新型商业养老保险业务。幸福反向抵押养老保险合同约定,拥有房屋完全产权的老年人,将其房产抵押给保险公司,继续拥有房屋占有、使用、收益和经抵押权人同意的处分权,并按照约定条件领取养老金直至身故;老年人身故后,保险公司获得抵押房产处分权,处分所得将优先用于偿付养老保险相关费用。[1] 从幸福反向抵押养老保险合同的内容来看,合同生效后,保险人负有向被保险人支付养老保险金的义务。被保险人每生存至养老保险金给付日零时,保险人应按合同约

---

〔1〕 参见《幸福房来宝老年人住房反向抵押养老保险(A 款)》第 1.2 条:老年人住房反向养老保险。

定的基本养老保险金额(扣除被保险人应承担的相关费用之后),向被保险人支付一次养老保险金。[1] 同时,为了使被保险人能够终身领取养老保险金,在特定期限的每个保单年度之初,被保险人需向被保险人缴纳延期年金保费,被保险人缴纳的延期年金保费将累积用于特定期限后的养老保险金支付。[2] 当然,被保险人不是以现金方式向保险人支付延期年金保费。按照合同约定,延期年金保费将在需要缴纳时计入累积计算的养老保险相关费用账户,并累积计息。[3] 所以从合同形式和内容来看,幸福反向抵押养老保险合同是一种年金式养老保险合同。但是,幸福反向抵押养老保险合同并不是一种纯粹的年金式养老保险合同。要深入理解其合同的性质,需要对其进一步解构,探析其内部结构,进而确定该类合同的法律性质。

(二)幸福反向抵押养老保险合同的结构

从合同结构来看,幸福反向抵押养老保险合同由养老借款合同、养老抵押合同和延期年金保险合同三部分组成。

1. 特定期限的含义与意义

在幸福反向抵押养老保险合同中,"特定期限"有其特殊的含义与意义。特定期限,是指基于被保险人未来生存时间的预计而估算,从本主险合同生效时起,至满本主险合同约定的保单年度数时止,不同性别和年龄的被保险人对应特定的保单年度数将在保险单上载明。[4] "特定期限"是幸福人寿保险公司根据国民生命表而预先估计的、特定年龄的人口可能存活的期限。根据大数法则,可以根据全

---

〔1〕 参见《幸福房来宝老年人住房反向抵押养老保险(A 款)》第 2.2 条:保险责任。
〔2〕 参见《幸福房来宝老年人住房反向抵押养老保险(A 款)》第 4.1 条:延期年金的利益。
〔3〕 参见《幸福房来宝老年人住房反向抵押养老保险(A 款)》第 4.2 条:延期年金的保费。
〔4〕 参见《幸福房来宝老年人住房反向抵押养老保险(A 款)》注释 7。

国或某个地区过去一定时期内总人口身故率的经验数据，大致估算总人口的平均寿命、生存概率，从而获得“国民生命表”，这种国民生命表是国民年金的重要技术基础，可以作为寿险业运营的参考。[1]

在幸福反向抵押养老保险合同中，“特定期限”具有重要意义。老年人缔结幸福反向抵押养老保险合同时，保险人根据被保险人的性别、年龄和国民生命表，确定被保险人的平均生存年限。平均生存年限是保险人预期被保险人可能生存的年限，也是被保险人缴纳延期年金保费的期限。特定期限把幸福反向抵押养老合同的履行分为两个阶段，决定了幸福反向抵押养老保险合同在特定期限内与特定期限外两种不同的法律性质。以60周岁男性被保险人为例，延期年金保险合同费率表为其设定的特定期限为26年。如果一位60周岁的男性缔结合同，需要缴纳26年的延期年金保费，这意味着保险人预期60岁的男性平均预期寿命为86周岁。[2] 在特定期限的26年内，保险人给付被保险人的养老保险金，是借款性质的资金。特定期限的26年之后，保险人给付被保险人的养老保险金数额不变，但其性质已经发生变化，是真正意义上的养老保险金。

2. 幸福反向抵押养老保险合同的组成结构

基于“特定期限”的特殊含义与意义，本书认为，幸福反向抵押养老保险合同不是一种单纯的年金式养老保险合同。该合同的主要组成部分是养老借款合同和延期年金保险合同结合而成的混合合同，系混合合同中的类型结合合同。[3] 两类合同相结合，共同承担着在

---

〔1〕 参见庹国柱、方明川：《年金保险》，北京大学出版社2010年版，第4页。

〔2〕 参见《幸福房来宝老年人住房反向抵押养老保险（A款）》费率表。

〔3〕 混合合同，是指由数个合同的部分而构成的合同，它在性质上属于一个合同；类型结合合同是混合合同的一种类型，是指一方当事人所负的数个给付义务属于不同的合同类型，彼此之间居于同值地位，对方当事人仅负单一对待给付或不负任何对待给付的合同。参见崔建远：《合同法》，北京大学出版社2013年版，第23页。

被保险人有生之年向其支付借款与养老保险金的功能。在这两类合同之外，另设有养老抵押合同。养老抵押合同是养老借款合同的从合同，担保整个合同履行期保险人向被保险人支付的借款、计取的保费和各项费用，以及上述资金的利息等债权的实现。以特定期限为标准，反向抵押养老保险合同的履行期间可分为两个阶段。由此两个阶段所决定，反向抵押养老保险合同包含了上述三种不同性质的合同。具体分析如下：

一是养老借款合同。在特定期限内，保险人向被保险人支付养老保险金，金额要计入被保险人累计计息的相关费用账户。[1] 该款项名为养老保险金，实质为借款。特定期限期间是养老借款合同的履行阶段。同时，在特定期限内，被保险人要向保险人缴纳保费，这是延期年金保险合同的积累阶段。事实上，被保险人并未向保险人缴纳保费，保险人也没有真正收取被保险人的保费。保险人是以向被保险人出借资金而未支付，计入被保险人相关费用账户的形式，收取了被保险人的保费。关于特定期限内的养老借款合同性质，可以从以下几方面进行确定：

首先，被保险人与保险人之间不存在即付年金保险合同。在年金保险合同中，保险人保证连续地、定期地对年金受领人给付年金；在终身年金保险合同下，保险人保证给付年金，直至年金受领人身故。[2] 年金保险的运作机制包括两个方面：第一，年金的积累过程；第二，年金的给付过程。[3] 为了给付年金，保险人必须在年金的积累期间（accumulation period）积聚资金。年金积累期间，是向受领人给

---

〔1〕 参见《幸福房来宝老年人住房反向抵押养老保险（A 款）》第 5.2 条：累积计息养老保险相关费用账户。

〔2〕 参见齐瑞宗、肖志立：《美国保险法律与实务》，法律出版社 2005 年版，第 439 页。

〔3〕 同上注，第 441～443 页。

付年金而需积累资金的时期。一般而言，年金购买人在积累期间缴纳的保费，扣除保险人的销售费用和管理费用后的余额用于储蓄。积累期间的储蓄包括本金、投资证券之类所获的利息和幸存者利益。年金给付期间，即保险人向年金受领人给付年金的时期。在此阶段，保险人向被保险人支付年金。年金给付的资金源于积累期间年金购买人缴纳的资金、资金运用的收入和幸存者利益。[1] 无论资金积累的方式如何，在给付期间内保险人必须按合同约定支付年金。当然，年金的积累期间与给付期间两者之间的时间差距并不是绝对的，这取决于合同的约定。保险人向被保险人给付年金的时间可分为两种情形：即期给付和延期给付。购买年金后的较短时间内就可以领取年金，称为即期给付年金，简称即期年金，通常在购买年金后的第一个月或当年年末就可以领取。与即期年金不同，年金购买人缴纳保费之后经过约定时期或达到特定年龄时保险人才开始给付的年金，称为延期给付的年金，简称延期年金。幸福反向抵押养老保险合同缔结时，被保险人没有向保险人支付一笔一次性的保费，也不存在保险人将被保险人支付的保费投资运作、获得收益而以养老保险金形式向被保险人支付的情况。被保险人更没有以抵押房屋向保险人一次性融资，获得一笔借款而购买年金保险。所以在被保险人与保险人之间并不存在即期年金保险合同关系。

其次，特定期限内保险人向被保险人支付的养老保险金具有借款性质。根据合同约定，在特定期限内，保险人负有向被保险人支付养老保险金的义务。在这一时期内，被保险人领取的款项被称为养老保险金，但是该笔款项的性质与特定期限之后被保险人所领取的

---

[1] 年金给付额是按照大数法则在平均余命的基础上确定的，所以那些生存期间比平均余命长的年金受领人有幸获得超出自身的利益，该利益称为幸存者利益。参见齐瑞宗、肖志立：《美国保险法律与实务》，法律出版社 2005 年版，第 442 页。

款项的性质并不相同。根据幸福反向抵押养老保险合同的规定，保险人为被保险人建立累积计算的养老保险费用账户，记录被保险人应承担的养老保险的费用。合同约定：在合同有效期限内，在特定期限中，每次给付养老保险金后，“累积计息养老保险相关费用账户”金额，将按本主险合同约定的基本养老保险金额增加。[1] 可见，虽然被保险人领取养老保险金，但这一款项并不是先前支付的保费和保费投入运营的收益，而是保险人以养老保险金名义支付给被保险人的借款。

再次，被保险人支付延期年金保费的借款性质。幸福反向抵押养老保险合同约定：在特定期限中，被保险人在每个年度的开始要向保险人支付延期年金的保费；[2] 被保险人无须以现金方式缴纳延期年金保费，其需要缴纳的延期年金保费将在需要缴纳时计入费用账户并累积计息。[3] 为了保障被保险人在特定期限之后仍然可以领取养老保险金，在特定期限内，被保险人就按照合同约定向保险人支付延期年金保费。只不过被保险人支付保费的方式，是被保险人在保险人处再次借款，并记入被保险人的费用账户。

最后，被保险人为领取的养老保险金和应支付的保费承担复利。在特定期限内，被保险人对领取的养老保险金，以及以记入费用账户形式支付的延期年金保费，承担支付相应利息的义务。对此，幸福反向抵押养老保险合同约定：主险合同保单年度累积利率为复利的5.5%。[4] 所以在特定期限内，被保险人在未购买即期年金的情况下领取养老

---

〔1〕 参见《幸福房来宝老年人住房反向抵押养老保险（A 款）》第 5.2 条：累积计算养老保险相关费用账户。

〔2〕 参见《幸福房来宝老年人住房反向抵押养老保险（A 款）》第 4.1 条：延期年金的利益。

〔3〕 参见《幸福房来宝老年人住房反向抵押养老保险（A 款）》第 4.2 条：延期年金的保费。

〔4〕 参见《幸福房来宝老年人住房反向抵押养老保险（A 款）》第 5.3 条。

保险金,以借款记账的形式支付的延期年金保费,并对上述金额和费用支付年复利。这表明在反向抵押养老保险合同中,在特定期限内,保险人与被保险人之间的法律关系实质为借款合同关系,本书称为养老借款合同。保险人向被保险人支付的养老保险金具有借款性质。在不转移货币所有权的情况下,被保险人也是以借款形式向保险人支付延期年金保费。

二是养老抵押合同。在反向抵押养老保险合同中,为保障保险人对被保险人债权的实现,使被保险人按照合同约定偿还相关费用,被保险人以自有产权的房屋向保险人设定抵押权,因此,在被保险人与保险人之间设有养老抵押合同。养老抵押合同担保的债权主要包括以下几方面内容:首先,在特定期限内,被保险人以养老保险金形式领取的借款;其次,在特定期限内,被保险人应当向保险人支付而实际未付,由保险人记入被保险人费用账户的延期年金保费;最后,其他应当由被保险人负担的费用,包括上述两类借款的利息。当被保险人出售房屋、解除合同或身故时,幸福反向抵押养老保险合同到期,被保险人及其继承人或以自有资金偿还借款本息及费用,或由保险人通过行使抵押权程序,以房屋变现金额实现借款本息、费用债权。

三是延期年金保险合同。保险人与被保险人之间缔结的合同之所以称为“反向抵押养老保险”,主要原因是保险人与被保险人之间存在延期年金保险合同关系。延期年金保险合同承保的是履行养老借款合同、养老抵押合同而发生的老年人长寿风险。特定期限,既是保险人向被保险人支付借款的阶段,也是延期年金的积累期间。事实上,被保险人没有向保险人支付保费,保险人是以计入被保险人费用账户的形式,向被保险人收取保费。在特定期限期满时,保险人在借款合同中的义务履行完毕,延期年金保险合同也结束了积累期间。此时,如果被保险人仍然存活,延期年金合同进入支付阶段。保险人开始向被保险人支付延期年金,直至被保险人身故。借款合同与延期年金保险合同之间属于混合合同关系。虽然在整个幸福反向抵押养老保险合同的履行期间,保险人向被保险人支付的都是养老保险金,但特定期限内的养老保险金与特定期限外的养老保险金,二者的法律性质存在重大差异。在特定期限内,被保险人领取的养老保险金,属于借款。在特定期限后,被保险人领取的养老保险金,属于延期年金,是真正意义上的养老保险金。

总之,幸福反向抵押养老保险合同由养老借款合同、养老抵押合同和延期年金保险合同组成。其中,养老借款合同是幸福反向抵押养老保险合同中的主要合同,是养老抵押合同的主合同。养老抵押合同是养老借款合同的从合同,担保被保险人以养老保险金形式领取的借款,以借款记入费用账户形式应支付的延期年金保费,应由借款人承担的其他费用,以及借款、保费和其他费用产生的利息。延期年金保险合同是承保履行养老借款合同与养老抵押合同过程中发生的老年人长寿风险的合同。从合同形式来看,养老借款合同与延期年金保险合同之间,是合同联立关系。养老抵押合同是在幸福反向抵押养老保险合同之外,由保险人与被保险人签订的抵押担保合同。幸福反向抵押养老保险合同的组成结构和各部分功能,如图 2.3 所示:

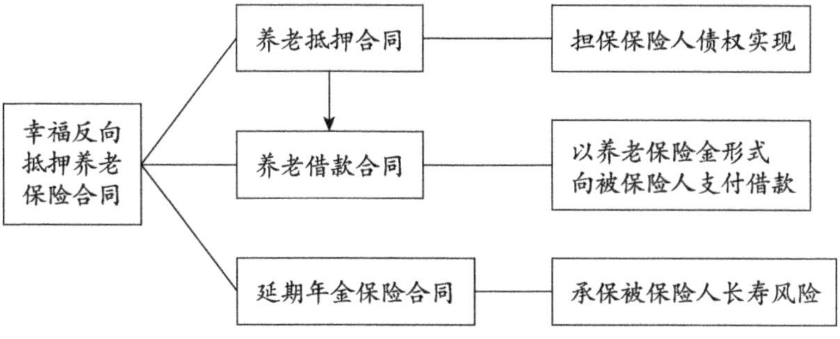

图 2.3　幸福反向抵押养老保险合同结构与功能

与不动产逆向抵押借款合同相比,幸福反向抵押养老保险合同也设有养老抵押合同,担保保险人债权实现。不同之处在于,幸福反向养老保险合同还设有延期年金保险合同,承保被保险人的长寿风险,这是其进步之处。但是,与 HECM 反向抵押借款合同制度中的抵押保险合同相比,延期年金保险合同承保的风险范围较窄,仅限于老年人长寿风险。对于其他风险,尤其是房屋贬值与价格波动风险,尚缺乏有效的防范机制,而完全由保险人自己承担。而 HECM 反向抵押借款合同把这些风险外部化,由住房和城市发展部通过抵押保险合同承保。

(三)反向抵押养老保险合同的特征

根据《反向抵押指导意见》和幸福反向抵押养老保险合同,反向抵押保险是住房抵押与终身年金相结合的创新型商业养老保险合同,该合同具有以下特征:

第一,反向抵押养老保险合同具有政府指导性。如上所述,分别以美国房屋持有人抵押、HECM 反向抵押借款合同和我国台湾地区不动产逆向抵押借款合同为代表。幸福人寿保险公司开办的幸福反向抵押养老保险合同,不同于不动产逆向抵押借款合同。因为我国政府部门没有以贷款人身份向老年人提供借款。该合同也不同于 HECM 反向抵押借款合同,因为政府部门也没有以保险人身份承保该合同所蕴含的各类风险。在反向抵押养老保险合同中,政府仅以市场管理者的身份对保险人及该类合同的运行进行监督管理。[1] 我国的反向抵押保险合同,是在政府指导下,以保险人为主导的养老保

---

〔1〕《反向抵押指导意见》第 3 条规定:保险公司开展试点,应当向中国保监会提出申请,获得试点资格。《反向抵押指导意见》分别对保险公司资格条件、申报材料、试点要求等问题作出规定。

险合同。保险人承担了按合同约定向被保险人支付终身年金的义务,并承担了投保人长寿风险、房屋贬值与价格波动风险、利率变动风险等风险。

第二,反向抵押养老保险合同的资金流向具有反向性。之所以称为反向抵押养老保险合同,是因为养老借款合同与养老抵押合同中的借款、还款模式与传统抵押借款合同相反,延期年金保险合同中的保费支付与年金领取也相反。反向抵押养老保险合同由养老借款合同和延期年金保险合同联立而成,这两类合同中的资金流向都具有反向性特征。在养老借款合同中,特定期限内,保险人名义上向被保险人支付养老保险金,实质为借款。只有当被保险人身故、搬离、出售房屋或违反合同约定义务时,合同才到期。此时,被保险人及其继承人才清偿债务,或由保险人行使抵押权,以房屋变现价款受偿借款本息和费用。在延期年金保险合同中,就延期年金保费支付与年金领取而言,其资金流向与普通的延期年金合同相反。按照年金的购买方式不同,年金保险可分为趸缴年金和分期缴费年金。趸缴年金,是指年金保险购买者在购买年金保单时一次性缴清保费;分期缴费年金,是指购买者采用分期缴纳保费的方式购买年金保险。[1] 在延期年金保险合同中,特定期限内,被保险人实际未向保险人缴纳延期年金保费,保险人以记入"费用账户"的形式向被保险人收取保费,并计取复利。特定期限后,如果被保险人仍然存活,保险人开始向被保险人支付真正意义上的养老保险金,直至被保险人身故、搬离或出售房屋等导致合同到期的条件成就。此时,被保险人或其继承人才向保险人清偿延期年金债务,即实际向保险人支付保费,或由保险人行使抵押权,以房屋变现金额优先实现被保险人所欠的保费和利息。

---

〔1〕 参见孙祁祥:《保险学》,北京大学出版社 2005 年版,第 186 页。

无论是养老借款合同还是延期年金保险合同，反向抵押养老保险合同的资金流向均具有“反向”特性。

第三，反向抵押养老保险合同具有即期给付性。如上所述，在幸福反向抵押养老保险合同中，保险人与被保险人之间并不存在即期年金保险合同，但这并不影响被保险人在合同生效后，开始取得养老保险年金。幸福反向抵押养老保险合同约定，“本主险合同首次养老保险金给付日为本主险合同生效之日起第45日。在首次给付日我们将向您支付本主险合同生效后第一个月、第二个月养老保险金”〔1〕。在特定期限内，被保险人领取的款项名为养老保险金，实为借款，但这并不影响反向抵押养老保险合同即期给付的性质。

第四，反向抵押养老保险合同具有终身给付性。《反向抵押指导意见》要求，在我国反向抵押保险中，老年人可以按照约定条件领取养老金，直至身故。幸福反向抵押养老保险合同约定，被保险人拥有房屋的占有、使用、收益和经抵押权人同意的处分权，并按照约定条件领取养老保险金直至身故。在被保险人身故前，保险人应当按照合同约定，定期向被保险人支付养老保险金。当然，在特定期限内，被保险人领取的养老保险金的实质为借款。在特定期限之后，被保险人领取的是延期年金保险合同中的养老保险金。无论被保险人领取的是何种性质的款项，都不影响反向抵押养老保险合同具有终身给付性特征。

第五，保险人对超出抵押房屋变现金额部分的债权无追偿权。按照《〈反向抵押指导意见〉答记者问》及幸福反向抵押保险合同，保险人承担投保人的长寿风险。被保险人身故后，若处分抵押房屋所得不足以偿付被保险人应承担的养老保险费用，不足部分由幸福人

〔1〕 参见《幸福房来宝老年人住房反向抵押养老保险（A款）》第3.2条：养老保险金给付日。

寿保险公司承担,不再向被保险人的继承人追偿。[1] 因此,幸福反向抵押养老保险合同是无追偿权合同。合同到期后,保险人对于超出房屋变现金额的被保险人费用账户金额,既不能请求被保险人以其享有产权的其他个人财产偿还,也不能请求被保险人的继承人在其继承遗产的范围内清偿。被保险人仅以其设定抵押权的房屋,对保险人承担"有限责任"。这对促使符合条件的老年人积极投保,保障被保险人及其继承人权益具有重要意义。

(四)反向抵押借款合同与反向抵押养老保险合同的比较

1. 两类合同的共性

比较反向抵押借款合同与反向抵押养老保险合同,二者都是"以房养老"运作模式,在目的、结构、老年人权利及金融机构无追偿权等方面存在很多共同之处。主要表现在以下四个方面:

第一,两类合同的设立目的相同。与反向抵押借款合同一样,反向抵押养老保险合同也是把固化在房屋中的财产价值转化为老年人可支配的现金收入。老年人可以终身定期获得一定数额的款项,以弥补老年人劳动能力下降或丧失导致的收入减少,维持或提高其晚年的生活质量。

第二,两类合同的主要组成结构相同。反向抵押借款合同由借款合同与反向抵押合同组成。在 HECM 反向抵押借款合同制度中,另设抵押保险合同。反向抵押养老保险合同由养老借款合同、养老抵押合同组成。在幸福反向抵押养老保险合同中,内设延期年金保险合同。所以,借款合同、抵押合同与保险合同,是这两类合同的主要组成部分。

---

[1] 参见《幸福房来宝老年人住房反向抵押养老保险(A 款)》第 8.1.2 条。

第三，老年人对房屋的占有、使用权益相同。在反向抵押借款合同中，尽管房屋上设立了抵押权，借款人仍可以终身占有、使用房屋。与之相同，在反向抵押养老保险合同履行期间，除对房屋的处分权受到抵押权的限制之外，被保险人仍享有对房屋的占有、使用的权益，可以终身在房屋中居住。

第四，对超出房屋变现金额部分的债权，金融机构无追偿权相同。反向抵押借款合同终止后，如果抵押房屋的变现金额不足以偿还借款余额，贷款人不得就未受清偿部分的债权，请求借款人以其个人其他财产清偿，也不得请求借款人的继承人在继承遗产的范围内予以清偿。与之相同，按照《〈反向抵押指导意见〉答记者问》的要求，在反向抵押养老保险合同中，当合同因被保险人身故而进入偿债程序，如果处分房屋所得的金额不足以偿还养老保险的相关费用，不足部分由保险公司承担，不得向被保险人及其继承人追偿。

2. 两类合同制度的差异

虽然反向抵押养老保险合同在目的、组成结构、老年人占有使用房屋权益和保险人无追偿权等方面，与反向抵押借款合同存在诸多相同或相近之处，但两类合同在组成结构、领取款项的性质、保险人与承保风险及政府在合同中所起的作用等方面，都存在较大差异。

第一，两类合同制度的组成结构与领取款项的性质不尽相同。如上所述，反向抵押借款合同由借款合同与反向抵押合同组成。在HECM反向抵押借款合同制度中，还设有抵押保险合同。借款合同保障借款人按自己选择的借款领取模式，按时领取借款。反向抵押合同以担保贷款人债权实现为目的。抵押保险合同为HECM反向抵押借款合同履行期间可能发生的借款人长寿、房屋贬值与价格波动等风险提供保险。与之不同的是，幸福反向抵押养老保险由养老借款合同、养老抵押合同和延期年金保险合同组成。从年金的领取方式来看,被保险人可以终身领取年金,并没有其他选择的权利。在特定期限内,被保险人领取款项名为养老保险金,实为借款。同时,被保险人为向保险人支付延期年金的保费,也需要向保险人借款,并为其支付复利。特定期限之后,延期年金保险合同积累期结束。如果被保险人仍然生存,延期年金合同进入支付期,保险人应继续向被保险人支付年金,此时被保险人领取的款项才是真正意义上的养老保险金。同时,被保险人以其房屋为保险人设立抵押权,担保被保险人偿还上述两种性质的借款本息和费用。

第二,两类合同制度中承担风险的主体不同。在两类合同制度中,借款人和被保险人都享有终身在房屋内居住的权利,且都受到贷款人、保险人无追偿权的保障。因此,贷款人和保险人承担一定的风险,如借款人或被保险人的长寿、房屋贬值与价格波动、利率波动等风险。在不动产逆向抵押借款合同中,贷款人在没有收取保费的情况下,完全承担了上述风险。在 HECM 反向抵押借款合同制度中,设有抵押保险合同,相应风险由美国住房和城市发展部承担。与之不同的是,在幸福反向抵押养老保险合同中设有延期年金保险合同。幸福人寿保险公司作为保险人,承保了被保险人的长寿风险,即被保险人存活超过 85 岁(女性为 89 岁)之后的长寿风险。对于反向抵押养老保险合同履行期间可能发生的房屋贬值与价格波动风险和利率波动风险,在没有另行收取保费的情况下,保险人完全由自己承担了这两项风险。对于可能发生的保险人违约风险,没有相应的保险机制,完全由被保险人自己承担。

第三,政府在两类合同制度中发挥的作用不同。两类合同都具有“以房养老”功能,都发挥着一定的社会保障作用,但政府在其中所起的作用不尽相同。在幸福反向抵押养老保险合同制度中,政府作为交易规则的制定者、市场准入的许可者和市场秩序的监督者,对反向抵押养老保险的基本规则设定、格式合同审批与保险市场管理，发挥着行政机关的职能与作用。政府部门并不承担合同履行过程中可能发生的各种风险。在HECM反向抵押借款合同制度中，政府不仅制定交易规则、监督法律实施，而且以保险人身份向借款人收取保费，承担合同履行过程中的各类风险。由于政府发挥的作用不同，两类合同制度中金融机构面临风险也不同。趋利避害是人的本性。由于没有相应的分散与防范风险的机制，金融机构为了降低自身风险，通常不愿意参与该反向抵押养老保险合同。即使参与经营该类合同，金融机构也会对老年人资格严格审查，把一些符合基本条件但风险系数较高的老年人排除在反向抵押养老保险市场之外。从幸福反向抵押养老保险合同开办多年的发展状况来看，效果不甚理想。HECM反向抵押借款合同在美国的发展历程表明，由于金融机构不用承担其中的各种风险，诸多金融机构争相参与该类合同经营，使该类合同每年达成近十万笔的成交量，社会效果相对较好。

五、借款人权益保护的基础理论

（一）研究借款人权益保护的意义

反向抵押借款合同制度由一系列合同制度组成，而借款人权益设置与保护始终是反向抵押借款合同制度的核心。通过把固化在房屋中的财产价值转化为可支配的现金收入，保障老年人在劳动能力下降或丧失后，能够维持或提高其生活水平和质量，这是反向抵押借款合同制度设计的出发点和归宿。因此，借款人权益保护始终是反向抵押借款合同制度的核心与灵魂。无论是立法设计，还是制度运行，反向抵押借款合同制度无不围绕借款人权益保护问题而展开。

第一，保护借款人权益是反向抵押借款合同制度设立目的之所在。反向抵押借款合同制度是为保障老年人"以房养老"而设立,其目的"在于满足老年房屋所有人的特殊需要,通过 HECM 反向抵押借款合同把累积于房屋中的价值转换成流动资产,减少由于医疗、住房和物质需求成本增加而收入减少对老年人经济困难的影响"[1]。这不仅是 HECM 反向抵押借款合同制度的设立目的,也是其他类型的反向抵押借款合同制度的设置目的。借款人应当享有的各项正当权益能否得到有效保障,是该合同制度设计是否成功、制度设置目的能否实现的关键。

第二,借款人权益保护程度是各类反向抵押借款合同制度能否为老年人认可,能否在竞争中占领市场的关键。2008 年国际金融危机爆发前,美国有三种占主导地位的反向抵押借款运作模式,即 HECM 反向抵押借款合同、房屋持有人抵押和财务自由计划。从各类型反向抵押借款合同的运行效果来看,凡是合同制度设计中借款人、贷款人权利与义务分配妥当,借款人权益得到周延保护,能够妥善化解、分散各类风险的反向抵押借款模式,都能在制度竞争中受到借款人的普遍关注,占领较大的市场份额,并最终能经受起金融危机的考验。凡是合同制度设计存在不足或缺陷,对借款人权益保护不全面、不完善,制度运行中就很难开拓市场,在面临大的经济危机时,就会出现运行崩溃、被市场抛弃的局面。

第三,借款人权益保护措施与方法,是我国开展反向抵押养老保险合同的借鉴对象。目前,中国银保监会正在全国范围内推行反向抵押养老保险制度。我国的反向抵押养老保险合同是把住房抵押与终身年金保险相结合的一种创新型商业养老保险合同。要实现反向抵押养老保险"以房养老"的制度目的,切实保障老年人(借款人、抵

---

〔1〕 See 12 U. S. C. § 1715z - 20 (a) (1).

押人、投保人与被保险人)的正当权益,是确保我国反向抵押养老保险合同制度顺畅运行的关键所在。因此,研究并借鉴其他国家和地区反向抵押借款合同制度,尤其是研究各个国家和地区在借款人权利义务分配方式、保护措施和分散风险的模式,对于完善我国反向抵押养老保险合同制度,无疑具有重要的借鉴价值和意义。

(二)研究借款人权益保护的角度

本书主要研究借款人权益保护问题,包括借款人享有的、受法律保护的权利与利益。依民法通说,权利是指主体享受特定利益的法律之力。[1] 法律对民事主体享有的利益进行逻辑归纳与语言概括,命名为一项权利。在权利概念指涉的含义内,“法律依个人主义原则,为社会上每一个人,划分一利益范围,在此范围内,个人之意志高于一切,国家之任务仅为旁及地予以保障,使该利益不受他人侵扰”[2]。除民事权利外,民事主体还享有受法律保护而难以命名为权利的利益。如为保护未成年人及不能辨认自己行为的成年人利益,法律设有限制未成年人及不能辨认自己行为的成年人实施民事法律行为的民事行为能力制度。

在HECM反向抵押借款合同中,借款人权益可分为两方面内容:一方面包括借款人享有的,由法律规定或合同约定,可以归纳并命名的权利,如HECM反向抵押借款合同中借款领取方式的选择权、变更权、反向抵押合同到期后借款人的恢复权(Right of Reinstatement)、借款人及其继承人不受追偿权等权利;另一方面包括法律保护借款人某项利益,但没有命名为权利,且难以归纳命名为权利的利

---

〔1〕 参见王泽鉴:《民法总则》(增订版),中国政法大学出版社2001年版,第84页。

〔2〕 参见芮沐:《民法法律行为理论之全部(民总债合编)》,中国政法大学出版社2003年版,第1页。

益。例如,为了保护借款人免受金融机构经纪人不当营销策略的影响,HECM 反向抵押借款合同制度限制借款人以所借款项购买年金保险。这一措施是从保护借款人利益角度,对借款人支配借款用途的限制,很难将其概括为借款人权利。本书将对借款人享有的这些权益进行初步的探讨。

探析反向抵押借款合同中借款人权益保护问题,因角度不同,研究的范围也不尽相同。最广义的借款人权益保护,可以从金融消费者权益保护、老年人权益保护及社会保障等方面展开研究。反向抵押借款合同是一款特殊的金融消费产品,其消费群体是 60 岁以上的老年人,而养老问题是社会保障制度的有机组成部分。从这三个方面研究借款人权益及其保护具有重要意义。从广义上来看,借款人权益保护涉及反向抵押借款合同制度设置的合理性问题。反向抵押借款合同制度结构设计合理、各方主体权利义务配置妥当、各类风险能妥善分散与化解,这是反向抵押借款合同得以广泛适用的前提与基础,是更多老年人愿意参与该类合同的关键。反之,如果反向抵押借款合同制度设计不合理,权利义务配置不妥当,对合同履行过程中可能发生的风险缺乏相应的化解与保险机制,借款人在合同中的各项基本权利就无从保障,该类合同就无法广泛适用,或者在推广过程中就会遇到重重难以克服的困难。从狭义上来看,借款人权益保护涉及反向抵押借款合同制度的组成部分,即借款合同、反向抵押合同,以及 HECM 抵押保险合同和延期年金保险合同中老年人享有的具体权利义务、受到法律保护的权益等问题。

本书主要从广义与狭义两方面研究借款人权益及其保护问题,既要探讨反向抵押借款合同制度结构设计的合理性,又要分析在具体合同中借款人权益与义务的设置问题。从广义上研究反向抵押借款合同制度的设置合理性问题,是为研究具体合同中借款人的权利与义务提供相应的研究背景,研究具体合同中借款人权益义务,则是研究反向抵押借款合同制度设置合理性的具体化与延伸。最广义意义上的借款人权益及其保护问题,包括金融消费者权益保护理论、老年人权益保护理论及社会保障理论,则作为研究反向抵押借款合同制度中借款人权益保护的基础理论,首先予以讨论。

(三)借款人权益保护的基础理论

综上所述,反向抵押借款合同是特殊类型的合同,由借款合同和反向抵押合同组成。在 HECM 反向抵押借款合同制度中,还有 HECM 抵押保险合同作为 HECM 反向抵押借款合同的联立合同。因此,合同法基本理论、不动产抵押担保理论与保险理论,是反向抵押借款合同制度的理论基础。但是,反向抵押借款合同是一种特殊的金融消费合同,以保障老年人获得可自由支配的现金收入为目的。借款人主体的特殊性、合同内容的复杂性,使反向抵押借款合同具有不同于传统抵押借款合同的特征。为保护借款人权益,反向抵押借款合同中有很多不同于传统抵押借款合同的特殊规定,如 HECM 反向抵押借款合同制度中规定的前置性强制咨询程序、撤回权制度、无追偿权制度等。这些特殊的制度设计则以金融消费者权益保护理论、老年人权益保护理论和社会保障理论为支撑。

1. 金融消费者权益保护理论

在反向抵押借款合同中,作为借款人的金融消费者,法律制度有对其权益给予特殊保护的必要性。其理由包括以下两个方面。

(1)与金融机构相比,金融消费者处于弱势地位。在近代私法中,民事主体的法律人格完全平等,可以依自己的意思,自由地成为自己私法关系的立法者,而不考虑其知识、社会及经济等方面的差异,是完全抽象性的人,在其背后的是"在理性、意思方面强而智的人像"[1]。近代民法树立的"人像",基本上是一个平等的理性人,无论强弱智愚,人的主体性和物的客体性完全对立,人与人之间只能有"请求",而人与物之间则为"支配"。[2] 近代私法所建构的标准人像,如罗马法中的"善良家父"(近代民法基本继承了这一传统),英美法中的"合理人"(a Reasonable Man);在"人格""权利行为能力"的制度构造中,"人"是抽象的、无声的、作为"类"的人;他们是海德格尔所说的"常人",匈牙利数学家、统计学家凯特莱所谓的"平均人",他的个性被夷平,感性的光辉被褪去。[3]

因此,近代民法中的民事主体,不区分每个人的具体情况,男女老幼、富贵贫穷、受教育程度、政治地位、经济实力的差别、是雇佣人还是受雇人、是生产经营者还是消费者等,这些因素全部被抽象了,只剩下一个抽象符号"自然人"。无论你是总统还是乞丐,在民法慈母般的"眼睛"里,都是自然人,民事权利能力一律平等。对于社会生活中的各种组织,无论是生产企业、商业企业、金融企业、跨国公司,还是各种学会、协会、学校、医院,都被抽象为"法人"。基于主体平等性和理性人的假设,在从事商品交易和劳务交易中,每一个人都能合情合理地为自己谋取最大利益,如果某一民事主体在交易中吃了亏,只要不是他自己智力发育不全或由于欺诈、胁迫等行为所致,他就应该"咎由自取"。

20 世纪以来,社会发生巨大变化,社会成员在市场中逐渐演变成两个固定的集团——经营者和消费者。与消费者相比,经营者在经济实力、信息能力、谈判能力、诉讼能力和对国家立法、政策的影响能

---

〔1〕 参见[日]星野英一:《私法中的人》,王闯译,中国法制出版社 2004 年版,第 8 页。
〔2〕 参见苏永钦:《走入新世纪的私法自治》,中国政法大学出版社 2002 年版,第 59 页。
〔3〕 参见章礼强:《民法本位论》,上海人民出版社 2013 年版,第 16 页。

力等方面,具有绝对优势地位。问题是弱势方的命运由他人主宰虽然是严重的危险,但这一危险却不能以拿走其自我负责地形成法律关系的机会的方式来克服。[1] 处于弱势地位的消费者不能因噎废食,他仍然应当通过法律行为实现经济的自主与自由。在此过程中,作为社会控制的主要手段,法律能有所作为的是,通过制度设计促使消费者从法律地位的实质不平等达到实质平等,促使消费者能根据自我利益衡量,自主地与经营者达成"双赢"交易,并保证交易结果尽可能地公平。基于社会的发展变化,近代民法发展到现代民法。在此转型过程中,出现了对抽象人格理论假设的背离,抽象人格的"虚像"逐渐被"实化",各种具体人格"粉墨登场"。[2] 消费者作为具体人格登上舞台,各国无不在法典之外另立法规,或者修订法典,对消费者权益进行特殊保护。民法上对人的对待向现代法变迁,"法律人格"发生了"从自由的立法者向法律的保护对象""从法律人格的平等向不平等的人""从抽象的法律人格向具体的人"的转变,在其背后则是"从理性的、意思表示强而智的人向弱而愚的人"的转变。[3]

20 世纪末以来,金融消费者概念及其权益保护逐渐为各国立法所关注。美国《金融服务现代化法》将金融消费者界定为:以个人、家庭成员或家务为目的而从金融机构得到金融产品或服务的个人。[4] 2001 年,日本《金融商品销售法》将"金融消费者"界定为:不具有金融专业知识,在交易中处于弱势地位,为金融需要购买、使用金融商品或接受金融服务的主体。[5] 判断是否是金融消费者,以弱势地位

[1] 参见[德]迪尔克·罗歇尔德斯:《德国债法总论》,沈小军、张金海译,中国人民大学出版社 2014 年版,第 24 页。
[2] 参见崔建远:《合同法总论》(上卷),中国人民大学出版社 2011 年版,第 13 页。
[3] 参见[日]星野英一:《私法中的人》,王闯译,中国法制出版社 2004 年版,第 50 页。
[4] 参见陈文君:《金融消费者保护监管研究》,上海财经大学出版社 2011 年版,第 4 页。
[5] 参见马国泉:《金融消费者保护研究》,法律出版社 2013 年版,第 2 页。

为界定标准,只要“交易双方实力悬殊、交易双方存在严重的信息不对称,对于弱势一方的金融商品或金融服务的购买者,都可以作为消费者来对待,使之受消费者权益保护法的保护”[1]。因此,金融消费者在知识水平、信息收集能力和处理能力、交涉能力、经济承受能力各方面与金融机构之间存在巨大的差距。金融消费者仅靠自身的力量,很难获得与金融机构就金融消费合同的内容进行平等磋商的机会,更难以准确把握金融商品的重要信息和规避不适当的风险。

反向抵押借款合同中的借款人,是该商品的金融消费者。为了获得维持及提高生活质量的现金,借款人以自有房屋为贷款人设定抵押权,把多年积累、固化于房屋中的价值转化为可任意支配的现金。同时,为了保障贷款人实现债权,借款人需要为房屋投保财产保险和抵押保险。在反向抵押借款合同制度中,作为房屋所有人的老年人,同时具备借款人、抵押人、抵押保险投保人、财产保险投保人等四重金融消费者身份。作为金融消费者的老年人,无论是谈判能力、理解能力还是沟通能力、抗风险能力,都难以与作为金融机构的贷款人、抵押权人和保险人相提并论。因此,从金融消费者主体角度来看,对反向抵押借款合同中的借款人权益予以特别保护十分必要。

(2)与普通商品相比,金融商品具有自身的特殊性。首先,金融服务构成了金融商品的实质内容,这使金融商品生而具有无形性特征。其次,金融商品在风险形式、费用组成、利润结构、提前退出的惩罚机制、税费负担等方面具有较高的专业性,这对消费者的专业水平提出了很高要求。即使金融机构一方提供了商品的所有信息,但由于其中晦涩难懂的专业术语,消费者仍然无法真正理解金融商品。

---

[1] 参见邢会强:《投资者保护与证券法转型》,载郭锋、宋丽萍主编:《中国证券法学研究会2010年年会论文集:多层次资本市场建设与投资者权益保护》,知识产权出版社2011年版,第621~622页。

再次,金融商品是关于金钱的一类特殊商品,具有收益性及相伴而生的风险性。金融消费者如果缺乏必要的风险意识及专业知识,则极易遭受损失。[1] 金融商品的无形性、专业性、高风险性等特点,使金融消费者在交易中处于严重的信息不对称状态。

反向抵押借款合同是一款标的额大、缔结程序复杂、合同结构复杂、权利义务配置复杂、包含若干风险、成本较高、履行期限长、抵押物涉及借款人安身立命之本的金融商品。在 HECM 反向抵押借款合同中,老年人以自有房屋为抵押,可借款金额高达抵押房屋价值的70%。该类合同制度设置有保护准借款人知情权的前置性强制咨询程序,借款人享有合同订立后的撤回权,借款人对借款领取方式享有选择权,贷款人对超出抵押房屋价值部分的债权无追偿权,借款人除了承担借款利息外,还要承担借款发放费、借款手续费、抵押保险费等各项费用。同时,借款人还要订立抵押保险合同和财产保险合同。可以说,反向抵押借款合同的复杂性、专业性已经远远超出了一般的金融商品与服务。由于反向抵押借款合同是一项特殊的金融商品,各个国家和地区无不在反向抵押借款合同制度中,对借款人享有的权益进行特殊保护。

2. 老年人权益保护理论

对参与反向抵押借款合同的借款人进行特殊保护,不仅是因为借款人是金融消费者,更在于借款人是消费者群体中处于最弱势地位、最易受到伤害的一个群体——达到一定年龄、基本丧失劳动能力的老年人。与年轻人相比,老年人在认知能力、记忆能力和判断能力等方面都存在一定程度的偏差和弱化,生理及心理均需要给予特殊保护。在决定是否缔结反向抵押借款合同之前,老年人至少需要经

---

[1] 参见何颖:《论金融消费者保护的立法原则》,载《法学》2010 年第 2 期。

历以下几个阶段的认知过程:第一,老年人应当知道反向抵押借款合同制度如何运作的;第二,当有资金需求时,老年人应当对自己的资金需求量有认知,包括知道即将产生的保险、不动产税、维修费等支出;第三,能对反向抵押的特征,包括获得的借款、为之付出的成本等作出正确的评估;第四,能够辨识哪些是反向抵押借款合同的重要特征;第五,对老年人可能非出于自愿、超过12个月离开居住房屋的可能事件作出预测和判断;第六,能够综合考虑上述因素,作出是否缔结反向抵押借款合同的决定。[1]

人们在处理问题、作出决定时,通常有两种处理问题的模式,即理性处理模式和感性处理模式。运用理性处理模式,人们会仔细考虑所有与待处理问题相关的细节,考虑每一因素可能产生的影响,然后作出最终决定。感性处理模式,即人们运用情感因素作为作出决定的提示。对是否缔结反向抵押借款合同的问题作出决定,需要综合考虑多方面因素,理性处理模式显然优于感性处理模式。然而,当面对复杂而又有多重选择的局面时,老年人很难作出审慎而理性的决策。因为随着年龄的增加,人们集中注意力的能力、记忆信息能力和处理信息的能力都在逐渐降低。主要表现为以下几个方面:

第一,老年人集中注意力的能力下降。随着年龄的增长,老年人的感知系统的结构和功能都在发生退行性变化,视觉、听觉、味觉和嗅觉的功能都会减退;感受性的降低会对老年人的生活质量产生一定的影响。[2] 莫兰德(Molander)和贝克曼(Bäckman)通过一项实验

---

〔1〕 See Debra Pogrund Stark, Jessica M. Choplin & Joseph A. Mikels, *Complex Decision - making and Cognitive Aging Call for Enhanced Protection of Seniors Contemplating Reverse Mortgages*, 46 Arizona State Law Journal 299(2014).

〔2〕 参见肖健、胡军生、高云鹏主编:《老年心理学》,北京大学出版社2013年版,第35~50页。

证明,老年人在集中注意力的能力方面不及年轻人。[1] 把一组平均年龄在27.8岁的高尔夫选手与一组平均年龄在53.2岁的高尔夫选手进行对比,测验两组选手在有外部干扰的情况下,能够抗击干扰、集中注意力击球方面的差别。实验表明,当干扰项为广播足球比赛节目时,与年轻人相比,老年人表现出难以集中精力击球,同时回忆击球过程方面也有困难。当干扰项为交通噪声时,两组选手表现出抗干扰能力方面的差异减小。因此,对于年龄在60岁以上的老年人而言,当面对是否缔结反向抵押借款合同这一可能影响其经济自主与自由的重大问题时,可能会难以集中注意力思考。

第二,老年人的记忆能力、综合考虑多方面信息能力下降。研究证明,老年人短期记忆信息的能力不及年轻人,而在长期记忆和处理信息能力方面遭遇更大的困难。[2] 在一项要求读出一系列数字,然后立即按顺序回忆这些数字的测试中,与年轻人相比,老年人能够回忆起的数字明显较少;当要求按相反顺序回忆这些数字时,老年人能够回忆起的数字更少。[3] 加大测试难度,对每个人提出一系列句子,要求每个人记忆句子的每一成分,同时必须连续回答句子中的问题,

---

[1] See Bo Molander & Lars Bäckman, *Age Differences in the Effects of Background Noise on Motor and Memory Performance in a Precision Sport*, 16 Experimental Aging Res, 1990, cited from Debra Pogrund Stark, Jessica M. Choplin & Joseph A. Mikels, Complex Decision - making and Cognitive Aging Call for Enhanced Protection of Seniors Contemplating Reverse Mortgages, 46 Arizona State Law Journal 299(2014).

[2] See Paul Verhaeghen et al., *Facts and Fiction about Memory Aging: A Quantitative Integration of Research Findings*, 48 J. Gerentology, 1993, cited from Debra Pogrund Stark, Jessica M. Choplin & Joseph A. Mikels, Complex Decision - making and Cognitive Aging Call for Enhanced Protection of Seniors Contemplating Reverse Mortgages, 46 Arizona State Law Journal 299(2014).

[3] See Debra Pogrund Stark, Jessica M. Choplin & Joseph A. Mikels, *Complex Decision - making and Cognitive Aging Call for Enhanced Protection of Seniors Contemplating Reverse Mortgages*, 46 Arizona State Law Journal 299(2014).

老年人与年轻人之间的差距进一步扩大。[1] 在决定是否参与反向抵押借款合同时，老年人需要把各种复杂的细节因素记忆在脑子里，综合考虑。作出这样复杂而重要的决定，可能已经超出老年人的记忆能力和综合考虑各类复杂因素的能力。此外，随着老年人年龄的增加，其前瞻性记忆能力(Prospective Memory)——在未来完成某项活动的记忆能力在逐步减退。[2] 前瞻性记忆能力的减退对于老年人履行偿还借款的义务没有影响，因为反向抵押借款合同履行期间，老年人没有按期偿还借款本息的义务。然而，在合同履行期间，老年人应当按期支付房产税、财产保险费、房屋维修费等，否则可能使反向抵押借款合同到期，而履行这些义务则依赖于老年人的前瞻性记忆能力。

第三，正向偏差对老年人决策的影响。正向偏差(Positivity Bias)，又称为乐观偏差(Optimism Bias)，是指消费者易于低估与借款有关的不利事件发生的可能性；相似地，个体易于低估自己或他们的爱人将要患病而发生高额治疗费用的可能性；最后，个体易于低估他们将失去工作或他们将花费时间找工作的可能性。[3] 与年轻人相比，老年人有把精力集中于积极信息而忽略或较少关注消极信息的倾向。马瑟(Mather)和卡斯滕森(Carstensen)通过试验比较了年轻

[1] See Debra Pogrund Stark, Jessica M. Choplin & Joseph A. Mikels, *Complex Decision - making and Cognitive Aging Call for Enhanced Protection of Seniors Contemplating Reverse Mortgages*, 46 Arizona State Law Journal 299(2014).

[2] See Mary Helen McNeal, *Slow Lawyering: Representing Seniors in Light of Cognitive Changes Accompanying Aging*, 117 Penn State Law Review 1081(2013).

[3] See Oren Bar - Gill, *Seduction by Plastic*, 98 Northwestern University Law Review 1373 (2004).

人与老年人对于积极表情、消极表情反应速度的差异。[1] 他们给出一系列图像，每组图像中都有一张积极表情的面部图像和一张无表情的面部图像，而其中一张的后面出现一个黑点。然后，他们分别给老年人和年轻人以1000毫秒为时间单位播放，以测试老年人与年轻人对黑点的反应速度。对年轻人而言，无论黑点出现在积极表情图像后面，还是出现在消极表情图像后面，他们的反应速度是相同的。但对于老年人而言，他们对黑点出现在积极图像后面的反应速度要快于出现在消极图像后面的速度。

当老年人作出决定时，正向偏差将对其产生深远影响。在一些情况下，正向偏差可能会起到保护老年消费者的作用。沉没成本就是这样一个例子。在沉没成本效应中，在人们为达到一定的目标而投入一些资源后，即使这一目标很难实现，人们也愿意再为之付出更多的成本。因为人们不想把已经投入的资源作为损失而一笔勾销。斯特劳(Strough)和他的同事通过观察发现，在年轻人为一部无聊而糟糕的电影付出10美元而不是免费观看之后，他们更可能继续观看下去；在相同条件下，老年人更可能会停止观看电影。也就是说，相对于年轻人，老年人更少受到先前投入资源的影响。[2] 如果老年人不会轻易受到沉没成本的影响，那么在投入相当的沉没成本，如为了解反向抵押借款合同而付出一定时间咨询、阅读一定的促销资料之后，老年人较他们的年轻伙伴更易于选择离开。但老年人的正向偏差也可能使其以偏概全，作出于己不利的决策。反向抵押借款合同的特点之一是老年人在合同履行期间内不必偿还借款本息和各项费

---

〔1〕 See Debra Pogrund Stark, Jessica M. Choplin & Joseph A. Mikels, *Complex Decision - making and Cognitive Aging Call for Enhanced Protection of Seniors Contemplating Reverse Mortgages*, 46 Arizona State Law Journal 299(2014).

〔2〕 Ibid.

用。在决定是否缔结反向抵押借款合同时，老年人可能会偏向关注这一优点而忽略该合同的高成本性特点，也可能同时忽略其他低成本的可选择合同类型。

因此，老年人的注意力集中能力、记忆能力、综合考虑各类因素能力和决策时的正向偏差特征，使其在作出是否缔结反向抵押借款合同决策时，难以作出明智而理性的决定。老年人不仅需要经历一个复杂的认知过程，而且需要特殊的法律保护。为保障老年人充分认识反向抵押借款合同各方面的特点，了解该类产品对自己的妥适性，并以此为基础作出是否参与该类合同的决定，在 HECM 反向抵押借款合同制度中规定了前置性强制咨询程序。此外，为保护老年人对合同的知情权，使其形成充分而完整的意思表示，对于已经订立的反向抵押借款合同，老年人享有在合同签订后 3 天内撤回的权利。所有的这些特殊规定，都是根据老年人的生理和心理特点设置的保护性规范。

3. 社会保障理论

社会保障，是指国家和政府为了防止民众在老年、疾病、工伤、失业或失收、生育、残疾、丧偶和失怙等方面发生风险而给予的制度安排与制度设置。社会保障的提供主体是国家与政府，社会保障的手段是借助于建立各种正式的保险制度和救助制度，社会保障的目的是减少社会矛盾与社会冲突，确保社会安全，减少民众可能出现的社会风险。[1] 从反向抵押借款合同制度的发展历程来看，政府在反向抵押借款合同中发挥着积极作用，以一定的形式介入反向抵押借款合同制度中，这是该类合同得以推广，实现“以房养老”目的的关键。妥善设计的反向抵押借款合同制度，可以使其成为社会保障体系的

〔1〕 参见景天魁：《福利社会学》，北京师范大学出版社 2010 年版，第 18 页。

有机组成部分或重要补充。

第一,养老保障是社会保障的重要内容。解决老年人养老问题,是人类社会生存和发展的客观需要。《礼记·礼运篇》描绘了一个美好社会:“大道之行也,天下为公”,要“使老有所终,壮有所用,幼有所长,鳏寡孤独废疾者,皆有所养”,“是谓大同”。这是对社会保障最早的描述。在传统的农耕社会中,家庭既是生产主体,也是消费单位,同时承担着子女教育和老人赡养的义务。以家庭为单位的养老模式,是古代到近代的主要养老模式。在我国古代,政府就提供有一定的社会保障,如汉代对孤寡、流浪、乞讨人员进行收养的“居养”制度,宋代对流民、乞丐和鳏寡孤独者进行收养的居养院、安济坊、福田院和漏泽园等制度。[1] 政府采取的措施在一定程度上起了养老保障的功能。按照马克思政治经济学的创造价值理论,人的一生可分成三个阶段:一是准备时期,从出生到加入劳动队伍;二是劳动时期,从加入劳动大军到退出劳动队伍为止;三是退出时期,从退出劳动队伍到去世为止。在这三个阶段中,第一、第三阶段是纯消费时期,其消费源于第二阶段的劳动创造,第二阶段属于既生产又消费时期。第一阶段的个人消费,最终以第二阶段的劳动创造的价值予以补偿。第三阶段的消费费用,即退休金,则是第二阶段所创造的价值的延期支付,是通过劳动者与雇主以缴纳养老保险金的形式储存,由国家保管运营,当劳动者退休后再以退休金的形式返还。[2] 劳动者在年老退休之后领取养老金,这是现代社会养老保障最主要的形式。养老保障与健康保障、劳动保障和社会救助等并列,是社会保障的重要组成部分。

---

〔1〕 参见郭士征主编:《社会保障学》,上海财经大学出版社 2009 年版,第 136 页。
〔2〕 同上注,第 137 页。

第二,反向抵押借款合同是养老保障的补充形式。社会发展到近代及现代阶段,生产的社会化,包括生产资料使用的社会化、生产过程的社会化和产品生产的社会化,在促进社会生产力快速发展的同时,也改变人类的劳动方式、交际方式、分配方式和活动方式。社会化生产不仅使个体之间的收入水平差距不断扩大、贫富差距加大,引发社会分配不公和社会不稳定问题,而且使家庭承担的养老功能逐步弱化,养老问题突显。人口老龄化程度上升,家庭规模向小型化发展,社会流动性增加,老年空巢现象严重。原来的家庭成员之间由彼此依靠、互相帮助向人格独立、经济自主的方向发展。家庭由原来的生产单位演化为消费实体,一旦完全依靠薪资维持生计的收入中断,家庭成员的生活将陷入困境,更无力承担养老义务。传统的家庭养老模式难以为继,需要社会为其提供保障。受养老金制度金额及覆盖范围的限制,即使社会保障较为完善的英国、美国等国家和地区,也不得不在养老金制度之外,另觅其他补充养老金的方法。反向抵押借款合同制度,就是在此背景下产生的制度。反向抵押借款合同制度,是达到一定年龄的老年人,以自己所有的房屋为贷款人设定抵押权,从而获得借款,并最终以房屋变现金额清偿贷款人本息及费用的合同制度。反向抵押借款合同制度是构建多元性保障体系的对策之一,是住房养老方式中较为完善的一种类型;除此之外,多元性保障体系还包括异地养老、阶梯式养老等类型。[1] 通过反向抵押借款合同,老年人把累积于房屋中的价值转换为可支配的现金,弥补养老金收入的不足,使其成为传统养老保障制度之外保障老年人"老有所养"的有益补充形式。

第三,政府介入的程度决定反向抵押借款合同的性质。"当立法

〔1〕 参见郭士征主编:《社会保障学》,上海财经大学出版社2009年版,第172~173页。

者需要决定是否为其人民提供一新的社会福利时，他们需要在社会国家原则和节约财政原则之间作出平衡。”[1]对于“房产富有、现金贫困”的老年人，政府面临把反向抵押借款合同制度设计成一种政府参与的、现有养老保障制度有益补充的养老保障制度，还是设计成一种任由自由竞争、优胜劣汰规则进行市场调节的民事合同制度，这是一项较为棘手的选择难题。根据比例适当原则与过度禁止原则，政府在提供社会保障与节约财政支出之间应当进行妥善衡量，以确定政府介入反向抵押借款合同程度，由此决定该类合同制度是否具有社会保障的性质。“相互竞争的各项原则以及由这些原则所代表的利益和自由各自被实现的尺度应按照比例适当原则和过度禁止原则来决定。借助这两项原则，法律上的考量能够以概念化的形式进一步展开。”[2]各个国家和地区，甚至在一个国家之内，基于不同的立法目的，其所设置的反向抵押借款合同是否具有社会保障性质也不尽相同。

如上所述，根据政府在合同签订、履行中所起作用的不同，反向抵押借款合同可以划分为政府指导型反向抵押借款合同、政府参与型反向抵押借款合同与政府主导型反向抵押借款合同。在指导型反向抵押借款合同中，政府以市场监督者的身份对反向抵押借款合同的签订、履行及运行进行监督，如美国的房屋持有人抵押、财务自由计划。在参与型反向抵押借款合同中，政府不仅发挥市场监督指导功能，而且以当事人身份介入合同中，享有一定权利，承担部分义务。如在HECM反向抵押借款合同制度中，美国通过立法形式对其予以规范，住房和城市发展部不但负责制定和执行规则，指导前置性强制

---

〔1〕 参见[德]齐佩利乌斯：《法学方法论》，金振豹译，法律出版社2009年版，第19页。
〔2〕 同上注，第20页。

咨询程序的实行及合同履行过程,而且以保险人身份参与到合同中来,以政府财政为支持,向借款人收取保费,承保合同履行期间可能发生的借款人长寿风险、房屋贬值与价格波动风险和贷款人违约风险。HECM 反向抵押借款合同制度在充分利用借款人房屋交换价值的同时,由政府以财政收入为基础,承保合同履行过程中的风险,具有一定意义上的社会保障性质。政府主导型反向抵押借款合同,如不动产逆向抵押借款合同。我国台湾地区相关部门直接以贷款人身份与符合条件的老年人签订合同,委托土地银行向借款人支付借款。这样,相关部门具有贷款人、抵押权人双重角色,在向借款人支付借款、享有债权和抵押权的同时,也承担了合同履行过程中潜在的老年人长寿风险、房屋贬值与价格波动风险。与 HECM 反向抵押借款合同制度相比,同为利用房屋交换价值的制度设计,我国台湾地区相关部门以财政为支持,向老年人支付借款,承担了合同履行中的社会风险,也具有一定的社会保障性质。不动产逆向抵押借款合同不是一般意义上的金融消费合同,而是具有一定社会保障性质的民事合同。

在反向抵押借款合同制度中,借款合同是主合同,抵押合同是从合同。在 HECM 反向抵押借款合同制度中,还有承保各类风险的抵押保险合同。为便于研究,本书将反向抵押借款合同制度分为借款合同、反向抵押合同与抵押保险合同三部分进行讨论,分别研究各组成合同中借款人权益保护问题。同时,本书主要通过把 HECM 反向抵押借款合同、不动产逆向抵押借款合同和幸福反向抵押养老保险合同进行对比,探讨这三类反向抵押借款合同制度在结构设计、借款人权益保护方面的共性与差异。

小　结

反向抵押借款合同是符合一定条件的老年借款人,以自有房屋为贷款人设定抵押权,贷款人根据保险精算原则确定借款金额,在特定期限内按期向借款人支付借款,或支付至借款人身故,或按借款人选择的其他形式支付借款;当借款人出让或搬离房屋、身故或其他法定或约定条件成就后,借款人或其继承人可以清偿借款本息,消灭抵押权,或由贷款人通过法定程序行使抵押权,以房屋变现金额优先受偿借款本息及费用的民事合同。在反向抵押借款合同中,借款人限于达到一定年龄,拥有房屋产权的老年人,对其没有最低收入和偿债能力的要求。借款人可以终身居住房屋,可以终身领取借款;对于超出房屋变现金额部分的债务,借款人及其继承人享有不受追偿的权利,这些特点使反向抵押借款合同蕴含借款人长寿、房屋贬值与价格波动、利率波动及贷款人违约等风险。从组成结构来看,HECM 反向抵押借款合同由逆向 HECM 借款合同、HECM 抵押合同和抵押保险合同组成;不动产逆向抵押借款合同由借款合同和逆向抵押合同组成;幸福反向抵押养老保险合同由养老借款合同、养老抵押合同与延期年金保险合同组成。

与传统的遗赠扶养协议、不动产负担、售后返租及终身地产权等"以房养老"模式相比,反向抵押借款合同制度不包括对老年人的生活料理、精神抚慰等非财产性行为,这是其劣势。反向抵押借款合同制度的优势在于,以可计算、可量化的货币形式明确了借款人与贷款人之间的权利义务关系;对超出抵押房屋变现金额的借款本息及费用,可以设计出贷款人无追偿权的可行性制度。更为重要的是,在其他类型的"以房养老"制度模式中,老年人需要通过个案磋商的方式达成交易,而寻找符合条件的交易对象、就交易内容达成一致等方面往往不尽如人意。反向抵押借款合同制度可以为老年人提供可支配的现金收入,老年人可以在市场上购买所需要的服务,故反向抵押借款合同制度是一种具有广泛适用性,可以大规模推广适用的法律制度。从发展历程来看，反向抵押借款合同制度从无到有，从临时性合同安排到形成规范化法律制度，从在个别国家、地区试办试行到多个国家、地区相互借鉴发展，这既是社会发展的客观需要，也是各个国家和地区在人口老龄化背景下解决养老资金来源问题的积极选择。其中，美国反向抵押借款合同制度最具代表性，其制度设计和借款人权益保护也较为成熟。借款人权益保护始终是反向抵押借款合同制度的核心问题。保护借款人权益是反向抵押借款合同制度设立的目的，也是各类反向抵押借款合同在竞争中占领市场的关键。各个国家和地区在借款人权益保护方面的措施与方法，是我国开展反向抵押养老保险合同的借鉴对象。以金融消费者权益保护理论、老年人权益保护理论和社会保障理论为基础，反向抵押借款合同制度有诸多不同于传统抵押借款合同的制度设置和借款人权益保护方法。

第三章 借款合同中借款人权益保护

从美国开展反向抵押借款合同的实践来看,这一专门为老年人设计的“以房养老”方案却遭到了很多老年人的不满。“很多人对反向抵押存有抱怨,高压及其他不道德的营销策略驱使他们签订了这个收费很高的借款合同,各种欺诈诡计又使他们把借款投入到毫无收益的项目中,而各类营销人员和经纪人却获得了丰厚的佣金。”[1]要想预防和避免老年人受到贷款人、经纪人的商业欺诈与经济盘剥,使老年人在充分了解反向抵押借款合同的基础上,作出符合自身利益的决策,把所借资金合理地用于日常生活消费,以及紧急情况下的大额支出,关键在于切实保障老年人在合同签订之前、当时及之后应当享有的正当权益。

一、借款人资格条件与金融消费者权利

由金融机构开办的反向抵押借款合同,是一种金融消费合同。对反向抵押借款合同进行解构,其中借款合同是主合同,是借款人领取借款的事实依据;反向抵押合同是借款合同的从合同,以担保借款

[1] See Charles Duhigg, *Tapping into Homes Can Be Pitfall for the Elderly*, New York Times, 2 March 2008, at A1.

合同中贷款人债权实现为目的。在借款合同中,借款人享有的正当权益包括多方面内容。

(一)借款合同中借款人享有的权益范围

研究借款人权益保护问题,首先,需要确定借款人的主体范围,即老年人参与反向抵押借款合同应当具备的主体资格条件。其次,需要确定借款人享有权益的范围,包括合同缔结前准借款人享有的知情权,合同签订与履行过程中借款人享有的一系列程序性权益和实体性权益。最后,借款人权益范围还包括为保护借款人利益,对借款人使用所借款项购买年金保险进行限制的保护性措施。

借款人主体范围,是指老年人参与反向抵押借款合同,应当具备的资格条件。只有具备借款人资格条件的老年人,才可以向贷款人提出借款申请,与其签订反向抵押借款合同。不同国家和地区,同一国家和地区的不同类型的反向抵押借款合同制度,由于各自制度的结构、功能与目的不尽相同,对于借款人设定的资格条件也不同。符合借款人资格条件,是老年人缔结反向抵押借款合同,享有借款人权益的前提和基础。

对于具有借款人资格条件、有缔结反向抵押借款合同意向的准借款人,其在申请缔结反向抵押借款合同前,需要知悉反向抵押借款合同各项条款的含义、意义及合同条款对自身权益可能产生的影响。为了保护准借款人知情权,HECM 反向抵押借款合同制度规定了前置性强制咨询程序,对咨询机构、咨询费用、咨询内容和咨询证书都有明文规定。只有参加了前置性咨询程序,领取咨询证书后,准借款人才有资格与贷款人签订 HECM 反向抵押借款合同,享有合同权益。

借款人享有的程序性权益,是指在反向抵押借款合同签订之前、签订之后及合同履行过程中享有的、受法律保护的程序性权益。以是否为反向抵押借款合同借款人独享权益为标准，借款人享有的程序性权益可分为两类：一类是借款人作为普通金融消费者享有的权益，如借款人享有的知情权、合同签订后一定期限内的撤回权或合同解除权；另一类是反向抵押借款合同借款人所独享的权益，如借款领取方式的选择权与变更权、借款领取中止权与提前清偿权等。

借款人享有的实体性权益，是指借款人享有的、受法律保护的实体性权利和利益，包括借款人领取借款的权利及其保护性措施，借款人可领取的本金限额、每月可领取的借款金额。为衡量借款人实体性权益保护的妥当性，本书将借款人承担实体义务一并探讨分析。借款人承担的义务，主要包括借款人负担的利息及费用，必须以房屋为主要居住地，使抵押房屋处于维修良好状态，为房屋缔结财产保险合同等义务。此外，为避免借款人不必要的经济支出，HECM 反向抵押借款合同制度设有限制借款人以借款购买年金保险等金融产品的保护性规定。

为便于分类探讨借款人在借款合同中享有的各项权益，本部分主要分析借款人资格条件，借款人作为普通金融消费者享有的知情权，以及借款人缔结合同后的犹豫期内享有的撤回权或合同解除权。本章第二部分分析保护准借款人知情权的前置性强制咨询程序。本章第三、第四部分分别探讨借款人享有的程序性权益和实体性权益。本章第五部分主要介绍为保护借款人免予不必要的经济支出，限制借款人以所借资金购买年金保险的保护性措施。

(二)借款人资格条件

借款人资格条件(Eligible Requirements)，是指借款人申请签订反向抵押借款合同应当具备的主观条件与客观条件。借款人主观条件,是指借款合同中借款人本人应当具备的条件。借款人客观条件,是指在借款合同和反向抵押合同中,作为抵押物的房屋,以及房屋所占用的土地应当具备的条件。借款人的资格条件,既包括借款人本人应当具备的条件,也包括设定抵押权的抵押物应当具备的条件。不同的国家和地区,同一国家和地区的不同金融机构,因为开办反向抵押借款合同的类型、结构和功能定位不同,对借款人须具备的主观条件和客观条件的要求也不完全相同。

1. HECM 借款合同中借款人的资格条件

美国《联邦条例》规定,借款人签订 HECM 反向抵押借款合同,其本人及房屋需要满足以下条件:第一,借款人年龄条件。在向住房和城市发展部递交保险申请时,借款人(房屋所有权人、抵押人)或最年轻的共同借款人(房屋所有权人、共同抵押人)的年龄必须在 62 岁以上。[1] 第二,房屋产权条件。借款人(抵押人)必须拥有房屋产权(Title to the Property),即房屋所有权,以房屋作为借款本息的担保;如果有多位抵押人,所有抵押人必须共同拥有产权。[2] 第三,主要居住地条件。在签订合同时,每位借款人(抵押人)必须以所抵押的房屋为主要居住地;只要尚有其他借款人以房屋为主要居住地,而没有到医疗机构居住,即使有一位借款人临时或永久性地搬到医疗机构居住,那么该房屋也被认为是该借款人的主要居住地。[3] 第四,唯一抵押条件。房屋上必须没有未付的其他负担。在签订合同之前,任何存在于房屋上的抵押借款(包括房屋净值抵押借款及房屋价值信用额度借款)必须清偿;如果存在上述负担,那么在合同签订后,借款

---

[1] See 24 C. F. R. § 206. 33.

[2] See 24 C. F. R. § 206. 35.

[3] See 24 C. F. R. § 206. 39.

人要使用首笔借款收入,清偿现存的抵押借款。[1] 第五,房屋标准的条件。房屋须满足住房和城市发展部要求的最低质量标准;如果不能达到标准,应在合同签订前或签订后进行维修,以达到该质量标准。[2] 同时,较差的个人信用历史不会影响借款人签订 HECM 反向抵押借款合同的资格,但是如果借款人尚负有对联邦政府未履行的债务(如未缴纳税金),那么,借款人在签订 HECM 反向抵押借款合同前,必须先清偿这些债务。[3] 当然,与传统抵押借款合同不同的是,HECM 反向抵押借款合同对借款人没有最低个人收入的要求。

2. 逆向借款合同中借款人的资格条件

我国台湾地区依照其"不动产逆向抵押试办方案"第 4 条、"不动产逆向抵押作业规定"第 2 条的规定,老年人申请参与不动产逆向抵押借款合同,老年人本人及设定抵押权的房屋和土地,须满足以下条件:第一,申请人年龄及户籍条件。申请人应年满 65 岁,取得我国台湾地区户籍。第二,申请人居住及户籍设定条件。申请人需于申请日前一年居住于我国台湾地区超过 183 日,自有建筑物及其坐落土地的所有权(抵押物),并应在所供抵押物处设定户籍。第三,申请人没有法定继承人。申请人没有我国台湾地区"民法"第 1138 条规定的法定继承人,包括配偶、直系血亲卑亲属(子女、养子女、孙子女)、父母(养父母)、兄弟姐妹、祖父母。第四,抵押物的价值条件。抵押物价值上限,不超过"社会救助法"规定的中低收入户标准。土地的价值,以公告土地现值计算;房屋的价值,以评定标准价格计算。第五,土地的条件。抵押的建筑物应坐落于合法建筑用地上;建筑用

[1] See 24 C. F. R. § 206. 32.

[2] See 24 C. F. R. § 206. 47(a); 24 C. F. R. § 206. 47(b).

[3] See Customer Educ. Group, *Money from Home: A Consumer's Guide to Reverse Mortgage Options*, Fannie Mae, 1996, p. 66.

地的使用，应符合“都市计画法”“区域计画法”“非都市土地使用管制规则”等相关规定。第六，抵押物负担及用途条件。申请人应单独享有所有抵押物，且该抵押物上没有设定用益物权或担保物权等物上负担；建筑物登记誊本的主要用途登记，应含有住、住宅、农舍、套房或公寓字样。此外，受试办名额的限制，“不动产逆向抵押试办方案”第16条第1项规定，在具备上述条件下，“本方案之适用对象，以未领取‘政府’相关救助、津贴、给付，未接受‘政府’全额补助收容安置、未曾向他人借贷金钱或其他代替物者为优先”。

3. 养老借款合同中被保险人资格条件

按照中国保监会《反向抵押指导意见》和幸福反向抵押养老保险合同，在养老借款合同中，老年人要参与该类合同，被保险人及抵押的房屋需满足以下条件：第一，被保险人年龄条件。中国保监会《反向抵押指导意见》第6条第1款规定，被保险人（投保人）应为60周岁以上拥有房屋独立产权的老年人。养老借款合同进一步要求：年龄为60周岁至85周岁的自然人，可作为本主险合同的投保人，也是被保险人。[1] 可见，在养老借款合同中，投保人既有年龄下限（60周岁）的规定，也有年龄上限（85周岁）的要求。第二，抵押房屋需要具备的条件。幸福反向抵押养老保险合同约定，投保人同意并承诺，投保人将拥有完全独立产权的房屋抵押给幸福人寿保险公司，在办理完毕房屋抵押登记之后，幸福人寿保险公司即获得对投保人的抵押房屋的抵押权。[2] 被保险人对抵押物需享有完全的独立产权，抵押物上不得再设有优先于保险人抵押权的其他担保物权。

同为运用反向抵押制度实现“以房养老”功能，由于制度设计理

[1] 参见《幸福房来宝老年人住房反向抵押养老保险（A款）》第1.4条。
[2] 参见《幸福房来宝老年人住房反向抵押养老保险（A款）》第6.2条。

念不同，三类合同制度对老年人提出的主观条件与客观条件也不尽相同。HECM反向抵押借款合同旨在充分发挥市场优势，由金融机构服务于有住房的老年人群体，同时以政府承担保险责任作为市场的补充；为保障贷款人的债权实现，对抵押房屋的质量也提出了较高的要求。与之相比，不动产逆向抵押借款合同制度对借款人规定了较为严格的条件。不但对借款人的年龄要求高于前者，而且要求借款人必须是没有法定继承人的独身长者。作为抵押物的不动产价值也不得超过“社会救助法”规定的中低收入户的标准。规定如此严格的借款人条件，与我国台湾地区设立该项制度的社会保障功能有关。该制度“着眼于由‘政府’承担平均余命延长、不动产价值波动、利率不稳定等风险，通过以房养老的政策措施，建构另一种保障弱势长者之经济安全制度，台湾目前的以房养老即采取这种社会福利定位的法制设计”[1]。在我国台湾地区，不动产逆向抵押借款合同制度为特定的老年人群体量身打造，是具有养老保障性质和功能的“以房养老”模式，通过设定严格的借款人资格条件，从而将不属于该制度保障范围内的其他人，排除在不动产逆向抵押借款合同制度之外。相比之下，我国大陆反向抵押养老保险合同制度完全采用了市场化的运作机制。该制度对老年人主观条件和客观条件的要求最低，既未要求老年人必须以抵押房屋为主要居住地，也未要求老年人必须是无法定继承人的独身长者，使更多符合条件的老年人有机会参与缔结反向抵押养老保险合同，实现“以房养老”的目的。

（三）借款人知情权的保护

由金融机构开办的反向抵押借款合同，属于金融消费合同。作

---

〔1〕 参见曾品杰：《论以房养老契约——以我国不动产逆向抵押贷款制度为中心》，载《月旦法学杂志》2014年第7期。

为借款人的老年人,同时是金融消费者,其享有借款人知情权、撤回权与合同解除权等程序性权利。

1. 借款人知情权的含义与意义

在 HECM 借款合同缔结和履行过程中,"一些贷款人使用误导和非法手段欺骗、迷惑潜在的借款人,包括不完全告知他们所享有的选择权利,暗示必须购买相当类型的产品——如年金保险,希望借此攫取锁定于老年人房屋中的,金矿般的价值(Gold Mine in Equity Locked up)"[1]。因此,参与 HECM 反向抵押借款合同的老年人,成为许多金融机构进行经济掠夺与盘剥的对象。保护 HECM 借款合同中借款人的合法权益,首先要保护老年人的知情权,使老年人在充分理解反向抵押借款合同内容、含义和意义的基础上,作出符合其内心意思的真实表示,并知道合同履行的进程,自己在合同中的权利义务内容。

消费者知情权,又称消费者知悉权,是指消费者在购买商品或接受服务时,享有知悉其所购买的商品或接受的服务真实情况的权利。消费者知情权属于消费者享有的现代民法上的权利。消费者享有的知情权与传统民法精神大相径庭:传统民法从自由平等的抽象人格出发,完全着眼于主体之间的平等关系,强调给予双方主体平等的保护;知情权体现的则是一种非平等的关系,强调给予处于"弱者"地位的消费者侧重保护。[2] 消费者知情权对应于经营者的披露义务。经营者负有对提供的商品或服务,向消费者披露相关信息的义务。在通常情况下,民事主体主张或提出权利行使的要求,相应的民事义务主体才履行义务。但在消费者知情权与经营者披露义务之间,经营

---

〔1〕 See Leslie R. Ramos, *Chapter* 202: *California Provides Further Protection for Seniors Contemplating Reverse Mortgage Loans*, 38 McGeorge Law Review 45 (2007).

〔2〕 参见张严方:《消费者保护法研究》,法律出版社 2003 年版,第 290 页。

者需要主动向消费者披露与自己提供商品或服务的相关信息。

金融消费者知情权，是指金融消费者在进行金融产品交易之前、当时及之后所享有的要求金融机构向其全面、准确、及时、透明地披露有关信息的权利。[1] 赋予借款人知情权，课以贷款人披露义务有其经济学基础。在金融消费合同中，贷款人与借款人之间信息不对称和地位不平等问题较为突出。贷款人掌握绝对优势的信息资源，享有优越的经济地位。凭借其经济地位和社会资源，贷款人不但有机会参与国家法律制度设置与法条解释，而且垄断了格式合同的条款设计权与解释权。面对专业化、格式化的金融消费合同，借款人可能完全不能清楚合同条款的含义，不能理解缔结这些合同对自己未来生活可能产生的深远影响。反向抵押借款合同属于金融消费合同。消费者与经营者之间的信息不对称、地位不平等，在反向抵押借款合同中表现为借款人与贷款人之间信息不对称、地位不平等关系。赋予消费者知情权，不能从根本上改变这种不对称、不平等关系，却可以在一定程度上消除这种不对称、不平等关系带来的负面影响。反向抵押借款合同结构复杂，权利义务内容专业性强。通过赋予借款人知情权，课以贷款人信息披露义务，使借款人与贷款人双方由信息不对称、地位不平等发展到信息相对对称和地位相对平等的状态，使借款人在对反向抵押借款合同内容充分了解的基础上作出自己真实、理性的意思表示，促使借款人与贷款人之间构建基本平等、合理的法律关系。这是赋予借款人知情权的意义所在。

2. HECM 借款合同对借款人知情权的保护

为确保老年人充分认识反向抵押借款合同的复杂性、高成本性及对于自己的妥适性，HECM 反向抵押借款合同制度从两个方面保

---

[1] 参见彭真明、殷鑫：《论金融消费者知情权的法律保护》，载《法商研究》2011 年第 5 期。

障借款人知情权：一是通过前置性强制咨询程序，由独立于贷款人的中介机构向准借款人提供咨询服务，保护准借款人的知情权；此部分内容，本书将在本章第二部分予以阐明；二是对于借款人知情权，通过课以贷款人相关信息的披露义务予以保障。在 HECM 借款合同中，对借款人知情权的保护，包括《美国法典》《联邦条例》两个层面的法律。

(1)《美国法典》对借款人知情权的保护。在 HECM 借款合同中，《美国法典》通过规定贷款人的披露义务，对借款人知情权进行保护。对此，住房和城市发展部要求抵押权人(贷款人)必须向房屋所有人(借款人)提供以下信息：①当房屋所有人提出借款申请时，抵押权人应向房屋所有人提供一份经(住房和城市发展部)部长同意、能够提供咨询服务的第三方人员和地址的书面名单。②至少在借款合同达成之前 10 天，抵押权人(贷款人)应向房屋所有人说明其在反向抵押合同中的责任是有限的；向房屋所有权人解释其权利、义务及临时不在房屋中居住时的救济措施；贷款人不能支付借款时的救济措施，以及部长要求提供的其他信息。③以年为基础(不迟于每年 1 月 31 日)，告知抵押借款项下已支付房屋所有人的本金总额、累计利息以及尚未偿还的借款余额。④反向抵押借款合同签订前，根据预计未来借款总额，告知房屋所有人抵押预计总成本。[1]

(2)《联邦条例》对借款人知情权的保护。①《联邦条例》对借款人知情权的一般保护。1969 年 7 月 1 日，美国国会通过《诚信借款法案》，作为 1968 年《消费信贷保护法》第一编的通用名称，对贷款人披露义务作出规定。[2] 根据《消费信贷保护法》第 105 条的授权，联邦

---

〔1〕 See 12 U. S. C. § 1715z – 20 (e), Disclosures by mortgagee.

〔2〕 参见张为华：《美国消费者保护法》，中国法制出版社 2000 年版，第 41 页。

储备委员会颁布一系列条例,并被编入《联邦条例汇编》第12编第226部分,通称《Z条例》。依《消费信贷保护法》第103条(s)规定,违反《Z条例》的任何要求,就是违反《诚信借款法案》。[1]《Z条例》成为执行《诚信借款法案》的具体规则。1980年3月31日,美国总统签署《诚信借款简化与改革法》,对《诚信借款法案》进行重大修改,减少了公开的次数和内容,不再要求对很多细目一一列举。任何信用交易的借款人和贷款人都受《诚信借款法案》《Z条例》和《诚信借款简化与改革法》的保护,也都要遵守其规定。贷款人应当遵守规定,向借款人披露收取的各项费用。贷款人应当向借款人解释"贷出金额""财务费用"的含义,并对"年百分率""支付总额"和"总售价"等必须公开的内容和含义加以解释。公开的内容必须清楚明了,必须以书面形式提供。②《联邦条例》对借款人知情权的特殊保护。为确保借款人能够理解反向抵押借款合同的成本与风险,联邦储备委员会修改了《Z条例》中有关诚实信贷的规定。按照修订后的《Z条例》,开办反向抵押借款业务的贷款人必须在借款合同达成之前3天,向借款人提供一份一次性披露通知,向借款人披露预计参与反向抵押借款合同的总成本(Projected Total Cost of Credit);该通知应当明确告知借款人,"仅仅因为消费者收到了本部分要求的披露文件,或者已经签署了反向抵押借款申请,消费者不负有签订反向抵押合同的义务"[2]。该披露通知必须以清晰、显著和易于由借款人保存的书面方式;[3]清晰和显著的标准没有任何字号大小的具体要求,披露可以书写于数张纸上,每张均构成披露文件的组成部分。[4]《Z条

[1] 参见张为华:《美国消费者保护法》,中国法制出版社2000年版,第42~59页。
[2] See 12 C. F. R. § 226. 31(c) (1), 33(b) (1).
[3] See 12 C. F. R. § 226. 31(b).
[4] See 12 C. F. R. § 226 app. K (d).

例》规定：提供反向抵押借款的贷款人必须以最初利率为基础进行披露，而不是以假定上升后的利率进行披露。[1] 其他需要披露的信息包括：最年轻借款人的年龄是计算借款数额的依据；房屋的评估价格；每月可领取借款的金额；借款人选择的最初可领取的金额；可获得的信用额度及最初取款的费用；借款手续费；最初的抵押保险费和每月抵押保险费；服务费及其他收费；[2] 最后，披露通知应当包含一项警示和解释："反向抵押借款的成本取决于你（借款人）所选择的借款合同履行的时间和房屋的评估价格……本表所提供的利率只是预估，如果你领取借款的数量发生变化或者利率发生变化，你负担的实际成本可能与此存在不同。"[3] 有了贷款人披露的信息，借款人很容易把各种信息与自己的需求相匹配，选择最适于自己的抵押价值。[4]

《美国法典》《联邦条例》的这些法律规定，使贷款人负有在HECM借款合同签订之前、当时及之后，如实向借款人披露对借款人权益可能具有较大影响事项的义务，较好地保护了HECM借款合同中借款人的知情权。

3. 逆向借款合同中借款人知情权的保护

与HECM借款合同相比，不动产逆向抵押借款合同由我国台湾地区相关部门作为贷款人与借款人签订。该类合同中是否属于其"消费者保护法"和"金融消费者保护法"的调整范围，借款人知情权是否受这两个规定的保护，均有可探讨的空间。同时，在不动产逆向

[1] See 12 C. F. R. § 226 app. K (b) (10).

[2] See 60 Fed. Reg. 15476 (1997), cited from Jean Reilly, *Reverse Mortgages: Backing into the Future*, 5 Elder Law Journal 17 (1997).

[3] Ibid.

[4] See *Reverse Mortgages: A Good Idea?*, *Consumer Rep.*, July 1, 1995, cited from Jean Reilly, Reverse Mortgages: Backing into the Future, 5 Elder Law Journal 17 (1997).

抵押借款合同制度中，为保护借款人知情权，设有为借款人提供咨询服务部门和机构。依“不动产逆向抵押试办方案”第8条第1项的规定：内政管理机构或直辖市、县（市）政府结合或委托社会福利团体，提供法律、不动产管理、社会福利等咨询服务。这样，通过政府部门与社会团体提供咨询服务，可以保障参与不动产逆向抵押借款合同的老年人的知情权。

4. 养老借款合同对借款人知情权的保护

我国《消费者权益保护法》第8条规定：消费者享有知悉其购买、使用的商品或者接受的服务的真实情况的权利。消费者有权根据商品或者服务的不同情况，要求经营者提供商品的价格、产地、生产者、用途、性能、规格、等级、主要成分、生产日期、有效期限、检验合格证明、使用方法说明书、售后服务，或者服务的内容、规格、费用等有关情况。与HECM借款合同相比，我国对参与反向抵押养老保险合同的老年人知情权的保护措施尚不够明确具体，操作性不强。在《消费者权益保护法》第8条的基础上，我国应当完善金融消费合同中消费者知情权保护的内容，并针对老年人的自身特点，在其参与诸如反向抵押养老保险合同等金融消费合同时，制定符合保护老年人知情权的具体措施。

（四）借款人的撤回权与合同解除权

1. 消费者撤回权的含义、撤回权的对象与正当性基础

消费者撤回权，有学者称为“反悔权”[1]，在英美法系，类似的制度被称为冷静期制度，源于英国1964年《租赁买卖法》针对上门推销

---

〔1〕参见杨立新：《非传统销售方式购买商品的消费者反悔权及其适用》，载《法学》2014年第2期。

制定的冷静期条款。《租赁买卖法》第 4 条规定，买受人自收到正式合同的副本之日起 4 日内可以随时以书面文书通知解除合同，而将物品返还。美国 1974 年修正的《消费者信贷保护法》第 125 条规定了消费者无条件解除合同的权利。

消费者撤回权，是指消费者享有的、无须任何理由即可在一定期间内通过一定形式撤回合同，终止当事人之间合同义务的权利。[1] 消费者撤回权的法律构成，主要包括以下五个方面：第一，消费者撤回权的适用范围，仅限于消费合同，即消费者为了生活消费需要而购买、使用商品或接受服务的合同；第二，撤回权仅限于消费者一方享有，经营者对于双方签订的合同不享有撤回权；第三，消费者行使撤回权不需要说明理由，不需证明其撤回的正当性，是无条件撤回权；第四，消费者行使撤回权受法定期间的限制，必须在法定期间内行使，期间届满后，消费者丧失撤回权；第五，关于消费者行使撤回权的法律效果，尽管各国的规定并不一致，但多数国家规定，消费者行使撤回权，要终止当事人之间合同上的权利义务关系。[2] 消费者撤回权的对象，是指消费者撤回的是自己在合同中的意思表示，还是对整个消费合同撤回的问题。有学者指出，就撤回权而言，权利赋予的原因在于意思表示人的决定自由存在遭受侵害的风险，因此，撤回权在构造上仅针对其意思表示，即意思表示人通过单方撤回自己的合同意思表示，摆脱该意思表示对自己的约束力，进而也就从合同约束中解脱出来。从制度构成的逻辑上来推演，消费者行使撤回权的对象，应仅是消费者自己这一方的意思表示，而不能是整个合同；但是，撤回权与撤销权或解除权在法律属性上均属于形成权，且在法律后果

〔1〕 参见卢春荣：《消费者撤回权制度比较研究》，复旦大学 2012 年博士学位论文，第 14 页。
〔2〕 同上注，第 14～16 页。

上有其相似性，故而在法律后果的规范设计方面，存在彼此援引的技术可能性。[1]

消费者撤回权主要适用于以下两种情形：一是对特定情景下达成的合同，如在经营者上门交易场合，赋予消费者以撤回权；二是对于消费者签订与自身利益至关重要的信用交易，如以居住场所为债权人设定担保利益的消费信贷交易，赋予消费者以撤回权。[2] 在这两种情形下，消费者与经营者之间达成的交易关系都有其特殊性。在上门交易场合，消费者处于精神上的弱势地位，在经营者或其营销人员突袭销售的情形下，消费者难以充分考虑并形成自由的内在意思。在消费者信贷合同等特殊类型合同场合，消费者处于信息上的弱势，信息不完全导致其无法形成自由的内在意思。合同内容较为复杂，消费者没有相应的金融专业知识，无法理解合同内容的含义及意义。借款金额巨大、履行期限较长，消费者可能无法正确判断自己的借款能力和偿还能力，可能会陷入长期债务负担中。所以，消费者撤回权的正当性基础是，在合同订立阶段，消费者由于特定的场景而不能自由地形成内心意思，或是由于消费者与经营者之间的信息不对称，消费者不能充分理解合同的意义及自身能力，使自己的内在意思形成受到妨碍。当然，这种妨碍并不必真正形成，只要具有潜在的妨碍意思形成的可能性即可。立法者推定在这些法定情况下，消费者的内在意思的形成受到了妨碍，而这种推定是不可以被推翻的。

2. HECM 借款合同中借款人撤回权

“反向抵押借款合同签订后，借款人仍有 3 个工作日时间重新考

---

〔1〕 参见张学哲：《论消费者撤回权的构成与行使要件》，载《华东政法大学学报》2011 年第 1 期。

〔2〕 参见王洪亮：《消费者撤回权的正当性基础》，载《法学》2010 年第 12 期。

虑自己的决定。如果借款人出于某种原因不再需要这项借款，借款人仍然可以从这项交易中走出来。工作日包括星期六，但不包括星期日或法定节假日。撤销必须以书面形式，在合同签订时贷款人提供的表格上写明。表格应当在第三个工作日午夜之前亲自递交、邮寄、传真或通过电报公司提交给贷款人。"[1]对于 HECM 借款合同中借款人享有的撤回权，有以下问题需要辨明。

(1)借款人撤回权归属的合同类型。在 HECM 借款合同中，作为借款人的老年人，为获得可支配的现金收入，以享有所有权的房屋作为担保，为授信的贷款人设定抵押权，从而获得借款，故 HECM 借款合同属于消费者信用交易类型。借款人在撤回权的行使方式、期间及法律效果方面，应当遵守《联邦条例》关于消费者撤回权的一般规定。《联邦条例》规定：在信用交易中，如果担保权益(Security Interest)已经或将要设定于消费者的主要住房上，消费者的所有权利益已经或将从属于担保权益，每一位消费者有权撤销这笔交易，本条(f)部分另有规定的除外。[2] 该条(f)部分规定，撤销权不适用于以下交易：一是住宅抵押借款交易；二是消费者为扩展信用额度而向同一债权人再融资或实施债权合并，而该扩展信用已经获得消费者的住宅担保，但如果新获融资的金额超出尚未偿付的本金余额、未付债务的费用和新融资或债权合并的费用，消费者有权撤销合同；三是以政府部门为债权人的交易。[3] 住宅抵押借款交易，是指住宅按揭贷款合同，即传统抵押借款合同，是为购买或建设住房而在房屋上设立

---

[1] See Tom Kelly, *The New Reverse Mortgage Formula: How to Convert Home Equity into Tax - Free Income*, John Wiley & Sons, Inc., 2005, p. 43.

[2] See 12 C. F. R. § 226. 23 Right of rescission(a).

[3] See 12 C. F. R. § 226. 23 Right of rescission(f).

抵押权而获得购房或建房资金的交易。[1] 显然,HECM 反向抵押借款合同并不包括在该条(f)的内容中。因此,在 HECM 借款合同签订之后的 3 个工作日内,借款人可以行使撤回权,使 HECM 借款合同不发生法律拘束力。

(2)借款人撤回权的行使方式。《联邦条例》规定,消费者行使撤回权应当以下列方式行使:消费者行使撤回权,应当以邮件、电报或其他书面形式通知债权人;当邮件、电报或其他书面形式递送至债权人指定的营业地址时,通知视为送达债权人。[2] 如果借款人签订 HECM 反向抵押借款合同后要行使撤回权,应当遵循行使方式的规定。

(3)贷款人的告知义务。对于借款人撤回权,作为债权人的贷款人负有披露义务。贷款人应当以清晰而显著的方式告知借款人其享有的撤回权及其行使方式、法律后果和行使日期等内容,确保借款人能在法定期间内行使撤回权。对此,《联邦条例》规定:①贷款人对借款人撤回权的披露义务。在消费者享有撤回权的交易中,债权人应当向每一位消费者递送两份载有消费者享有撤回权的通知(经消费者同意并遵守电子签名法的相关规定,一份副本可以电子形式递送消费者)。通知应当独立于交易文件,以清晰而显著的形式载明以下内容:债权人保有或获得对消费者主要居住房屋的担保利益;消费者对交易享有撤回权;行使撤回权的方式,指定债权人的营业地址;行使撤回权后的后果;行使撤回权的日期。②债权人以恰当方式通知。[3] 为满足上述披露要求,债权人应向消费者提供恰当的通知样

---

〔1〕 参见卢春荣:《消费者撤回权制度比较研究》,复旦大学 2012 年博士学位论文,第 91 页。

〔2〕 See 12 C. F. R. § 226. 23 Right of rescission(a) (2).

〔3〕 See 12 C. F. R. § 226. 23 Right of rescission(b) (1).

式，如附录中的形式或与其相似的形式。[1]

（4）借款人行使撤回权的效力。借款人行使撤回权的效力，涉及两方面的内容：一是借款人行使撤回权后，对反向抵押借款合同本身产生的效力影响；二是在共同借款人场合，其中一位借款人行使撤回权，对其他借款人产生的影响。对于反向抵押借款合同效力的影响，涉及主合同的借款合同和从合同的抵押合同两方面。对此，《联邦条例》规定：①消费者撤回一项信用交易后，使担保利益归于无效，消费者对交易数额不负任何义务，包括任何融资费用。②自收到撤回通知起 20 日内，债权人应当将收取的与交易有关的现金或财产归还相关人员，并采取能够反映担保权益已经终止的必要措施。③如果债权人已经向消费者支付现金或转让财产，在债权人履行上述义务前，消费者有权保留现金或财产的占有；当债权人履行上述义务后，消费者应将现金或财产偿还给债权人；如果偿还不具有可行性或偿还不公平，消费者应偿还合理的价值。消费者可以选择在财产所在地或消费者住所偿还财产，偿还现金必须在债权人指定的营业场所进行；如果债权人在消费者提出偿还之日起 20 日内没有占有财产或现金，消费者没有采取进一步措施的义务。④在共同借款人场合，如果一位借款人行使撤回权，则撤回权行使的效力将及于整个合同，对其他借款人也有效力，[2]也就是说，在一位以上消费者缔结并享有撤回权的信用交易中，一位消费者行使撤回权的行为，对所有消费者均具有效力。[3] 基于上述规定，借款人行使撤回权的效力，不仅涉及借款合同本身，而且及于担保合同。由于借款人行使撤回权，HECM 借款合同与 HECM 抵押合同将一并失去法律效力。在一位借款人行使撤

〔1〕 See 12 C. F. R. § 226. 23 Right of rescission(b) (2).

〔2〕 See 12 C. F. R. § 226. 23 Right of rescission(d).

〔3〕 See 12 C. F. R. § 226. 23 Right of rescission(a) (4).

回权的情况下,对于所有借款人,整个 HECM 反向抵押借款合同将失去法律效力。

在 HECM 借款合同中,知情权的意义在于保障借款人在了解交易的内容的基础上作出于己有利的、准确的意思表示,并随时知悉合同的履行情况。撤回权的意义在于保障在借款人在签订合同之后,有机会对交易的内容重新认识,避免自己的错误认识而遭受重大利益损失。两项权利彼此协调,共同服务于借款人的知情利益与意思自治利益。

3. 养老借款合同中被保险人合同解除权

依据《反向抵押指导意见》和幸福反向抵押养老保险合同,在合同签订后的犹豫期内,被保险人享有合同解除权。

(1)犹豫期内被保险人合同解除权的含义。在反向抵押养老保险合同中,被保险人享有犹豫期内合同解除权。按照中国保监会《反向抵押指导意见》要求,保险公司应当在反向抵押养老保险合同中明确规定犹豫期的起算时间和长度,犹豫期内被保险人享有的权利,以及被保险人在犹豫期内解除合同可能遭受的损失;犹豫期不得短于30 个自然日。基于中国保监会的政策要求,幸福反向抵押养老保险合同约定,自被保险人签订主合同之日起 30 日的犹豫期内,被保险人根据自己的实际情况对合同内容进一步审查,如果认为合同不符合自己的需求,被保险人可以在犹豫期内解除合同。[1] 幸福反向抵押养老保险合同约定的被保险人犹豫期内合同解除权,是《反向抵押指导意见》犹豫期规定的落实与具体化。

2009 年 9 月 25 日,中国保监会颁布的《保险公司管理规定》第 46 条规定:保险机构对保险合同中有关免除保险公司责任、退保、费

[1] 参见《幸福房来宝老年人住房反向抵押养老保险(A 款)》第 1.5 条:犹豫期,第 1 款。

用扣除、现金价值和犹豫期等事项，应当依照我国《保险法》和中国保监会的规定向投保人作出提示。同时，中国保监会在《人身保险新型产品信息披露管理办法》《保险专业代理机构监管规定》等部门规章中，对犹豫期规则作出规定。犹豫期制度对于保障被保险人在认知、理解反向抵押养老保险合同内容、意义的基础上，作出符合其自身利益的、真实的意思表示，具有重要意义。

(2)犹豫期内合同的效力。根据幸福反向抵押养老保险合同，被保险人在犹豫期内主张解除合同，自收到解除合同申请书之日起，保险合同自始不发生效力，且保险人不承担合同解除前的保险责任。[1]在犹豫期内，被保险人行使解除权之前，合同仍然有效，对于保险人与被保险人都有拘束力。如果被保险人行使解除权，解除权的行使效力追溯至合同成立时，使幸福反向抵押养老保险合同自始不发生效力。如果犹豫期内被保险人没有行使解除权，则合同将继续有效。因犹豫期的经过，合同解除权消灭。

(3)对犹豫期内被保险人合同解除权的评价。与美国反向抵押借款合同制度中借款人撤回权，以及我国《消费者权益保护法》第 25 条规定的消费者无理由退货权相比，幸福反向抵押养老保险合同中约定的 30 日犹豫期内被保险人合同解除权，赋予被保险人更长的考虑期间。如前所述，在 HECM 反向抵押借款合同中，自合同签订之日起的 3 个工作日内，借款人享有撤回权。我国《消费者权益保护法》第 25 条规定：经营者采用网络、电视、电话、邮购等方式销售商品，消费者有权自收到商品之日起 7 日内退货，且无须说明理由。

美国《联邦条例》规定的借款人撤回权，我国《消费者权益保护法》规定的消费者无理由退货权，这些都是法律赋予消费者的权利。

---

[1] 参见《幸福房来宝老年人住房反向抵押养老保险(A 款)》第 1.5 条。

幸福反向抵押养老保险合同中被保险人合同解除权,是在中国保监会政策指导下,由保险人与被保险人约定的合同权利。如上所述,对于特殊类型的消费合同,如上门交易、远程交易及对消费者产生重大影响的消费信贷交易中,为保护消费者利益,各国均赋予消费者撤回权而无须承担违约责任。无论称为撤回权、反悔权、撤销权、无理由退货权,还是称为解除权,其目的都在于保障消费者在对所消费的商品或服务的完全知悉、理解合同的内容、意义的情况下,再作出真实的意思表示。

赋予被保险人犹豫期内享有合同解除权有其内在的必要性和合理性。反向抵押养老保险合同的结构与权利义务内容颇为复杂。被保险人是60岁以上的老年人,不具备相关的金融专业知识,短期内无法完全理解合同的内容和意义。同时,由于合同以被保险人安身立命的住房为抵押,涉及金额巨大、履行期限较长,被保险人可能无法准确判断自己的偿还能力,无法预见合同隐含的诸多风险,容易陷入沉重的债务负担中。此外,与保险人相比,被保险人处于信息占有上的弱势地位。信息不对称与信息不完全,导致被保险人在决定是否缔结合同时无法进行准确的利益衡量,无法通过利益计算、方案比较选择于己最为有利的方案。概言之,被保险人无法形成完整、充分的内在意思。赋予被保险人犹豫期内合同解除权,使其在合同签订之后的一定期间内仍可以重新慎重斟酌,在调查了解的基础上作出完整、充分的意思表示,是决定让合同继续有效,还是解除合同。

我国台湾地区试行的不动产逆向抵押借款合同是相关部门以贷款人、抵押权人身份与老年人签订,具有一定社会保障性质的民事合同。相关部门作为贷款人与老年借款人签订不动产逆向抵押借款合同,不符合我国台湾地区“消费者保护法”第 2 条规定的企业经营者的身份，也不具备“金融消费者保护法”第 3 条规定的金融服务业的要求。[1] 不动产逆向抵押借款合同是否属于这两部法律的调整范围，以及参与该类合同的老年人是否享有诸如 HECM 借款合同中借款人的撤回权与知情权，享有金融消费者的诸多权益，尚有探讨的空间。

二、准借款人知情权保护

在处理难以理解的问题时，各年龄段的人都有过度简化处理的倾向。对于超出自己理解能力的产品或事物，一些消费者往往忽略掉自己不能理解的内容，而不是寻求在理解所有内容之后再作出决定。在反向抵押借款合同中，消费者不仅需要知道信息本身，而且需要学习一定的金融知识，才能理解信息的意义。如果没有这样的学习过程，消费者根本无法了解自己的认知程度，也无法理解借款合同条款的重要性。[2] 为充分保护借款人的知情权，HECM 反向抵押借款合同制度中设有前置性强制咨询程序。准借款人经过咨询程序，取得咨询证书后，才能向贷款人申请借款。

（一）HECM 借款合同的前置性强制咨询程序

1. 前置性强制咨询程序的含义

前置性强制咨询程序，是指为保障准借款人对反向抵押借款合同的知情权，准借款人在向贷款机构申请借款前，必须先到经政府部

---

〔1〕 我国台湾地区“消费者保护法”第 2 条规定：消费关系指消费者与企业经营者间就商品或服务所发生的法律关系；“金融消费者保护法”第 3 条规定：本法所定金融服务业，包括银行业、证券业、期货业、保险业、电子票证业及其他经主管机关公告的金融服务业。

〔2〕 See Lauren E. Willis, *Decision - making and the Limits of Disclosure: The Problem of Predatory Lending Price*, 65 Maryland Law Review 707(2006).

门批准的，独立于贷款人的公共性、非营利性的咨询机构进行学习、咨询，在获得咨询机构颁发的咨询证书后，才可以向贷款人申请签订反向抵押借款合同的前置性、强制性程序。准确理解该程序的含义，需要把握以下几方面问题：

(1)咨询程序的强制性与前置性。“知情”是老年人的权利，还是义务？通常意义上，作为消费者的借款人，知晓其消费商品或接受服务的真实情况是其权利。与之相对，作为经营者的贷款人，负有向借款人披露其商品或服务信息的义务。但是，在 HECM 反向抵押借款中，作为准借款人的老年人，在向贷款人申请签订借款合同前，必须先向咨询机构进行咨询。通过咨询，老年人只有在了解相关法律规定、合同性质与费用，知悉合同权利与义务，以及签订合同对房屋可能产生的影响，并取得咨询证书后，才能向贷款人申请借款，与贷款人签订反向抵押借款合同。从形式上来看，咨询程序是老年人成为借款人，与贷款人签订合同前的必要程序，具有强制性和前置性。准借款人负有在合同订立前向特定机构进行咨询的义务。实质上，咨询程序使准借款人知情权得到法定前置程序的充分保障。

(2)咨询机构的独立性。提供咨询服务的机构，不是贷款人，也不是与贷款人有关联的第三人，而是经政府部门批准，独立于贷款人和其他金融机构的非营利性公众机构。咨询服务由经政府部门批准的非营利性公众机构提供，目的在于保障咨询内容的客观性和全面性。咨询机构独立于贷款人和其他金融、保险机构，使咨询机构与准借款人、贷款人及其他之间不存在利益冲突，确保其提供的咨询内容不涉及其自身利益，使咨询机构能够忠诚地为准借款人提供咨询服务。

(3)咨询内容的广泛性。在 HECM 反向抵押借款合同签订前，准借款人可以咨询的问题不限于合同权利义务内容本身，他(她)可以就包括反向抵押借款合同在内的一系列问题进行咨询,主要包括:①知道并理解反向抵押借款如何运作;②对自己何时需要资金、需要资金数额、保险费用支出、不动产税及房屋维修费用等有一定的估算;③对反向抵押借款金额、成本等特征进行评价;④认知反向抵押特征的重要性;⑤对可能连续12个月不在房屋内居住等事件发生的可能性进行判断;⑥其他影响是否签订合同的信息及事件。[1]

2. 设置前置性强制咨询程序的必要性

在传统抵押借款合同中,由于该类金融消费合同较为普遍,且借款人主体、权利义务内容、借款利率等规范透明,依靠贷款人向借款人披露相关信息的做法基本上能够保护借款人的知情权。"但是,通过反向抵押借款合同来应对固定收入的不足,或把累积于房屋中的财产予以利用,这样做是不是一项最好的方法,对于任何特定的老年人而言,这都是一项极为复杂,涉及多方面因素需要考虑的决定,包括其他可以利用的更低成本的选择,以及对于反向抵押借款合同蕴含的诸多风险的理解。"[2]所以,在反向抵押借款合同中,仅仅依靠贷款人向借款人披露相关信息的做法,难以保证准借款人完全理解合同的内容和意义。例如,对于准备缔结反向抵押借款合同的老年人来说,其始终面临多种选择。老年人是选择标准型HECM合同,还是选择节约型HECM合同?在多种借款领取方式中选择终身领取、固定期限领取、信用额度领取、修正型的终身领取,还是选择修正型的固定期限领取,或者选择合同签订后一次性领取?在两种借款利率模式中,是选择可调整利率模式,还是选择固定利率模式?如果

[1] See Debra Pogrund Stark, Jessica M. Choplin & Joseph A. Mikels, *Complex Decision - making and Cognitive Aging Call for Enhanced Protection of Seniors Contemplating Reverse Mortgages*, 46 Arizona State Law Journal 299(2014).

[2] Ibid.

没有事前学习与准备,作为准借款人的老年人,很难作出最符合自身利益的选择。具体而言,基于以下几方面原因,HECM 反向抵押借款合同制度才设置了前置性强制咨询程序。

(1)借款人主体的特殊性。参与反向抵押借款合同的借款人,都是上了年纪的老年人。随着年龄增加,很多老年人对各类新鲜事物的理解能力、辨识能力不增反降。要使老年人理解反向抵押借款合同的内容,以确定该类合同是否适合自己,履行合同将对自己产生哪些影响,从而使老年人在签订合同时形成真实的、充分的意思表示,仅依赖于贷款人履行告知义务不可能实现。同时,为了避免反向抵押借款合同签订过程中贷款人、经纪人和其他人员的攻击性销售、欺诈、虚假陈述及虐待老人的行为,法律需要在贷款人负担告知义务之外,另行设立前置性强制咨询程序,以充分保障老年人的知情权。

(2)反向抵押借款合同内容的复杂性。反向抵押是一项复杂的金融产品,难以为一般消费者所理解。有学者指出,要准确理解反向抵押如何运作,并将之与其他可选择性的方案进行对比、评估,这些工作甚至对于精明的专业人士也构成一项挑战。[1] 反向抵押借款的交易成本、风险与收益设计较为复杂。消费者要作出妥当的决定,需要在两个层面正确理解反向抵押:一是消费者必须在反向抵押与其他类型的可代替的产品之间作出选择,比如房屋以大换小、房屋净值抵押借款等;二是消费者在不同类型的反向抵押产品之间,评估各自的交易成本并作出选择。[2] 反向抵押借款合同是新类型合同,其内在结构、运作机制、潜在风险及权利义务配置比一般的借款合同复

---

〔1〕 See Carolyn H. Sawyer, *Reverse Mortgages: An Innovative Tool for Elder Law Attorneys*, 26 Stetson Law Review 617(1996).

〔2〕 See Meghan Galloway & Richard Kantor eds., *Reverse Mortgages: Elements, Considerations and Market Developments*, Nova Science Publishers, Inc., 2013, p.78.

杂。在 HECM 反向抵押借款合同中，最大请求额、本金限额、每月可领取金额、取消赎回权(Deed - in - lieu of Foreclosure)、无追偿权等专业术语都有其特定的含义，这些内容与传统抵押借款合同相比存在较大差异。要使老年人在签订反向抵押借款合同之前能够全面、深入地理解合同对其各方面带来的影响，并不是一件简单的工作。所以，为使老年人认识和理解反向抵押的复杂性、高成本性和潜在的不合适性等特征，美国制定法律，要求老年人在签订 HECM 反向抵押借款合同前，接受必要的咨询。[1]

(3)借款人与贷款人利益的冲突性。在反向抵押借款合同中，借款人作为金融消费者，享有知情权，贷款人作为经营者，负有向借款人披露相关信息的义务。但是，借款人与贷款人之间的利益并不完全一致，两者之间存在一定的利益冲突。由于总想扩大市场占有率增加盈利，所以贷款人没有足够的动力向借款人介绍反向抵押借款合同可能对借款人权益造成的影响。同时，由于抵押保险合同给贷款人提供了安全保障，老年人逐渐成为银行业的发展目标，很多提供 HECM 抵押合同的贷款人向老年房屋所有人提出的条件具有欺诈性和经济盘剥性(Financially Exploitative)，[2] 以致近年来对反向抵押的投诉逐渐增多，这些投诉主要有误导性的市场营销策略，强迫老年人用借款收入购买不恰当的投资或保险产品等。

2009 年，美国国家审计总署(Government Accountability Office, GAO)发布的一项关于反向抵押虚假宣传的调查报告指出，HECM 借款合同的贷款人通过网络进行宣传的内容中及电视播放的 DVD

---

[1] See 12 U. S. C. § 1715z - 20 (f).

[2] See Victoria C. Dawson, *Reverse Mortgage Facilitators Harvesting Benefits While Escaping Fiduciary Duties: Who's Really Looking out for Whom?*, 10 Fla. St. U. Business Review 117 (2011).

影像资料中,包含了许多潜在的虚假宣传。这些虚假宣传包括:①一位借款人的"欠款永远不会超出房屋的价值";②反向抵押是一项政府福利或其他事项,而不是一项借款;③反向抵押是一项终身借款,或借款人不能活过借款期限;④借款人永远不会丧失他们的房屋;⑤暗示或误导属于政府的附属机构;⑥暗示要获得反向抵押借款受时间限制或地理位置的限制。[1] 这些虚假和误导性广告增加了借款人缔结反向抵押合同后可能面临的风险。为避免这种利益冲突,2008 年,美国修订《国家住房法》,要求由独立的第三方向 HECM 借款人提供咨询服务,且第三方不应当与反向抵押借款的借款发放、抵押服务、借款融资等机构之间存在直接或间接关系,或存在任何形式的资金补偿关系,也不应当与从事年金销售、长期照顾保险、投资等的机构之间存在联系或资金补偿关系。[2]

(4)抵押物的重要性。反向抵押借款合同以老年人多年收入积累财富,且是老年人安身立命之本的房屋为抵押物。毫无疑问,对于很多靠退休金维持生计,且没有其他收入来源的老年人而言,通过签订反向抵押借款合同能使其获得可支配的现金收入,但也使老年人负担了沉重的债务。如果不完全理解合同中的权利义务内容和意义,老年人由于本人违反合同导致合同到期,他们将面临四处筹款还债,或被迫搬出房屋,以房屋变现金额偿还债务的窘境。这种情形下,无论是参与合同的老年人和贷款人,还是反向抵押借款合同制度本身,都将受到社会的负面评价与指责。

(5)借款人负担的成本较高。反向抵押的定价结构(pricing structure)没有准确反映借款人应当负担的真正成本,有时会妨碍消

---

[1] See Meghan Galloway & Richard Kantor eds., *Reverse Mortgages: Elements, Considerations and Market Developments*, Nova Science Publishers, Inc., 2013, p. 80.

[2] See 12 U.S.C. § 1715z -20 (d) (2) (B) (f).

费者接受它。[1] 2007 年 12 月美国退休者协会调查显示，有 63% 的客户由于反向抵押借款的高成本而最终没有选择签订合同，而 69% 已经签约的借款人表示，这项合同的成本确实较高。[2] 反向抵押借款合同蕴含的各类风险，使其成本高于传统抵押借款合同。因此，有学者认为，反向抵押借款合同运用得当，可以成为一项有益的工具；而对于尚有其他选择的老年人而言，反向抵押借款的高成本存在耗尽老年人房屋价值的风险；对于低收入群体中的老年人而言，由于经济拮据选择反向抵押借款合同是比较合适的，老年人在获得持续而稳定借款的同时，可以继续居住房屋，终身不必偿还借款，也不必出售房屋。[3] 但是，对于想通过反向抵押进行融资享受奢侈生活，或仅能够负担得起传统抵押借款成本的老年人而言，这种债务逐步增加的借款方式并不是最妥当的选择。反向抵押借款合同的适宜人群主要是"房产富有、现金贫困"的老年人，且只有打算长期居住于自己房屋的老年人，才适合签订该合同。以一个 75 岁的老年人为例，她可以获得最高 150,000 美元的借款，但需把 6500 美元的借款手续费计入借款余额；如果签订合同两年后她就搬入养老院，两年之内她的实际借款 13,488 美元，考虑到 6500 美元的手续费，她的实际负担利率近 50%；如果她在房屋中居住 12 年，她可借款 80,928 美元，实际负担利率为 10.8%。[4] 对于这些情况，如果借款人在合同履行过程中

---

[1] See Carolyn H. Sawyer, *Reverse Mortgages: An Innovative Tool for Elder Law Attorneys*, 26 Stetson Law Review 617(1996).

[2] See Emily Brandon, *How the Housing Law Affects Reverse Mortgages*, US News, http://money.usnews.com/money/retirement/articles/2008/08/18/how - the - housing - law - affects - reverse - mortgages? offset = 20.

[3] See Annie E. Nelson, *Reverse Mortgages: Changes Brought about by The Housing and Economic Recovery Act*, 13 North Carolina Banking Institute 337(2009).

[4] See Warren Boroson, *The Reverse Mortgage Advantage—The Tax - Free, House - Rich Way to Retire Wealthy!*, The McGraw - Hill Companies, 2006, p. 10.

才知道，显然对借款人极为不利。

基于以上多方面原因，《美国法典》《联邦条例》规定了准借款人在签订 HECM 反向抵押借款合同之前的前置性强制咨询程序。前置性强制咨询程序保障了准借款人的知情权，使其能综合考虑各种因素，作出于己有利的决定与选择。

3. 前置性强制咨询程序的发展与完善

前置性强制咨询程序在美国的发展经历了一个逐步发展和完善的过程。1986 年，亚利桑那州法律规定，反向抵押借款合同签订前，借款人必须面向独立的第三人进行咨询，而第三人必须是州政府同意的机构；但是，亚利桑那州法律未对咨询运作所需要的资金来源作出规定。1989 年，马萨诸塞州立法规定，准借款人必须完成老年人事务执行办公室要求的程序，即通过独立咨询程序后才能申请办理反向抵押借款；但是，该州法律也未规定如何解决咨询资金来源问题。1991 年，北卡罗来纳州法律规定，未通过本州批准的咨询程序，禁止借款人申请反向抵押借款；但是，该州对咨询资金来源问题也没有作出规定。[1] 1988 年，联邦法律规定，作为获得反向抵押借款的前提条件，在签订反向抵押借款合同之前，借款人可就签订合同的意义、其他可供选择的融资方式等问题进行咨询；但是，因为提供咨询服务的是贷款人，或者是其他向借款人推销反向抵押借款合同的服务机构，咨询时间短暂（有时只有 5 ~ 10 分钟），所以，咨询效果并不理想。[2]

---

〔1〕 See Celeste M. Hammond, *Reverse Mortgage: A Financial Planning Device for the Elderly*, 1 Elder Law Journal 75 (1993).

〔2〕 See Debra P. Stark, Jessica M. Choplin & Joseph A. Mikels, *Complex Decision - making and Cognitive Aging Call for Enhanced Protection of Seniors Contemplating Reverse Mortgages*, 46 Arizona State Law Journal 299 (2014).

1992 年,联邦法律规定:咨询程序必须由独立于贷款人的第三方提供,咨询内容主要包括除了 HECM 反向抵押借款合同之外的其他选择,如其他住房、社会服务、健康和融资选择。[1] 在此基础上,美国住房和城市发展部进一步规定:抵押权人(贷款人)在与准借款人初次联系时,应当向其提供一份经部长同意的咨询人员名单,包括其姓名、地址、电话号码及其机构等信息。[2] 联邦法律及条例颁布后,随即遭到众人批评。因为当时美国只有 1700 名受过训练的咨询员,很多地区根本没有咨询员。对于那些没有住房和城市发展部提供保险的州而言,强制性咨询的要求成为在这些州开展反向抵押借款业务的一个明显的、毫无根据的障碍。[3] 亚利桑那州州长、亚利桑那州老年人与成年行政办公室(the Arizona Aging and Adult Administration)对住房和城市发展部提起诉讼,认为 HECM 反向抵押借款合同要求准借款人进行强制咨询构成年龄歧视。1996 年 1 月,联邦储备委员会指出,在反向抵押借款合同中根据年龄确定预期寿命不违反《平等信用机会法》(the Equal Credit Opportunity Act),这一法案要求银行、抵押贷款人可以根据年龄、性别、种族和其他因素区别对待借款人。[4]

为进一步完善前置性强制咨询程序,使准借款人可以在反向抵押借款与其他具有替代性的低成本融资方案之间进行选择,美国国会于 2008 年修订法律,要求该程序必须由独立的第三方提供;咨询

[1] See 12 U. S. C. § 1715z - 20 (f).

[2] See 24 C. F. R. § 206. 41.

[3] See Celeste M. Hammond, *Reverse Mortgage: A Financial Planning Device for the Elderly*, 1 Elder Law Journal 75 (1993).

[4] See Jean Reilly, *Reverse Mortgages: Backing into the Future*, 5 Elder Law Journal 17 (1997).

方不得直接或间接接受反向抵押承办人的经济补偿。[1] 2010年,美国住房和城市发展部发布了反向抵押咨询手册,对反向抵押咨询与教育、提供咨询机构、咨询议题等内容作出明确规定,使反向抵押的前置性强制咨询程序更为完善,内容更加丰富。[2]

4. 前置性强制咨询程序的运作

前置性强制咨询程序是为保障老年人在签订反向抵押借款合同之前获得该类合同的全面信息而设置的。其运作涉及咨询机构的独立地位、经费保障、咨询方式、咨询内容等一系列问题。

(1)咨询机构的独立地位。为使借款人获得全面、客观、准确的信息,咨询机构必须具有独立的法律地位。咨询机构不能隶属于贷款人、贷款经纪人及各类保险和金融机构,尤其不能隶属于从事反向抵押借款业务的贷款人;同时,咨询机构、咨询员与贷款人之间,不能有经济上的利益关系,经济上不受贷款人供给与约束。在2008年《住房和经济恢复法》修订之前,《美国法典》规定,抵押人要获得由住房和城市发展部承保的HECM借款,必须向第三方的咨询机构进行咨询。[3] 但是,国会并没有授权住房和城市发展部向咨询机构提供充分的经济保障。政府提供的咨询资金总额"不超过100万美元"[4]。咨询机构的收入来源于两部分,一是住房和城市发展部提供一部分资金,二是由贷款人向咨询机构提供部分资金。这种做法存在的问题是,贷款人可以通过向自己选中的咨询机构提供资金的方式成为咨询质量的事实裁决人,原因在于贷款人有权决定向哪位

---

[1] See Housing and Economic Recovery Act of 2008, Sec. 2122. Home Equity Conversion Mortgages (a) (3) (B) [amending 12 U. S. C. § 1715z-20 (2010)].

[2] See HUD, Housing Counseling Program Handbook 7610. 1. Chapter 4. Reverse Mortgage Counseling, 2010.

[3] See 12 U. S. C. § 1715z-20(d) (2) (B) & (f) (2006).

[4] See 12 U. S. C. § 1715z-20(m) (2006).

咨询机构提供资金，当然也能以任何理由和在任何时间，决定不再对某咨询机构提供资金。[1] 显然，由贷款人向咨询机构提供资金的方法难以保证咨询机构独立、客观、准确地向借款人提供咨询意见。

(2)咨询机构的资金保障。2008 年《住房和经济恢复法》对咨询程序进行了两方面的改革。第一，对提供咨询服务的第三方提出明确要求，即咨询机构不应直接或间接与下列机构有联系或接受其经济补偿：一是抵押服务或开办机构；二是抵押贷款机构；三是年金销售、投资、长期照料保险或其他类型的金融或保险机构。[2] 第二，取消了提供咨询服务资金 100 万美元限额的规定，代之以(住房和城市发展部)部长根据自己的判断，确定为咨询程序提供充足的资金。[3] 虽然这些改革法案有利于准借款人获得客观、准确的信息，但是仅通过取消最高限额的方法，或由住房和城市发展部决定的方法，不足以保障咨询机构获得充足的资金保障。2010 年，美国住房和城市发展部给较大规模的咨询机构提供了 800 万美元咨询拨款，为老年人提供免费咨询。一旦这些拨款用尽，每位老年人参加一次咨询学习，要承担不超过 125 美元的费用；2011 年住房和城市发展部提供了 950 万美元的咨询费用。[4]

---

〔1〕 See Donald L. Redfoot, Ken Scholen & S. Kathi Brown, *Reverse Mortgages: Niche Product or Mainstream Solution? Report on the* 2006 *AARP National Survey of Reverse Mortgage Shoppers*, AARP, 2007, p. 116, https://assets.aarp.org/rgcenter/consume/2007_22_revmortgage.pdf.

〔2〕 See Housing and Economic Recovery Act of 2008, § 2122(a)(3) [amending 12 U.S.C. § 1715z-20(d)(2)(B)].

〔3〕 See Housing and Economic Recovery Act of 2008, § 2122(a)(8) [to be codified at 12 U.S.C. § 1715z-20(1)].

〔4〕 See Debra P. Stark, Jessica M. Choplin & Joseph A. Mikels, *Complex Decision-making and Cognitive Aging Call for Enhanced Protection of Seniors Contemplating Reverse Mortgages*, 46 Arizona State Law Journal 299(2014).

根据《联邦条例》规定[1],2008年5月,住房和城市发展部决定,咨询机构可以向客户(准借款人)收取一定的咨询费用,但是,收费标准应当合理、符合交易习惯,不能给客户造成经济上的困难,符合其他相关规定;咨询机构必须事先告知客户服务费用的标准,客户也不必因承担不起咨询费用而放弃咨询,咨询机构也不得以没有支付咨询费用为由,拒绝提供咨询或收回咨询证书。[2] 2011年2月,住房和城市发展部对咨询收费提出了新的要求,规定咨询机构收费必须合理且符合通常标准,对于收入低于贫困线以下两倍的客户,咨询机构必须免除咨询费。[3] 在2011年的政府财政预算中,国会削减了住房和城市发展部的这部分预算支出。因此,许多咨询机构开始向进行咨询的老年人收取咨询费。法律要求咨询机构不得向贷款人收取费用,而由借款人向咨询人支付咨询费,并且咨询费可以延迟到从将来反向抵押借款合同签订后中的借款金额中支付。[4] 实践中,准借款人不止向一位咨询员进行咨询,他们往往向多位咨询员进行多次咨询后才决定是否申请反向抵押借款。

(3)准借款人的咨询方式。[5] 按照住房和城市发展部手册要求,准借款人应当以"一对一"(one - on - one)的方式与咨询人员进行咨询,讨论自身的经济处境和可选择的融资方式,以确定最优的方案。为此,咨询机构通过集中教育或开拓市场的方式,向准借款人进行一般性的宣传,不能作为颁发咨询证书的依据。住房和城市发展

---

[1] See 24 C. F. R. 214. 313.

[2] See HUD, Mortgagee Letter 2008 - 12, May 6, 2008.

[3] See HUD, Mortgagee Letter 2011 - 09, February 4, 2011.

[4] See Meghan Galloway & Richard Kantor eds., *Reverse Mortgages: Elements, Considerations and Market Developments*, Nova Science Publishers, Inc., 2013, p. 22.

[5] See HUD, Housing Counseling Program Handbook 7610. 1. Chapter 4. Rrverse Mortgage Counseling, 2010, p. 30.

部要求的“一对一”的咨询方式,不限于面对面咨询,也可以是电话咨询。通过面对面咨询,咨询人员能够掌握客户对反向抵押的特征、经济意义、选择借款领取方式及其他可供选择方案的理解程度。如果行动不便或因健康原因而不能到咨询机构进行面对面咨询,准借款人也可以选择电话咨询的方式。

(4)咨询机构提供咨询的内容。根据《美国法典》及住房和城市发展部要求,咨询机构应当向准借款人提供以下五个方面的信息。①除了 HECM 反向抵押借款之外,准借款人可以获得的住房、社会服务、医疗及其他的经济选择;其他可供准借款人选择的房屋价值转换方式,诸如售后返租、延迟支付借款、财产税延迟计划;HECM 反向抵押借款合同对个人税收、联邦和州的救助资格可能产生的影响。②与理解 HECM 反向抵押借款合同相关的信息。包括:债务增加、资产减少的特征;债务的清偿要求(何时清偿债务,清偿多少债务);贷款人无追偿权特征;房屋剩余价值对借款人及其继承人的意义;决定借款数额和限额的各种因素;借款人在履行合同过程中的各项义务,尤其是支付财产税、缴纳财产保险费义务;需要缴纳的费用及费用融资;通过反向抵押借款合同再融资等。③关于反向抵押借款合同的具体问题。包括:借款人及抵押房屋的条件,本金限额的计算,预期借款利率对于确定本金限额的意义(固定利率与浮动利率),最大请求额,借款领取方式选择与改变领取方式的方法,借款成本等。④提供欺诈预防教育与学习。咨询机构应向准借款人讨论潜在的抵押欺诈行为,介绍借款人获得借款收入的标准方式,警告借款人不要签署把借款由贷款人或其他方处理的文件。⑤住房和城市发展部要求的其他任何信息。此外,对于反向抵押合同中诸多概念的含义,以及客户提出的任何相关问题,咨询机构都应答复。但是,在咨询过程中,咨询人员不应当对任何法律问题提供建议。[1]

(5)咨询证书的颁发。在咨询程序结束后,咨询机构必须向准借款人颁发咨询证书,证明准借款人向咨询机构就反向抵押所涉及的问题进行了咨询;咨询证书只是准借款人参加了住房和城市发展部要求的咨询程序,咨询机构提供了相应咨询的证明。颁发咨询证书不表明咨询机构推荐或不推荐准借款人参与反向抵押借款。同时,如果咨询员认为准借款人对于完全理解反向抵押借款合同存在问题,咨询机构应当收回咨询证书。准借款人向贷款人提交借款申请时,应同时向贷款人提交咨询证书的复印件。[2]

(二)逆向借款合同中的准借款人知情权保护

与 HECM 借款合同制度中规定的强制性咨询程序相比,不动产逆向抵押借款合同制度也规定有前置性强制咨询程序。"不动产逆向抵押作业规定"第 9 条规定:申请人经本部审查通过后,应至迟于接获书面通知之日起 3 个月内,洽本部或直辖市、县(市)"政府"结合或委托的咨询服务单位,完成有关本方案之法律、不动产管理、社会福利等咨询服务,并取得咨询证明文件;逾期者,视同放弃。由于不动产逆向抵押借款合同具有一定的社会保障性质,办理程序是先由"政府"对申请人是否符合法定借款人资格条件进行实质性审查。如果符合条件,申请人应当在接到"政府"通知后,向内政管理部门、地方政府部门及其委托的机构进行咨询。申请人在进行咨询并取得咨询证明文件,证明其已经知悉反向抵押借款合同的内容、意义及对其权利义务的影响后,才能向台湾土地银行申请借款,签订不动产逆

[1] See 12 U. S. C. § 1715z - 20 (f). HUD, Housing Counseling Program Handbook 7610. 1. Chapter 4. Reverse Mortgage Counseling, 2010, p. 31 - 38.

[2] See 24 C. F. R. § 206. 41(c).

向抵押借款合同。

对比HECM借款合同与逆向借款合同中对准借款人知情权保护措施,前者设置的前置性咨询程序通过多年试行,在费用保障、咨询人员独立性、咨询程序、咨询内容等方面已经较为完善;后者由于尚处于试办阶段,对于其中可能存在的诸多问题尚没有充分认识,对咨询程序和咨询内容的规定较为简单。同时,因为“政府”部门作为唯一的贷款人与借款人签订合同,对于咨询服务单位也没有独立性的要求,更未涉及咨询是否收费及费用负担问题。

(三)养老借款合同中缺少保护准借款人知情权的程序

我国反向抵押养老保险合同制度缺乏保障准借款人知情权的强制性咨询程序。老年人可能在不完全理解该类合同的结构、内容、意义及潜在风险的情况下贸然签订合同。与买卖、借款、保管等传统民事合同相比,普通的养老保险合同交易规则复杂。幸福反向抵押养老保险合同由养老借款合同、养老抵押合同和延期年金保险合同组成,养老借款合同又隐含于延期年金保险合同之中。整个反向抵押养老保险合同的结构设计、保费计算、费用计算的复杂程度,已然超过了HECM反向抵押借款合同。为保障准借款人的知情权,使之对反向抵押养老保险合同的复杂性、重要性有更为清晰的认识,按照中国银保监会在《〈反向抵押指导意见〉答记者问》中的要求,保险公司应当对消费者进行签约前辅导,并通过录音、录像,或第三方见证等方式增强合同签订过程的公平性、公正性。同时,根据《反向抵押指导意见》,中国银保监会将指导中国保险行业协会建立反向抵押养老保险销售人员资格考试制度;反向抵押养老保险销售人员应品行良好、业务熟练、无投诉及其他不良记录;对销售人员的培训内容应当包括与反向抵押养老保险相关的专业知识及职业道德培训;销售人员经考核通过后才可取得反向抵押养老保险业务销售资格。

但是,无论是保险销售人员对消费者进行签约前辅导,通过录音、录像、第三人见证,还是由中国银保监会通过考试、考核方式确保从业人员的业务素质,都难以保障准借款人在签订反向抵押养老合同之前对合同的内容、合同带来的影响,以及潜在的风险有充分的认识,从而形成真正符合自身利益的意思表示。原因在于:第一,保险产品的销售人员自身与准备缔约的老年人之间存在利益冲突。销售人员的个人收益、职务晋升与其销售业绩相关联,不能期望保险销售人员把客户利益置于自身利益之上。第二,录音、录像和第三人见证只能从形式上保障准借款人在签订反向抵押养老保险合同时,是出于自己的真实意愿,销售人员不存在欺诈、胁迫准借款人的情形。但是,这些形式要求与措施都不能从实质上保障准借款人的知情权,不能保障准借款人在对反向抵押养老保险合同内容、意义与潜在风险等方面获得充分、全面的认识后,再决定是否签订合同。第三,要求销售人员必须通过中国银保监会组织的考试、考核,是保障从业人员具备反向抵押养老保险合同业务的基本素质要求,与保障老年人知情权没有必然的联系。总之,在保障准借款人知情权方面,反向抵押养老保险合同制度尚有进一步提升的空间。

三、借款合同中借款人享有的程序性权利

老年人缔结反向抵押借款合同的目的在于满足日常生活的现金需要,维持并提高生活质量。生活中,老年人对借款的需求会受到自身经济条件的制约及客观条件变化的影响。通常情况下,对于何时需要获得借款、需要多少借款,老年人难以作出准确的预估和判断。为保障老年人在有资金需求时获得借款,同时避免为闲置的借款支付利息和费用,HECM 反向抵押借款合同赋予老年人借款领取方式

的选择权和变更权，老年人可以根据自身需求，在多种借款支付方式之间进行选择。同时，借款人享有领取借款的中止权、提前偿还借款余额等程序性权利。

(一)HECM 借款合同中借款人享有的程序性权益

1. 借款领取方式的选择权

符合法定条件的老年人，在取得咨询证书后，可以与贷款人进行磋商并签订 HECM 反向抵押借款合同。HECM 反向抵押借款合同，为借款人提供了 5 种借款领取模式，借款人可以根据自己的实际情况，在这些借款领取模式之间进行选择。[1]

(1)固定期限型按月领取。在固定期限内，借款人每月领取等额借款，固定期限开始时间和时间长短，都由借款人决定，多数借款人选择的期限是 8 年。由于支付时间和金额都已确定，贷款人债权实现又有担保，所以借款人每月可领取的金额要比选择终身支付的金额要多。固定期限越短，每月可借金额越多；期限结束后，虽然借款人不能再获得借款，但是，只要借款人在房屋内居住，借款合同就没有到期，不必偿还。同时，只要在房屋内居住，借款人就有义务对房子进行维护、支付税金及保险费。

(2)终身型按月领取。借款人每月可领取等额借款，直至身故。虽然借款人每月领取借款金额比固定期限领取的金额要少，但借款人可以终身领取，这是其优势。终身领取型反向抵押与年金产品(annuity product)相似，所以又被称为“反向年金抵押”。[2] 与收入

---

〔1〕 See 12 U. S. C. § 1715z - 20(d) (9); 24 C. F. R. § 206. 19.

〔2〕 See Debra P. Stark, Jessica M. Choplin & Joseph A. Mikels, *Complex Decision - making and Cognitive Aging Call for Enhanced Protection of Seniors Contemplating Reverse Mortgages*, 46 Arizona State Law Journal 299(2014).

年金(income annuity)不同的是,如果借款人搬离房屋,反向抵押借款合同终止,贷款人不再支付借款;借款人所领取的金额性质上是借款,是免税收入,而收入年金是应税收入。[1]

按照《联邦条例》规定,借款人选择终身按月领取,领取的期间按照(100 - 最年轻的抵押人的年龄) ×12 个月进行计算,实际上借款人可领取借款的期限仍按借款人去世、搬离或出售房屋时为止。[2]由于借款人预期寿命难以确定,当借款人选择终身按月领取借款方式时,《联邦条例》假定最年轻的借款人可以存活至 100 岁,计算需支付借款的时间期间,根据本金限额与该期间的比值,得出每期需支付的借款金额。其中所隐含的意义是,如果借款人实际存活年龄超过 100 岁,由贷款人承担借款人的长寿风险。这样,发生借款人的长寿风险的可能性被控制在发生率极低的范围内。事实上,即使发生借款人长寿风险,由于抵押保险合同的存在,贷款人把借款人长寿风险也转移给了住房和城市发展部。

(3)信用额度(line of credit)领取。贷款人给予借款人一定的信用额度,在信用额度内,借款人可以随时领取。信用额度等于本金限额。从领取时开始计算使用部分的利息,未使用部分不计利息;未使用部分的信用额度按照(年利率 + 年抵押保险费率) ÷12 的比例每月增加;到期偿还时以借款本息与房屋变现金额中数额低者为准,未领取的信用额度当然不用偿还。由于这种方式使借款人即刻获得一大笔可支配收入,所以有大约 75% 的借款人选择了这种方式。[3] 信

〔1〕 See Warren Boroson, *The Reverse Mortgage Advantage—The Tax - Free, House - Rich Way to Retire Wealthy*! The McGraw - Hill Companies, 2006, p. 90.

〔2〕 See 24 C. F. R. § 206. 25, Calculation of payments(c).

〔3〕 See Debra P. Stark, Jessica M. Choplin & Joseph A. Mikels, *Complex Decision - making and Cognitive Aging Call for Enhanced Protection of Seniors Contemplating Reverse Mortgages*, 46 Arizona State Law Journal 299(2014).

用额度领取的弊端在于如果借款人的信用额度用尽，借款人可能没有足够现金支付必要的财产税和保险费；为避免这种情况，贷款人会从借款本金限额中预留一部分，用以支付这些必要费用，当然，这样会降低借款人可支配的信用额度。[1]

信用额度领取方式表明，所有的 HECM 反向抵押借款合同都是开放式借款合同，这也意味着所有的 HECM 反向抵押借款合同执行的是可调整利率。[2] 有关 HECM 反向抵押借款合同的法律与条例，对于该类合同无论是开放式借款，还是封闭式借款没有明确表态。住房和城市发展部对此进行了说明：因为住房和城市发展部承保的反向抵押借款合同允许借款人以信用额度方式领取借款，根据《诚信借款法案》《Z 条例》的相关规定，这一抵押借款被认为是开放式借款（open - end credit）。[3] 开放式借款意味着在贷款人拟定的反向抵押借款合同中，借款利率是可调整利率，这样贷款人就不会承担合同签订之后向借款人支付款项而政府利率调整导致的利率波动损失。可调整利率是贷款人化解借款合同履行过程中利率变动风险的有效措施之一。

（4）修正型的固定期限（modified term）领取。修正型的固定期限领取，是把固定期限按月领取与信用额度领取相结合的一种借款领取方式，具有这两种借款领取方式的特征。预留一部分本金限额

---

〔1〕 See Warren Boroson, *The Reverse Mortgage Advantage—The Tax - Free, House - Rich Way to Retire Wealthy*!, The McGraw - Hill Companies, 2006, p. 90.

〔2〕 See Consumer Financial Protection Bureau, *Reverse Mortgages Report to Congress*, p. 19 (June 28, 2012), http://files. consumerfinance. gov/a/assets/documents/201206_cfpb_Reverse_Mortgage_Report. pdf. 在封闭式借款合同中，借款数额是固定的，合同达成并履行以后，借款人不可以再领取其他形式的借款数额；而在开放式借款合同，如信用额度借款，在合同签订后的履行过程中，根据合同约定，借款人可以再借款项。任何贷款人都不愿意在未来某一不特定时间，以原定利率向借款人放款而承担不确定性风险。

〔3〕 See HUD, Mortgagee Letter 1990 - 17, May 29, 1990.

确定为信用额度，借款人可以随时领取；剩余部分的本金限额，借款人在固定期限内按固定金额每月领取。如果借款人已经决定何时搬出房屋，选择修正型的固定期限领取或者固定期限领取，都是较好的选择。

（5）修正型的终身按月（modified tenure）领取。修正型的终身领取与修正型的固定期限领取较为相似。借款人预留部分本金限额作为信用额度，必要时可以随时领取。剩余部分的本金限额，设定为终身领取。实际上，预留信用额度之外的本金限额部分，也是按照（100 - 最年轻的抵押人的年龄）×12 个月的方法确定借款人领取借款的期间。这也是假定最年轻的借款人可以存活至 100 岁，计算需支付借款的时间期间，根据本金限额与该期间的比值，得出每期需支付的借款金额。这一领取方式可以满足借款人难以预料、不规律的资金需求。

除了上述五种借款领取方式之外，实践中，借款人还有第六种借款领取的方式，即合同签订后一次性全额领取（single distribution lump sum）。[1] 虽然在 HECM 反向抵押的相关法律、法规中没有规定这种领取方式，但允许借款人这样领取。重要的是，这种合同签订时一次性全额领取与固定利率的封闭式借款（closed - end loans）的要求相一致，不允许借款人将来再领取任何借款。[2] 这样，HECM 借款合同为借款人提供多种借款领取方式，借款人可以根据自己的实际需要和目标进行选择。

多种类型的借款领取方式给借款人留下了较大的选择余地。如

---

〔1〕 See Wendy Little Schieke, *The Advisability of Reverse Mortgage to Pay for Care Needs*, 47 Maryland Bar Journal 26(2014).

〔2〕 See Meghan Galloway & Richard Kantor eds., *Reverse Mortgages: Elements, Considerations and Market Developments*, Nova Science Publishers, Inc., 2013, p. 17 - 18.

此多的选择方式增加了借款人在作出决定时认知的复杂性,在决定哪一种领取方式更适合于自己时,借款人有时不能处理所有必须掌握的信息。[1] 2008年之前,信用额度领取方式占到所有借款领取方式的近75%。[2] 2008年之后,很多借款人不再把反向抵押借款作为退休后增加收入补充支出的方法,而是作为一种不用每月偿还借款的再融资手段;有70%的借款人选择固定利率的借款模式,部分借款人有较高的预付现金需求,以偿付现存的抵押借款。[3] 但是,如果借款人把一次性全额领取的借款存放在较安全的地方,如货币市场基金(money market fund),那么所获得的收益可能要小于应当支付的利息。[4] 这样对于借款人而言,也是不经济的。

2. 借款领取方式的变更权

借款领取方式的变更权,是指在HECM借款合同履行过程中,借款人享有在借款本金限额幅度内,根据自己的经济状况和资金需要,在各种借款领取方式之间进行变更的权利。具体包括:借款人可以延长或缩短固定期限按月领取的时间长度,可以在固定期限按月领取与终身按月领取之间进行转换,可以在固定期限按月领取或终身按月领取之上增加信用额度领取,或者在信用额度领取之上增加固定期限按月领取。合同履行期间,借款人对借款领取方式的变更不受次数限制,每次变更不需缴纳开办费。但是,借款人需要向贷款

---

〔1〕 See Debra P., Jessica M. Choplin & Joseph A. Mikels, *Complex Decision - making and Cognitive Aging Call for Enhanced Protection of Seniors Contemplating Reverse Mortgages*, 46 Arizona State Law Journal 299(2014).

〔2〕 See HUD, *HECM Program: Coming into its Own*, HUD(Sept. 8, 2008), http://archives.huduser.org/periodicals/ResearchWorks/sep_08/RW_vol5num8t2.html.

〔3〕 See Meghan Galloway & Richard Kantor eds., *Reverse Mortgages: Elements, Considerations and Market Developments*, Nova Science Publishers, Inc., 2013, p. 41 - 42.

〔4〕 See Warren Boroson, *The Reverse Mortgage Advantage—The Tax - Free, House - Rich Way to Retire Wealthy!*, The McGraw - Hill Companies, 2006, p. 91.

人支付不超过20美元的行政费用。[1]

借款领取方式的选择权与变更权赋予借款人更大的自主选择空间,更具有灵活性。借款人可以根据自身对现金的需求情况,在各种借款领取方式之间进行选择,而且随时可以自身对资金的需求状况进行领取方式的变更,有效地避免了资金的闲置与不必要的利息、费用负担。

3. 领取借款中止权

领取借款中止权,是指在HECM借款合同履行期间,借款人选择终身领取或按固定期限领取时,借款人可以根据自身的实际情况,随时中止领取借款,并在将来某一时间重新请求领取的权利。对于符合社会保障收入(Social Security Income, SSI)和医疗补助计划(Medicaid)的借款人而言,领取借款的中止权具有重要意义。[2] 因为在特定时期内,老年人可能有"社会保障收入"或"医疗补助计划"的资助而不急需领取借款;当然,在借款领取中止期间借款人没有领取借款,但已经发生的借款利息及管理费用仍将累计计算到借款余额中。[3] 领取借款中止权,可以避免借款资金闲置,减少借款人负担的利息和费用。

4. 提前清偿权

提前清偿权,是指在HECM借款合同中,借款人可以根据自身的经济状况,提前清偿部分或全部借款余额,而不必承担违约责任的权利。借款人提前清偿权是通过合同约定的权利。借款人有权随时

---

〔1〕 See Customer Educ. Group, *Money from Home: A Consumer's Guide to Reverse Mortgage Options*, Fannie Mae, 1996, p. 27 – 30.

〔2〕 See Warren Boroson, *The Reverse Mortgage Advantage—The Tax – Free, House – Rich Way to Retire Wealthy!*, The McGraw – Hill Companies, 2006, p. 105.

〔3〕 See Customer Educ. Group, *Money from Home: A Consumer's Guide to Reverse Mortgage Options*, Fannie Mae, 1996, p. 12.

通过提前清偿借款余额的方式退出反向抵押，而不用承担任何罚金。[1] 通过部分清偿或全部清偿，老年人负担的借款余额减少，应当支付的抵押保险费、利息及费用也随之降低。

固定利率的标准 HECM 反向抵押借款合同附件 2 约定：在任何一个月的第一天，借款人有权利清偿本附件所载明的全部或部分债务，且不必支付任何费用或罚款；此外，在通知贷款人两周之后，借款人有权利偿还本附件所载明的全部或部分债务，而不必支付任何罚款。提前偿还的任何金额将被用于减少本附件所载明的本金余额。[2] 所以，根据合同约定，如果借款人要提前清偿部分或全部的借款本息和费用，他既可以按约定方式提前两周向贷款人发出提前清偿通知，也可以在每月初的第一个营业日向贷款人直接还款。对于提前偿还借款，借款人不用支付任何形式的费用及罚款。提前还款后，由于本金余额减少，应计入抵押保险费、利息及其他相关费用的基数也相应减少。

(二)逆向借款合同中借款人享有的程序性权利

在逆向借款合同中，借款人只能以终身领取借款的方式签订逆向借款合同，不享有 HECM 借款合同中借款人享有的借款领取方式选择权、变更权，也不享有借款领取中止权、提前清偿部分借款余额的权利。第一，逆向借款合同的存续期间为借款人终身。[3] 这意味着，逆向借款合同存续期间，贷款人每月都要向借款人支付借款。我国台湾地区“不动产逆向抵押试办方案”第 10 条规定：借款人可获得

---

〔1〕 See Jean Reilly, *Reverse Mortgages: Backing into the Future*, 5 Elder Law Journal 17 (1997).

〔2〕 See Model Fixed Rate Note Form (Home Equity Conversion), Note: 5, Borrower's Right to Prepay.

〔3〕 参见“不动产逆向抵押试办方案”第 9 条。

的借款额度,由内政管理机构按抵押物价值,依精算公式核定之;每年给付金额依线性模型逐年递增;其拨款方式为:借款人应于内政管理机构委托的金融机构开立账户,由该金融机构按月拨款;拨款日期为:首次拨款日为借款人完成借款程序之次月5日,其后于每月5日(遇假日则于次一营业日)拨款。因此,借款人可以领取借款的总额及每月可领取借款额,完全由内政管理机构根据抵押房屋的价值等因素,依精算公式核定,借款人不享有选择权与变更权。第二,不动产逆向抵押借款合同,至借款人死亡时当然终止。[1] 直辖市、县(市)"政府"应于借款人死亡之日起1个月内,通知内政管理机构及台湾土地银行,以终止契约并停止给付借款。[2] 因此,在逆向借款合同签订后,贷款人将按月向借款人支付借款,直至借款人身故。期间,借款人不享有中止领取借款的权利。第三,逆向借款合同履行期间,借款人不享有提前清偿部分债务的权利。"不动产逆向抵押试办方案"第12条规定:借款契约存续期间,借款人不得为逆向抵押借款余额之一部清偿。"不动产逆向抵押作业规定"第18条第2项进一步规定:借款契约存续期间,不得为逆向抵押借款余额一部清偿;提前清偿者,应将逆向抵押借款余额全部清偿。这意味着逆向借款合同中的借款人无权部分清偿债务。但是,借款人可以通过清偿全部借款余额的方式,终止双方之间的权利义务关系。当然,借款合同终止后,如果老年人再有资金需求,其无权再向贷款人请求支付借款。

(三)养老借款合同中被保险人享有的程序性权利

在幸福反向抵押养老保险合同中,被保险人享有一系列程序性

[1] 参见"不动产逆向抵押作业规定"第22条。
[2] 参见"不动产逆向抵押作业规定"第21条。

权益,如缔结合同时身故和退保利益选择权,合同履行期间的房屋被征收、拆迁时的再磋商权、合同解除权等。被保险人享有的房屋被征收、拆迁时的再磋商权,以及合同解除权,贯穿"特定期限"内养老借款合同履行阶段,以及和延期年金保险合同的养老保险金支付阶段,本书将其作为养老借款合同中被保险人享有的程序性权利予以介绍。身故和退保利益选择权,是被保险人在延期年金保险合同中享有的权利,本书将在第五章保险合同部分予以探讨。

1. 被保险人再磋商权〔1〕

被保险人再磋商权,是指在养老借款合同履行期间,由于设定抵押权的房屋要被征收、征用或拆迁,保险人停止支付养老保险金后的60日内,被保险人有权与保险人就相关事项进行磋商,达成补充协议的权利。被保险人再磋商权是针对我国近年来城市发展速度较快,房屋征收、征用与拆迁等情形频繁发生而赋予被保险人的一项权利。养老借款合同履行过程中,如果老年人的房屋要被政府征收、征用或拆迁,合同订立时的客观基础将发生重大变化。这对被保险人和保险人双方的利益均会产生重大影响。为此,养老保险合同约定了被保险人的通知义务与再磋商权,以平衡保护保险人与被保险人双方的权益。所以,养老借款合同约定:如果抵押房屋要被征收、征用或拆迁,被保险人应当获得信息后10日内通知保险人;在此期间,保险人有权停止养老保险金的支付,而被保险人无须支付延期年金保费。被保险人与保险人之间再磋商的事项,主要包括以下两个方面:第一,就如何偿还养老借款合同中被保险人应承担的相关费用达成协议;第二,对养老借款合同进行变更,双方继续以房屋为抵押,并就养老保险金和延期年金等事项达成补充协议。如果被保险人与保险人

〔1〕 参见《幸福房来宝老年人住房反向抵押养老保险(A款)》第2.3条。

无法达成补充协议,养老借款合同终止,合同进入清偿还债阶段。

2. 被保险人的合同解除权

在养老借款合同中,被保险人享有的合同解除权包括两方面含义:一方面,如前所述,被保险人合同解除权,是指在保险合同签订后30日的犹豫期内,被保险人认为反向抵押养老保险合同与自己的需求不符,可以提出解除合同,而不用承担任何费用的权利;另一方面,被保险人的合同解除权,是指在30日的犹豫期经过之后,保险合同进入履行阶段,被保险人向保险人提出申请,要求解除保险合同,从而摆脱合同拘束的权利。[1] 犹豫期经过后,反向抵押养老保险合同进入"特定期限"内的履行阶段。在"特定期限"内,保险人应当按照合同约定向被保险人支付借款性质的养老保险金,同时以借款记账的形式,向被保险人收取延期年金合同的保费。因此,合同进入履行期间后,被保险人行使合同解除权的法律效果,与犹豫期内被保险人行使合同解除权的法律效果不同。

自保险人收到被保险人提交的合同解除申请之日起,保险合同解除,其法律效果主要包括以下三个方面内容:第一,保险人停止支付养老保险金;第二,如果合同履行处在特定期限阶段,被保险人停止以记账形式向保险人缴纳延期年金保费;第三,已经缴纳的保费,按照被保险人缔结合同时选择的延期年金是否享有身故和退保利益进行处理。[2] 如果被保险人选择无身故和退保利益,被保险人不能获得延期年金的现金价值。如果被保险人选择享有身故和退保利益,保险人应向被保险人退还扣除其应承担的养老保险费用后的现金价值。

---

〔1〕 参见《幸福房来宝老年人住房反向抵押养老保险(A款)》第7.1条、第8.1条。

〔2〕 参见《幸福房来宝老年人住房反向抵押养老保险(A款)》第7.1条、第4.3条、第5.1条。

在养老借款合同中,无论是"特定期限"内被保险人以养老保险金名义领取的借款,还是"特定期限"后被保险人领取的真正意义上的养老保险金,被保险人都终身享有按固定金额领取养老保险金的权利。与 HECM 借款合同相比,养老借款合同仅向被保险人提供了一种养老保险金领取方式——终身定额领取。关于养老保险金领取时间,养老借款合同约定,在保险合同生效之日起的第 45 日,保险人将第一个月、第二个月的养老保险金支付至被保险人的银行账户内。[1] 关于月度基本养老保险金额,即每月可领取的年金,依合同约定,该金额基于所抵押房屋的评估价格,并在考虑抵押房屋的折扣、长期预期增值、预期的被保险人平均生存年限、利率、终身给付的成本等因素后确定,一经确定,将不能再做变更。这种终身定额领取养老保险金的融资模式,固然使被保险人获得了稳定的、可预期的现金收入,可以保障其生活所需,却难免过于僵化。由于缺乏灵活性和自主性,被保险人不享有养老保险金领取方式的选择权、变更权,不能根据自身对现金的阶段性需求而随时增加、减少养老保险金的数额。同时,被保险人也不享有中止合同履行的权利,从而不能降低自己的融资成本。如果被保险人要停止养老保险金领取,其唯一的选择就是向保险人申请解除合同。当然,合同解除后,被保险人将完全丧失领取养老保险金的资格。

四、借款合同中借款人实体性权益保护

反向抵押借款是一项最好的借款,也是一项最坏的借款。[2] 称

---

〔1〕 参见《幸福房来宝老年人住房反向抵押养老保险(A 款)》第 3.2 条、第 3.3 条。

〔2〕 See Debra P. Stark, Jessica M. Choplin & Joseph A. Mikels, *Complex Decision - making and Cognitive Aging Call for Enhanced Protection of Seniors Contemplating Reverse Mortgages*, 46 Arizona State Law Journal 299(2014).

反向抵押借款是最好的借款,是因为在反向抵押借款合同中,借款人享有多项程序性权益。借款人可以根据自身需求,自主选择。称反向抵押借款是最坏的借款,是因为在反向抵押借款合同中,借款人的实体性权益没有得到较好的保护。为了获得借款,借款人负担了较高的交易成本和费用。

(一)HECM 借款合同中借款人实体权益保护

在 HECM 借款合同中,涉及借款人的实体性权益,主要包括以下三个方面:第一,借款人按照合同约定,按期领取借款的权利;第二,借款人可领取借款的本金限额(principal limit)及每月可领取的借款金额;第三,为领取借款,借款人负担借款费用、利率和其他义务。

1. 借款人依合同约定领取借款的权利

按期领取借款,满足日常生活的现金支出,以维持和提高晚年生活质量,这是老年人缔结反向抵押借款合同的目的所在。反向抵押借款合同是借款合同的一种,借款人当然有权按照合同约定按期领取借款,这是借款合同的应有之义,也是借款人享有的基本合同权利。但是,与传统抵押借款合同不同,绝大多数反向抵押借款合同是贷款人无追偿权合同。所谓无追偿权,是指贷款人对超出抵押物房屋价值的借款本金、利息及费用的债权,不得请求借款人及其继承人偿还。[1] 因此,无论借款人选择哪种借款领取方式,无论合同履行期

---

〔1〕 薛波主编:《元照英美法词典》(缩印版),北京大学出版社 2013 年版,第 976 页。无追偿权贷款,英文称为“nonrecourse loan”,是抵押贷款的一种,在这种贷款下,如果借款人不能按期偿还贷款,贷款人只能处分抵押物,而不能处分借款人的其他财产。如果指定的贷款抵押物价值下降,低于所要求贷款偿还数额时,贷款人也不能对借款人的其他财产主张权利。本书第四章反向抵押合同部分,将探讨贷款人无追偿权问题。

间房屋价格波动情况，“就贷款人而言，即使借款本金、累积利息、借款费用的总和超出房屋的价值，贷款人仍应继续履行合同，按期向借款人支付借款”[1]。在借款人选择终身领取借款方式的情况下，借款人按期领取借款的权利表现得更为明显。由于借款人享有终身领取借款的权利，而借款合同履行期限较长，有时甚至达数十年，期间可能经历大的经济危机或经济波动，使借款余额超过房屋价格，贷款人不得以此为由停止向借款人支付借款。当然，为保障贷款人权益，在 HECM 反向抵押借款合同制度中，一方面设置了本金限额、最大请求额规则，避免借款余额超过房屋价值情况的发生；另一方面设置了抵押保险合同，对借款余额超出房屋价值部分的金额，由住房和城市发展部承担该部分“损失”。

在 HECM 反向抵押借款合同中，借款人按期领取借款的权利受到三重制度保障。第一重保障是借款人与贷款人之间的 HECM 借款合同。基于该借款合同，贷款人应当按期履行合同，否则应向借款人支付迟延期间的罚款和利息。第二重保障是如果贷款人不能支付借款，根据抵押保险合同，住房和城市发展部将承担向借款人支付借款的义务。第三重保障是如果发生借款人长寿风险、房屋贬值或价格波动风险，使借款余额超过抵押房屋的价值，住房和城市发展部从贷款人处受让借款合同，作为保险人继续向借款人支付借款。关于第二重与第三重保障措施，本书将在第五章保险合同部分探讨。本章主要分析贷款人迟延罚款和支付利息规则，以及贷款人迟延罚款豁免规则。

(1)贷款人迟延罚款与支付利息规则。贷款人迟延罚款与支付

---

[1] See Joseph Blalock, *Understanding Reverse Mortgages*, *Savings & Community Banker*, Sept. 1, 1994:42. cited from Jean Reilly, *Reverse Mortgages: Backing into the Future*, 5 Elder Law Journal 17 (1997).

利息规则，是指在 HECM 借款合同中，当贷款人违约而没有按期向借款人支付借款时，贷款人除继续向借款人履行支付借款的义务外，还必须向借款人支付迟延履行期间的罚款和利息的规则。借款人依照合同约定领取借款的权利，受到 HECM 反向抵押借款合同（可调整利率）第三条“迟延罚款”（late charge）规则的保障。该条约定：对于任何迟延支付借款，贷款人都应向借款人支付迟延罚款；如果贷款人没有在当月的第一个营业日（Business Day）邮递或以电子转账方式支付应付的借款额，或者在收到信用额度借款人的借款申请后 5 个营业日内，没有通过邮递或电子转账方式向借款人支付借款，贷款人应当向借款人支付迟延罚款；迟延罚款额是应付的当月借款额或信用额度内申请的借款额的 10%；同时，在迟延支付后的期间内，贷款人应当按照合同约定的利率向借款人支付利息；迟延罚款及利息的总和不得超过 500 美元；任何迟延罚款应当由贷款人的资金支付，并不得记入未付的本金余额（principal balance）。[1] 显然，贷款人迟延罚款规则对于督促贷款人按期、及时、足额向借款人支付借款具有重要意义。在贷款人迟延支付借款的情况下，借款人不但可以请求支付借款，还可以请求贷款人支付罚款和应付借款额的利息。住房和城市发展部监督上述合同条款的实施。

（2）贷款人迟延罚款豁免规则。贷款人迟延履行支付借款义务，应当向借款人支付迟延罚款及迟延期间的利息，但是，在特定情况下，住房和城市发展部部长有权豁免贷款人的迟延罚款责任。HECM 反向抵押借款合同（可调整利率）第 3.2 条约定：如果（住房和城市发展部）部长认为，迟延支付超出了贷款人控制的范围，即不是由于贷款人的行为或疏忽的原因，而是因为环境因素导致贷款人

---

[1] See Home Equity Conversion Mortgage Adjustable – Rate Loan Agreement, Article 3.1.

迟延支付,部长有权决定豁免迟延罚款;贷款人申请罚款豁免时,应当通知借款人,自己已经向部长申请豁免;如果部长驳回了豁免申请,贷款人应向借款人支付迟延罚款及利息;利息从贷款人应当支付借款之日起开始计算,至向部长申请豁免之日止。[1]

贷款人迟延罚款、支付利息规则与贷款人迟延罚款豁免规则较好地平衡了借款人与贷款人之间的利益。一方面,通过贷款人履行迟延时向借款人支付罚款和利息的责任,保障借款人能够按期领取借款,保护了 HECM 借款合同中借款人的履行利益;另一方面,在贷款人对迟延履行没有过错,迟延是由于贷款人意志以外的客观原因造成时,通过赋予贷款人申请豁免权,由部长审查并决定是否给予贷款人豁免支付罚款和利息的责任。

2. 借款人可领取的借款金额

在 HECM 借款合同中,借款人领取借款金额的基本原则是,根据借款人预期寿命和其他因素所确定的借款数额(包括本金、利息和借款费用),不能超出房屋的价值。[2] 借款人可以领取的借款金额,通过以下两方面予以确定:一是借款人的年龄、预期的平均借款利率、住房和城市发展部承保的最大请求额,以及房屋的价值,确定了借款人可领取的本金限额;二是在本金限额确定的基础上,根据借款人选择领取借款的方式不同,确定借款人每月可领取的借款金额。

(1)借款人可领取的本金限额。在传统抵押借款合同中,借款人可借款项的金额取决于抵押房屋的价格、借款利率和借款人每月能够偿还的数额,借款金额一次全额支付给借款人;相比之下,在反向

---

〔1〕 See Home Equity Conversion Mortgage Adjustable - Rate Loan Agreement, Article 3.1.

〔2〕 See Carolyn H. Sawyer, *Reverse Mortgages: An Innovative Tool for Elder Law Attorneys*, 26 Stetson Law Review 617(1996).

抵押借款合同中,借款人可领取的借款数额,要根据借款人年龄、领取计划、房屋价值、当前利率因素计算确定;借款人个人收入不作为考虑因素。[1] 本金限额,是指借款人有权请求贷款人支付的最高借款额。在固定利率反向抵押借款合同中,本金限额并不是固定不变的数额,它随着合同的履行而每月增加,增加的速率等于抵押借款利率的1/12加上每年抵押保险费的1/12;本金限额等于最大请求额乘以一项由(住房和城市发展部)部长提供的系数,这一系数根据最年轻的借款人年龄和预期平均抵押利率两项因素决定。[2] 影响本金限额的因素较多,主要由以下三方面因素相互作用决定:[3]

第一,借款人的年龄与预期寿命。借款人的年龄与预期寿命,决定贷款人支付借款的预期时间。支付借款的时间越长,借款的利息、服务费及抵押保险费等计入借款余额的越多。在两人以上共同借款时,以共同借款人中最小者的年龄,确定本金限额。所以,借款人年龄越大,可借款的金额越高。借款人年龄越小,本金限额越低。因为贷款人要预留更大比例的房屋价值,以确保借款未来累积利息的支付。

第二,最大请求额(maximum claim amount)。最大请求额,是指贷款人在借款合同到期时可请求偿还的最高数额,它取决于房屋的评估价格和住房和城市发展部所承保的单户住宅最高抵押保险限额(HUD's maximum single - family mortgage insurance limit,以下简称最高保险限额),以两者中较少者为准,且最高保险限额随地区及时

---

[1] See Carolyn H. Sawyer, *Reverse Mortgages: An Innovative Tool for Elder Law Attorneys*, 26 Stetson Law Review 617(1996).

[2] See Home Equity Conversion Mortgage Loan Agreement (Fixed Interest rate), Article 1.8.

[3] See Customer Educ. Group, *Money from Home: A Consumer's Guide to Reverse Mortgage Options*, Fannie Mae, 1996, p.25 -26.

间不同而变动。在住房和城市发展部承保的限额之内，房屋的评估价格就是贷款人的最大请求额。[1] 对于不同的参与主体，最大请求额有不同的含义：首先，对于贷款人而言，最大请求额意味着借款合同到期时，贷款人可以请求借款人及住房和城市发展部偿还的借款余额。其次，对于借款人而言，最大请求额限制着借款人可借款项的数额。最后，对于住房和城市发展部而言，最大请求额是该部承保的各项风险的最高范围。最大请求额越高，住房和城市发展部承担的风险越大，最大请求额越低，住房和城市发展部承担的风险越小。

从 HECM 反向抵押借款合同制度的发展过程来看，住房和城市发展部在不同时期内，根据地区不同，设置了一系列不同的本金限额和最大请求额。1997 年，住房和城市发展部设定的本金限额是 81,548 美元，最高请求额是 160,950 美元；房屋价值越高，最大请求额越高，但不能超出上述限额。规定上述限额的原因是，住房和城市发展部是法定授权的，对中、低收入的美国人提供经济帮助的政府机构。[2] 2007 年，住房和城市发展部把本金限额与最大请求额分别提高到 200,160 美元和 362,790 美元。[3] 2008 年，《住房和经济恢复法》把独栋住宅的最大请求额提高到 417,000 美元，同时规定，对于高成本地区，最大请求额可以达到上述限制的 150%，或同类房屋同一地区中等房屋价格的 115%，以两者中较少者为准。这样一来，对于独栋住宅，通过反向抵押可获得的最大请求额可以达到 625,500 美元。对于拥有较高房屋价值的老年人而言，最大请求额的提高使 HECM 借款合同更具吸引力。此前，他们只能缔结其他没有最高借

---

〔1〕 See Jean Reilly, *Reverse Mortgages: Backing into the Future*, 5 Elder Law Journal 17 (1997).

〔2〕 See Andrew Bary, *Reversals of Fortune*, Barron's, July 4, 1994, p. 23.

〔3〕 See HUD, Mortgagee Letter 2007 - 01, January 3, 2007.

款额上限,由私人开办反向抵押借款合同获得借款。现在,他们可以充分利用由住房和城市发展部承保的 HECM 借款合同,获得同等的借款数额。同时,提高最大请求额使 HECM 反向抵押借款合同更具有市场竞争力,占有了更多的市场份额。

第三,预期平均抵押借款利率(expected average mortgage interest Rate)。预期平均抵押借款利率,是指一项用以计算本金限额和未来向抵押人支付金额的利率。该利率根据借款人签署最初借款申请的时间而确定。[1] 如果该利率低,支付利息少,借款人可借款的数额就高;反之,如果该利率高,合同履行期间借款人支付的利息多,那么借款人可借款的数额就少;预期平均抵押借款利率是签订借款合同时决定本金限额的一个固定利率。

实践中,借款人不可能领取全部的本金限额;多数借款人取得的净本金限额(net principal limit),是本金限额减去预付的抵押保险费和借款发放费后的数额。同时,如果借款人还有尚未偿还的其他传统抵押借款、房屋净值抵押借款或房屋价值抵押信用额度借款,借款人应当用反向抵押借款合同的收益,首先偿清这些借款,这又进一步减少了借款人的借款数额。[2]

实际上,决定本金限额的因素还有借款价值比(loan - to - value ratios),即借款金额与房屋价值的比值。该比值代表借款人有权从房屋价值中获取借款的比例(以申请借款时的计算值为准)。美国许多州对反向抵押借款规定有强制性的借款价值比,例如,在新泽西

---

〔1〕 See 24 C. F. R. § 206. 3 Definition(3).

〔2〕 See Meghan Galloway & Richard Kantor eds. , *Reverse Mortgages: Elements, Considerations and Market Developments*, Nova Science Publishers, Inc. , 2013, p. 16.

州，反向抵押借款数额不能超过抵押财产价值的70%。[1] 借款价值比是为了保护贷款人免于承担潜在的借款人长寿风险和抵押房屋的市场风险；在没有规定借款价值比的州，贷款人和借款人可以商定这样的比例。[2]

（2）借款人每月可领取的借款额。借款人每月可领取的借款额取决于两项因素：本金限额和借款时间的长度。在本金限额确定的情况下，每月可领取的借款额取决于借款人选择的借款领取方式，即是固定期限领取还是终身领取。借款人选择的固定期限越长，或借款人年龄越小，则每月领取的借款额越少；反之，借款人选择的固定期限越短，或借款人年龄越大，每月可领取的借款额越多。如果借款人选择终身按月领取，领取的期间按照（100－最年轻的抵押人的年龄）×12个月进行计算；实际上，借款人领取借款的时间仍按借款人去世、搬离或出售房屋时为止。[3] 其中所隐含的意义是，假定借款人可以存活至100岁。如果借款人实际存活年龄超过100岁，由贷款人承担借款人的长寿风险。房屋评估价格不同、不同年龄的借款人选择终身领取与选择10年固定期限时，每月可领取的借款数额也有不同。如表3.1所示。[4]

---

〔1〕 See N. J. S. A. 46:10B－18. Reverse annuity and reverse direct payment mortgages; authorization to make; conditions: a.

〔2〕 See Jean Reilly, *Reverse Mortgages: Backing into the Future*, 5 Elder Law Journal 17 (1997).

〔3〕 See 24 C. F. R. § 206. 25, Calculation of payments(c).

〔4〕 See Customer Educ. Group, *Money from Home: A Consumer's Guide to Reverse Mortgage Options*, Fannie Mae, 1996, p. 31－32.

表 3.1 终身领取与固定期限领取每月借款额比较

领取类型	借款人年龄/岁	最大请求金额/美元				
		50,000	85,000	110,000	125,000	155,250
终身按月领取借款	62	76	161	221	258	331
	65	90	185	253	294	376
	70	119	234	316	365	464
	75	154	295	396	456	577
	80	203	378	503	578	729
	85	272	498	659	755	950
	90	396	711	937	1072	1344
10 年期内按月领取借款	62	124	263	362	421	540
	65	146	299	409	475	607
	70	187	368	497	575	731
	75	233	446	598	689	872
	80	285	532	709	814	1027
	85	340	621	823	943	1186
	90	396	711	937	1072	1344

在本金限额确定的条件下，借款人选择的信用额度领取与修正型终身领取（预留部分信用额度），对于借款人可领取金额影响较大，如表 3.2 所示。[1]

---

〔1〕 See Customer Educ. Group, *Money from Home*: *A Consumer's Guide to Reverse Mortgage Options*, Fannie Mae, 1996, p. 33.

表 3.2　信用额度领取与修正型终身领取借款额比较

领取类型	借款人年龄/岁	最大请求金额/美元				
		50,000	**85,000**	**110,000**	**125,000**	**155,250**
信用额度贷款	62	9853	20,873	28,753	33,478	43,007
	65	11,594	23,809	32,534	37,769	48,326
	70	14,843	29,263	39,563	45,743	58,206
	75	18,548	35,453	47,528	54,773	69,384
	80	22,690	42,325	56,350	64,765	81,735
	85	27,020	49,420	65,420	75,020	94,380
	90	31,463	56,558	74,483	85,238	106,928
修正型终身领取(预留1万美元信用额度)	62	无	84	144	181	254
	65	13	107	175	216	298
	70	39	154	236	285	384
	75	71	212	313	373	494
	80	113	289	414	489	640
	85	171	397	558	655	849
	90	270	585	811	946	1218

3. HECM 借款合同中借款人的主要义务

本书主要研究反向抵押借款合同制度中借款人权益保护，但也涉及对借款人负担的主要义务的分析。原因在于：第一，借款人负担的义务，是其利益的重要方面，抛开义务而研究权益，难以全方面把握借款人享有的权益。第二，反向抵押借款合同内部，是彼此之间相互牵连的整体；借款人负担义务的内容与方式，与借款人在反向抵押合同、抵押保险合同中享有的权益密切相关；例如，借款人选择的借款利率方式，决定了抵押保险合同中贷款人对利率波动风险的负担；

借款人支付抵押保险费,使其享有贷款人无追偿权保护的利益。第三,分析 HECM 借款合同中借款人负担的义务,便于对比分析反向抵押养老保险合同中被保险人负担的义务,借鉴经验,吸取教训。同时,本部分把借款人在 HECM 抵押合同与抵押保险合同中承担的义务一并介绍,以全面了解借款人负担的义务。

在 HECM 借款合同中,借款人负担的义务包括三个方面的内容:一是借款人因办理借款而必须支付的各项费用,包括借款发放费、借款手续费、抵押保险费、服务费;二是借款人承担的借款利息;三是为保障贷款人债权实现,借款人承担的其他义务,包括以抵押房屋为主要居住地、支付财产税与财产保险费,以及使抵押物处于良好保养状态的义务。就借款人负担的借款费用而言,“在主要抵押借款市场,讲信誉的借款人负担的借款开办费用占到总借款额的 1% ~ 2%;但是,在开办次级抵押借款时,贷款人一般能够收取的开办费达到借款总额的 4% ~6%,甚至更高,以补偿向信誉较低的借款人发放借款而承担的风险”[1]。依此标准,反向抵押借款属于次级抵押借款。与传统抵押借款合同相比较,在 HECM 借款合同中,借款人负担了较高的借款成本和费用。

(1)借款人负担的费用。在 HECM 借款合同中,借款人负担的费用分为借款合同签订时由借款人负担的一次性费用,以及合同履行期间的继续性费用。一次性费用包括以下几项:[2]

①借款发放费(origination fee)。借款发放费,是指贷款人在办

---

〔1〕 See Kristine M. Young, *The Aging Population and Maturing Mortgage Loans: Ensuring a Secure Financial Lifeline for the Elderly through Mortgage Lending*, 16 Elder Law Journal 477 (2009).

〔2〕 See Customer Educ. Group, *Money from Home: A Consumer's Guide to Reverse Mortgage Options*, Fannie Mae, 1996, p. 35 – 37.

理借款过程中向借款人收取的费用。2008 年《住房和经济恢复法》之前,借款发放费按房屋评估价格的 2% 支付,但是,不管抵押房屋价值多高,借款发放费最高限额为 7256 美元。[1] 2008 年《住房和经济恢复法》对借款发放费进行改革,借款发放费最高限额由 7265 美元降至 6000 美元[2],使更多的老年人能够负担得起该笔费用。[3] HECM 的借款发放费采用分段累计的方法收取。对于房屋评估价格不超过 125,000 美元的房屋,收取 2500 美元;对于房屋评估价格不超过 200,000 美元的房屋,按房屋评估价格的 2% 收取;对于房屋评估价格超过 200,000 美元的房屋,按超过部分的 1% 收取;借款发放费的最高限额是 6000 美元。[4] 这一标准也会随市场变化而向上浮动。通常情况下,借款人的本金限额是房屋评估价格的 30% ~70%(取决于借款人的年龄和利率),借款发放费与借款人的借款收益之间的比例反映了借款人领取借款的成本。如表 3.3 所示。[5]

---

[1] See Donald L. Redfoot, Ken Scholen & S. Kathi Brown, *Reverse Mortgages: Niche Product or Mainstream Solution? Report on the 2006 AARP National Survey of Reverse Mortgage Shoppers*, AARP, 2007, p. 110, https://assets.aarp.org/rgcenter/consume/2007_22_revmortgage.pdf.

[2] See Housing and Economic Recovery Act of 2008, Sec. 2122. Home Equity Conversion Mortgages(r) (6).

[3] See Donald L. Redfoot, Ken Scholen & S. Kathi Brown, *Reverse Mortgages: Niche Product or Mainstream Solution? Report on the 2006 AARP National Survey of Reverse Mortgage Shoppers*, AARP, 2007, p. 110, https://assets.aarp.org/rgcenter/consume/2007_22_revmortgage.pdf.

[4] See 12 U. S. C. § 1715z - 20 (r) (1) (6).

[5] See Meghan Galloway & Richard Kantor eds., *Reverse Mortgages: Elements, Considerations and Market Developments*, Nova Science Publishers, Inc., 2013, p. 22.

表 3.3 借款发放费与借款收益比

房屋价值/美元	最高借款发放费/美元	本金限额与房屋价值比		
		30%	50%	70%
100,000	2500	8.3%	5.0%	3.6%
115,000	3000	6.7%	4.0%	2.9%
200,000	4000	6.7%	4.0%	2.9%
300,000	5000	5.6%	3.3%	2.4%
400,000	6000	5.0%	3.0%	2.1%

借款发放费最高限额是贷款人向借款人收取借款发放费的最高额度。实际情况是，一些贷款人为了占有市场份额，不收取借款发放费，或者在借款发放费的最高限额内，与借款人协商收取。[1]

②抵押保险费（mortgage insurance premiums, MIP）。抵押保险费，是指住房和城市发展部向借款人收取的，用以承保 HECM 反向抵押借款合同履行期间可能发生各类风险的费用。住房和城市发展部向借款人和贷款人双方提供保险：一是借款合同到期时，借款本息和费用的总额超出房屋价值，贷款人对两者之间的差额无权向借款人及其继承人追偿的债务超过风险；二是在借款合同履行过程中，贷款人不能按合同约定向借款人支付借款的贷款人违约风险。保险费由两部分构成：一部分按借款人最大请求额的 2% 计算，在签订借款合同时一次性支付；另一部分是根据已经产生的借款余额，按月收取的保险费。2003 年，美国退休者协会进行了一项保险统计分析，发现

〔1〕 See Emily Brandon, *How the Housing Law Affects Reverse Mortgages*, U. S. News & World Rep., http://money.usnews.com/money/retirement/articles/2008/08/18/how-the-housing-law-affects-reverse-mortgages? offset =20.

平均每笔业务中所收取的抵押保险费要高出预期责任近 1000 美元。[1] 这是2008 年美国金融危机发生之前进行调查的结果。2008 年之后,受金融危机影响,按照上述标准收取的抵押保险费明显不足以应对房屋贬值风险,住房和城市发展部不得不提出改革保险费收取的方案。

③借款手续费(closing fee)。借款人与贷款人签订反向抵押借款合同,通常需要其他服务机构的协作才能完成。为确保合同顺利签订,借款人应当向第三方给付相关费用,包括产权调查与保险费、房屋评估费、勘验费、抵押税、信用报告费、检查费、记录费、律师费等。其中,房屋评估人负责确定抵押房屋的价值,而且确保房屋没有结构性缺陷,如地基损坏、屋顶漏水、白蚁损害,与所有房屋安全法律相求相一致;如果评估人披露房屋存在缺陷需要维修,房屋所有人应当雇人对房屋进行维修,之后同一评估人再对维修情况进行复查。[2] 对于这些费用,借款人既可以以现金方式支付,也可以通过计入借款余额的方式支付。当然,如果计入借款余额,相当于降低了借款人的本金限额。

除负担缔结合同时产生的上述一次性费用外,在 HECM 借款合同履行过程中,借款人还须按月向贷款人负担以下两项费用:[3]

①每月的抵押保险费(monthly MIP)。除了在合同签订时按照最大请求额的2% 支付一次性抵押保险费之外,借款人还需要按月向

---

〔1〕 See Donald L. Redfoot, Ken Scholen & S. Kathi Brown, *Reverse Mortgages: Niche Product or Mainstream Solution? Report on the 2006 AARP National Survey of Reverse Mortgage Shoppers*, AARP, 2007, p. 110, https://assets. aarp. org/rgcenter/consume/2007_22_revmortgage. pdf.

〔2〕 See Tom Kelly, *The New Reverse Mortgage Formula: How to Convert Home Equity into Tax - Free Income*, John Wiley & Sons, Inc., 2005, p. 34.

〔3〕 See Meghan Galloway & Richard Kantor eds., *Reverse Mortgages: Elements, Considerations and Market Developments*, Nova Science Publishers, Inc., 2013, p. 22 - 23.

保险人支付抵押保险费。2010年10月之前,每年的抵押保险费是已发放借款余额(包括本息和各种费用)总额的0.5%,借款人每月支付1/12。2010年10月起,为提高保险资金的安全性,住房和城市发展部将上述比例提高到按年计算的1.25%,并且每月的保费要计入下个月的借款余额。[1] 由于反向偿还的特征(the negative - amortization feature),与复利计算相同,抵押保险费也有复利计算的特点,即每个月的抵押保险费和利息都要计入下个月的借款余额中。

作为与提高保险费相匹配的措施,2010年10月4日起,住房和城市发展部提供了一种节约型HECM反向抵押借款合同。节约型HECM反向抵押借款合同仅按最大请求额的0.01%收取首笔保险费,后续每月保险费与标准型HECM反向抵押借款合同相同,但是,借款人可领取的金额也比标准型HECM下降了10%~18%。[2] 设立节约型HECM反向抵押借款合同,主要有以下两方面原因:一方面,之前每年按0.5%收取保费的标准难以负担房屋贬值导致的风险;另一方面,之前按照最大请求额的2%比例收取首笔保费,对于那些只需要少量借款的借款人而言成本过高。[3] 通过把标准型HECM反向抵押借款合同的保费提高到1.25%和引入节约型HECM反向抵押借款合同,住房和城市发展部寻找到了扩充保险资金的办法,即一方面提高标准型HECM反向抵押借款合同的保费,另一方面选择低风险的方法扩张市场。简言之,现金需求不大的借款人将通过节约型的借款合同获得资金,而现金需求高的借款人将

[1] See HUD, Mortgagee Letter 2010 - 34, September 21, 2010.

[2] See Donna Fuscaldo, *A Reverse Mortgage for Less*, AARP (Oct. 4, 2010), http://www.aarp.org/money/credit - loans - debt/info - 10 - 2010/new - reverse - mortgage - for - less.html.

[3] See HUD, Mortgagee Letter, 2010 - 34, September 21, 2010.

通过付出较高成本的办法获得满足。[1] 对比之下,标准型 HECM 反向抵押借款合同的首笔保险费高,同时可领取的借款数额也高;节约型 HECM 反向抵押借款合同的首笔保险费低,同时可领取的借款数额也较低。借款人可以根据自己的实际情况进行选择。

②服务费(servicing fee)。服务费是贷款人为借款人提供合同服务而向其按月收取的费用。2009 年以前,借款人须每月向贷款人支付的固定费用一般是 30～50 美元每月,住房和城市发展部对此规定有限额。贷款人收取的服务费,用以支付账单通知、支付借款、支付保险时发生的费用。贷款人从最初的本金限额中预留服务费(预留服务费金额按借款人存活至 100 岁计算[2]),这样,借款人可领取的本金限额就会进一步减少。2009 年以后,贷款人采用了与传统抵押借款相同的模式收取服务费,把服务费包含在借款利率之中。

与传统抵押借款合同相比,参与 HECM 反向抵押借款合同的借款人负担了更高的交易费用。上述费用,借款人都可以从借款中取得,即借款人在签订合同时及之后,不必以现金方式支付,但问题是,这些费用将减少借款人能领取的净借款数额,增加合同到期时的债务数额,如果将来借款人的继承人想保留房屋所有权,就必须偿还这些费用。另一个问题是,由于在签订合同时不用支付现金,借款人可能根本没有注意到这些费用比传统抵押借款要高出多少;而根据房地美公司(Freddie Mac)2011 年的报告,传统抵押借款的借款发放费

[1] See Donna Fuscaldo, *A Reverse Mortgage for Less*, AARP (Oct. 4, 2010), http://www.aarp.org/money/credit-loans-debt/info-10-2010/new-reverse-mortgage-for-less.html.

[2] See Paul V. Black, *Reverse Mortgages and the Current Financial Crisis*, 8 NAELA Journal 87 (2012).

还不到借款额的 1%。[1] 在 HECM 借款合同中,贷款人向借款人收取的各项费用总和要远远高于这一比例。

(2)借款人负担的利息。在 HECM 借款合同中,借款人可选择的借款利率有两种:一种是可调整利率(adjustable interest rate),另一种是固定利率(fixed - rate)。借款人能否在可调整利率与固定利率之间进行选择,取决于借款人所在地区或州的贷款机构是否提供这两种利率的借款。借款利率的变化不会影响借款人每月可领取的借款数额,只是加快或降低借款余额的增加速度;同时,适用的借款利率不同于预期平均借款利率,后者是一个固定利率,用以确定借款人的本金限额。[2]

可调整利率是一种对贷款人较为有利的计算利息的方式。如果通货膨胀率较高,可调整利率可以使贷款人避免采用固定利率而导致的损失。可调整利率又可分为两种,一种是按年可调整利率,另一种是按月可调整利率。可调整利率在具体时间和范围内,根据一定的价格指数进行调整,一般是按照一定的市场利率进行变动。通常情况下,借款利率按照申请借款或合同签订时的利率确定,以较低者为准;对于借款利率设有上限(interest rate ceilings)的要求,即利率可增加的最高幅度。按年可调整利率在借款合同履行期间,上下浮动不能超过 5%,在一个年度内上下浮动不得超过 2%;按月可调整利率在借款合同履行期间,增加幅度不得超过 10%;规定向上浮动限制

---

[1] See Debra P. Stark, Jessica M. Choplin & Joseph A. Mikels, *Complex Decision - making and Cognitive Aging Call for Enhanced Protection of Seniors Contemplating Reverse Mortgages*, 46 Arizona State Law Journal 299(2014).

[2] See Customer Educ. Group, *Money from Home: A Consumer's Guide to Reverse Mortgage Options*, Fannie Mae, 1996, p. 34.

是为了保护借款人利益,规定向下浮动限制是为了保护贷款人利益。[1] 按年调整利率和按月调整利率都是根据一年固定期限国债利率(one-year constant maturity treasury rate)来确定。2007年,住房和城市发展部规定,按月调整利率要根据一月期固定期限国债利率,或者一月期伦敦银行同业拆借利率(LIBOR)进行计算,按年调整利率的计算方式基本消失。[2] 借款人选择可调整利率,意味着借款人选择的是开放式借款,借款人可以选择任何形式的借款领取方式,二者之间互不限制和冲突。对于尚未领取全部借款限额的借款人而言,选择可调整利率有两项好处:一是在未领取借款的限额内,借款人可在按月领取与信用额度领取的方式之间转换;二是对于按信用额度领取方式而言,未使用的信用额度随利率增加,抵押保险费率同期增加,住房和城市发展部将如同合同最初签订时那样,重新核定信用额度。

2007年以前,只有个别贷款人提供固定利率的HECM借款合同。这主要是因为固定利率的HECM借款合同根本没有市场,作为二级市场的唯一购买者,房利美公司只接受可调整利率的HECM反向抵押借款合同。2007年起,固定利率的HECM反向抵押借款合同逐渐增多。原因在于2007年后期,房利美公司把HECM反向抵押借款合同引入证券化机制。2008年,美国住房和城市发展部发布说明,允许开办固定利率、一次性支付、封闭式反向抵押借款。[3] 2009年中期,房利美公司退出了反向抵押借款的二级市场。这种固定利率、

---

〔1〕 See Warren Boroson, *The Reverse Mortgage Advantage: The Tax-Free, House-Rich Way to Retire Wealthy!* The McGraw-Hill Companies, 2006, p. 90.

〔2〕 See Meghan Galloway & Richard Kantor eds., *Reverse Mortgages: Elements, Considerations and Market Developments*, Nova Science Publishers, Inc., 2013, p. 17.

〔3〕 See HUD, Mortgagee Letter, 2008-08, March 28, 2008.

一次性支付借款的反向抵押借款所占市场份额迅速上升,6 个月内由 10% 上升到 60%,到目前一直维持在 65% ~75%。[1] 对于借款人而言,选择固定利率意味着只能选择合同签订时一次性领取借款,这是一种封闭式借款,不允许借款人在合同履行期间再领取任何借款。对此,与 HECM 借款合同相关的法律规范并没有明确规定,而仅是市场选择的结果,因为贷款人不愿承担合同履行过程中利率波动的风险。[2] 可调整利率与固定利率在借款领取方式、利率等方面的特征,如表 3.4 所示。[3]

表 3.4　由利率差异决定的 HECM 借款合同特征

特征	利率类型	
	可调整利率	固定利率
可选择的借款领取方式	终身领取、固定期限领取、信用额度领取、修正型的固定期限领取、修正型终身领取、一次性全额领取	一次性全额领取
利率	2011 年,平均利率为 2.5%;开办时低于固定利率,合同履行期间随政策变化而调整	2011 年为 5.1%;开办时较高,但合同履行期间始终不变

〔1〕 See Meghan Galloway & Richard Kantor eds., *Reverse Mortgages: Elements, Considerations and Market Developments*, Nova Science Publishers, Inc., 2013, p. 54.

〔2〕 See Consumer Financial Protection Bureau, *Reverse Mortgages Report to Congress*, p. 27 (June 28, 2012), http://files.consumerfinance.gov/a/assets/documents/201206_cfpb_Reverse_Mortgage_Report.pdf.

〔3〕 See Consumer Financial Protection Bureau, *Reverse Mortgages Report to Congress*, p. 28 (June 28, 2012), http://files.consumerfinance.gov/a/assets/documents/201206_cfpb_Reverse_Mortgage_Report.pdf.

续表

特征	利率类型	
	可调整利率	固定利率
借款合同结构/提前偿还	开放式借款;不受时间限制,借款人可提前偿还所有或部分借款,也可重新使用信用额度	封闭式借款;可提前偿还,但不可再领取借款
信用额度增长	未使用信用额度按借款利率加抵押保险费率,将按时间同期增加	信用额度不增加

HECM 借款合同利息的计算,采用的是按月计算复利的方式,即每月的利息成为下一个月的本金组成部分。由于借款人不必每月偿还借款本金及利息,所以每月的借款利息都要累计计入借款余额,成为贷款人下个月本金的组成部分,在次下月中产生利息;借款合同到期后,借款人一次性偿还给贷款人。[1]

(3)借款人承担的其他义务。第一,借款人负有以抵押房屋为主要居住地的义务。合同履行期间,借款人享有在房屋中居住的权利,同时负有以房屋为主要居住地的义务。如果是共同借款,至少有一位借款人以抵押房屋为主要居住地。如果借款人(或最后一位共同借款人)在其他地方连续居住超过 12 个月,HECM 借款合同到期,整个合同进入清偿程序。如果借款人不能按照要求清偿借款余额,贷款人可以对抵押物启动取消赎回权程序。[2] 第二,借款人负有支付房产税及财产保险费的义务。借款人必须支付抵押房屋负担的所有费用,包括房产税、土地租金、洪水与灾害保险费,并在必要时向贷款人提供相应的证据。借款人可以选择由贷款人从每月支付的借款额

---

〔1〕 See Meghan Galloway & Richard Kantor eds., *Reverse Mortgages: Elements, Considerations and Market Developments*, Nova Science Publishers, Inc., 2013, p. 23.

〔2〕 See 24 C. F. R. § 206. 27(c)(2).

中支取一部分,用以支付上述费用。如果借款人没有按期支付上述财产税及保险费,且借款人也没有选择由贷款人代为支付,贷款人可以代借款人支付,并将费用记入借款人账户。[1] 第三,借款人负有保持房屋处于保养良好状态的义务。借款人必须保持房屋处于保养良好状态。[2] 借款人在申请反向抵押借款合同时,抵押的房屋必须达到可适用的财产标准;对于不能达到标准的房屋,必须进行维修,以确保能够获得抵押保险;经评估,如果维修费用不超过最大请求额的15%,可以在抵押合同签订后进行维修。[3] 维修房屋,可能引起借款人领取借款数额的变化。如果初次维修后未用尽预留的维修资金,抵押权人(贷款人)应将剩余金额转化为抵押人(借款人)的信用额度,并通知抵押人可支取的金额;[4] 如果初次维修时所预留维修资金不足以支付,抵押权人应从信用额度内预付维修费用,如果信用额度不足以支付或没有信用额度,那么借款人每月可领取的金额,应当重新计算。[5]

(4)借款人的融资成本。HECM 借款合同是一项融资成本较高的借款合同。为实现"以房养老"目的,参与 HECM 借款合同的老年人必须承担传统抵押借款合同中所没有的抵押保险费、借款发放费等费用,还要负担按月复利计算的利息。借款人需要支付除利息之外的各种费用,导致借款时间越短,成本越高。如表 3.5 所示。[6]

---

[1] See 24 C. F. R. § 206. 205(a)(b)(c).

[2] See 24 C. F. R. § 206. 27(b)(5).

[3] See 24 C. F. R. § 206. 47(a)(b).

[4] See 24 C. F. R. § 206. 26(b)(1).

[5] See 24 C. F. R. § 206. 26(b)(2).

[6] See Customer Educ. Group, *Money from Home: A Consumer's Guide to Reverse Mortgage Options*, Fannie Mae, 1996, p. 62 - 63.

表 3.5 HECM 借款合同的融资成本

房屋价值转换抵押(HECM)按月支付
借款人姓名:
借款人年龄:76 岁
预期借款利率:9.16%
最大请求额:120,000 美元
初始本金限额:57,720 美元
初始取款:0 美元
融资开办成本:4400 美元
最初房屋价值:120,000 美元
抵押保险费及发放费:4400 美元
房屋预期年增值率:4%
初始信用额度:0 美元
每月领取借款额:442.77 美元
每月服务费用:30 美元

每年总合						年终预测			
年度	年龄/岁	服务费/美元	借款额/美元	抵押保险费/美元	利息/美元	借款余额/美元	信用额度/美元	本金限额/美元	房屋价值/美元
1	76	360	5313	39	711	10,823	0	63,549	124,800
2	77	360	5313	72	1326	17,896	0	69,967	129,792
3	78	360	5313	109	2004	25,682	0	77,033	134,983
4	79	360	5313	150	2749	34,255	0	84,813	140,383
5	80	360	5313	195	3570	43,693	0	93,379	145,998
6	81	360	5313	244	4474	54,085	0	102,810	151,838
7	82	360	5313	299	5469	65,526	0	113,193	157,911
8	83	360	5313	358	6565	78,123	0	124,625	164,228
9	84	360	5313	424	7772	91,992	0	137,211	170,797
10	85	360	5313	497	9100	107,262	0	151,068	177,629
11	86	360	5313	577	10,562	124,073	0	166,325	184,734
12	87	360	5313	664	12,172	142,583	0	183,123	192,123
13	88	360	5313	761	13,945	162,962	0	201,618	199,808
14	89	360	5313	868	15,896	185,399	0	221,980	207,801
15	90	360	5313	985	18,045	210,103	0	244,399	216,113

续表

每年总合						年终预测			
年度	年龄/岁	服务费/美元	借款额/美元	抵押保险费/美元	利息/美元	借款余额/美元	信用额度/美元	本金限额/美元	房屋价值/美元
16	91	360	5313	1114	20,411	237,301	0	269,081	224,757
17	92	360	5313	1256	23,015	267,246	0	296,257	233,748
18	93	360	5313	1413	25,883	300,215	0	326,177	243,097
19	94	360	5313	1585	29,040	336,514	0	359,119	252,821
20	95	360	5313	1775	32,517	376,479	0	395,388	262,934
21	96	360	5313	1984	36,344	420,480	0	435,320	273,452
22	97	360	5313	2214	40,558	468,925	0	479,285	284,390
23	98	360	5313	2467	45,197	522,262	0	527,689	295,765
24	99	360	5313	2746	50,305	580,986	0	580,983	307,569

(二)逆向借款合同中借款人实体权益保护

在逆向借款合同中,我国台湾地区由政府作为贷款人向借款人提供借款,故借款人按期领取借款的权利较有保障。除按期领取借款权利外,依“不动产逆向抵押试办法案”和“不动产逆向抵押作业规定”,借款人还享有受政府部门照顾终老的权益。

1.逆向借款合同中借款人实体权利

在逆向借款合同中,借款人享有的实体权利包括以下两方面内容:

(1)借款人每月可领取的借款额。依“不动产逆向抵押试办方案”规定,逆向借款合同的存续期间为借款人终身;借款人应当在金融机构开立账户,由该金融机构按月拨款;首次拨付借款的日期为借款人完成借款程序的次月5日，此后都是每月5日拨付借款。[1] 所以，在逆向借款合同中，借款人对于借款的领取方式，没有选择权，只得终身按月领取。关于借款人每月可领取的借款金额，“不动产逆向抵押试办方案”与“不动产逆向抵押作业规定”仅作出了原则性规定，由内政管理机构按抵押物价值，依精算公式核定之。[2] 具体考量因素与借款额递增情况，主要是按照“抵押物不动产估价价值、性别及年龄，依精算公式计算。给付金额依线性模型逐年递增，借款人不得要求变更给付金额”。[3]

(2)借款人享有受政府部门照顾终老的权益。逆向借款合同是一项较具特色的合同。合同履行过程中，如果借款人发生失去生活自理能力的情况，政府部门承担相应的照顾责任。依照“不动产逆向抵押作业规定”，借款合同存续期间，政府部门自行或指定相关人员，依借款人个别情形至少每月电话问安一次，每3个月实地关怀访视一次；且政府派员实地访视时，借款人不得规避、妨碍或拒绝。[4] 借款人如经评估确有长期照顾需求，政府应联结社会福利资源或民间资源，置专责人员提供所需服务。[5] 对于上述提供借款之外的服务，我国台湾地区学者认为：政府电话问安、实地关怀访视，以及必要时提供终身照顾服务，不啻为政府基于以房养老契约所负的从给付义务，旨在维护照管借款人的人性尊严与身心健康，拓展了终身定期金契约在金钱给付以外的发展面向，打开了“以房养老”在经济安全、在家养老以外的到宅照顾，导入高龄者契约应纳入人性化关怀与全人

〔1〕 参见“不动产逆向抵押试办方案”第9条、第10条。
〔2〕 参见“不动产逆向抵押试办方案”第10条。
〔3〕 参见“不动产逆向抵押作业规定”第16条。
〔4〕 参见“不动产逆向抵押作业规定”第19条。
〔5〕 参见“不动产逆向抵押试办方案”第16条第3项，“不动产逆向抵押作业规定”第19条第3项。

服务的活水泉源，深富启迪性。[1]

2. 逆向借款合同中借款人的主要义务

根据“不动产逆向抵押试办方案”和“不动产逆向抵押作业规定”的相关规定，在逆向借款合同履行期间，借款人应当履行以下义务：

(1)按可调整利率负担利息的义务。逆向借款合同利率采取可调整利率计息，“按中华邮政股份有限公司二年期定期储金机动利率加百分之零点零四二计算；嗣后随中华邮政股份有限公司上开利率调整而调整，并自调整日起按调整后之年利率计算”。[2] “不动产逆向抵押试办方案”规定：合同履行期间，借款人不得为逆向抵押借款余额之一部清偿(逆向抵押借款余额系指契约存续期间，贷款人按月给付之累计金额、借款利息、抵押物估价费、抵押权设定费及长期照顾服务费等)。[3] 故借款人向贷款人清偿利息的义务，将延迟至逆向借款合同到期后一并清偿。这是逆向借款合同与 HECM 借款合同的相同之处。不同之处在于，逆向借款合同的利息计算只是单纯累计，计入借款人应付利息账户，而未计入借款余额，更未向借款人计取复利，这是逆向借款合同在利息计算方面较 HECM 借款合同对借款人有利的方面。除不按复利计算利息外，借款人签订逆向借款合同，也不需要像 HECM 借款合同的借款人一样支付借款发放费、抵押保险费、借款手续费、服务费等各项费用。所以，在逆向借款合同中，借款人为获得借款而付出的交易成本，较 HECM 借款合同中借款人要低很多。

---

〔1〕 参见曾品杰：《论以房养老契约——以我国不动产逆向抵押贷款制度为中心》，载《月旦法学杂志》2014 年第 2 期。

〔2〕 参见“不动产逆向抵押试办方案”第 11 条。

〔3〕 参见“不动产逆向抵押试办方案”第 12 条。

(2)合同履行期间借款人承担的其他义务。逆向借款合同履行期间,如果借款人无正当理由未履行相应义务,内政管理机构应以书面通知借款人终止契约,并以副本通知台湾土地银行停止拨付借款金额。[1] 与之对应,借款人所负义务是指:第一,借款人在我国台湾地区居住的义务;借款人自开设借款账户之日起,每年在我国台湾地区居住的时间应当超过183日。第二,借款人对抵押物的其他利用禁止义务;在合同履行期间,借款人只得自己占有、使用抵押物,不得将抵押物之全部或一部出租、出借、移转(含出售、赠与、信托、互易等)、设定次顺位抵押权、地上权或其他用益物权。第三,借款人不得改变抵押物用途义务。合同履行期间,借款人不得将抵押物之建物登记用途改为商用或其他用途。第四,借款人负担抵押物相关费用、保险费及照顾服务费用的义务;合同履行期间,根据对抵押物的估价,借款人负担抵押物投保住宅火险、地震险、抵押权设定及长期照顾服务等费用。第五,借款人妥善保全抵押物及维护义务;合同履行期间,借款人应妥善保护抵押房屋,使之处于良好适用状态。

与HECM借款合同相比较,逆向借款合同赋予借款人的权益有其自身特色,借款人负担的义务明显轻于前者。借款合同履行期间,两类合同制度对借款人应负的主要义务基本相同,不但要求借款人必须以房屋为主要居住地,而且要求借款人妥善照管居住的房屋。作为贷款人债权实现的唯一保障,抵押房屋处于良好适用状态是其交换价值得以维持的保证。因此,尽管存在诸多差异,但在要求借款人对抵押房屋尽到妥善保全义务上,两类合同制度的要求是相同的。

---

[1] 参见"不动产逆向抵押试办方案"第13条,"不动产逆向抵押作业规定"第17条、第18条。

(三)养老借款合同中被保险人的实体权益保护

1. 被保险人领取养老保险金的权利

在养老借款合同中,被保险人依合同约定领取养老保险金,这是其享有的基本权利。该项权利涉及基本养老保险金额的确定与给付,也涉及特定情形下保险人停止给付养老保险金后,被保险人恢复领取养老保险金的权利。

(1)被保险人基本养老保险金额的确定。在养老借款合同中,被保险人每月可领取的基本养老保险金额,依据"所抵押房屋的评估价格,并在考虑抵押房屋的折扣、长期预期增值、预期的被保险人平均生存年限、利率、终身给付的成本等因素后确定,一经确定,将不能再做变更"[1]。所以,被保险人每月可领取的养老保险金的金额是一个确定的数额,由保险公司根据房屋评估价格、被保险人预期生存年限等因素综合确定。无论是在"特定期限"内的养老借款合同履行阶段,还是在"特定期限"后延期年金给付阶段,该金额自始至终不再变更。根据合同费率表,被保险人可领取的月度基本养老保险金数额,取决于抵押房屋的有效保险价值、被保险人年龄及其选择是否享有延期年金身故和退保利益。以60周岁的男性为例,如果其抵押房屋测算以后的有效保险价值为100万元,被保险人选择延期年金无身故和退保利益[2],其每月可领取的基本养老金额为2514元。[3]

---

〔1〕参见《幸福房来宝老年人住房反向抵押养老保险(A款)》第2.1条。

〔2〕参见《幸福房来宝老年人住房反向抵押养老保险(A款)》第4.3条和注释8、注释9。延期年金无身故和退保利益,是指无论何时,被保险人身故或当保险合同提前解除、终止,保险人不承担身故给付责任(被保险人在保险合同约定的期间身故,保险公司按合同约定的金额给付身故金),也不退还延期年金产生的现金价值(一般指保险合同所具有的价值,通常体现为解除合同时,根据精算原理计算的,由保险公司退还的那部分金额。在保险合同中特指投保人缴纳的延期年金所具有的价值)。

〔3〕参见《幸福房来宝老年人住房反向抵押养老保险(A款)费率表》。

(2)被保险人养老保险金的给付。养老借款合同约定:在本主险合同生效之日起第45日,如果已经办理完毕房屋抵押登记手续和相关文书的公证,保险人向被保险人支付第一个月和第二个月的养老保险金;如果房屋抵押登记手续和相关文书公证尚未办理完毕,养老保险金延期至上述手续办理完毕后一并无息补发;此后,被保险人每生存至养老保险金给付日零时,保险人将按合同约定的基本养老保险金额扣除相关费用后,以银行转账方式向被保险人给付每个月的养老保险金。[1]

(3)保险人停止支付后被保险人的恢复权。被保险人缔结反向抵押养老保险合同的根本目的,是能按月领取养老保险金。如果合同履行过程中,抵押房屋遭受毁损、灭失,或者由于被保险人的行为妨碍到将来保险人抵押权的实现,保险人有权停止给付养老保险金,也不再向被保险人收取延期年金保费。养老借款合同约定,如果发生以下6种情形,保险人可以暂时免除支付养老保险金义务:①抵押房屋毁损、灭失或者因附合、混合、加工使抵押房屋为第三人所有;②被保险人转让、出借、变卖、抵偿债务、投资、赠与、立遗赠或遗嘱、因离婚或其他民事事项进行财产分割,以及其他任何形式对抵押房屋进行处分;③被保险人以抵押房屋为其他债权人再设定抵押权;④被保险人未经保险人同意而擅自改变抵押房屋的主体结构;⑤被保险人抵押的房屋被查封或涉及其他诉讼;⑥被保险人没有按照合同约定为抵押房屋投保财产保险,或者擅自变更、解除、终止财产保险合同,放弃财产保险金请求权或对第三人的损害赔偿请求权。[2]

被保险人的恢复权,是指上述情形发生导致保险人停止给付养

---

〔1〕 参见《幸福房来宝老年人住房反向抵押养老保险(A款)》第2.2条、第3.2条、第3.3条。
〔2〕 参见《幸福房来宝老年人住房反向抵押养老保险(A款)》第2.3条。

老保险金后,除抵押房屋毁损、灭失的情形外,被保险人有权在保险人停止支付养老保险金之日起60日内,消除影响房屋价值或抵押权实现的情形,使合同恢复到正常履行的状态的权利。[1] 一旦被保险人消除导致保险人责任免除的情形,保险人应当向被保险人履行给付养老保险金义务,并补发停止期间的养老保险金。同时,被保险人也应当补交停发期间的延期年金保费。但是,如果抵押的房屋发生毁损、灭失,或者被保险人在60日内没有消除导致保险人停止支付养老保险金的情形,保险人与被保险人之间的保险合同终止,双方进入债务清偿程序。赋予被保险人恢复权的意义在于在合同履行期间,如果被保险人的行为导致抵押房屋价值受损,或者导致保险人将来妨碍抵押权实现的情形,为了保护保险人利益,保险人享有暂时停止支付养老保险金的权利。同时,养老借款合同给予被保险人最后的自救机会,如果被保险人能纠正不当行为,或消除不当行为的影响,使抵押房屋的价值得以保存,被保险人有权要求保险人继续履行养老借款合同,保有继续领取借款或养老保险金的权利。

2. 被保险人承担相关费用和支付利息的义务

在幸福反向抵押养老保险合同中,不同的履行阶段,被保险人承担的费用也不尽相同。保险人为被保险人建立费用账户,记载被保险人应承担的以下费用:

(1)被保险人承担的养老保险金与延期年金保费义务。①保险人在给付养老保险金后,被保险人的费用账户金额按基本养老保险金额增加;②保险人以计入被保险人费用账户的形式,收取延期年金保费后,被保险人的费用账户相应增加;③保险人每月结算利息后,被保险人的费用账户金额按照结算的利息金额增加;④当合同效力

---

[1] 参见《幸福房来宝老年人住房反向抵押养老保险(A款)》第2.3条。

终止时，费用账户金额按照结算的利息金额增加。[1]

（2）被保险人承担合同缔结、管理和退保而发生的费用。①被保险人按照50%的比例承担房屋的评估、抵押、公证律师等费用；②被保险人每年向保险人支付1000元的保单管理费；③被保险人选择退保时，承担退保手续费。退保手续费的金额为累积计息的养老保险相关费用的一定比例；这一比例从第一年退保至第六年退保逐年递减；如果被保险人在合同履行的第一年申请解除合同，则退保手续费为相关费用的10%；如果被保险人在合同履行后的第六年以后申请解除，则不用缴纳退保手续费。[2]

（3）被保险人按照年复利5.5%，承担费用账户的累积计息。按年复利5.5%计息，对于保险人较为有利，却使被保险人背负上沉重的债务负担。一方面，特定期限内，被保险人要为实际领取的每笔养老保险金，负担按年复利5.5%计取的利息；同时，被保险人要为每笔应付而未付，保险人通过计入被保险人费用账户形式收取的延期年金保费，以及其他费用，负担按年复利5.5%计取的利息。另一方面，反向抵押养老保险合同履行期较长，短则数年，长则数十年；被保险人前期领取的养老保险金和应付的保费，在合同到期结算时，其利息数额可能已经超过了本金的数额。

3. 被保险人承担的其他义务

被保险人承担的其他义务，是指被保险人对保险人负担的告知义务，以及确保房屋安全，负担房屋的维修、缴费与投保义务。

（1）被保险人的告知义务。反向抵押养老保险合同是最大诚信合同，被保险人的基本情况对于保险人是否同意承保具有重要意义。

[1] 参见《幸福房来宝老年人住房反向抵押养老保险（A款）》第5.2条、第5.3条。
[2] 参见《幸福房来宝老年人住房反向抵押养老保险（A款）》第5.1条。

被保险人的告知义务主要包括以下三个方面:①人的告知义务。被保险人应当如实告知保险人自己的年龄、自然状况及身体状况。②物的告知义务。被保险人应当如实告知保险人抵押房屋的真实情况,包括房屋权属、质量、原有抵押、司法查封、土地使用权期限等。③财产状况的告知义务。被保险人应当如实告知保险人自己的个人收入、未清偿债务及诉讼纠纷等情况。如果被保险人故意或重大过失未履行上述如实告知义务,影响保险人是否同意承保或者保险金的额度,保险人有权解除合同,要求被保险人承担相关费用和赔偿损失。[1]

(2)被保险人承担房屋安全、维修、缴费与投保义务。合同履行期间,由于抵押房屋是保险人债权实现的唯一保障,被保险人对抵押房屋负有确定安全,并承担维修与投保义务。①被保险人保证抵押房屋的建筑结构和设备设施符合建筑、消防、治安、卫生方面的安全条件;②被保险人保证遵守国家、地方的法律法规规定以及抵押房屋所在小区的物业管理规约,保证抵押房屋及其附属物品、设备设施处于适用和安全的状态;③被保险人对抵押房屋及其附属物品、设备设施因自然属性或合理使用而导致的损耗,应及时修复,逾期不维修的,保险人可以代为维修,相关的维修费用从被保险人养老保险金中直接扣除;④被保险人保证按时缴纳抵押房屋包括但不限于物业费、暖气费等费用,或因国家法律政策变化而有关部门对抵押房屋收取的其他费用。如果被保险人未缴纳相关费用,保险人有权从被保险人的养老保险金中直接扣除所欠数额,代缴所欠费用;⑤被保险人应按照保险人指定的保险种类,为房屋投保财产保险,以防止因火灾或

[1] 参见《幸福房来宝老年人住房反向抵押养老保险(A款)》第8.2条。

其他灾害对抵押房屋可能造成的损毁或灭失。[1]

合同履行期间,如果被保险人未尽安全保护义务,致使抵押房屋受损,保险人有权委托评估机构对抵押房屋受损情况进行评估,评估费用由被保险人承担。如果抵押房屋的评估价格低于同类房屋评估价格10%(包含本数),被保险人应对房屋进行自费维修,或保险人代为维修,费用从被保险人养老保险金中扣除;如果抵押房屋评估价格低于同类房屋评估价格10%以上的,按照保险人责任免除规则处理。

4. 夫妻缔结反向抵押养老保险合同存在的问题

依幸福反向抵押养老保险合同,夫妻二人参与该类合同,双方不但要满足合同约定的年龄条件,而且双方必须对房屋都享有产权。在夫妻有一方不符合合同约定的年龄条件,或者不享有房屋产权的情况下,不符合条件的一方配偶,无权与保险人缔结合同。为避免引发争议,通常情况下,保险人也不与符合条件的另一方配偶缔结合同。在双方均符合缔约要件,夫妻共同作为被保险人参与合同的情况下,幸福反向抵押养老保险合同采取的是"总—分—总"的权利义务结构模式。该模式对被保险人有失公正。

(1)夫妻"总—分—总"式的权利义务结构。当夫妻共同享有房屋所有权,夫妻作为一方合同主体与保险人缔结一份反向抵押养老保险合同,保险人向被保险人签发一份保单,载明夫妻各自的养老保险金份额,但是,夫妻要共同承担债务,对另一方配偶的债务承担连带责任。[2] 这一模式概括为夫妻"总—分—总"的权利义务结构。具体包括:①夫妻以共有房屋为保险人设定抵押权。幸福反向抵押

[1] 参见《幸福房来宝老年人住房反向抵押养老保险(A款)》第6.3条。
[2] 参见《幸福房来宝老年人住房反向抵押养老保险(A款)》第9.1条。

养老保险合同约定:夫妻双方将共同所有的房屋为保险人设立抵押权时,夫妻作为一方合同主体与保险人建立保险合同法律关系;如果抵押房屋登记在夫妻一方的名下,该方将成为第一投保人,同时也是第一被保险人,另一方为第二投保人,也是第二被保险人;如果抵押的房屋登记在夫妻双方名下,那么男方为第一投保人,也是第一保险人,女方为第二投保人,也是第二被保险人。②夫妻按各自持有房屋的份额,分别核算与领取养老保险金。幸福反向抵押养老保险合同约定:保险人基于对抵押房屋的评估价格,按夫妻各自持有的份额,计算出各自的基本养老保险金额,并按合同约定的方式定期分别支付。因此,虽然夫妻作为合同一方,共同与保险人缔结合同,但是,夫妻生存期间,双方是按照自己在房屋中的财产份额,分别计算和领取各自的养老保险金。如果夫妻一方身故时,被保险人将停止支付身故一方的养老保险金,另一方的养老保险金金额不受影响。③夫妻对保险人债权承担连带清偿责任。合同履行期间,如果一方身故,另一方可以继续领取自己份额的养老保险金,且其对房屋的使用权不受影响。同时,由于身故一方所承担的养老保险费用因不能及时清偿,故仍应计算复利。只有当另一方也身故,在处分后身故一方抵押房屋份额所得不足以清偿其应承担的养老保险相关费用时,保险人才有权从处分先身故一方抵押房屋份额所得款项中得到补偿。这样,虽然夫妻双方各自领取养老保险金的权利互不影响,但是,最终的处理方式意味着夫妻双方对养老保险合同项下的义务承担连带责任。

(2)夫妻共同缔结合同时存在的问题。夫妻共同享有房屋所有权,且均符合缔结反向抵押养老保险合同的年龄要求时,夫妻可以共同作为被保险人与保险人缔结幸福反向抵押养老保险合同。但是,夫妻作为房屋的共同所有权人,并不是作为利益共同体与被保险人缔结合同,而是所有权共享,保险合同权利分享,保险合同义务共担的“总—分—总”权利义务结构模式。具体言之,虽然夫妻共享房屋所有权,与保险人缔结了一份保险合同,但是,夫妻可领取的养老保险金数额是按照各自的年龄、持有房产价值的份额,各自计算并分别领取,保险人为夫妻设有各自的费用账户,夫妻各自以借款形式缴纳延期年金的保费。对于各自费用账户的余额,夫妻并不以各自持有的房屋价值的份额为限承担按份责任,而是对保险合同的各自义务,互负连带责任。这种“总—分—总”的权利义务结构有失妥当。对此,反向抵押养老保险合同存在以下问题:

第一,分别计算养老金的方法与我国夫妻财产共同制相悖。依《民法典》第 1062 条和第 1065 条规定,我国夫妻财产制度采取的是有约定按约定、无约定按法定的原则。如果夫妻双方约定,双方的家庭财产采取分别财产制,那么夫妻对房屋所有权的约定符合反向抵押养老保险合同的上述要求,当然可以适用。如果夫妻双方对夫妻财产制没有进行特别约定,按照法定财产制,夫妻对房屋共同享有所有权。在房屋共同共有的情况下,夫妻双方对房屋不分份额地享有共同使用、共同管理的权利。只有当夫妻离婚时,双方才解除房屋共同共有关系,并确定各自的房产份额。如果夫妻因缔结幸福反向抵押养老保险合同,双方必须就各自对房屋占有的份额达成协议,这无异于强迫夫妻像离婚一样,在婚姻关系存续期间就共同所有的房屋达成分割协议。显然,这种做法违背婚姻关系的本质,难以被多数的老年夫妻理解和接受。

第二,夫妻按财产份额领取养老保险金,对保险人较为有利。就夫妻领取养老保险金的数额而言,夫妻作为被保险人,二人按各自占有房屋财产的份额领取养老保险金,其领取的金额总和,比房屋归属一人时,按一人计算年金时的数额要少。在 HECM 反向抵押借款合同中,夫妻共同缔结合同,房屋评估机构对抵押房屋的价值评估后,贷款人以夫妻中年少者的年龄作为核定最大请求额及本金限额的依据。夫妻作为共同借款人领取借款,贷款人有义务向借款人支付约定数额的借款,直到最后一位借款人身故。其中,如果夫妻一方先亡故,并不影响另一方可领取的借款数额。当夫妻双方均亡故、搬离或转卖房屋时,贷款人才可以以房屋的变现金额优先实现债权。但是,在幸福反向抵押养老保险合同中,夫妻虽然缔结的是一份合同,但是,二人有第一被保险人与第二被保险人的差异,夫妻也是各自按其在房屋所有权中的份额比例领取养老保险金。除了其他因素外,当夫妻二人均健在时,二人各自领取养老保险金之和,与 HECM 反向抵押借款合同中夫妻共同作为借款人领取的借款总额,可能没有差异。但是,如果夫妻中一方先于另一方身故,身故一方无权再领取养老保险金,而健在一方只得领取自己份额的养老保险金。此后,保险人负担的养老保险金支付义务减半。

第三,夫妻对保险人互负连带责任,违背了被保险人受无追偿权保护的原则。夫妻以其占有的房屋价值份额互负连带责任,对作为被保险人的夫妻显失公平。在特定期限内,由于先身故的一方被保险人领取的养老保险金的数额较少,故其账户费用较低,而留存在房屋中的财产价值较多。如果后身故一方在房屋中的财产份额,不足以清偿后身故一方欠保险人的费用,由于夫妻就各自的账户费用(债务)互负连带责任,保险人有权用先身故一方的部分房屋财产价值,受偿后身故一方的债务。通常情况下,不会发生后身故一方占有房屋价值的份额,不足以清偿其应付的账户费用的情形。因为在夫妻都作为被保险人的情况下,夫妻各自领取的养老保险金数额,是经保险人通过保险精算得出。但是,如果在合同履行期间发生重大变故,致使房屋贬值或价格下跌,抵押房屋的变现金额与夫妻双方的账户费用的关系，可分为以下三种情况讨论：

第一种情形，房屋贬值或价格下跌幅度不大，先身故一方与后身故一方按其在房屋变现金额中的比例金额均可清偿各自的账户费用。在此情形下，不发生保险人债权不能实现的情况。

第二种情形，房屋贬值或价格下跌幅度较大，先身故一方与后身故一方，按照各自在房屋变现金额中的比例，均不足以清偿各自的账户费用。按照合同约定及保险人承诺，保险人自己承担不能清偿部分的损失，保险人不得就未受偿部分向被保险人的继承人请求偿还。

第三种情形，房屋贬值或价格下跌幅度较大，先身故一方在房屋中的财产份额的变现金额，在清偿先身故一方所欠保险人账户费用后仍有剩余；但是，后身故一方在房屋份额的变现价款，不足以偿还后身故一方所欠保险人的账户费用，因此发生保险人用处分先身故一方房屋份额所得款，受偿后身故一方账户费用的情形。从合同约定而言，既然夫妻双方互负连带责任，保险人的做法并未违反约定。但是，从夫妻作为被保险人时按各自持有的份额计算、领取养老保险金，却对各自债务承担连带责任角度来看，被保险人享有的权利与承担的义务明显缺乏对等性。按照合同约定，保险人承诺对于超出抵押房屋变现金额的债权，无权向被保险人及其继承人追偿。对合同条文进行文义解释，当然包括下述情形，即夫妻只有一方是被保险人，该被保险人以其所有的房屋为保险人设定抵押权，而最终抵押房屋变现价款不足以清偿该方账户费用，保险人不得请求未参与保险的另一方清偿被保险人的债务。但是，在夫妻以共同享有房屋所有权为保险人设定抵押权，二人均作为被保险人缔结合同的场合，保险人取得了夫妻一方作为被保险人时的优越地位，有权以处分先身故一方房屋份额价值所得款项，受偿后身故一方所欠的债务。这一合同条文使作为被保险人的老年人处于不利地位，从某种意义上改变了保险人对超出抵押房屋变现价款(被保险人占有房屋价值份额)的账户费用,由保险人自担损失的承诺。更为重要的是,按照中国银保监会要求,被保险人及其继承人享有不受追偿的权利。如果先身故一方在房屋中的财产价值,在清偿先身故一方欠保险人的债务后仍有剩余,该剩余部分金额由先身故一方的继承人继承。但是,保险人以先身故一方享有的房屋价值份额,受偿后身故一方的账户费用,是以牺牲先身故一方的继承人的利益为代价,也违反了老年人享有不受追偿权利的政府规定。

五、对借款人使用借款的用途限制与保护

证券法上,"合适性"(suitability),是指证券经纪人对证券买受人负有特定的义务,即经纪人要根据买受人的融资手段、税收地位、投资目标及其他因素,向其销售"合适的"证券。[1] 反向抵押借款合同旨在使借款人把累积于房屋中的价值转换为可支配的现金,以满足老年人的生活支出。除法律另有规定外,在领取借款后,老年人可以根据自己的意愿任意支配这些借款,用于购买日常生活用品或服务,购买年金保险。对此,法律与其他人均无权干涉。这既是对老年人财产权的尊重,更是对老年人独立人格和自由意志的尊重。但是,反向抵押借款合同制度在美国经历了对借款用途从任由借款人自由支配,到一定程度上限制老年人购买年金保险,再到最终禁止借款人以借款购买年金保险的过程。这一过程体现了反向抵押借款合同制度的进步,反映了法律关于反向抵押对老年人权益的保护,也反映出其他金融产品对参与反向抵押借款合同的老年人的"合适性"问题。

---

〔1〕 See Frank A. Hirsch, Jr., *The Evolution of a Suitability Standard in the Mortgage Lending Industry: The Subprime Meltdown Fuels the Fires of Change*, 12 North Carolina Banking Institute 21(2008).

(一)反向年金抵押合同及其存在的问题

1. 反向抵押借款合同与反向年金抵押合同的关系

就反向抵押借款合同与反向年金抵押合同的关系而言,二者在美国经历了三个阶段。第一阶段,反向抵押借款合同与反向年金抵押合同相混同、不加区别的阶段;第二阶段,二者既区别又共存的阶段;第三阶段,法律禁止老年人以反向抵押借款购买年金保险的阶段。

(1)反向抵押借款合同与反向年金抵押合同相混同、不加区别的阶段。反向抵押借款合同制度孕育之初,反向抵押借款合同又被称为反向年金抵押,二者之间并没有清晰的界限。1987 年住房和城市发展部试办 HECM 反向抵押借款合同后,这种情形才有所改变。"20 世纪 70 年代,各方一直试图创造一种抵押工具,它能使老年房屋所有人获得借款,把房屋资产转换为收入,同时规定偿还期延长至未来某一特定期间,理想期间是延长至借款人终身;这些抵押工具即指反向抵押、反向年金抵押和房屋价值转换借款。"[1] 这一阶段,有学者把反向抵押借款合同直接称为反向年金抵押,而不考虑这项抵押是否涉及购买年金。如多罗西 · E. 科姆比所写的论文题目是《立法对作为房屋价值转换手段之反向年金抵押的影响》。[2] 威廉 · 泰特(William H. Tate)在其学位论文中认为,反向抵押,又被称为反向年

---

〔1〕 See Bruce E. Foote, *Reverse Mortgages: Background and Issues*, in Meghan Galloway and Richard Kantor eds., Reverse Mortgages, Elements Considerations and Market Developments, Nova Science Publishers, Inc., 2013, p. 149.

〔2〕 See Dorothy E. Cumby, *Effects of Legislation on the Reverse Annuity Mortgages as a Means of Home Equity Conversion*, 13 Fordham Urban Law Journal 869(1984/1985).

金抵押(the reverse mortgage, also known as reverse annuity mortgage)。[1]

约翰·奥布莱恩(John J. O'Brien)将各种反向年金抵押分为以下四种类型:[2]第一种类型的反向年金抵押是债务增加型(the rising debt),也是最基本的类型。根据合同约定,在特定的期限内,借款人按期领取特定数额的借款,借款总额取决于抵押房屋的价值、利率、借款人年龄及按期领取的数额。随着借款人逐期领取借款,借款数额增加,利息也相应增加。当借款人身故、出售抵押房屋或债务达到预定的债务与房屋价值比时,反向年金抵押合同到期应付。此时,借款人或者以房屋再次融资,或者出售房屋偿债。如果房屋没有足够的增值,借款人只能选择出售房屋,清偿债务。第二种类型的反向年金抵押是有限增加型债务(the limited rising debt)。合同签订后,借款人领取一笔首付借款,购买另一家保险公司的延期年金。在年金开始支付之前(通常要在几年之后才开始支付),贷款人按月向借款人支付一定数额的借款。在延期年金开始支付后,贷款人不再向借款人支付借款。借款人欠款总额等于最初的一笔借款,加上每月支付的借款,以及累积的利息。但是,年金支付不是由保险公司直接支付给借款人,而是支付给贷款人。贷款人在扣除借款利息之后,把剩余部分的金额支付给借款人。因此,延期年金开始支付后,债务总额固定下来,借款人只是领取延期年金与借款利息之间的差额。这种类型的反向年金抵押使借款人承担了一定的死亡风险(mortality

---

[1] See William H. Tate, *Reverse Mortgages for the Low-income Elderly: An Economic Analysis* (Ph. D. diss., University of Florida, 1987), p. 1.

[2] See John J. O'Brien Ⅲ, *Reverse Annuity Mortgages and the Lien Priority Problem*, 8 Annual Review of Banking Law 687 (1989); Dorothy E. Cumby, *Effects of Legislation on the Reverse Annuity Mortgages as a Means of Home Equity Conversion*, 13 Fordham Urban Law Journal 869 (1984/1985).

risk)。如果借款人在延期年金开始支付前身故,即使借款人没有领取年金,他(她)也应偿还借款总额及利息。然而,借款人的这项风险也会被延期年金终身支付的事实所抵消。第三种类型的反向年金抵押是偿还式年金(the refund annuity)。贷款人向借款人支付整笔借款,借款人用借款向保险公司购买年金。保险公司即刻开始向借款人支付固定金额的年金,持续支付若干年。这种年金的特征在于,如果借款人先于年金支付时间结束前身故,剩余期限的支付作为借款人的遗产,由继承人领取。当然,这种类型的年金的问题在于由于借款人不承担死亡风险,借款人每期收到的年金数额较少,所有的费用要在每期年金中扣除。最终,合同到期时,借款人只是欠贷款人相应的本金数额。第四种类型的反向抵押年金与偿还式年金相似,称为终身年金(the life annuity)。贷款人向借款人支付一笔借款,借款人用借款购买保险人的年金保险。保险人终身向借款人支付固定金额的年金。在这种情况下,借款人承担一定的死亡风险。如果借款人早于保险精算表预期的时间身故,借款人可能还没有领取完他(她)购买年金的投资。考虑到按月扣除的债务费用,借款人仍然欠贷款人整个的借款本金。另外,如果借款人很幸运,存活的年龄超出保险精算表预期的年龄,年金将继续支付。

显然,在上述四种类型的反向年金抵押中,除第一种类型属于纯粹意义上的反向抵押借款合同外,其他三种类型反向年金抵押,都是把反向抵押借款合同与年金保险合同相结合,以借款购买年金保险,通过年金保险的运作,从而获得固定期限或终身领取年金的类型结合合同。这一时期,借款人之所以用反向抵押借款购买年金保险,与反向抵押借款合同制度不成熟有关。因为无论何种形式的抵押借款合同,贷款人都要求在合同中约定确定的还款期限。这样,贷款人不承担借款人的长寿风险,也不承担借款余额超过抵押房屋价值的债权超过风险。所以,此阶段的反向抵押借款合同,一般是有固定期限或固定金额的合同,合同到期或借款达到一定金额,贷款人不再支付借款。为了获得终身的资金保障,老年人可以用反向抵押所领取的借款购买一份具有终身给付性质的年金保险。所以,这一阶段的反向抵押借款合同也被称为反向年金抵押。老年人通过反向抵押借款合同获得借款,然后用借款购买养老年金,每月领取年金收益,从中扣除借款利息,剩余部分才是老年人可得支配的收入;老年人仅需要支付借款利息,借款本金延迟至老年人去世、房屋出售或合同确定的期限到来才予以偿还。[1] 通过反向抵押借款合同与年金保险合同相结合,发挥年金保险合同在保障老年人终身领取年金方面的优势,可以有效化解和防范借款人长寿风险。这是反向抵押借款合同与反向年金抵押保险相混同,把反向抵押借款合同称为反向年金抵押的主要原因。

(2)反向抵押借款合同与反向年金抵押保险既区别又共存的阶段。这一阶段,是指 1987 年 HECM 反向抵押借款合同制度设立之后,至 2008 年美国通过《住房和经济恢复法》之前的一段时间。在此期间,HECM 反向抵押借款合同通过合同条款设计,尽可能地分散借款人的长寿风险和利率波动风险。在 HECM 反向抵押借款合同之外,又设置了抵押保险合同,由住房和城市发展部承保借款余额超过抵押房屋价值的债务超过风险,以及贷款人不能按期支付借款的违约风险。由于 HECM 反向抵押借款合同制度灵活设计与逐步完善,借款人通过签订该类合同,可以终身领取借款,合同履行期间的各类风险又得到妥善化解,故借款人没有必要再参与年金保险合同,用反

---

〔1〕 See Bruce E. Foote, *Reverse Mortgages: Background and Issues*, in Meghan Galloway & Richard Kantor eds., Reverse Mortgages: Elements, Considerations and Market Developments, Nova Science Publishers, Inc., 2013, p. 152.

向抵押借款去购买年金保险。这一阶段的反向抵押借款合同与反向年金保险抵押合同已经有了显著的区别。多数借款人不再用反向抵押借款购买年金保险。但是,在此阶段,基于对借款人独立人格、自由意志与财产权的尊重,借款人是否以反向抵押获得的借款购买年金保险或其他类型的金融产品,法律并不予干涉。反向抵押借款合同已经与反向年金抵押的概念相区别,反向抵押借款合同不再是反向年金抵押的一种类型。尽管还有学者称反向抵押借款为反向年金抵押,这只是传统的称谓而已,已经不具有实际意义。反向抵押借款合同签订后,借款人以借款购买年金保险不再是借款人的普遍做法。但是,由于反向抵押借款市场广阔,老年人仍然是年金保险销售者的主要目标。

(3)法律禁止以反向抵押借款购买年金保险的阶段。这一阶段,是指从2008年美国国会通过《住房和经济恢复法》,并修改《美国法典》,明令禁止反向抵押借款与年金保险的交叉销售(cross - selling),至现今的一段时期。尽管HECM反向抵押借款合同设计较为完善,分散了借款人的长寿风险和利率波动风险,并且设有承保合同履行过程中各类风险的抵押保险合同,借款人没有必要再用反向抵押借款购买年金保险,但是,实践中还有保险经纪人并没有放弃向参与HECM反向抵押借款合同的老年人推销年金保险产品。他们继续向借款人销售年金保险产品,并引发了较为严重的后果。针对以反向抵押借款购买年金保险存在的问题,促使政府通过立法,对以反向抵押借款购买年金保险的做法进行干预,保障借款人的合法权益。

2. 以反向抵押借款购买年金保险产生的问题

以反向抵押借款购买年金保险,存在两个方面的问题:一方面,贷款人可以在反向抵押借款合同中收取较高的费用,收取借款利息;另一方面,年金保险的经营与销售机构,可以通过年金保险销售获取丰厚的利润与佣金。从借款人方面来看,贷款人、年金保险经营与销售机构所获得的利润,是借款人所要承担的借款成本。在学者看来,参与反向抵押借款合同的借款人以借款投资于“长期年金”(long - term annuities)逐渐为人们所关注,这样的长期年金对老年人是不妥当的,因为长期年金可能占用老年人的退休储蓄,而远超出老年人的生命预期。[1]

美国退休者协会具体分析了以反向抵押借款购买年金保险可能存在的风险和问题。第一,多数年金不提供固定的现金支付,这种可变年金(variable annuities)投资的经济回报取决于股票市场或其他投资收入;第二,可变年金价格昂贵,包括较高的年费和退保手续费;第三,很多出售给反向抵押借款人的年金要延迟到若干年之后才开始支付,以致很多借款人没有机会活到那个年龄,享受投资收益;第四,反向抵押的成本加上年金成本必然要高于反向抵押成本本身;第五,每月固定收入年金固然可以终身领取,但是,反向抵押借款不但可以终身领取,而且可以在任何时间,在一次性领取与信用额度领取之间进行转换;第六,在社会保障计划与医疗补助计划中,年金收益要作为一项经济收入计算在内,从而影响老年人参与这两项保障制度的资格;第七,与反向抵押相比,年金更不安全,一些年金提供者已经破产;第八,年金收入应缴纳税金。[2] 在以所有反向抵押借款购买即付型年金保险的场合,如本书第二章“反向抵押借款合同具有的比较优势”部分,表2.4“反向年金抵押每月收益的比较”显示,当借款利率

---

〔1〕 See U. S. Government Printing Office, *Reverse Mortgage: Polishing not Tarnishing the Golden Years*, *Hearing before the Special Committee on Aging*, in Gerald H. Redstone ed., Financial Institutions and Services Series: Reverse Mortgages, Nova Science Publishers, Inc. 2010, p. 22.

〔2〕 See AARP, Spending Your Equity, AARP, http://www.aarp.org/money/credit - loans - debt/info - 2006/equity_1.html.

达到一定程度后,年金保险每月带来的收入还不足以抵销借款合同每月产生的利息。以玛丽·莫诺兹女士诉财务自由老年人基金公司案(Mary P. Munoz v. Financial Freedom Senior Funding Corp. ,etc.)等案件为转折点,促使美国国会通过立法,禁止金融机构向参与反向抵押的借款人销售年金保险。

(二)美国对反向抵押借款用途加以限制的转折性案件

1. 玛丽·莫诺兹女士诉财务自由老年人基金公司案的基本事实

2004 年 9 月,凯瑟琳·米勒(Kathleen M. Miller)向玛丽·莫诺兹(Mary P. Munoz)女士提供金融咨询服务,建议莫诺兹女士参与反向抵押借款合同,从房产中获得可支配的现金收入。此后,财务自由老年人基金公司的经纪人路易斯·斯奎(Louis Soqui)与莫诺兹女士联系,并签订了反向抵押借款合同。[1] 在收取开办费及其他费用后,莫诺兹女士领取了 118,174 美元的借款(她的借款总额为 209,282 美元,其中 12,122 美元支付了借款开办费和其他费用,78,986 美元偿还之前的抵押借款)。财务自由老年人基金公司在莫诺兹女士的房产上设定了抵押权。一月之后(2004 年 10 月),凯瑟琳·米勒女士又向莫诺兹女士销售了一份价值 60,000 美元、10 年期的延期年金保险。凯瑟琳·米勒女士声称,这份延期年金保险是一项适合她的金融产品,能使莫诺兹女士还清债务,为她的余生提供稳定的现金收入,以应对生活支出。事实上,莫诺兹女士每个月的年金收入仅有 200 美元左右,完全不能满足她的日常生活支出。按照贷款人要求,莫诺兹女士需支出 25,000 美元用于修缮房屋,为此,她被迫提前支

[1] 财务自由老年人基金公司开办的是财务自由计划(反向抵押借款合同的一种类型)。该计划没有住房和城市发展部承保合同履行风险;该公司承诺承担借款人长寿风险等借款余额超过抵押房屋变现金额的风险。

取了 26,000 美元年金,导致莫诺兹女士承担了较高的罚金与费用。[1] 为维护自身利益,莫诺兹女士以财务自由老年人基金公司、凯瑟琳·米勒和经纪人路易斯·斯奎为被告,向美国加利福尼亚州地方法院提起诉讼。

2. 莫诺兹女士的主张、理由与财务自由老年人基金公司的抗辩[2]

莫诺兹女士认为,财务自由老年人基金公司违反信义义务和普通法规定,违反诚实信用,应对其损失承担责任。理由是:在提供反向抵押借款的同时,该公司又允许她以领取的借款购买不适合她的延期年金;该公司没有阻止她以反向抵押借款投资于延期年金,没有告知她用反向抵押借款购买年金不是必需的,没有向她提出以反向抵押借款购买年金是不合适的建议,向其隐瞒而没有披露用反向抵押借款购买年金保险的风险。同时,莫诺兹女士认为,在缔结反向抵押借款合同的同时销售延期年金,这是一种被禁止的、虐待老年人的方式,而财务自由老年人基金公司完全知道其他两位被告的营销策略。所以,莫诺兹女士认为,作为贷款人,财务自由老年人基金公司没有采取足够的措施,阻止这一虐待老年人的营销策略,而是认可了这些行为,应对其行为承担责任。

财务自由老年人基金公司认为,联邦法律优先适用于州法律,莫诺兹女士的请求没有依据,应予驳回。

---

[1] See Victoria C. Dawson, *Reverse Mortgage Facilitators Harvesting Benefits While Escaping Fiduciary Duties: Who's Really Looking out for Whom?* 10 Fla. St. U. Business Review 117 (2011).

[2] See Mary P. Munoz, Plaintiff, v. Financial Freedom Senior Funding Corp., Carteret Mortgage Corporation, Kathleen M. Miller, and Louis Soqui, Defendants. Case No. SACV 07 – 00710 – CJC (ANx). Aug. 18, 2008.

3. 美国加利福尼亚州地方法院的裁判结果及理由[1]

加利福尼亚州地方法院认为,房屋所有人借款法案(Home Owner Loan Act)优先于州法律适用于借款人的请求,贷款人没有义务阻止借款人以反向抵押所领取的借款购买延期年金。法院支持了财务自由老年人基金公司的抗辩,驳回了莫诺兹女士的诉讼请求。

审理该案的科马克·卡尼(Cormac J. Carney)法官认为,借款人参与反向抵押交易的主要目的是获得可领取的现金,以便用于生活或医疗支出,或偿还债务,或购买房屋,所以,反向抵押的完整过程包括借款用于上述目的,对此,法律并没有像对传统抵押借款那样限定于购买一处房产。如果莫诺兹女士的理由成立,那将极大地影响联邦储蓄机构的运作,贷款机构将承担监督借款人使用借款的义务,这将改变反向抵押整个行业的基本规则。此外,法院没有权力对任何个人,无论是老年人,还是其他人,限制他们使用其所有的款项,即使这些款项来自反向抵押;财务自由老年人基金公司也没有义务或权利阻止老年人用反向抵押领取的款项参与赌博。同样,该公司也没有义务或权利要求或限制它的客户以反向抵押借款进行投资。当然,如果有证据证明该公司密谋、指示或以其他方式与延期年金提供者联络,共同欺诈老年人,莫诺兹女士的请求应予支持。这里显然缺乏这方面的证据。

(三)法律禁止反向抵押借款与年金保险交叉销售

玛丽·莫诺兹女士诉财务自由老年人基金公司案并不是个案,与之类似的案件在美国时有发生。实际上,2005 年,加利福尼亚州

[1] See Mary P. Munoz, Plaintiff, v. Financial Freedom Senior Funding Corp., Carteret Mortgage Corporation, Kathleen M. Miller, and Louis Soqui, Defendants. Case No. SACV 07 – 00710 – CJC (ANx). Aug. 18, 2008.

《民法典》已经对以反向抵押借款用于购买年金进行了某种程度的限制。该法典第 202 章规定,贷款人不得向反向抵押借款的申请人提供年金,作为反向抵押借款合同的一部分。[1] 此后,针对美国次贷危机后很多金融机构把投资目光转向反向抵押市场的问题,美国参议院老龄问题特别委员会(the Senate Special Committee on Aging)的参议员麦卡斯基尔(McCaskill),向国会提出了《反向抵押收益保护法案》(the Reverse Mortgage Proceeds Protection Act)。该法案包括三个方面的立法建议:第一,确保独立咨询的开展,禁止销售或意图利用借款获取收益的个人从事咨询服务,应当允许住房和城市发展部使用反向抵押保险费,为咨询活动提供资金;第二,要求住房和城市发展部制定规范,保护老年房屋所有权人免予包括年金在内的各种掠夺性的借款策略(predatory lending tactics);第三,永久废除一条尚未生效的规定,该条规定的内容是,对于借款收入用于购买长期照顾保险,将免除借款人支付反向抵押保险费的义务。该条规定遭到美国退休者协会和老年人保护组织的反对。如果执行该条规定,从事长期照顾保险销售的保险代理人,会以政府批准产品的方式向老年借款人推销照顾保险。[2] 该法案成为美国《住房和经济恢复法》《取消赎回权防止法》的组成部分。[3]

《住房和经济恢复法》明确禁止反向抵押借款与年金的交叉销售。根据《住房和经济恢复法》和修订后的《美国法典》,下列行为是法律所禁止的行为:第一,从事独立咨询业务的第三方同时从事年金

---

〔1〕 See Leslie R. Ramos, *Chapter 202: California Provides Further Protection for Seniors Contemplating Reverse Mortgage Loans*, 38 McGeorge Law Review 45 (2007).

〔2〕 See S. 2490 – Reverse Mortgage Proceeds Protection Act 110th Congress (2007–2008).

〔3〕 See H. R. 5758 (IH) – Reverse Mortgage Proceeds Protection Act, (110th Congress 2d Session).

销售、投资、长期照顾保险及其他金融或保险业务,直接或间接与从事这些业务的机构有关系或接收其补偿;[1]第二,抵押权人或参与反向抵押开办的其他方,参与或与其他金融保险服务活动有关联关系;[2]第三,抵押权人和其他参与者,要求抵押人或其他人以购买保险、年金或相似产品作为参加抵押保险的条件,但是产权保险、洪涝险、其他的风险保险除外。[3] 通过上述法律规定,从借款人参与前置性强制咨询程序开始,法律就禁止从事年金、保险销售的业务机构,向借款人推销该类产品;在合同缔结环节,法律禁止贷款人向借款人搭售该类产品。这些规定体现了法律对老年借款人权益的保护。当然,这些法律规定在一定程度上也限制了借款人对借款用途的支配。

小　结

在反向抵押借款合同中,借款合同是主合同,反向抵押合同是从合同。HECM 借款合同、逆向借款合同及养老借款合同,由于不同的制度设计理念,对借款人和被保险人应具备的主观条件与客观条件要求也不尽相同。《美国法典》和《联邦条例》对借款人设有较为详尽的保护其知情权的法律规范。相比之下,我国大陆相关法律对于借款人的知情权保护较为薄弱。HECM 借款合同中,借款人享有合同缔结后 3 日内的合同撤回权;养老借款合同中,老年人享有签订合同后 30 日内的合同解除权。为充分保护准借款人知情权,在签订 HECM 反向抵押借款合同前,准借款人必须参加前置性强制咨询程序。在 HECM 借款合同中,借款人享有的程序性权益包括借款领取

---

〔1〕 See Housing and Economic Recovery Act of 2008, § 2122(a)(3)(B),12 U. S. C. § 1715z - 20(d) (2) (B).

〔2〕 See 12 U. S. C. § 1715z - 20 (n) (1).

〔3〕 See 12 U. S. C. § 1715z - 20 (o).

方式的选择权与变更权、领取借款中止权、债务提前清偿权等。在逆向借款合同后,借款人缔结合同后享有终身领取借款的权利,但不享有其他程序性权益。在养老借款合同中,被保险人享有再磋商权与合同解除权。就借款人享有的实体性权益而言,无论是HECM借款合同,还是养老借款合同,借款人依合同领取借款的权利有相应的保障,但借款人却为之负担了比传统抵押借款合同更重的负担,主要表现为缔约、履行费用的负担和按复利计算的利息。与这两类合同相比较,逆向借款合同中借款人承担的义务、费用和利息相对较少,社会保障性更为突出。在养老借款合同中,夫妻共同缔结合同时设计的"总—分—总"权利义务结构模式对保险人极为有利,但是与我国的夫妻共同财产制度,以及被保险人受保险人无追偿权保护的原则相悖。针对借款人以所借款项购买年金保险产品,美国经历了反向年金抵押与反向抵押借款合同从相混同到既区别又共存再到禁止以借款购买年金保险三个阶段。由于HECM反向抵押借款合同中抵押保险合同的设置,对于老年人而言,再以领取的借款购买年金保险,使贷款人、保险人及经纪人获得了丰厚的收益,增加了老年人的经济负担,却无实际意义。

第四章　反向抵押合同中借款人权益保护

在反向抵押借款合同制度中，就借款人而言，其借款债权受到借款合同保障。依据借款合同，借款人获得贷款人的授信，可以先行领取借款，直至借款人身故、搬离或出售房屋。就贷款人而言，其债权仅受到反向抵押合同的保障。在绝大多数类型的反向抵押借款合同中，借款人及其继承人受贷款人无追偿权的保护，他们对于超过抵押房屋变现金额部分的债务不负清偿义务。因此，贷款人享有的抵押权，是其债权实现的唯一保障。关于反向抵押合同与反向抵押权的法律性质，国内学者有不同认识。同时，在反向抵押合同中，借款人权益，包括借款人的房屋使用权与收益权、借款人配偶的房屋使用权，借款人及其继承人的赎回权，这些权益应当得到法律的保护。

一、反向抵押合同概述

在反向抵押借款合同中，作为借款人的老年人不必将个人收入及信用作为取得借款的条件，但是，老年人要想获得贷款人授信，必须以自己所有的房屋为贷款人设定抵押权，作为将来偿还借款本息及费用的担保。因此，在借款人与贷款人之间，还设有反向抵押合同。在反向抵押合同中，借款人是反向抵押合同中的抵押人，贷款人是反向抵押合同中的抵押权人。反向抵押合同专为担保抵押权人的债权受到清偿而成立,贷款人享有就抵押房屋的变现金额,享有优先受偿的权利。关于反向抵押合同,首先需探讨反向抵押合同的性质及贷款人享有的抵押权的顺位问题。

(一)反向抵押合同的性质

1. 对反向抵押合同是最高额抵押合同的疑问

反向抵押合同是借款合同的从合同。借款人与贷款人签订反向抵押合同后,经不动产抵押登记,贷款人取得抵押权。与传统不动产抵押合同相同,借款人不需要移转抵押物的占有。贷款人享有的抵押权属于担保物权,具有从属性、不可分性、物上代位性等抵押权的基本属性。但是,与传统抵押合同不同的是,抵押权担保的债权额,即借款人向贷款人领取的借款金额,在抵押合同签订时尚未确定。该债权额是将来一定期间或不特定期间内,在贷款人与借款人之间连续发生的金额。反向抵押合同的这一特征,与最高额抵押权担保的未来债权极为相似。反向抵押权担保的债权的具体金额,取决于未来不确定的事实——借款人去世、出售房屋、搬离或违约等事实的发生。

由于反向抵押权担保的债权数额的不确定性,有学者质疑反向抵押合同、反向抵押权的性质,认为反向抵押不是最高额抵押,两者存在以下区别:第一,最高额抵押所担保的债权是在设定抵押权时尚未确定的,是为将来债权的担保;反向抵押合同所担保的债权总额虽尚未确定,但分期得到的借款是确定的,只是由于抵押人寿命不确定而使债权总额不确定。第二,最高额抵押担保债权的数额在抵押权设定时虽然没有确定,但预先设定有最高的债权限定额,将来发生的债权必须在此额度内才是被担保的债权;在反向抵押合同中,担保的债权额是预估的,以实现抵押权时房屋的现实价值为限。第三,在最高额抵押,若债权总额超过限定额,超过的部分为无担保的一般债权;在反向抵押合同中,超过房屋价值的部分,依各国通例,债权人无权要求以债务人其他财产偿还,因而带有风险投资的性质。所以,反向抵押合同不属于一般抵押,亦不同于现有担保法上的任何特殊抵押,是一种新型抵押方式。[1]

对此问题,我国台湾地区有学者认为,在探讨反向抵押的性质时,应当根据借款人选择的借款领取方式不同而分情形分析。给付方式的不同,使反向抵押是否为普通抵押权的范畴存在"灰色地带"。从国外经验来看,其反向抵押借款合同的借款领取方式可以归纳为账户型、一次性给付型与定期给付型,而定期给付型又可区分为"约定一定之给付期间"或"依借款人寿命决定给付期间"两类,就后者而言,实则无法确定其所担保的债权金额,有违普通抵押权的从属性……以借款人的寿命为基础之给付方式,贷款人的债权因借款人寿命长短而不能于设定抵押权时确定,虽然此于将来确定发生,但债权额不能于设定抵押权时确定,这有违抵押权的从属性。因此,此种给付方式的反向抵押不能够定性为普通抵押权。尽管反向抵押和最高额抵押权有明显不同的特征,唯以借款人的寿命为给付期间的给付方式,债权总额无法确定,但可以将房屋的价值作为最高限额,因此似可视为最高限额抵押权。[2]

反向抵押合同是不是最高额抵押合同,反向抵押权是不是最高

---

〔1〕参见鲁晓明:《解构住房反向抵押——一种新型抵押模式的解读与建构》,载《西南政法大学学报》2006 年第 4 期;鲁晓明:《论反向抵押权制度在〈民法典〉物权编之建构》,载《清华法学》2018 年第 5 期。

〔2〕参见潘秀菊、李智仁:《以房养老商品——反向抵押贷款制度之理论与实务》,台北,元照出版有限公司 2010 年版,第 156 ~ 157 页。

额抵押权,这对于研究反向抵押借款合同具有重要意义。按照学者的上述观点,因为债权总额的不确定性,尤其是当借款人选择借款终身领取方式时,由于借款人的寿命不确定,故借款总额也不确定,反向抵押是一种不同于最高额抵押的新型抵押。但基于抵押房屋价值具有确定性,可以作为确定债权总额的最高限额,可以把反向抵押"视为"最高额抵押。那么,反向抵押是不是最高额抵押呢?如果反向抵押是最高额抵押,我国的反向抵押养老保险合同,就可以直接按照《民法典》第17章第2节"最高额抵押权"的相关规定,给保险人设定抵押权。如果反向抵押是一种不同于最高额抵押权的新型抵押权,受物权法定原则的制约,我国的反向抵押养老保险合同,就必须对《民法典》进行修改,或另行立法,为保险人创设不同于最高额抵押权的新类型抵押权。

2. 对反向抵押合同是最高额抵押合同的思考

国内学者对反向抵押合同性质的质疑不无道理。最高额抵押,又称最高限额抵押,是指在预定最高限额内,为担保将来一定期间内连续发生的债权而设定的抵押。最高额抵押权的设定,不以先有债权存在为必要,且最高抵押担保将来债权数额并不确定,仅预定一个最高数额限度,作为担保范围的标准。[1] 与普通抵押权相比,最高限额抵押权担保的债权是将来的不特定债权,合同订立时债权额不确定,实行时债权额予以确定,以不超过最高限额为准。[2] 反向抵押借款合同签订时,借款人与贷款人之间的借款尚未发生,即抵押合同所担保的债权是将来发生的债权。如上所述,在HECM反向抵押借款合同中,借款人对借款的领取方式有选择权和变更权:借款人可以选

〔1〕 参见申卫星:《物权法原理》,中国人民大学出版社2008年版,第358页。
〔2〕 参见谢在全:《民法物权论》(下册),中国政法大学出版社1999年版,第710~713页。

择终身按月领取、固定期限按月领取、信用额度领取、修正型的终身领取、修正型的固定期限领取，以及合同签订后一次性领取。在这6种借款领取方式中，无论借款人选择哪一种领取方式，或者在各种领取方式之间进行变更，在借款合同终止前，借款余额(包括借款本息和费用)始终处理变动状态。贷款人享有抵押权，其担保的债权总额也处于一种变动状态，始终在按月或不定期地增加。

依我国台湾地区学者的观点，因给付方式的不同，反向抵押是否为最高额抵押存在"灰色地带"，而依"借款人寿命决定给付期长短"，无法确定其所担保的债权金额，有违普通抵押权的从属性。[1]这只是债权变动的一个方面。事实上，无论借款人选择哪种借款领取方式，只要反向抵押借款合同以借款人去世、搬离或出售房屋等这些不确定事实为借款合同到期的条件，反向抵押合同所担保的债权就是一个借款余额(包括借款本息和费用)不确定的债权，就可能发生借款余额超出抵押房屋价值的风险。在HECM反向抵押借款合同中，根据借款人选择的借款领取方式的不同，其借款余额的变化可分为以下几种情况讨论：

第一，借款人选择终身按月领取或修正型的终身按月领取。在此种情况下，由于借款人寿命、房屋出售或搬离的日期不能确定，所以借款人最终的借款余额(包括借款本息及费用)也难以确定，反向抵押合同所担保的债权额不能确定。

第二，借款人选择固定期限领取或修正型的固定期限领取。在此种情况下，借款人领取借款的期限是固定的，每期(按月)领取的金额也是确定的，即借款的总额是一个固定的金额。但是，由于借款人

---

〔1〕 参见潘秀菊、李智仁：《以房养老商品——反向抵押贷款制度之理论与实务》，台北，元照出版有限公司2010年版，第156页。

可终身在抵押的房屋中居住，只有当借款人身故、搬离或出售房屋时借款合同才到期，借款人才需清偿借款余额，那么，在这些条件成就前，借款人即使已按期领取全部借款，也并不意味着借款余额已经确定。由于按月复利计息，随着时间的经过，借款利息将逐月累积，借款余额逐月加速增加。所以，在借款人选择固定期限领取或修正型固定期限领取的场合，由于抵押权所担保的利息债权的不确定性，总的债权数额也不能确定。

第三，借款人选择信用额度领取或合同签订时一次性领取。此情形与借款人选择固定期限领取或修正型的固定期限领取的模式相同。借款人领取完信用额度内的借款之后，借款本金确定；借款人选择合同签订后一次性领取借款，借款本金一次性确定。但是，由于借款合同以借款人身故、搬离、出售房屋为反向抵押合同到期的条件，在此期间，借款余额随着利息的计算而逐月增加，故债权额也具有不确定性。

在不动产逆向抵押借款合同及幸福反向抵押养老保险合同中，参与合同的老年人有权终身领取借款或养老金，所以，逆向抵押合同及养老抵押合同所担保的债权始终是一个不确定的金额。问题在于，当借款余额超过抵押房屋变现金额，且仍处于逐月增加的状态时，作为借款合同的从合同，反向抵押合同是否还能够发挥其担保功能，是否还能够担保后期增长部分债权的实现。

3. 反向抵押合同是最高额抵押合同性质的确定

从市场经济发展规律来看，抵押权所担保的债权额不确定，并不意味着抵押房屋的价值与价格会随着其担保的债权额的增加而增值或上涨。由抵押房屋价值决定的房屋价格，决定了抵押合同所能担保的债权总额。对此，法律不会在确定抵押权所担保债权额时，不考虑抵押房屋的价值与价格。理性的抵押权人与抵押人，也不会设定超出抵押物评估价格的抵押权。实质上,把反向抵押理解为一种新型的抵押担保、一种“似可视为最高限额抵押权”,这是对反向抵押合同性质的误读,是割裂借款合同、反向抵押合同和抵押保险合同之间的内在有机联系而导致的一种误会,或者是对借款合同、反向抵押合同与超出房屋变现金额部分的债权风险负担这三者之间内在关联性的误解。要正确理解反向抵押合同及贷款人享有抵押权的性质,不能仅依据反向抵押合同、反向抵押权本身进行理解和阐释,而应当把反向抵押合同、反向抵押权嵌入整个反向抵押借款合同制度中进行考察和说明。本书认为,反向抵押本质上是最高额抵押;反向抵押合同是一种与借款合同、抵押保险合同或债权风险负担规则紧密联系的最高额抵押合同。

(1)反向抵押合同是以房屋评估价格为基础的最高额抵押合同。在 HECM 借款合同中,无论借款人选择哪一种借款领取方式,借款余额始终是一项随着时间推移而逐月增加的金额。借款余额增加的模式主要有两种:一种是本金与利息同步增加,如借款人选择终身按月领取、修正型的终身按月领取的模式;另一种是达到一定时期后,本金额不再增加,但利息额仍在逐渐增加,如固定期限按月领取、修正型的固定期限领取、信用额度领取及合同签订时一次性领取。HECM 借款合同的特点在于,只要 HECM 借款合同不到期,借款余额就一直处于逐渐增加状态。但是,无论选择哪种借款领取方式,借款人可领取的借款金额并不是一项可以无限增加的金额,它受担保物价值的限制。在逆向借款合同和幸福借款合同中,老年人领取借款的模式与终身按月领取模式相同。因此,借贷双方在签订反向抵押合同时不能乐观地推测,待将来合同到期时,房屋价格将增加到某一高于现在评估价格的金额,双方将这样一个预测的金额作为抵押权担保债权的额度。显然,这样的推测和做法都是不理性的。在反向抵押借款合同签订之际,对房屋价格进行评估,将评估价格作为抵押权担保债权的金额,这是理性的做法。对于将来房屋价格走势,可能会逐步增高,也可能会下降,不具有必然性,而将现时的评估价格作为确定将来债权担保的数额,具有实践上的可行性。

(2)HECM 抵押合同是最高额抵押合同。HECM 抵押合同是最高额抵押,抑或其他新类型的抵押合同,需要结合合同内容及法律规定来分析。

一是依据反向抵押合同和合同文件,确定 HECM 抵押合同的性质。从"示范抵押保同"(Model Mortgage Form)的内容来看,该抵押合同担保的债权,是一个相对确定的金额。该抵押合同约定:本抵押合同向贷款人提供以下担保:偿还借款人与贷款人之间签订的文件(Note)所证明的债务和利息,包括该文件对债务的所有更新、延展和修改,债务的最大本金额为(____)美元;偿还本抵押合同第五段约定的,为保护抵押合同的安全或抵押合同约定的其他到期费用而支付的各项金额及其利息;偿还为履行本抵押合同、借款合同、借款人与贷款人之间的文件项下的义务,而由借款人签订其他契约及协议的而支付的费用。[1]

示范抵押合同第五段——向借款人收费及保护贷款人在抵押房屋中的权益(Charges to Borrower and Protection of Lender's Rights in the Property)的第一自然段约定:借款人应当及时支付所有的政府及市政收费、罚款和征收费用。借款人应当按时向有关部门履行上述义务。如果借款人没有履行这些义务,从而影响贷款人对房屋的利益,按照贷款人要求,借款人应立即履行上述义务,并向贷款人提供其已履行上述义务的收据。借款人应立即解除房屋上其他优先于抵

---

〔1〕 See Model Mortgage Form (Home Equity Conversion) Mortgage.

押合同的物上负担。第二自然段约定:如果借款人没有履行上述义务及本合同第二段规定的支付税收、土地租金、洪水等保险费等义务,或没有履行抵押合同所包含的其他契约或协议中的义务,或存在严重影响贷款人在房屋中权益的诉讼程序(如破产程序、征收程序),为了保护房屋价值和贷款人在抵押房屋中的权利,贷款人可以采取必要措施,包括支付税金、灾害保险费及其他必要费用。第三自然段约定:为保护贷款人对房屋享有利益的安全,贷款人应当预付抵押保险费,其他到期的借款服务费,并向借款人收取这些费用。任何由贷款人支出的上述费用将成为附加债务,受抵押合同担保。[1]

从示范抵押合同约定的上述内容看,抵押合同担保的债务是(a)项规定的文件中所载明的具体数额。该文件是借款人与贷款人所签订的一份反向抵押借款合同的附件。该文件第 2 条约定:借款人承诺向贷款人偿还本金的数额是(____)美元,以及借款合同中支付的其他预付借款和利息;利息按照未清偿本金以年息(____)% 收取,直到全部本金数额清偿完毕;在每月月末,应计利息应计算到本金余额中,作为借款预付款。[2] 所以,无论是借款人与贷款人签订的这份文件,还是双方所缔结的抵押合同,对于抵押担保的借款额,虽然该数额是将来要发生的金额,但也是一个具体而明确的数额——最大本金额。同时,抵押合同所担保债务(b)项和(c)项,贷款人代借款人支付的税金、灾害保险费及其他费用,这些支出发生与否、具体发生时数额是多少,也具有不确定性。这些因贷款人代替借款人支付的费用形成的债权也属于 HECM 抵押合同担保的范围,这些未来可能发生的债权与借款本息、费用的总和,构成 HECM 抵押合同担保的

[1] See Model Mortgage Form (Home Equity Conversion) Mortgage, Paragraph 5.

[2] See Model Fixed Rate Note Form (Home Equity Conversion), Note 2.

债权总额。

二是依《联邦条例》对反向抵押合同担保数额的规定，确定HECM抵押合同的性质。对于HECM反向抵押借款合同，《联邦条例》第206.19(f)条——“受担保数额限制的支付”规定：尽管与本部分或第206.25条规定的内容相反，当支付一定数额之后会使抵押借款余额超过担保合同中的最高抵押额(Maximum Mortgage Amount)，或在其他方面超过第一顺位的物上担保(First Lien〔1〕)所担保的额度时，无论选择哪种借款领取方式，(贷款人)都不应当再进行支付。〔2〕《联邦条例》第206.19条是关于借款支付方式选择(Payment Options)，或者说是借款领取方式的规定。该条(a)(b)(c)三项分别规定了固定期限支付、终身支付、信用额度支付3种基本的借款领取模式。该条(d)(e)两项分别规定了部分本金限额余留、利息累计与偿还的规定。第206.25条是关于各种借款领取方式中借款额计算(Calculation of Payments)的规定。

如上所述，无论借款人选择哪一种借款领取方式，借款人可借款项的金额受到“本金限额”的限制，即贷款人为借款人设定了请求支付的最大数额。影响本金限额的因素较多，主要有借款人的年龄、最大请求额和预期平均借款利率。但是，本金限额并不是反向抵押合同担保的最高额，因为在本金限额之外，尚有将来发生的利息及费用计入借款余额，最终组合成最大请求额。最大请求额是贷款人在借款合同到期时可请求偿还的最高数额，它取决于房屋的评估价格和住房和城市发展部所承保的最高借款额，以两者中较少者为准。在

---

〔1〕英美法上的“lien”，是指物上负担，其内涵相当于我国民法上的担保物权及民事诉讼法上的诉讼保全等强制措施；参见孙新强：《我国法律移植中的败笔——优先权》，载《中国法学》2011年第1期。

〔2〕See 24 C. F. R. § 206. 19(f).

房屋评估价格低于住房和城市发展部承保数额的场合，以房屋评估价格确定最大请求额，这一数额即反向抵押合同所担保的最高债权额。在房屋评估价格高于住房和城市发展部承保数额场合，以住房和城市发展部承保的数额确定反向抵押合同担保的最高债权额。以此确定的最高额抵押，既有房屋评估价格作为客观基础，又能保障中、低收入的借款人获得一定可自由支配的现金收入。超出最高额抵押部分的债权，意味着发生了风险，由住房和城市发展部负责承保。此外，美国房屋持有人抵押和财务自由计划，也是以房屋评估价格为基础的最高额抵押。由于未设置抵押保险合同承保债权超过抵押房屋变现金额的风险，在这些类型的反向抵押借款合同中，贷款人承诺承担债权超过的风险。

(3)不动产逆向抵押合同是最高额抵押合同。“不动产逆向抵押试办方案”规定：本借款之抵押物，第一顺位的最高限额抵押权人应设定登记为政府部门，管理机关为内政管理机构。[1] 本借款之存续期间，为借款人终身；借款人提供担保之最高限额抵押权期满时，应重新设定登记第一顺位的最高限额抵押权人为政府部门。[2] 申请人(借款人)应至迟于取得咨询证明文件之日起两个月内亲自或委托第三人(含地政士)，至抵押物所在地之地政事务所设定的第一顺位的最高限额抵押权，抵押权人为政府，管理机关为内政管理机构，并于完成抵押权设定后，检具建物及土地登记第一类誊本各一份送我国台湾地区土地银行收存备查。[3] 所以，不动产逆向抵押借款合同中的逆向抵押合同，是最高额抵押合同。以房屋的评估价格为限设定最高额抵押权，使所担保的债权有了物质基础。由于身为贷款人

〔1〕 参见“不动产逆向抵押试办方案”第7条。
〔2〕 参见“不动产逆向抵押试办方案”第9条。
〔3〕 参见“不动产逆向抵押作业规定”第10条第3项。

的银行就抵押房地恒取得第一顺位的最高额抵押权，倘于借款期限届至而未获清偿，自得依"民法"第873条规定声请法院拍卖抵押物，就其卖得价金在借款本息数额内优先受偿。[1] 同时，不动产逆向抵押借款合同制度中未设立抵押保险合同，当合同到期，对于超出房屋变现金额部分的借款本息及费用，成为无担保的债权，由我国台湾地区政府部门承担不能受偿的风险。

(4)养老抵押合同是最高额抵押合同。在反向抵押养老保险合同中，其中的养老抵押合同是最高额抵押合同。以安居乐反向抵押养老保险合同为例，其养老抵押合同均是以房屋评估价格为基础的最高额抵押合同。《房屋抵押合同》(示范文本)表明其最高额抵押合同的性质。具体条款如下：

第一条　主债权详情

1. 最高债权金额及币种：人民币(大写)：____元整；人民币(小写)____元。

2. 最高债权金额形成的期间：自________年____月____日起至________年____月____日止。

第二条　抵押详情

1. 房屋/不动产权证号：__________________；

2. 抵押房屋/不动产坐落地址：____________；

3. 抵押不动产建筑面积：__________平方米；

4. 被担保最高额债权金额：人民币____元整，(小写)____元。

依据《房屋抵押合同》(示范文本)第1条的规定，抵押合同担保的主债权受最高债权金额和形成时间的双重限制。最高债权金额的

---

〔1〕 参见曾品杰：《论以房养老契约——以我国不动产逆向抵押贷款制度为中心》，载《月旦法学杂志》2014年第7期。

形成期间，既包括养老借款合同的履行期间，又包括延期年金保险合同支付延期年金的期间。所以，养老抵押合同也是以房屋评值、老年人预期寿命为基础的最高额抵押合同。同样，幸福人寿保险公司开办的幸福反向抵押养老保险合同中的养老抵押合同，也是以房屋评估价格为基础的最高额抵押。

4. 反向抵押合同是最高额抵押合同的意义

(1) HECM 抵押合同是最高额抵押合同的意义。HECM 抵押合同是最高额抵押合同，这一性质对于 HECM 反向抵押借款合同具有重要意义。HECM 抵押合同担保的最高债权金额，不取决于 HECM 借款合同履行期间发生的具体债权数额，而是取决于抵押房屋的评估价格与住房和城市发展部承保的最高借款额，将两者中较少者确定为最高抵押额。自 HECM 借款合同到期，借款余额与最高额抵押、房屋变现金额三者之间的关系，可分为以下两种情形讨论：

一是最高额抵押设定时，房屋的评估价格等于或低于住房和城市发展部承保的额度，借款人以房屋的评估价格全额设定最高额抵押。当 HECM 借款合同到期时，借款余额、抵押房屋变现金额与最高额抵押之间，可能发生以下两种情形。第一种情形，抵押房屋保值或增值。可再细分为两种情况进行讨论：首先，如果借款余额未超出最高额抵押，贷款人可以通过行使抵押权，以房屋变现金额实现债权。实现债权后剩余部分的房屋变现金额，归借款人所有或由借款人的继承人继承。其次，如果借款余额超过最高额抵押，在最高额抵押之内，贷款人可以就房屋变现金额行使抵押权，部分实现债权；超出最高额抵押部分的债权，意味着发生了住房和城市发展部承保风险，贷款人可以请求该部支付未受清偿的债权余额。在最高额抵押幅度内清偿借款余额后剩余部分的房屋变现金额，仍归借款人所有或由其继承人继承。第二种情形，抵押房屋发生贬值。可以再细分为两种情况进行讨论：首先，如果借款余额未超出房屋的变现金额，贷款人可以通过行使抵押权，就房屋变现金额优先受偿。清偿借款余额后剩余部分的金额，归借款人所有或由借款人的继承人继承。其次，如果借款余额超出抵押房屋的变现金额，无论借款余额是否超出最高额抵押，贷款人可以房屋变现金额行使抵押权，部分实现债权；房屋变现金额不能受偿部分的债权，意味着发生了住房和城市发展部承保风险，贷款人可以请求该部支付未受偿部分的债权。

二是最高额抵押设定时，房屋的评估价格超出住房和城市发展部承保的最大请求额，借款人以最大请求额为贷款人设定最高额抵押。HECM 借款合同到期后，贷款人在最高额抵押之内享有优先受偿权。在借款余额、房屋变现金额与最高额抵押之间，可能发生以下两种情形。第一种情形，合同履行期间，房屋实现保值与增值。可再细分为两种情况进行讨论：首先，借款余额未超过最高额抵押，当然低于房屋变现金额。贷款人可以通过行使抵押权，以房屋变现金额实现全部债权。对于清偿借款余额后剩余部分的房屋金额，归借款人所有或由借款人的继承人继承。其次，借款余额超过最高额抵押，甚至超过设定抵押权时房屋的评估价格。贷款人仅以最高额抵押为限，以房屋变现金额实现部分债权。对于超出最高额抵押部分的债权，由住房和城市发展部承担。对于超出最高额抵押部分的房屋变现金额，仍归借款人所有或由其继承人继承。第二种情形，合同履行期间，房屋发生贬值。可分两种情况：首先，房屋虽然贬值，但变现金额仍高于最高额抵押。此时，如果借款余额在最高额抵押之内，贷款人可以房屋变现金额行使抵押权，债权全额受偿，剩余部分房屋变现金额归借款人或其继承人所有。如果借款余额超过最高额抵押，以最高额抵押为限，贷款人就房屋的变现金额享有优先受偿权；超出最高额抵押部分的债权，由住房和城市发展部承保；超出最高额抵押的房屋变现金额,仍归借款人或其继承人所有。其次,房屋贬值后,房屋变现金额低于最高额抵押。贷款人仅在房屋变现金额内,享有优先受偿权。超出房屋变现金额部分债权,由住房和城市发展部承保,借款人及其继承人无清偿义务。

所以,在 HECM 反向抵押借款合同制度中,在 HECM 抵押合同设定的最高额抵押之内,贷款人可以就房屋的变现金额优先实现债权。超过 HECM 抵押合同设定的最高额抵押的债权,贷款人可以请求住房和城市发展部承担保险责任。对于超过 HECM 抵押合同设定的最高额抵押的房屋变现金额,仍归借款人所有,或由借款人的继承人继承。

(2)逆向抵押合同是最高额抵押的意义。在不动产逆向抵押借款合同中,抵押物的价值上限不超过"社会救助法"所规定的中低收入户标准;土地的价值,以公告土地现值计算;房屋的价值,以评定标准价格计算。[1] 所以,逆向抵押合同中的最高抵押金额,就是抵押物的评估价格(包括房屋价值与土地价值)。在逆向借款合同中,借款人终身按月领取借款,给付金额依线性模型逐年递增,借款人不得要求变更给付金额。[2] 由于没有设置保险合同,所以,我国台湾地区政府部门以贷款人身份承担了借款余额超过最高抵押额的风险。当逆向借款合同到期,在借款余额、最高额抵押及抵押物变现金额之间,存在以下两种可能情形:

一是合同履行期间抵押物保值或增值,抵押物变现金额高于最高额抵押。对此可再分为两种情形进行讨论:第一种情形,如果借款余额少于最高额抵押,抵押物变现金额足以清偿贷款人债权,贷款人

---

〔1〕 参见"不动产逆向抵押作业规定"第 1 条第 3 项。

〔2〕 参见"不动产逆向抵押作业规定"第 12 条。

享有的债权全额实现。对于抵押物变现金额清偿债务后的剩余部分,由于借款人无法定继承人[1],这部分财产归属我国台湾地区“政府”部门所有。第二种情形,如果借款余额高于最高额抵押,这意味着发生了借款人长寿风险,房屋变现金额不足以清偿借款余额,贷款人债权只能部分受偿。未受偿部分债权不但会成为无担保债权,而且是无请求力债权,只能由贷款人自担损失。

二是合同履行期间抵押物发生贬值,导致抵押物变现金额低于最高抵押额。对此,可再分为以下两种情形:第一种情形,如果借款余额少于房屋变现金额,足以清偿贷款人债权,债权人的债权全部实现。对于房屋变现金额清偿债务后的剩余部分,由于借款人无法定继承人,故将剩余部分归属“国库”,实质上是归于作为贷款人的政府部门所有。第二种情形,如果借款余额高于抵押物变现金额,贷款人的债权不能全部实现。对于未实现部分的债权,即使在最高额抵押之内,也成为无担保债权,由贷款人自担损失。

所以,不动产逆向抵押借款合同中的逆向抵押合同,是以房屋评估价格为基础的最高额抵押。在我国台湾地区,政府部门作为贷款人,在未收取保险费的情况下,承担了借款人的长寿风险、房屋贬值与价格波动风险,使该类民事合同具有一定的社会保障性质。同时,由于借款人是无法定继承人的独身老人,在清偿贷款人债务后,包括房屋剩余部分的价值在内的其他财产将成为无主财产,归属于我国台湾地区政府部门。

(3)养老抵押合同是最高额抵押的意义。反向抵押养老保险合同中的养老抵押合同,是以房屋评估价格为基础的最高额抵押合同。

---

〔1〕 参见“不动产逆向抵押作业规定”第2条第2项之规定:申请不动产逆向抵押贷款的借款人,必须无“民法”第1138条所规定的法定继承人。

当养老借款合同到期,在借款余额、最高额抵押和抵押物变现金额之间,存在以下两种可能情形:

一是合同履行期间抵押物保值或增值,抵押物变现金额等于或高于最高额抵押。对此,可再分为两种情形进行讨论。第一种情形,如果借款余额少于或等于最高抵押额,抵押物变现金额足以清偿保险人债权,保险人享有的借款债权全额实现。对于抵押物变现金额清偿债务后的剩余部分,仍归被保险人所有,或由被保险人的继承人依法继承。第二种情形,如果借款余额超过房屋的变现金额,这意味着发生了借款人的长寿风险。此时,保险人仅能在最高抵押额之内,实现其借款债权。对于超过最高抵押额部分的房屋变现金额,仍归借款人享有,或由借款人的继承人依法继承。对于超出最高抵押额部分的借款债权,保险人无权请求借款人及其继承人偿还,也无权就超出最高抵押额部分的房屋变现金额,享有抵押支配利益。由于反向抵押养老保险合同中设有延期年金保险,承保了老年人长寿风险,保险人在延期年金中收取保费,已经弥补了保险的该部分的借款损失。

二是合同履行期间抵押物发生贬值,导致抵押物的变现金额低于最高抵押额。对此,可再分为两种情形进行讨论。第一种情形,借款余额少于或等于抵押物的变现金额。此时,保险人可以行使抵押权,就抵押物变现金额优先实现其全部债权。对于超过借款余额部分的抵押物变现金额,仍归被保险人所有,或由被保险人的继承人依法继承。第二种情形,借款金额超过抵押物的变现金额,甚至超过最高抵押额。这意味可能发生了被保险人长寿风险,也可能没有发生被保险人长寿风险。此时,保险人可以就抵押物变现金额行使抵押权,部分实现借款债权。对于超过抵押物变现金额部分的借款债权,被保险人及其继承人受保险人无追偿权保护。保险人无权请求被保险人及其继承人,用抵押物之外的财产清偿。对此部分损失,被保险人以在延期年金保险合同中取得收益补偿,或由被保险人自己承担。

基于以上分析,本书认为,无论是 HECM 反向抵押借款合同中的 HECM 抵押合同,还是不动产逆向抵押借款合同中的逆向抵押合同,以及安居乐反向抵押养老保险合同、幸福反向抵押养老保险合同中的养老抵押合同,都是以合同订立时房屋评估价格为基础的最高额抵押合同。反向抵押权就是最高额抵押权。前文论述中,本书分别称之为反向抵押合同和反向抵押权。为前后表述统一,本书仍以这两种称谓表述这两个概念。

(二)反向抵押合同中贷款人享有抵押权的顺位

1. HECM 抵押合同中贷款人享有抵押权的顺位

抵押权人在抵押登记中的顺位,决定了其债权受到抵押权保障的次序与债权将来可以实现的程度。就 HECM 反向抵押借款合同而言,《联邦条例》规定:为使抵押适格,抵押人必须满足"在首笔借款支付后,抵押物上没有抵押人的其他未清偿的债务"[1]。因此,如果反向抵押借款合同达成前,借款人的房屋上仍然设定有其他抵押权,借款人必须用反向抵押借款的首笔金额,清偿先前的抵押借款。[2] 通常情形下,在 HECM 反向抵押借款合同中,住房和城市发展部要求 HECM 反向抵押,必须是第一顺位的物上负担。同时,住房和城市发展部作为抵押保险合同中的保险人,享有从贷款人受让合同后对房屋的抵押权。因为在贷款人违约,没有按期向借款人支付借款时,或借款本息达到最大请求额的 98%,贷款人将借款合同让

---

〔1〕 See 24 C. F. R. § 206. 32(a).

〔2〕 See Carolyn H. Sawyer, *Reverse Mortgages: An Innovative Tool for Elder Law Attorneys*, 26 Stetson Law Review 617(1996).

渡给住房和城市管理部，住房和城市发展部将代替贷款人向借款人支付剩余期间的借款。[1] 此时，住房和城市发展部就成为第一顺位的抵押权人。基于以上规定，在 HECM 抵押合同中，为保障贷款人债权实现，贷款人或者作为借款债权受让人的住房和城市发展部是第一顺位的抵押权人。

2. 逆向抵押合同中贷款人享有抵押权的顺位

在不动产逆向抵押借款合同制度中，"不动产逆向抵押试办方案"第 7 条规定：本贷款之抵押物，第一顺位的最高限额抵押权人应设定登记为政府部门。此外，依"不动产逆向抵押作业规定"第 10 条规定，申请人（借款人）应至迟于取得咨询证明文件起两个月内亲自或委托第三人（含地政士），至抵押物所在地之地政事务所设定第一顺位最高额抵押权，抵押权人为政府部门，并于完成抵押权设定后，检具建物及土地登记第一类誊本各一份送我国台湾地区土地银行收存备查。因此，在逆向抵押合同中，贷款人始终是第一顺位的、唯一的抵押权人。

3. 养老抵押合同中保险人享有抵押权的顺位

幸福反向抵押养老保险合同未约定被保险人必须是第一顺位的抵押权人。但是，该合同约定：被保险人将拥有完全独立产权的房屋抵押给保险人，在办理完毕房屋抵押登记之后，保险人即获得对被保险人抵押房屋的抵押权；在被保险人身故之后，保险人行使对抵押房屋的处分权，通过出售（变卖）抵押房屋，处分抵押房屋所得用于偿还被保险人承担养老保险相关费用；如果处分抵押房屋所得不足以偿付被保险人应承担的养老保险相关费用，不足部分由保险人自行承担。[2] 此外，如果被保险人以抵押房屋为其他债权人设定抵押，保险

---

〔1〕 See Robert T. Cannon, *Keeping Grandma off the Street: Can HECM Reverse Mortgages Keep More Seniors from Becoming Homeless?*, 8 Naela Journal 67(2012).

〔2〕 参见《幸福房来宝老年人住房反向抵押养老保险（A 款）》第 6.3 条。

人将依据保险合同约定免除责任，有权立即停止养老保险金的支付。[1] 尽管幸福反向抵押养老保险合同没有约定被保险人必须是第一顺位的抵押权人，但是，从合同约定来看，如果被保险人为保险人设定抵押权后，再为其他债权人设定抵押权，被保险人就有权停止支付养老保险金，以及在保险人身故后，保险人有权出卖抵押物，并以处分所得优先实现债权的内容来看，被保险人享有的也是第一顺位的抵押权。

（三）反向抵押合同的地位与作用

反向抵押合同是借款合同的从合同。就反向抵押合同与借款合同的关系而言，反向抵押合同以担保贷款人对借款人享有的未来债权得以实现而订立。所以，在合同成立、效力和内容上，反向抵押合同从属于借款合同，是借款合同的从合同。在 HECM 反向抵押借款合同制度中，从合同间关系来看，HECM 抵押合同是连接 HECM 借款合同、抵押保险合同的纽带，起着承上启下的作用。作为 HECM 借款合同的从合同，HECM 抵押合同起着担保贷款人债权实现的作用。对于因借款人长寿、房屋贬值与价格波动导致借款余额超过抵押房屋变现金额部分的债权，成为无抵押权担保的普通债权。在通过 HECM 抵押合同进行结算后，该部分债权意味着风险，由抵押保险合同予以承保。在不动产逆向抵押借款合同中，逆向抵押合同是逆向抵押合同的从合同。当合同到期，贷款人既可能享有借款余额低于抵押物变现金额时的利益，也可能承担借款余额高于抵押物变现金额的风险。在幸福反向抵押养老保险合同中，养老抵押合同是养老借款合同的从合同。养老抵押合同担保特定期限内被保险人从

---

〔1〕 参见《幸福房来宝老年人住房反向抵押养老保险（A 款）》第 2.3 条。

保险人处以养老保险金名义领取的借款，也担保特定期限内被保险人从保险人处以借款形式缴纳的保费，还担保整个合同期间内两种借款、其他费用产生的利息。延期年金仅承保被保险人的长寿保险。对于可能发生的利率波动风险、房屋贬值与价格波动风险，则完全由保险人承担。

基于以上分析，本书认为，反向抵押合同是以合同签订时的房屋评估价格为基础，为担保贷款人(保险人)债权而设立的最高额抵押合同。贷款人(保险人)是第一顺位的最高额抵押权人。反向抵押合同仅以房屋评估价格为基础，担保贷款人债权实现。对于超出房屋价值部分的债权，如果没有相应的保险机制，贷款人就要承担相应的风险。在反向抵押合同中，主要涉及借款人对房屋的使用权与收益权，“适格未参与借款的配偶”对房屋的使用权，借款人及其继承人的房屋赎回权，以及夫妻共同参与反向抵押养老保险合同时的利益保护等问题。

二、借款人房屋使用权与收益权

反向抵押权是一种担保物权，是价值权。抵押权人对房屋的变现金额，享有优先受偿的权利，而无权占有、使用房屋。反向抵押借款合同能满足老年人在有生之年一直在自己房屋内居住的愿望，直至老年人去世后出售房屋，此前老年人不必偿还借款，因而没有贷款人催还债务而出售房屋或改变居住现状的压力。[1] 因此，在反向抵押借款合同制度中，基于房屋所有权人地位和反向抵押借款合同的制度目的，在合同履行期间，作为抵押人的借款人，同时是房屋的所

〔1〕 See Carolyn H. Sawyer, *Reverse Mortgages: An Innovative Tool for Elder Law Attorneys*, 26 Stetson Law Review 617(1996).

有权人,当然对房屋享有占有、使用的权利。

(一)借款人的房屋使用权

1. HECM 抵押合同中借款人的房屋使用权

依据《美国法典》的规定,在 HECM 抵押合同中,“除非房屋所有人偿还借款的义务延迟到房屋所有人身故、房屋出售或条例规定的其他情形,否则住房和城市发展部不对抵押借款合同提供保险;房屋所有人包括房屋所有人的配偶”[1]。因此,在 HECM 反向抵押借款合同中,法律不但保护房屋所有权人对房屋的使用权,而且保护房屋所有权人的配偶对房屋的使用权。房屋所有权人及其配偶对房屋使用权的期限,直至房屋所有权人及其配偶身故、出售房屋或其他法定条件成就。这是对法律文本进行文义解释的结果,对此有以下问题需要辨明。

(1)以房屋为主要居住地,是借款人签订合同的条件。借款人以房屋为主要居住地,这是借款人签订反向抵押借款合同必须具备的条件之一。《联邦条例》规定,“在(HECM 反向抵押借款)合同签订时,房屋必须是每位抵押人的主要居住地;为实现此目的,只要有一位抵押人不在医疗机构居住,而以该房屋为主要居住地,那么任何其他抵押人,即使其临时或永久地进入医疗机构居住,该房屋也视为其主要居住地”[2]。《联邦条例》的上述规定,反映了联邦法律对借款人的房屋使用权的保护。第一,抵押人,既是抵押物的所有人,也是借款合同中的借款人,在反向抵押合同签订之际,应以抵押的房屋为主要居住地;第二,抵押人为数人的场合,如果部分抵押人因疾病等

[1] See 12 U.S.C. § 1715z-20(j).
[2] See 24 C.F.R. §206.39.

原因临时或永久性地住进医疗机构，客观上不再以房屋为主要居住地，只要其他抵押人中有一位抵押人仍以房屋为主要居住地，即把房屋视为所有抵押人的主要居住地，各抵押人仍然对房屋享有使用权；第三，抵押人以房屋为主要居住地，是抵押人签订反向抵押合同的条件。如果借款人不以该房屋为主要居住地，那么也无权签订反向抵押借款合同。

(2) 以房屋为主要居住地，是 HECM 抵押合同继续履行的条件。以房屋为主要居住地，不但是借款人签订 HECM 抵押合同的条件，也是 HECM 抵押合同继续履行的条件。依《联邦条例》的规定，如果出现以下情况之一，抵押合同到期，抵押人及其继承人应偿还借款余额：①(HECM 抵押合同应当约定) 如果一位抵押人身故，且房屋不再是其他至少一位健在抵押人的主要居住地，或者一位抵押人将其房屋产权进行转让，而其他抵押人没有保留产权，抵押人享有房屋产权，包括一位抵押人对房屋的任何一部分享有非限嗣继承地产(权)(Fee Simple) 或享有终身地产权。[1] ②(HECM 抵押合同应当约定) 如果有下列事件之一发生，经(住房和城市发展部) 部长同意，抵押合同到期，抵押人应偿还借款余额：第一，除了抵押人身故和房屋不再是至少其他一位抵押人的主要居住地的原因之外，抵押人停止以房屋为主要居住地；第二，由于心理或身体疾病原因，一位抵押人连续 12 个月以上不以房屋为主要居住地，且房屋不再是至少一位其他抵押人的主要居住地；第三，抵押人没有履行任何一项抵押合同约定的

---

[1] See 24 C. F. R. § 206. 27(c)(1). 非限嗣继承地产(权)，是指这种地产的继承不限于特定人，凡合法继承人均有权继承，包括直系、旁系的和其他受遗赠的继承人。一旦拥有这种地产，本人享用终身(如果他有权当然可以任意处置)，并将永远传给其后的继承人。在土地保有体系内它最接近于所有权。终身地产(权)，是指在持有者或相关他人生存期间存在的地产，不具有继承性，他们死后该地产将归剩余地产或回复地产权利人。参见薛波主编：《元照英美法词典》(缩印版)，北京大学出版社 2013 年版，第 541、848 页。

义务。[1] 第三种情形所指的履行抵押合同义务包括：①按照部长和抵押权人可接受的数额，抵押人应当为房屋投保财产灾害保险（Hazard Insurance on the Property）；②抵押人不应当参与房产税延迟计划，或在房屋上设定其他物上担保，除非这样的物上担保劣后于反向抵押及（住房和城市发展部）部长所设定的第二顺序抵押；③抵押人应保持抵押的房屋处于维修良好的状态（Good Repair）；④抵押人必须支付财产税、财产保险费和土地租金。[2] 按照上述规定，作为抵押人的借款人有权居住抵押的房屋直至去世。同时，借款人应当以房屋为主要居住地。不但借款人未履行合同约定支付财产税、财产灾害保险费、未对房屋进行妥善维修会导致反向抵押合同到期，甚至因借款人因疾病连续离开房屋 12 个月，也会导致反向抵押合同到期。

关于抵押人对房屋的使用权，有以下问题需要说明：首先，“使用房屋”不但成为抵押人的权利，而且具有了义务性质。如果一段连续时间内，抵押人由于客观原因不能使用房屋，借款合同到期，贷款人不再按月支付借款，反向抵押借款合同进入清偿还债程序。其次，在 HECM 抵押合同履行期间，抵押人对房屋的占有、使用也仅限于本人，抵押人不得将房屋整体出租。[3] 因为在房屋整体出租的情况下，抵押房屋已经不是抵押人的主要居住地，这是 HECM 抵押合同到期的主要情形之一。再次，在 HECM 抵押合同中，房屋是贷款人债权实现的唯一保障，故法律对借款人的房屋所有权进行一定程度的限制。除履行法律规定的缴纳财产税义务外，抵押人的其他义务也都是围绕保障贷款人债权实现和房屋保值而展开，包括抵押人只能在

---

〔1〕 See 24 C. F. R. §206. 27(c)(2).

〔2〕 See 24 C. F. R. §206. 27(b)(6).

〔3〕 See Tom Kelly, *The New Reverse Mortgage Formula: How to Convert Home Equity into Tax-free Income*, John Wiley & Sons, Inc. , 2005, p. 43.

房屋上设定后位于反向抵押贷款人和住房和城市发展部的物上负担，必须保持房屋处于维修良好的状态，必须给房屋投保财产灾害险。

2. 逆向抵押合同中借款人的房屋使用权

在逆向抵押合同中，借款人作为房屋所有权人，当然享有房屋的使用权。不动产逆向抵押借款合同具有一定的社会保障性质，所以，该制度对借款人的房屋使用权，规定了一些限制性措施。依“不动产逆向抵押试办方案”和“不动产逆向抵押作业规定”的规定，如果具有下列情事，限期请借款人必须向内政管理机构说明理由，如无正当理由，内政管理机构应以书面通知借款人终止契约，并副本通知我国台湾地区土地银行停止拨付借款金额。这些情形包括：第一，自开设贷款账户日起，每年在我国台湾地区居住不超过 183 日；第二，将抵押物之全部或部分出租、出借、移转（含出售、赠与、信托、互易等），定次顺位抵押权、地上权或其他用益物权；第三，将抵押物之建物登记用途改为商用或其他用途；第四，未善尽抵押物之保全及维护责任。[1]

与 HECM 抵押合同相比，在逆向抵押合同中，借款人的房屋使用权未受到更多限制，借款人不必以抵押房屋为主要居住地。但是，由于借款人限定为 65 岁以上、无“民法”第 1138 条所列法定继承人的独身老人，且抵押物的价值上限不超过“社会救助法”所规定的中低收入户标准[2]，所以，借款人实际上没有更多的居住场所。同时，上述规定明确限制借款人对房屋的收益权，不得出租、出借、移转等，不得改变房屋用途，所以，借款人实际上仅能以抵押房屋为居住地。

---

〔1〕 参见“不动产逆向抵押试办方案”第 13 条第 1 项、第 3～5 项；“不动产逆向抵押作业规定”第 17 条第 1 项、第 3～5 项。

〔2〕 参见“不动产逆向抵押作业规定”第 2 条。

3. 养老抵押合同中被保险人房屋使用权

在养老抵押合同中,被保险人仅是以房屋的交换价值为保险人设定抵押权,并不因此丧失房屋的使用权,被保险人可以终身在房屋中居住,直至身故。对此,幸福反向抵押养老保险合同约定:拥有房屋完全产权的老年人,将其房产抵押给保险公司,继续拥有房屋占有、使用、收益和经抵押权人同意的处分权,并按照约定条件领取养老保险金直至身故。[1] 与 HECM 抵押合同中抵押人的房屋使用权受到颇多限制不同,被保险人不必以抵押房屋为主要居住地,也不受连续居住时间的限制。与 HECM 抵押合同中借款人负担义务相同的是,为保障保险人债权的实现,被保险人负有对抵押房屋的维修义务,并且必须为房屋投保灾害保险。

(二)借款人的房屋收益权

1. HECM 抵押合同中对借款人收益权的限制

借款人的房屋收益权,主要表现为借款人出租房屋,收取孳息的权利。如上所述,在 HECM 抵押合同中,虽然抵押人享有房屋使用权,但同时必须以房屋为主要居住地。以房屋为主要居住地,这不仅是抵押人签订 HECM 抵押合同的条件,也是 HECM 抵押合同继续履行的条件。这意味着只要其以房屋为主要居住地,抵押人就不能再让渡房屋使用权而取得收益。因此,以房屋为主要居住地,实际上完全剥夺了借款人对房屋的收益权。由于住房和城市发展部以政府财政为支持,向借款人和贷款人双方承保了合同履行期间的债务超过风险,具有一定的社会保障性质,所以,联邦法律不允许借款人利用房屋进行收益。

---

〔1〕 参见《幸福房来宝老年人住房反向抵押养老保险(A 款)》第 1.2 条。

2. 逆向抵押合同中对借款人收益权的限制

在逆向抵押合同中，借款人对抵押房屋的收益权也受到限制。"不动产逆向抵押作业规定"第 17 条第 3 项规定：借款人将抵押物之全部或一部出租、出借、移转（含出售、赠与、信托、互易）、设定次顺位抵押权、地上权或其他用益物权，内政管理机构将限期请借款人说明，如无正常理由，内政管理机构应以书面通知借款人终止契约，并副知土地银行停止拨付借款金额。实际上，从参与逆向抵押合同的借款人资格条件来看，借款人系无法定继承人的独身老人，抵押物的价值不超过"社会救助法"所定的中低收入户标准。所以，在通常情况下，借款人不具备出租房屋获取收益的客观条件。同时，贷款人承担了借款人长寿、房屋贬值与价格波动等风险，使该类合同具有社会保障性质。所以，相关规定限制借款人的收益权也在情理之中。

3. 养老抵押合同中被保险人的房屋收益权

与 HECM 抵押合同不同，在养老抵押合同中，被保险人对抵押的房屋享有占有、使用的权利，而且有权出租房屋，收取房屋的孳息。合同约定：如果被保险人的房屋确实需要对外出租，被保险人可以进行短期出租（每次的租赁合同期限不超过两年）；如果被保险人未经保险人同意而擅自对抵押房屋长期出租的，保险人给付养老保险金的责任免除；在 60 日内被保险人行使恢复权，合同继续履行，否则，养老保险合同终止。[1] 幸福反向抵押养老保险合同依赖于贷款人与借款人双方资源进行运转，遵循的是市场交易规则，追求最大限度地发挥物尽其用的原则，故在养老抵押合同中，被保险人的房屋收益权基本不受限制。

---

〔1〕 参见《幸福房来宝老年人住房反向抵押养老保险（A 款）》第 6.3 条。

(三)借款人房屋使用权与收益权的完善

从保障贷款人对房屋的抵押利益来看,法律规范或合同约定,要求借款人必须履行缴纳财产税义务、保持抵押物处于维修良好状态、为抵押物投保财产灾害保险措施等均有其正当性基础。在反向抵押借款合同制度中,抵押物是贷款人债权实现的唯一保障,抵押物的外观与性能处于良好状态,是其价值保值、增值的关键。但是,《联邦条例》及HECM抵押合同要求借款人必须以房屋为主要居住地,否则反向抵押合同到期,这对于借款人并不是公正的。有学者认为,"在当前法律结构中,联邦担保的HECM反向抵押借款文件中包括了一些不公平的违约条款,违反这些条款规定或约定的义务能够引发抵押人偿还全部借款,或使借款的老年人失去房屋所有权……如借款人由于治疗身体或心理疾病而连续12个月不在房屋内居住,且至少一位借款人没有以抵押的房屋为主要居住地。这也是借款人违约的事件。确实有老人生病住院治疗超过12个月,最终治愈而回家居住的可能性。"[1]如果发生这种情形,是否HECM抵押合同就要进入偿债程序,贷款人就可以起动取消赎回权呢?

《联邦条例》的上述规定,多是出于政府部门提供保险的政策考量。既然借款人主观上已经不以房屋为主要居住地,或客观上由于心理或生理疾病,已不能再在房屋内居住,使抵押合同到期,令借款人清偿到期债务,或者由贷款人启动取消赎回权程序,这对于借款人和贷款人双方未尝不是一件两利的事情。此时,政府作为保险人,当然没有必要再为借款人承担更多的风险。当然,借款人必须以房屋

〔1〕 See Debra Pogrund Stark, Jessica M. Choplin & Joseph A. Mikels, *Complex Decision - making and Cognitive Aging Call for Enhanced Protection of Seniors Contemplating Reverse Mortgages*, 46 Arizona State Law Journal 299(2014).

为主要居住地，更多的是保护了贷款人的利益，这样增加了 HECM 抵押合同到期的可能性。所以，有学者认为，借款人必须保持房屋的价值状态，必须以抵押房屋为主要居住地是为了保护贷款人的担保利益。[1] 法律规定在一定程度上限制了借款人对房屋的使用权，甚至剥夺了借款人对房屋的收益权。但是，这些规定只是增强了反向抵押合同到期的可能性，减少了贷款人支付借款的义务，降低了住房和城市发展部承担债务超过的风险，对借款人却失之过苛。理由如下：

第一，抵押权是一种价值权，贷款人对抵押物不享有占有、使用及收益的权能。在反向抵押合同中，基于抵押权，贷款人对作为抵押物的房屋的交换价值享有支配权。当借款人不能清偿借款余额时，贷款人可以通过起动取消赎回权程序，就抵押房屋的变现金额优先受偿债权。作为借款人的抵押人，不因设定抵押权而丧失对房屋的占有、使用和收益权，仅对抵押物的处分权能受到限制，丧失了对房屋变现金额的支配权而已。因此，法律规定或合同约定，抵押人必须以抵押房屋为主要居住地，不得出租、出借抵押房屋，这是对抵押人对房屋占有、使用及收益权能的侵害。

第二，我国台湾地区不动产逆向抵押借款合同由政府部门直接作为贷款人与老年人签订合同，具有一定的社会保障性质。在没有收取借款人保费的情况下，贷款人承担了借款人的长寿风险、房屋贬值与波动风险，所以，相关"法律"或逆向抵押合同对借款人的房屋使用权、收益权进行限制，在一定程度上降低了贷款人承担上述风险的可能性，有其合理性。但是，在 HECM 抵押合同中，借款人已经为住

---

〔1〕 See Annie E. Nelson, *Reverse Mortgages: Changes Brought about by the Housing and Economic Recovery Act*, 13 North Carolina Banking Institute 337(2009).

房和城市发展部承担上述风险支付了保费,且抵押保险合同仅以借款额为计算保费的依据,HECM 抵押合同因借款人未以房屋为主要居住地而到期,间接限制抵押人通过房屋获得收益的权利,有失妥当。

第三,法国《消费者保护法》第 314 条规定,贷款人为银行或金融机构,而借款人限于自然人。这种借款所设定的抵押物为不动产,须为借款人所有、专为住宅使用的建物,但究竟是自己居住还是由第三人居住,则无关紧要。[1] 所以,在法国反向抵押借款合同制度中,并不限制借款人将抵押物出租收益。

抵押房屋能够得到妥善维修,使房屋始终处于保值、增值状态,这是贷款人抵押权和未来债权实现的最好保障。无论是借款人因病住院,长期不能在房屋中居住,还是借款人把房屋出租用于收益,从法理上讲,这些都不应成为反向抵押合同到期,借款人清偿借款余额的理由。对此,有学者提出,如果需要长期照顾的借款人能够安排成年子女或委托其他人照看房屋,那么对于这些借款人可以不以抵押房屋为主要居住地为继续履行合同的条件。[2] 所以,有学者提出了相应的法律修改意见:"我们认为,除非抵押贷款人在房屋上的利益因此而受到损害,否则这样的事情(连续十二个月不在房屋内居住)不应列为借款人违约的情形……当老年人由于身体或心理疾病不能在房屋中居住,对于房屋进行必要的维修是主要问题,反向抵押合同的相关规则应予修改,在合同签订之时或合同签订之后,允许老人安排一位受托人,如果将来老人由于身体或心理疾病而连续十二个月

---

〔1〕 参见曾品杰:《论以房养老契约——以我国不动产逆向抵押贷款制度为中心》,载《月旦法学杂志》2014 年第 7 期。

〔2〕 See Annie E. Nelson, *Reverse Mortgages: Changes Brought about by the Housing and Economic Recovery Act*, 13 North Carolina Banking Institute 337(2009).

以上不能在房屋内居住，或者接到贷款人关于房屋状况恶化的通知后，受托人可以从借款账户中支取现金对房屋进行保养或维修；同时，借款合同也应作出相应修改，在起动取消赎回权之前，贷款人对于借款人或其受托人负有违约行为的通知义务，并根据违约行为的性质给予借款人或其受托人一定期间，对违约行为予以纠正（根据维修的具体情况，现在所规定的三十天的纠正期间也许是不充分的）。”[1]这样，一方面，在一定程度上保障了借款人的居住利益；另一方面，也使房屋得以有人照料，不致因长期无人居住而损坏，影响其贷款人行使抵押权时的价格。

三、“未参与借款的配偶”的房屋使用权

从 HECM 反向抵押借款合同的发展来看，主要借款人是 70 多岁的单身女士；最近十多年的趋势表明，年轻一点儿的借款人的人数增加很多，夫妻一起借款的情形也在增加。[2] 夫妻作为共同借款人，二人符合法定或约定的年龄、产权、主要居住地等条件，才能作为共同借款人和共同抵押人，与贷款人签订反向抵押借款合同。这样，按照合同约定，夫妻可以共同领取借款，二人对抵押的房屋也都享有使用权。如果夫妻中一方身故，只要另一方配偶没有导致合同到期应付的情形发生，他（她）仍然有权继续领取借款，继续在房屋中居住。然而，在很多情况下，夫妻双方中只有一方以自己的名义缔结了反向抵押借款合同，成为借款人和抵押人，而另一方成为“未参与借款的

---

〔1〕 See Debra P. Stark, Jessica M. Choplin & Joseph A. Mikels, *Complex Decision - making and Cognitive Aging Call for Enhanced Protection of Seniors Contemplating Reverse Mortgages*, 46 Arizona State Law Journal 299(2014).

〔2〕 See Consumer Financial Protection Bureau, *Reverse Mortgages Report to Congress*, p. 51(June 28, 2012), http://files. consumerfinance. gov/a/assets/documents/201206_cfpb_Reverse_Mortgage_Report. pdf.

配偶”。虽然与借款人共同生活期间,“未参与借款的配偶”可以和借款人共同居住在抵押的房屋,但是,一旦借款人去世、违约等行为致使合同到期,“未参与借款的配偶”就面临被逐出房屋的风险。对此问题,当前的条例(《联邦条例》)对居住在反向抵押房屋中的“未参与借款的配偶”尚缺乏明确的保护。[1] 问题的转机发生在班尼特诉多诺万(Bennett v. Donovan)一案。该案之后,美国消费者金融保护局(Consumer Financial Protection Bureau)在向国会的报告中提出了相关问题。此后,美国住房和城市发展部通过一系列抵押权人信件,专门对“适格的未参与借款的配偶”房屋使用权问题作出规定,同时修订《联邦条例》的相关规定[2],相应修改了 HECM 反向抵押借款合同的部分内容。住房和城市发展部发布的一系列抵押权人信件,一是对“未参与借款的配偶”进行界定;二是把“未参与借款的配偶”分为“适格的未参与借款的配偶”和“不适格的未参与借款的配偶”;三是制定延长期规则,使符合条件的“未参与借款的配偶”在最后一位抵押人身故后仍然可以在房屋中居住,以保护“适格未参与借款的配偶”对房屋的使用权。

(一)“未参与借款的配偶”房屋使用权存在的问题

1. 美国夫妻财产制与配偶的住房权益

美国的夫妻财产制度,由各州法律规定。“在大多数所谓普通法的州,采夫妻分别财产制(特有财产制),即夫妻间之所有财产,分别由夫或妻单独所有,或由双方共有,有些州采大陆法系之共同财产

---

〔1〕 See René L. Robertson, “*But it's my house too*”: *HUD's Failure to Include Statutorily Required Protections for Non - borrowing Spouses in Reverse Mortgage Regulations*, 27 Quinnipiac Probate Law Journal 94(2013).

〔2〕 See HUD, Mortgage Letter, 2015 - 03, January 29, 2015, Affected Topics.

制,但分夫妻之财产为妻之特有财产、夫之特有财产,夫妻共同之财产三部分,因此采共同财产制,也只限定于特定之财产,其他财产仍然受分别财产制之支配。"[1]在夫妻一方拥有房屋产权,而另一方未与其共有房屋产权的情况下,无论是共同财产制,还是分别财产制,不享房屋产权一方对房屋就不享有法定居住权,只能基于夫妻情谊"客居"在另一方的房屋之内。为保护夫妻中不享有房屋产权一方对房屋的居住权,1976 年美国《家庭法》第四部分第 30 条第 1 款规定,有下列情形之一,"不授予权利的夫妻一方",拥有婚姻住房权益:①夫妻一方根据财产受益权或其他条例的规定,对房屋享有占有权;②夫妻另一方不享有该权利。该条第 2 款规定,婚姻住房权益的内容包括:①如果其已居住在该房屋,另一方未经法院依照第 33 条签署命令,无权将其驱逐或限制居住;②如果尚未居住,法院应赋予其居住权。以上这些规定,适用于夫妻打算用来共同居住的婚姻住房(第 30 条第 7 款)。[2]

基于美国《家庭法》的上述规定,按夫妻分别财产制,或按夫妻共同财产制,如果房屋属于夫妻一方所有,另一方不享有房屋所有权,那么另一方配偶仍然享有法定的居住权。问题在于,不享有房屋产权的配偶一方,其法定居住权仅限于夫妻关系存续期间。如果夫妻离婚,或享有房屋产权的配偶一方身故,导致夫妻关系终止,不享有房屋产权的配偶一方,其法定居住权即告终止。在反向抵押借款合同中,如果不享有房屋产权的配偶未参与缔结合同,当享有房屋所有权、参与借款的配偶一方身故,"未参与借款的配偶"将面临被迫搬离房屋,无家可归的窘境。

---

〔1〕 参见林菊枝:《美国婚姻法》,台北,五南图书出版股份有限公司 1985 年版,第 56 页。
〔2〕 参见[美]凯特·斯丹德利:《家庭法》,屈广清译,中国政法大学出版社 2004 年版,第 67 页。

2.“未参与借款的配偶”面临的危险

夫妻一方由于不享有房屋产权而成为“未参与借款的配偶”，这只是原因之一。除此之外，作为借款人的配偶，其没有参与缔结HECM反向抵押借款合同，还有以下三方面的原因：第一，签订合同时，“未参与借款的配偶”的年龄不满62岁，不具备借款人资格；第二，“未参与借款的配偶”比借款人的年龄小，他（她）不登记为借款人，可以使年龄较大的配偶作为借款人获得更多借款收益；第三，反向抵押借款合同签订后，“未参与借款的配偶”才与借款人结婚。[1] 夫妻两人中只有一方作为借款人签订反向抵押借款合同，给居住在房屋中的“未参与借款的配偶”带来一定风险。按照美国《联邦条例》的规定和HECM抵押合同的约定，抵押合同在最后一位生存抵押人身故之后即到期应付。[2] 在上述第三种情形中，由于“未参与借款的配偶”是在抵押合同签订之后才与抵押人缔结婚姻，贷款人没有将该配偶作为是否缔结、如何缔结反向抵押借款合同的考量因素。当借款人身故时，令抵押合同到期应付，不保护该配偶对房屋的使用权，有其合理性。但是，在前两种情形下，由于借款人的配偶未达到62岁而无资格缔结合同，或由于“未参与借款的配偶”比借款人的年龄小，为了使借款人获得更多的借款额，年轻的配偶选择放弃房屋上的利益，不作为共同借款人与贷款人签订反向抵押借款合同，这两种“未参与借款的配偶”都面临较高的风险。因为在合同履行过程中，如果借款人先于“未参与借款的配偶”身故，抵押合同即到期应付，抵押合同进入债务清偿阶段。此时，作为“未参与借款的配偶”，他

---

[1] See Consumer Financial Protection Bureau, *Reverse Mortgages Report to Congress*, p. 134 (June 28, 2012), http://files.consumerfinance.gov/a/assets/documents/201206_cfpb_Reverse_Mortgage_Report.pdf.

[2] See 24 C.F.R. §206.27(c).

(她)面临的选择只有两种,一是清偿借款本息和相关费用,保留房屋的所有权,继续在房屋中居住;二是"未参与借款的配偶"搬离房屋,另寻他处居住,任由贷款人启动取消赎回权程序,通过拍卖、折价等方式实现债权。在埃里森女士诉富国银行住房抵押贷款公司(以下简称富国银行公司,Ellison v. Wells Fargo Home Mortgage, Inc.)一案中,埃里森女士便是这种情况。

1991 年,艾布拉姆(Abram)先生与朱迪·埃里森(Judy Ellison)女士结婚后,通过一份担保契据,双方以夫妻名义取得一处房产。2003 年,艾布拉姆先生与富国银行公司联系,准备缔结一份反向抵押借款合同。当时埃里森女士尚未达到缔结反向抵押借款合同的年龄要求。为了使艾布拉姆先生缔结合同,埃里森女士通过一份弃权证书,把她在房屋中的权益让渡给她的丈夫艾布拉姆先生。2003 年 11 月 14 日,艾布拉姆先生以自己的名义签订了借款合同、抵押合同及相关附属文件。合同签订之后,艾布拉姆先生又通过弃权证书,把他在房屋中的权益转让给他本人和埃里森女士。2008 年 12 月 24 日,艾布拉姆先生去世。按照抵押合同和相关文件,借款合同到期应付,富国银行公司要求清偿借款本息及费用。埃里森女士在州法院对富国银行公司提起确权诉讼(Quiet Title),请求判决确认她对房屋享有完全的、非限嗣继承地产的、衡平法上的所有权,且该房屋没有任何负担,被告对该房屋不享有任何权益。案件未决期间,富国银行公司启动了取消赎回权程序。2010 年 2 月 17 日,根据司法拍卖转让契据(Sheriff's Deed),富国银行公司买下了拍卖的房屋,利息债权让与房利美公司。针对埃里森女士提起的诉讼,富国银行公司申请法院作出简易判决:第一,埃里森女士对房屋享有的任何利益,都后位于自己对房屋享有的利益;第二,因为取消赎回权的程序中不存欺诈、意外及错误,所以埃里森女士不能撤销取消赎回权拍卖。[1]

美国密歇根州联邦地方法院认为:第一,富国银行公司对抵押房屋享有优先利益。艾布拉姆先生只能把他本人享有的房屋利益转让给埃里森女士。在艾布拉姆先生作出弃权证书之前,他已经为富国银行公司设定了抵押权,房屋之上已经负担了义务。因此,艾布拉姆先生转让给埃里森女士的任何利益,都应当后位于富国银行公司的抵押权,他不可能把超出自己享有的利益转让给妻子。第二,埃里森女士不能撤销取消赎回权拍卖。富国银行公司在取消赎回权的程序中不存在欺诈、意外和错误,履行了通知义务。法院判决:支持富国银行公司提出的请求法院作出简易判决的诉请。[2]

埃里森女士诉富国银行公司一案反映了在 HECM 反向抵押借款合同制度中,身为"未参与借款的配偶",在签订合同之前把自己在房屋中的利益转让给借款人而不能成为借款人和抵押人可能面临的长寿风险。一旦"未参与借款的配偶"后于借款人身故,他(她)将面临或清偿全部债务,或者被取消赎回权而自己无房可住的风险。这起案件反映出的仅是问题的表面,更为深层次的问题是因为《美国法典》中规定,房屋所有人的配偶也受反向抵押借款合同的保护,而《联邦条例》对此作出了限缩性规定,把房屋所有人的配偶排除在法律保护范围之外。这一问题,在班尼特诉多诺万一案中充分地暴露出来。

3.《美国法典》与《联邦条例》保护主体范围的分歧

(1)"未参与借款的配偶"与贷款人各自的法律主张。2011 年 3

---

〔1〕 Summary Judgment,译为简易判决,指当事人对案件中的主要事实不存在争议或案件仅涉及法律问题时,法院不经开庭审理而及早解决案件的一种方式。参见薛波主编:《元照英美法词典》(缩印版),北京大学出版社 2013 年版,第 1309 页。

〔2〕 See Ellison v. Wells Fargo Home Mortgage, Inc. , No. 09 – cv – 14175, 2010 U. S. Dist. LEXIS 108699 (E. D. Mi. Oct. 12, 2010).

月 8 日，班尼特女士和约瑟夫（Joseph）在美国哥伦比亚地方法院，对住房和城市发展部部长多诺万 Donovan 就其公职身份（Official Capacity）提起诉讼。[1] 两位原告是 HECM 反向抵押借款合同中已故借款人的尚存配偶（Surviving Spouse），二人比自己的配偶年轻。由于反向抵押借款合同中的可借款额取决于最年轻的借款人的年龄，二人放弃了自己对房屋的产权利益，以使贷款人可以给二人的配偶提供更有利的借款条件，获得更多的借款。但是，当借款人去世后，贷款人认为反向抵押借款合同已经到期，应予清偿借款余额。贷款人的主张有其合同依据。HECM 抵押合同约定：如果借款人去世，且房屋不再是至少一位尚存借款人（Surviving Borrower）的主要居住地，抵押合同即到期，应予偿还借款余额。班尼特和约瑟夫既不是借款人，也不是抵押人，当二人没有偿还借款时，贷款人启动了取消赎回权程序。

班尼特和约瑟夫对住房和城市发展部部长多诺万提起诉讼。二人认为住房和城市发展部颁布的条例违反了联邦法律，没有保护 HECM 反向抵押借款人的配偶免于取消赎回权的利益。《美国法典》规定："住房和城市发展部不得给反向抵押合同提供保险，除非抵押合同约定，房屋所有人偿还借款的义务延迟至房屋所有人身故、出售房屋或住房和城市发展部规定的其他条件；为实现此目的，房屋所有人包括房屋所有人的配偶。"[2]《美国法典》的这一规定，与《美国法典》在"为老年房屋所有人提供房屋价值转换抵押保险"部分对老年房屋所有人给出的定义是一致的。《美国法典》规定："老年房屋所有人"和"房屋所有人"词语的含义，是指任何房屋所有人本人或

---

〔1〕 在起诉时，有 Bennett、Joseph 和 Delores Jeanne Moore 三位原告，诉讼期间，Delores Jeanne Moore 女士赎回了其已故丈夫的房屋，撤回了起诉。

〔2〕 See 12 U. S. C. § 1715z－20(j).

其配偶是62岁以上,或达到(美国住房和城市发展部)部长规定的年龄。[1] 但是,《联邦条例》规定:借款应予偿还的日期,是指"如果一位抵押人身故,且该房屋至少不再是一位尚存抵押人(Surviving Mortgagor)的主要居住地"[2]。显然,《联邦条例》与《美国法典》在保护房屋所有人配偶房屋使用权问题上规定不一致。依《美国法典》规定,房屋所有人偿还借款本息及费用义务的时间,延迟至房屋所有人和房屋所有人配偶均身故、出售房屋或住房和城市发展部规定的其他条件成就。而《联邦条例》则把上述偿还借款,取消赎回权的时间限定于抵押人(借款人,同时也是房屋所有人)全部身故,把房屋所有人的配偶身故时间,排除在考虑贷款人(抵押权人)启动取消赎回权时间之外。

班尼特和约瑟夫认为,联邦法律表达的意思很明确,住房和城市发展部只为下述反向抵押提供保险,即反向抵押在房屋所有人(抵押人)和房屋所有人的配偶都身故后才到期,而不考虑该配偶是不是抵押人;二人是借款人的配偶,这与二人是不是借款人无关,住房和城市发展部的条例违反了联邦法律保护房屋所有人配偶的规定,把"房屋所有人包括房屋所有人的配偶"限定为"尚存抵押人"。两位原告还指出,贷款人的经纪人曾向她们保证,即使将来二人的配偶去世,二人也不会被要求搬离房屋;基于对这一保证的信赖,在签订抵押合同时,二人才放弃了对房屋享有的利益。因此,原告请求法院作出宣告判决(Declaratory Judgment),确认住房和城市发展部颁布的条例违反了联邦法律,住房和城市发展部应立即采取措施,给原告提供联邦法律规定的对"房屋所有人的配偶"的保护。随即,原告请求法院

[1] See 12 U. S. C. § 1715z - 20(b) (1).

[2] See 24 C. F. R. § 206. 27(c).

发出禁止令(Preliminary Injunction),阻止抵押权人(贷款人)在案件审理期间启动取消赎回权程序。

住房和城市发展部认为,对涉及 HECM 反向抵押借款合同部分的联邦法律进行解释,把偿还反向抵押借款的期限延迟到一位"未参与借款的配偶"的生命结束,这将背离 HECM 程序中保险精算稳健性的基本精神;住房和城市发展部担心,"一位借款人在缔结抵押合同之后,甚至会与一位非常年轻的人结婚,进而要求贷款人等待数十年才能获得偿还,这将超出贷款人的预期,利息将累积超出房屋的价值",这一损失将最终由住房和城市发展部的保险承担;而联邦法律的上述规定模棱两可,可以解释为只保护作为共同债务人(借款人)的配偶。[1] 案件审理期间,原告、被告经过协商,暂时就程序性问题达成一致:被告同意负责要求贷款人暂停取消赎回权程序,作为交换,原告撤回让法院发出禁止令的请求。

(2)两审法院的认识差异。哥伦比亚地方法院艾伦·西格尔·赫维尔(Ellen Segal Huvelle)法官认为,本案中,原告没有起诉资格(Standing)。原告要想取得有利判决,必须有诉讼资格,即须证明满足以下三个条件:①原告已经遭受或即将遭受受法律保护、具体而特定的利益损害;②被告行为与原告损害之间具有因果关系;③损害具有可救济性,即法院可能(Likely)对原告实施救济,而不是推测性的(Speculative)救济。原告不能证明,如果其获得有利判决——法院宣告美国住房和城市发展部制定的条例违反联邦法律——他们的损害就能获得救济,因为即使住房和城市发展部不对这些反向抵押合同提供保险,贷款人也有权依据合同对原告取消赎回权;贷款人的这

〔1〕 See Bennett v. Donovan, No. 11 - cv - 00498, Defendant's Motion to Dismiss Brief, filed April 8, 2011, p. 22 - 23.

一权利不依赖于住房和城市发展部条例的合法性。所以,地方法院驳回了原告的请求。[1]

两位原告不服,提出上诉。哥伦比亚联邦巡回上诉法院希伯曼(Siberman)法官认为,住房和城市发展部颁布的条例,与联邦法律明显相矛盾。住房和城市发展部解释认为,如果按照联邦法律,房屋所有人签订借款合同后又与年轻者结婚,保护其配偶将给贷款人带来很大风险。但是,住房和城市发展部完全可以把"配偶"限定于"办理抵押时的配偶"。贷款人对上诉人(原告)启动取消赎回权程序,使上诉人面临搬离房屋的风险,这与住房和城市发展部的行为有因果关系,如果不是住房和城市发展部制定的条例违反联邦法律,贷款人也不会拟定这样的合同条款。对此,住房和城市发展部还有合法的方法给上诉人和贷款人提供救济。住房和城市发展部可以从贷款人那里受让抵押合同,向贷款人还清借款余额,然后不向上诉人启动取消赎回权,这完全符合联邦法律的规定。[2]这样的救济措施既可以排除第三方(贷款人)行为的不确定性问题,也可以排除上诉人损害的不可救济性问题。住房和城市发展部也许会作出上述行为,也可能作出其他选择。本案主要是上诉人诉讼资格,即救济的可能性与救济的可推测性问题,而不是救济的确定性问题。联邦法律规定了住房和城市发展部可提供的救济措施,以消除不确定性问题。住房和城市发展部作为政府机构引起了上诉人的损害,也能够提供救济措施——这足以确立救济的可能性。因此,原告具有诉讼资格,案

---

〔1〕 See Robert Bennett et al., Plaintiffs, v. Shaun Donovan Secretary, Housing and Urban Development, Defendant. United States District Court, District of Columbia. Civil Action No. 11 - 0498 (ESH), July 15, 2011.

〔2〕 See 12 U. S. C. § 1715z - 20(i).

件发回原审法院重审。[1]

哥伦比亚地方法院重审该案。艾伦·西格尔·赫维尔法官指出:第一,立法授权给住房和城市发展部,只对符合一定条件的反向抵押借款合同提供保险,而该类合同应当规定,只有当房屋所有人即抵押人身故,且房屋所有权人的配偶也去世后合同才到期,而不考虑其配偶是否是抵押人。第二,住房和城市发展部制定的条例允许该部对反向抵押合同承保,而该合同约定,如果抵押人身故,且房屋不再是至少一位尚存抵押人的主要居住地,那么反向抵押合同到期,应予偿还借款余额;条例的这一规定是无效的。因此,原告请求得到支持,住房和城市发展部应当给原告提供“适当的救济”(Appropriate Relief)。[2]

(3)造成上述问题的原因分析。出现上述问题的根本原因是《美国法典》与《联邦条例》关于房屋所有人年龄、抵押人年龄规定不一致。一方面,《美国法典》中关于房屋所有人年龄限制与《联邦条例》对房屋抵押人年龄的规定不一致。《美国法典》规定:“老年房屋所有人”和“房屋所有人”词语的含义,是指任何房屋所有人本人或其配偶是 62 岁以上,或达到(住房和城市发展部)部长规定的年龄。[3] 从文义解释来看,《美国法典》对老年人的年龄条件是房屋所有人本人或者房屋所有人的配偶,只要有一人达到 62 岁的年龄要求,就可以参与 HECM 反向抵押借款合同。但是,《联邦条例》规定,

[1] See Robert Bennett et al., Appellants v. Shaun Donovan, in his capacity as Secretary of the United States Department of Housing and Urban Development, Appellee. United States Court of Appeals, District of Columbia Circuit. No. 11 - 5288. Argued Nov. 19, 2012. Decided Jan. 4, 2013.

[2] See Robert Bennett et al., Plaintiffs, v. Shaun Donovan, Secretary, Housing and Urban Development, Defendant, United States District Court, District of Columbia. Civil Action No. 11 - 0498 (ESH) 797 F. Supp. 2d 69 (D. D. C. 2011). September 30, 2013.

[3] See 12 U. S. C. § 1715z -20(b) (1).

在抵押权人（向住房和城市发展部）提交保险申请时，最年轻的抵押人至少62岁。[1]《联邦条例》关于抵押人年龄的规定显然高于《美国法典》的要求，抵押人必须是房屋所有人，而抵押人的年龄必须在62岁以上。因此，在夫妻共同享有房屋所有权，且其中一方年龄低于62岁的情况下，要申请HECM反向抵押借款，为满足《联邦条例》关于抵押人年龄的要求，小于62岁的一方配偶，必须将其产权转让给62岁以上的另一方配偶。显然，《联邦条例》替换了《美国法典》对房屋所有人的概念，代之以抵押人概念。只有成为抵押人，且达到62岁的年龄条件，才有资格成为借款人。如此规定，把《美国法典》对老年房屋所有人配偶的保护完全排除在借款合同与抵押合同的主体之外，因为他（她）们虽然具有配偶身份，却不是房屋所有权人，故不能成为抵押人，也不能成为借款人。

另一方面，这也与HECM借款合同关于本金限额的计算有关。在HECM借款合同中，借款人请求贷款人支付的最高借款额，即本金限额受三方面因素相互影响：借款人年龄、最大请求额和预期平均借款利率。借款人的年龄能够确定借款人的预期寿命，借款人的预期寿命越长，支付借款的时间越长，借款的利息、服务费及抵押保险费等计入借款余额的越多。在夫妻共同借款时，以借款人中年龄最小者的年龄作为确定借款本金限额的因素。借款人年龄越大，可借款的金额越高，借款人年龄越小，本金限额越低。[2] 因此，即使在夫妻共享房屋所有权，且双方年龄均在62岁以上的情况下，为了获得更高的本金限额，年龄小的一方配偶也可能把自己对房屋的产权转让给年长的配偶，让年长的配偶参与缔结反向抵押借款合同。

---

〔1〕 See 24 C. F. R. § 206. 33.

〔2〕 See Customer Educ. Group, *Money from Home: A Consumer's Guide to Reverse Mortgage Options*, Fannie Mae, 1996, p. 25 -26.

《联邦条例》与联邦法律发生冲突时,联邦法律具有优先效力。所以,在班尼特诉多诺万一案中,应当优先适用《美国法典》的相关规定。但是,从实际操作来看,《联邦条例》规定的内容更符合客观情况。如果房屋所有人的配偶不是房屋的所有权人,那么该配偶就不能成为抵押人。如果该配偶在房屋所有人去世后仍然可以在房屋内终身居住,这势必使贷款人在签订反向抵押借款合同时,要考虑借款人(抵押人)配偶的预期寿命问题。贷款人必然会将这一因素作为确定抵押人本金限额的重要因素。因为如果房屋所有人(抵押人)去世,其配偶不具备抵押人和房屋所有人身份,却享有继续使用房屋直至身故的权利,一则使贷款人承担了超出预期的借款人配偶的长寿风险;二则与合同约定的合同到期的条件不符。所以,如果抵押人的配偶不是房屋所有人和抵押人,那么该配偶并不应当享有房屋的使用权。

班尼特诉多诺万一案,一方面反映了美国联邦法律在保护老年人及其配偶房屋使用权方面作出的努力,另一方面反映了由于联邦法律与联邦条例对同一问题立法前后不一致而引起的纷争。住房和城市发展部有充足的资源,给"未参与借款的配偶"提供救济,因为该部门有权受让贷款人的反向抵押借款合同,并不起动取消赎回权程序;当然,这并不意味着住房和城市发展部永远不启动取消赎回权程序;"未参与借款的配偶"能够并且应该遵守对借款人的要求,当其去世或不再以房屋为主要居住地,借款余额到期应予偿还。[1] 本案裁判中,法院借助住房和城市发展部负责的保险机制,虽然个案化解了班尼特和约瑟夫两人遭遇的困境,却没有从根本上解决《美国法典》

---

〔1〕 See René L. Robertson, "*But it's my house too*": *HUD's Failure to Include Statutorily Required Protections for Non-borrowing Spouses in Reverse Mortgage Regulations*, 27 Quinnipiac Probate Law Journal 94 (2013).

与《联邦条例》的冲突,也没有根本性地解决"未参与借款的配偶"的房屋使用权问题。为解决这一问题,住房和城市发展部通过颁布抵押权人信件,制定了具有普遍适用性的"适格未参与借款的配偶"(eligible non - borrowing spouses)延长期(deferral period)规则,基本解决了保护"未参与借款的配偶"房屋使用权问题。

(二)延长期规则对"未参与借款的配偶"房屋使用权的保护

2011年8月26日,住房和城市发展部发布抵押权人信件(2011 - 31),对咨询程序给出了新的指导意见。信件规定:记载于房屋契据上的房屋共同所有人(对于没有能力的房屋所有人,由其法定代理人实施)和"未参与借款的配偶"必须亲自与借款人一起参加前置性强制咨询程序;咨询证书必须由两名咨询员、房屋共同所有人、"未参与借款的配偶"签名并记载日期。[1] 通过参加强制咨询程序,"未参与借款的配偶"和房屋的共同所有权人的知情权得到保护。他们对于借款人缔结反向抵押借款合同给其自身带来的潜在风险,有了较为充分的认识。尤其是当借款人身故或其他使抵押合同到期的条件成就时,"未参与借款的配偶"对自己可能被迫离开房屋的风险,有了更为明确的预期。

抵押权人信件(2011 - 31)只是保护"未参与借款的配偶"的知情权,并没有解决《美国法典》与《联邦条例》之间关于保护主体范围的分歧。为解决这一法律冲突,在保护"未参与借款的配偶"知情权的基础之上,美国住房和城市发展部分别于2014年4月25日和2015年1月9日两次发布了抵押权人信件。抵押权人信件(2014 - 07)对

---

〔1〕 See HUD, Mortgagee Letter 2011 - 31, August 26, 2011, ML 11 - xx. Clarification of Signatures on the Certificate.

"未参与借款的配偶"作出了明确的界定。抵押权人信件(2015 - 02)在前者的基础上,把"未参与借款的配偶"细分为"适格未参与借款的配偶"与"不适格未参与借款的配偶"(Ineligible Non - Borrowing Spouse),规定了"适格未参与借款的配偶"有权在最后一位抵押人身故后继续在房屋内居住的延长期规则,即抵押合同到期应付的时间被延长到"适格未参与借款的配偶"的有生之年。同时,抵押权人信件(2015 - 02)规定了延长期内"适格未参与借款的配偶"纠正其违约行为的期间,还规定了抵押权人在启动取消赎回权程序后,"适格未参与借款的配偶"对延长期的恢复权。美国住房和城市发展部发布的抵押权人信件,是对《联邦条例》HECM 反向抵押借款合同保险部分的修改。为实施抵押权人信件,住房和城市发展部对标准抵押合同的内容进行了相应的修改。

1. "未参与借款的配偶"的界定及其分类

(1)"未参与借款的配偶"。"未参与借款的配偶",是指在 HECM 反向抵押借款合同中,一位抵押人的配偶,根据该配偶或抵押人居住的州的法律,在合同签订时,该配偶不是一位抵押人。[1] 换言之,"未参与借款的配偶",是指抵押合同签订时具有抵押人(借款人)的配偶身份,但没有作为抵押人签订抵押合同的人。该定义把抵押人签订合同之后,与抵押人结婚的配偶排除在"未参与借款的配偶"之外,不受相关法律的保护。但是,抵押权人(2014 - 07)信件没有充分考虑抵押合同达成时抵押人配偶的各种情况,对所有的"未参与借款的配偶"都给予延长期保护,这仍然不能妥善平衡"未参与借款的配偶"与贷款人双方的利益。为进一步明确受保护的"未参与借款的配偶"的范围,抵押权人信件(2015 - 02)将"未参与借款的配

---

[1] See HUD, Mortgagee Letter 2014 - 07, April 25, 2014, Definitions.

偶”进行了再分类,分为“适格未参与借款的配偶”和“不适格未参与借款的配偶”。

(2)“适格未参与借款的配偶”。“适格未参与借款的配偶”,是指他(她)具备抵押权人信件(2014 - 07)规定的资格条件,可以适用延长期规则的“未参与借款的配偶”。[1]

(3)“不适格未参与借款的配偶”。“不适格未参与借款的配偶”,是指他(她)不具备抵押人信件(2014 - 07)规定的资格条件,不适用延长期规则的“未参与借款的配偶”。[2] “不适格未参与借款的配偶”主要是指原来具备“未参与借款配偶”的身份,由于婚姻关系解除而导致不再具有配偶身份的情况。所以,如果 HECM 反向抵押借款合同的抵押人与他(她)的“未参与借款的配偶”离婚,抵押权人获得一份最终的离婚判决,“未参与借款的配偶”不再受延长期的保护。[3] 把“未参与借款的配偶”分为上述两类,对“适格未参与借款的配偶”适用抵押合同到期后的延长期规则,保护其继续使用房屋的权利;“不适格未参与借款的配偶”不适用延长期规则。如果抵押合同到期应付,则“不适格未参与借款的配偶”必须搬离房屋,或者贷款人启动取消赎回权程序前,清偿借款的本息和费用,以继续在房屋内居住。

(4)“适格”与“不适格”的事实性特征。抵押人信件(2014 - 07)所规定的“未参与借款的配偶”是客观的事实条件,由此决定一位“未参与借款的配偶”是否适格,是否对其适用延长期规则,这是一个事实判断问题,不能够随意改变或通过选择而放弃。也就是说,在申

---

[1] See HUD, Mortgagee Letter 2015 - 02, January 9, 2015, Definitions.

[2] Ibid.

[3] See HUD, Mortgagee Letter 2014 - 07, April 25, 2014, Ongoing Requirements for Mortgagor and Non - Borrowing Spouse Certifications.

请延长期时,一位满足资格要求的“未参与借款的配偶”就是“适格未参与借款的配偶”,而不能选择成为“不适格未参与借款的配偶”。与之相同,申请延长期时,一位“未参与借款的配偶”不具备相应的资格要求,就是“不适格未参与借款的配偶”,不能选择成为“适格未参与借款的配偶”。当然,如果借款合同履行期间,一位“适格未参与借款的配偶”由于不再具备相应的资格要求,他(她)即成为“不适格未参与借款的配偶”。一位“未参与借款的配偶”没有满足资格要求,之后又满足了资格要求,那么他(她)也不能再成为“适格未参与借款的配偶”,因此,一旦一位“未参与借款的配偶”被确定为不适格,此后其也不会再转化为适格。[1]

2.“适格未参与借款的配偶”的延长期规则

(1)延长期的含义。延长期,是指在最后生存的抵押人(Last Surviving Mortgagor)身故之后的一定期间内,根据抵押权人信件(2014－07)和住房和城市发展部的要求,HECM反向抵押借款合同到期应付的期间被进一步延长,以持续满足一位“未参与借款的配偶”(继续居住房屋)的要求。[2]

(2)“适格未参与借款的配偶”应具备的条件。一是主要居住地。主要居住地,是指抵押人、“未参与借款的配偶”[3]将之作为永久的住处,在一个日历年度中,一般要居住超过大多数的日历时间。在抵押人因身体疾病住院治疗期间,只要其住院时间连续不超过12个月,该房屋即是抵押人的主要居住地;对于“未参与借款的配偶”,

〔1〕 See HUD, Mortgagee Letter 2015－02, January 9, 2015, Required Determination.

〔2〕 See HUD, Mortgagee Letter 2014－07, April 25, 2014, Definitions.

〔3〕 抵押权人信件(2014－07)出台早于抵押权人信件(2015－02),前者规定的是“未参与借款的配偶”的资格条件,没有区分“不适格未参与借款的配偶”与“适格未参与借款的配偶”。本书在不影响词义的情况下,遵从了原文用语。

当其暂时住院治疗期间，只要他(她)的抵押人配偶在房屋中居住，该房屋即视为“未参与借款的配偶”的主要居住地；在延长期内，“未参与借款的配偶”因病住院治疗，只要他(她)在住院治疗前在房屋中居住，在医院治疗时间连续不超过12个月，该房屋即是“未参与借款的配偶”的主要居住地。[1] 二是“未参与借款的配偶”适用延长期规则的资格条件。要申请适用延长期规则，“未参与借款的配偶”必须遵循和符合以下条件：①抵押合同签订时，该“未参与借款的配偶”就具有抵押人配偶的身份，且在反向抵押借款合同履行期间，一直保有抵押人配偶的身份；②反向抵押借款合同签订时，“未参与借款的配偶”已经向抵押权人进行了披露，并把“未参与借款的配偶”的身份记载于抵押文件；③“未参与借款的配偶”已经占用，并将继续占用作为HECM合同担保的房屋作为主要居住地。[2]

基于上述条件要求，除了身故原因外，如果一位“未参与借款的配偶”——无论出于何种原因——与其作为HECM抵押人的配偶终止了婚姻关系，或者没有把房屋作为其主要居住地，此时，为了防止让“未参与借款的配偶”搬离房屋的延长到期应付的延长期规则，对其将不再有效。[3]

(3)抵押人(借款人)身故后适用延长期规则的要求。当最后一位生存抵押人先于“未参与借款的配偶”身故，只要“未参与借款的配偶”能满足上述资格条件，同时遵循以下要求，抵押合同到期应付情形即应延长：①最后一位生存抵押人身故后30日内，“未参与借款

---

〔1〕 See HUD, Mortgagee Letter 2014 - 07, April 25, 2014, Definitions.

〔2〕 See HUD, Mortgagee Letter 2014 - 07, April 25, 2014, Qualifying Attributes of the Deferral Period for the Non - Borrowing Spouse.

〔3〕 See HUD, Mortgagee Letter 2014 - 07, April 25, 2014, Changes to Annual Determination of Principal Residence.

的配偶”应当取得抵押房屋的合法产权,或通过租赁、法院决定等形式取得保有房屋的权利;②在最后一位生存抵押人身故后,确保HECM反向抵押借款合同中约定的抵押人所应承担的义务继续得以履行;③在最后一位生存抵押人身故后,确保HECM反向抵押借款合同不发生其他到期应付的情形。如果“未参与借款的配偶”不能满足延长期的资格条件,或不能满足抵押人身故后适用延长期的要求,抵押合同到期应付情形的延长期即停止;最后一位生存抵押人身故之后,HECM反向抵押借款合同即到期应付。[1]

(4)延长期内抵押权人(贷款人)的义务。在延长期内,抵押权人不得要求全额清偿债务,直至延长期结束。抵押权人应当通知“未参与借款的配偶”,在延长期内,只要“未参与借款的配偶”能够满足住房和城市发展部规定的要求,并以房屋为主要居住地,借款到期应付的情形即处于延长期阶段;如果其中的任何条件不能满足,延长期结束,借款立即到期应付。此时,抵押权人不必获得住房和城市发展部的同意,即可宣布借款到期应付。[2]

(5)延长期内HECM借款支出的变化。虽然借款合同和抵押合同的到期应付的时间可以延长,但是,HECM反向抵押借款合同却不可以假定继续履行。因为借款合同的不可假定性,所以,对于延长期内的“未参与借款的配偶”而言,其不能获得HECM反向抵押借款合同中的借款收益;合同项下的可支配借款仅限于支付抵押权人信件和借款文件中记载的特定项目。[3]

---

〔1〕 See HUD, Mortgagee Letter 2014 - 07, April 25, 2014, Requirements for the Deferral Period of Due and Payable Status Due to Death of Mortgagor.

〔2〕 See HUD, Mortgagee Letter 2014 - 07, April 25, 2014, Mortgagee Obligations during Deferral Period of loan Due and Payable Status.

〔3〕 See HUD, Mortgagee Letter 2014 - 07, April 25, 2014, Changes to Availability of HECM Proceeds.

(6)延长期内 HECM 反向抵押借款合同中不受影响的条款。在最后一位生存抵押人身故而 HECM 反向抵押借款合同进入延长期后,抵押合同、借款合同和文件规定的所有可适用条款将继续有效。在延长期内,合同的以下条款不受影响:①依照抵押合同和借款合同,将继续计算借款利息。②抵押权人必须继续向住房和城市发展部拨付抵押保险费。③依据抵押合同,抵押权人仍然有权收取服务费。④除非本段有明文规定,延长期内对房屋的维修与保养不得再支付资金。如果 HECM 抵押合同签订时设立有维修预留资金,这一资金可由维修的附属文件证明,那么在延长期内,为了实现支付维修费用的唯一目的,对房屋的维修可以从预留资金内支付。未使用的资金不得用作其他支付。⑤如果借款余额达到最大请求额的 98%,且 HECM 反向抵押借款合同没有其他到期应付的其他原因,抵押权人仍然可以把借款合同转让给住房和城市发展部。[1]

3."适格未参与借款的配偶"延长期停止后的恢复规则

(1)"适格未参与借款的配偶"丧失资格后的不可逆性。原来是"适格未参与借款的配偶",如果因某种原因该配偶成为"不适格未参与借款的配偶",该配偶就丧失了申请适用延长期规则的资格,他(她)不能再转化为"适格未参与借款的配偶"。如上所述,"未参与借款的配偶"必须符合延长期的资格条件,才能成为"适格未参与借款的配偶",才能在最后一位生存抵押人身故之后,申请延长抵押合同到期应付的期限。如果合同履行期间,"适格未参与借款的配偶"不再具备相应的资格条件,那么他(她)将成为一位"不适格未参与借款的配偶"。这种资格的变化是不可逆的。抵押权人不再向"未参

〔1〕 See HUD, Mortgagee Letter 2014 - 07, April 25, 2014, Unaffected Terms of the HECM.

与借款的配偶”提供纠正违约行为的机会。[1]

(2)延长期停止后的恢复规则。除了上述不再具备资格条件以及“适格未参与借款的配偶”身故原因，如果“适格未参与借款的配偶”有其他违约行为，如未履行上述“抵押人身故后适用延长期的要求”的义务，将导致延长期停止，HECM反向抵押借款合同到期应付的条件成就。但是，此时抵押权人不能马上启动取消赎回权的程序，抵押权人必须向“适格未参与借款的配偶”提供30日的恢复期，使其有机会纠正违约行为。[2]

①如果“适格未参与借款的配偶”在30日内纠正了违约行为，延长期应当恢复。但有以下情形之一的，不得恢复延长期：a.抵押权人通知“适格未参与借款的配偶”抵押到期应付之前的两年内，抵押权人已经给“适格未参与借款的配偶”一次恢复期；b.现在赋予“适格未参与借款的配偶”抵押到期应付以延长期，将妨碍将来抵押权人启动取消赎回权程序；c.给“适格未参与借款的配偶”恢复延长期，将不利于抵押担保的优先性。

②如果“适格未参与借款的配偶”在30日内没有纠正违约行为，抵押权人必须按照已经确定的时间启动取消赎回权程序，并在程序中尽到合理的勤勉义务。

③即使取消赎回权程序已经开始，抵押权人也应当允许“适格未参与借款的配偶”对导致延长期停止的违约行为进行纠正，以使抵押和抵押保险合同继续有效，使延长期继续计算。抵押权人可以要求“适格未参与借款的配偶”支付恢复延长期和抵押、抵押保险的相关费用，还可以要求其承担取消赎回权的费用和相关的律师费用。对

---

〔1〕 See HUD, Mortgagee Letter 2015 - 02, January 9, 2015, Reinstatement of Deferral Period.

〔2〕 Ibid.

于这些费用,不得计入借款余额,必须由“适格未参与借款的配偶”通过其他渠道以现金方式支付。但是,具有下列情形之一,抵押权人有权拒绝“适格未参与借款的配偶”请求恢复抵押和延长期的要求:a. 在抵押权人通知“适格未参与借款的配偶”抵押到期应付的两年内,抵押权人已经接受过一次“适格未参与借款的配偶”提出的恢复延长期或者恢复抵押要求;b. 恢复“适格未参与借款的配偶”抵押到期应付的延长期,或者恢复抵押,将妨碍将来抵押权人实现取消赎回权;c. 恢复延长期或恢复抵押将不利于抵押担保的优先性。

总之,住房和城市发展部通过抵押权人信件,规定了延长期规则的三个阶段,较好地保护了“适格未参与借款的配偶”在借款人身故后对抵押房屋的使用利益。第一阶段,延长期规则。按照《联邦条例》规定和抵押合同约定,当最后一位生存抵押人身故之后,抵押合同即到期应付。抵押人的配偶要么清偿借款本息和费用,保留房屋所有权,继续在房屋中居住,要么任凭抵押权人启动取消赎回权程序,自己搬出房屋。而抵押权人信件(2014 - 07)和抵押权人信件(2015 - 02)规定的延长期规则,延长了抵押合同到期应付的时间,使“适格未参与借款的配偶”在遵守相关规定,履行抵押合同相关义务的情况下,有权继续在抵押房屋中居住。第二阶段,延长期停止后30日内的延长期恢复规则。在延长期内,如果“适格未参与借款的配偶”没有遵守《联邦条例》、抵押合同中规定或约定的相关义务,导致抵押合同到期应付情形发生,此时,抵押权人尚不能直接启动取消赎回权程序,要求“适格未参与借款的配偶”清偿借款余额及费用。抵押权人在通知抵押合同到期应付的前提下,应当留给“适格未参与借款的配偶”30 日的恢复期,给其纠正违约行为的机会。如果“适格未参与借款的配偶”在此期间内没有采取妥善行为,纠正违约行为,抵押权人可以启动取消赎回权程序。第三阶段,抵押权人启动取消赎回权程序后的延长期恢复规则。即使抵押人启动了取消赎回权程序，但是，在该程序结束之前，抵押权人信件(2015－02)再一次对"适格非借款配偶"给予救济，使延长期得以恢复的规则。

当然，为平衡"适格未参与借款的配偶"与贷款人之间的利益，在保护"适格未参与借款的配偶"对房屋使用权的同时，延长期规则和延长期恢复规则都对"适格未参与借款的配偶"规定了严格的适用条件。一方面，对"未参与借款的配偶"的范围进行限制，必须是具备一定资格的"未参与借款的配偶"，才能成为"适格未参与借款的配偶"；另一方面，"适格未参与借款的配偶"必须履行相应的合同义务，以保障贷款人在抵押房屋中的利益。此外，如果适用恢复延长期将有损于将来抵押权人取消赎回权的行使，相应规范也会限制"适格未参与借款的配偶"申请恢复延长期的权利。

4. 之前 HECM 反向抵押借款合同的处理

住房和城市发展部抵押权人信件(2014－07)规定："适格未参与借款的配偶"与"不适格未参与借款的配偶"相区分，对"适格未参与借款的配偶"适用延长期的规则适用于 2014 年 8 月 4 日以后签订的合同。[1] 对于此前签订的 HECM 反向抵押借款合同，住房和城市发展部指出了两条可供抵押权人选择的路径，抵押权人可以根据自身情况自由衡量选择：第一，抵押权人可以继续行使最初保险合同中约定的请求偿还借款本息的权利，否则可以启动取消赎回权的程序；第二，利用抵押权人选择权(Mortgagee Optional Election)，把合同转让给住房和城市发展部。[2] 当然，为避免不必要的纷争，理性的抵押权

〔1〕 See HUD, Mortgagee Letter 2014－07, Effective Date, April 25, 2014.

〔2〕 See HUD, Mortgagee Letter 2015－03, Available Paths for Mortgagee Election to Claim Payment, January 29, 2015; HUD, Mortgagee Letter 2015－15, Available Paths for Mortgagee Election to Claim Payment, June 12, 2015.

人会选择第二种途径,把合同转让给住房和城市发展部,由该部用汇集的保险基金,承担“适格未参与借款的配偶”的长寿风险。住房和城市发展部作为保险人,对“适格未参与借款的配偶”适用延长期规则。

(三)“适格未参与借款的配偶”房屋使用权对本金限额的影响

1.“适格未参与借款的配偶”房屋使用权的性质

通过延长期规则,“适格未参与借款的配偶”在其配偶身故后,对设定抵押权的房屋享有继续居住直至其本人身故、搬离或合同约定的其他条件成就的权利。基于延长期规则,“适格未参与借款的配偶”的房屋使用权限制了抵押权的行使,同时使抵押权所担保的债权行使,也后位于“适格未参与借款的配偶”对房屋的居住利益。只有当“适格未参与借款的配偶”身故等法定或约定事由发生,HECM 反向抵押借款合同才到期应付,抵押权所担保的债权才能实现(在贷款人把合同转让场合,住房和城市发展部成为新的债权人和抵押权人)。从“适格未参与借款的配偶”房屋使用权的法律效果来看,该使用权优先于贷款人债权行使,也优先于抵押权人的抵押权行使。由于该房屋使用权,抵押权人只能在继续持有债权与转让债权之间进行选择。当然,即使住房和城市发展部受让债权,成为第一顺位的抵押权人,该部的抵押权也后位于“适格未参与借款的配偶”的房屋使用权行使。所以,“适格未参与借款的配偶”的房屋使用权是法定权利,是法律为保护“适格未参与借款的配偶”对房屋的居住利益而赋予该配偶的权利。“适格未参与借款的配偶”享有的房屋居住权与前述 1976 年美国《家庭法》第四部分第 30 条第 1 款规定的“不授予权利的夫妻一方”拥有婚姻住房权益的规定一脉相承,都是具有对世性的民事权利。前者限制了贷款人享有的抵押权与债权,后者限制了其配偶的房屋所有权。

2. "适格未参与借款的配偶"房屋使用权对本金限额的影响

把"未参与借款的配偶"区分为"适格未参与借款的配偶"与"不适格未参与借款的配偶",在借款人身故后对健在的"适格未参与借款的配偶"适用延长期规则,对于确定 HECM 反向抵押借款合同的本金限额将产生重要影响。借款人与"适格未参与借款的配偶"中较小者的年龄,成为决定借款人可领取的本金限额的关键因素,以此确定贷款人承担的风险。也就是说,在决定本金限额时,抵押权人必须以最年轻的借款人,或者以最年轻的"适格未参与借款的配偶"的年龄为依据,而不能依"不适格未参与借款的配偶"的年龄作为确定本金限额的依据。除此之外,在借款人的配偶被确定为"不适格未参与借款的配偶"的情况下,抵押权人应向他们披露如果他(她)是"适格未参与借款的配偶"的情况下可以领取的本金限额[1],以使借款人和"不适格未参与借款的配偶"可以进行理性的比较,最终确定是否参与反向抵押借款合同。

这样,住房和城市发展部对借款人的年龄要求与《联邦条例》对抵押人年龄的规定保持了一致,借款人年龄必须在 62 岁以上。但是,在确定借款人可借的本金限额时,住房和城市发展部提出与以往标准不同的要求。借款人可借金额取决于以下因素:①最年轻的借款人或"未参与借款的配偶"的年龄;②当前的利率;③房屋的评估价格、住房和城市发展部提出的 625,500 美元的抵押限额或房屋销售价格,以较低者为准;④最初抵押保险费。[2]

通过把"未参与借款的配偶"作为确定借款人本金限额的因素之

[1] See HUD, Mortgagee Letter 2015 - 02, January 9, 2015, Principal Limit.

[2] See HUD, *FHA Reverse Mortgages (HECMs) for Seniors*, http://portal.hud.gov/hudportal/HUD? src =/program_offices/housing/sfh/hecm/hecmabou.

一,解决了以下两个问题:第一,当夫妻双方均为房屋所有人,均达到62岁,但一方年龄较小时,双方不再会为了获得更高的本金限额而由年长的配偶受让另一方的房屋产权,再与贷款人签订HECM反向抵押借款合同;第二,本金限额取决于夫妻二人中较小者的年龄,而不考虑是否是房屋所有人、抵押人和借款人。这样,作为房屋所有人(抵押人)的借款人先于年龄小的配偶去世,而该配偶恰好又是"适格未参与借款的配偶"时,虽然该配偶不享有继续领取借款的权利,但是,她(他)仍然享有房屋使用权。因为既然贷款人将该"未参与借款的配偶"的年龄作为考量本金限额的因素之一,就意味着贷款人考虑到"未参与借款的配偶"后于借款人身故的因素,继而赋予"未参与借款的配偶"在借款人去世后继续对房屋享有使用权,对贷款人而言,不存在不公平的问题。这样,住房和城市发展部提出的延长期规则在一定程度上与《美国法典》规定的"为实现此目的,房屋所有人包括房屋所有人的配偶"的要求保持了一致。在申请借款时具备"适格未参与借款的配偶"条件,但由于情况变动使其成为"不适格未参与借款的配偶",该配偶就丧失了申请延长期的资格。这样在一定程度降低了贷款人承担的经营风险。原来一位"不适格未参与借款的配偶"由于条件的变化而具备相应的条件,他(她)也不能再被确定为"适格未参与借款的配偶"。此时,因为反向抵押借款合同中的本金限额已经确定,合同已经开始履行,如果对其适用延长期规则,无异于增大了贷款人预料之外的风险。

(四)我国反向抵押合同中"未参与借款、投保配偶"的权益保护

1. 逆向抵押合同中不存在保护"未参与借款的配偶"房屋使用权

参与我国台湾地区不动产逆向抵押借款合同的借款人,必须是

65 周岁以上、没有“民法”第 1138 条规定的法定继承人的独身老人。[1] 所以，在借款人签订合同之际，不存在考虑“适格未参与借款的配偶”房屋使用权的问题。当然，借款人在签订不动产逆向抵押借款合同后，并不影响其缔结婚姻的权利。如果借款人身故，其配偶是否享有继续使用房屋，直至身故、搬离的权利，对此，不动产逆向抵押借款合同制度尚没有明文规定。

2. 养老抵押合同中缺乏保护“未参与投保的配偶”房屋使用权的规定

按照合同约定，参与幸福反向抵押养老保险合同，投保人（被保险人）必须是 60 周岁以上、85 周岁以下的自然人。[2] 夫妻双方投保时，夫妻双方将共同拥有完全独立产权的房屋抵押给保险人，保险人基于对抵押房屋的评估价格，按夫妻各自持有的份额，计算出各自的基本养老保险金额，并按合同约定的方式定期分别支付。[3] 所以，在幸福反向抵押养老保险合同中，夫妻均达到上述年龄要求且共同享有房屋所有权的情况下，二人可以共同与保险公司缔结幸福反向抵押养老保险合同，分别享有领取养老金的权利。当夫妻一方身故，另一方当然可以按其份额继续领取养老金，同时居住房屋，直至身故、搬离或其他导致合同到期应付的情形发生。但是，在夫妻一方达到缔结合同的条件，另一方因未共享房屋所有权，或虽然共享房屋所有权，但未达到或已超过缔结合同的年龄要求，通常情况下，为避免将来发生纠纷，保险公司会选择把夫妻二人都排除在幸福反向抵押养老保险合同之外。另一种可能情形是，为了开拓市场，保险公司愿意与符合条件的一方配偶缔结合同，而另一方配偶由于不享有房屋产

〔1〕 参见“不动产逆向抵押作业规定”第 2 条。
〔2〕 参见《幸福房来宝老年人住房反向抵押养老保险（A 款）》第 1.4 条。
〔3〕 参见《幸福房来宝老年人住房反向抵押养老保险（A 款）》第 9.1 条。

权，或者不符合缔结合同的年龄条件，保险公司不能与之签订合同。这时，如何保护“未参与投保配偶”的正当权益，就成了较为棘手的问题。对此，可分以下两种情况讨论：

(1)共享房屋所有权、不符合年龄条件的配偶不受合同保护。在夫妻共同享有房屋所有权，一方配偶由于年龄不符合缔结要求而不能参与投保的情况下，虽然符合条件的另一方配偶打算缔结合同，但仍存在以下问题。第一，影响符合年龄、产权条件的配偶参与合同的积极性。如果夫妻一方缔结反向抵押养老保险合同，另一方配偶未达到合同要求的60岁的最低年龄，或已然超出合同要求的最高年龄，那么即使该配偶对抵押房屋享有共同所有权，他(她)也没有资格参与缔结合同，不享有领取养老保险金的权利。在此情况下，符合条件的一方配偶是否愿意投保参与合同，就需要进一步全面考虑。第二，有房屋产权、不符合年龄条件的配偶只尽义务，不享权利，有失公平。在符合条件的一方配偶全面考虑而签订反向抵押养老保险合同的情况下，由于另一方配偶与其共享房屋所有权，那么夫妻双方必须共同签订抵押合同、办理登记，才能使反向抵押养老保险合同有效成立，保险人取得抵押权。这样，由于不符合年龄条件、不能参与养老借款合同，享有房屋产权的一方配偶承担了抵押义务，却不能享有借款权利。第三，有房屋产权、不符合年龄条件的配偶可能面临或清偿全部借款债务，或搬离房屋的两难窘境。反向抵押养老保险合同签订后，如果享有房屋产权、不符合年龄条件的配偶先于签约配偶一方身故，则不影响合同继续履行。签订合同的配偶可以继续领取借款，居住房屋。但是，如果未参与合同的配偶后于签订合同的配偶身故，抵押合同到期，未投保的一方配偶就面临清偿全部借款债务，以涂销抵押权，或者搬离房屋，任由保险人行使抵押权、实现债权的窘境。

(2)未共享房屋产权、不符合年龄条件的一方配偶，不受合同保护。如果夫妻一方缔结反向抵押养老保险合同,另一方配偶符合年龄要求,但未共享房屋所有权,或既未共享房屋所有权,也不符合年龄条件,就没有资格缔结合同。在这两种情况下,未参与合同的配偶不享有领取养老保险金的权利。同时,当缔结合同的另一方配偶先故,由于合同没有约定该方配偶的房屋使用权,该方配偶面临或者搬出房屋,或者清偿被保险人所负相关保险费用债务的两难选择。

与夫妻一方缔结幸福反向抵押养老保险合同相比,HECM 抵押合同制度通过区分“适格未参与借款的配偶”与“不适格未参与借款的配偶”,较好地保护了不享有房屋所有权、未达到缔结合同年龄、未参与缔结合同的配偶对房屋的使用权。因为在 HECM 抵押合同中,即使借款人的配偶对房屋不享有所有权,不能成为抵押人,或者由于年龄原因不能成为借款人,只要在借款人签订反向抵押借款合同时具有配偶身份,她(他)就是“适格未参与借款的配偶”。贷款人就应当以夫妻二人中年少者的年龄作为确定本金限额的依据。基于此,“适格未参与借款的配偶”不享有领取借款的权利,但是,在借款人生存期间,“适格未参与借款的配偶”有权在抵押房屋中居住。在借款人先于“适格未参与借款的配偶”身故后,该配偶受延长期规则的保护,仍得终身占有、使用抵押人的房屋。这一保护“适格未参与借款的配偶”房屋使用权的延长期规则,值得我国反向抵押养老保险合同制度借鉴。

四、反向抵押合同中借款人的选择权与恢复权

对于设定抵押权的房屋,贷款人享有担保利益。在借款人身故的情况下,贷款人通过行使抵押权,以房屋变现金额实现债权,各方并无争议。但是,很多情况下,借款人仍然健在,仅由于其没有履行合同约定义务,就要求借款人必须全额清偿债务,否则就面临被取消

赎回权的困境,这对借款人极为不利。为此,HECM 抵押合同约定,如果借款人违约行为导致抵押合同到期应付,借款人仍然享有在多种方案之间进行选择的权利。在贷款人启动取消赎回权程序后,借款人享有纠正导致合同到期应付的情形,请求贷款人恢复合同履行状态的恢复权。这两项权利充分保护了借款人对房屋的使用权。对此,我国台湾地区的不动产逆向抵押借款合同制度,中国人民人寿保险公司开办的反向抵押养老保险合同,尚缺乏相应的规定和约定。

(一)HECM 抵押合同到期后借款人的选择权

1. HECM 抵押合同到期的原因

HECM 抵押合同签订后,借款人和贷款人都受到合同的拘束,应当积极履行合同义务。在合同履行期间,借款人方面具有下列情形之一,将成为加速债务到期应付的理由(Grounds for Acceleration of Debt):[1]

(1)一位借款人身故,且房屋不再是至少另一位生存借款人的主要居住地。

(2)一位借款人将其房屋所有权转让,且没有其他借款人以非限嗣继承地产权形式保留对房屋的产权,或通过一份租赁契约保留一项不少于 99 年、可更新的租赁权,或通过一份租赁契约拥有不少于 50 年、超出最年轻的借款人 100 岁生日的租赁权,或保留一项终身地产权。

(3)具有下列情形之一,经住房和城市发展部部长同意,合同到期,借款人应予偿还:①除身故原因外,基于其他原因,房屋不再是一

---

〔1〕 See 24 C. F. R. § 206. 27, Mortgage provisions. (c) Date the mortgage comes due and payably, (1). Model Mortgage Form (Home Equity Conversion), Mortgage 9, Grounds for Acceleration of Debt.

位借款人的主要居住地，且房屋也不再是至少一位其他借款人的主要居住地；②连续超过12个月，由于生理或心理疾病原因，一位借款人没有占用房屋，且房屋不再是至少一位其他借款人的主要居住地；③借款人没有履行抵押合同中约定的一项义务。

上述任何一种情形发生，都会导致HECM抵押合同到期，借款人应偿还借款本息和费用。为保护借款人利益，HECM抵押合同赋予借款人选择权，是清偿债务，还是任由贷款人启动取消赎回权程序，抑或纠正不当行为，继续履行合同。

2. 借贷双方的告知义务与借款人的选择权

（1）借款人的告知义务与贷款人的通知义务。①借款人的告知义务。借款人应当每年以认证形式，按贷款人要求格式，向贷款人告知房屋是否是借款人的主要居住地；除借款人身故情形外，借款人应随时通知贷款人上列导致HECM抵押合同到期事件发生的情形。[1]②贷款人的通知义务。无论以上所列合同到期应付的情形何时发生，贷款人都应当通知（住房和城市发展部）部长和借款人，在通知借款人后的30日内，贷款人不得启动取消赎回权的程序。[2]

（2）借款人的选择权。在借款人健在的情况下，借款人接到贷款人的上述通知后，有30日进行考虑，并在以下几种处理方案中作出选择：①纠正导致抵押合同到期应付的问题；②全额偿还债务；③按借款余额或按房屋评估价格的95%的金额两者中价格低者出售房屋，申请获得售价与借款余额之间的差额；④与贷款人签订一份关于

〔1〕 See Model Mortgage Form (Home Equity Conversion), Mortgage 9, Grounds for Acceleration of Debt. (c) Notice and Certification to Lender.

〔2〕 See 24 C. F. R. § 206. 125 Acquision and sale of the property. (a) Initial action by the mortgagee, (2). Model Mortgage Form (Home Equity Conversion), Mortgage 9, Grounds for Acceleration of Debt. (d) Notice to Secretary and Borrower.

房屋产权的契据,以代替贷款人启动取消赎回权的程序。[1]

在合同履行期间,如果借款人和"适格未参与借款的配偶"均已身故,HECM 反向抵押借款合同不可逆地进入清偿还债程序。借款人的继承人与贷款人协商,解决清偿借款本息及费用问题。如果协商不成,贷款人当然可启动取消赎回权程序,以房屋变现金额实现债权。除此之外,如果一位借款人由于身故、疾病等原因没有占有、使用房屋,而另有其他借款人也没有占有、使用房屋,或由于借款人没有履行抵押合同约定的支付房屋灾害保险费、税金等其他义务,导致 HECM 抵押合同到期,贷款人有权要求借款人清偿所有债务。从《联邦条例》规定和 HECM 抵押合同约定的内容来看,借款人可以在上述四种方案进行选择。借款人既可以选择履行义务,全额支付借款本息及费用,以保留房屋所有权,也可以选择任由贷款人取消赎回权,以房屋变现金额清偿债务,还可以选择再与贷款人磋商,达成一份替代性契约。借款人还可以选择纠正导致合同到期应付的情形,比如支付相应的灾害保险费、应付的税金等,使整个 HECM 反向抵押借款合同能够继续履行。当然,如果借款人选择纠正导致合同到期的不当行为,那么他(她)可以继续享有合同约定的权利,包括继续领取借款,继续居住房屋直至身故、出售或搬离房屋等合同到期应付等情形发生。

(二)取消赎回权程序启动后借款人的恢复权

1. 借款人恢复权的含义

借款人的恢复权,是指 HECM 抵押合同履行期间,由于借款人

---

〔1〕 See 24 C. F. R. § 206. 125 Acquision and sale of the property. (a) Initial action by the mortgagee, (2). Model Mortgage Form (Home Equity Conversion), Mortgage 9, Grounds for Acceleration of Debt. (d) Notice to Secretary and Borrower.

的行为导致 HECM 反向抵押借款合同到期应付的条件成就，贷款人向借款人提出清偿全部债务的要求后，借款人通过改正导致合同到期应付的问题，使合同恢复到原来的效力状态，由借款人和贷款人继续履行 HECM 反向借款抵押合同的权利。[1] 借款人恢复权，是在借款人的不当行为导致 HECM 抵押合同加速到期，而借款人未行使选择权，或未选择纠正不当行为，而任由贷款人启动取消赎回权程序后，《联邦条例》再次赋予借款人对合同到期应付的情形予以纠正，使合同恢复到继续履行状态的程序性权利。按照《联邦条例》的规定，如果借款人主张恢复权，除非有法定或约定的限制情形，贷款人无权拒绝。

2. 借款人恢复权的行使[2]

（1）借款人恢复权的行使时间。借款人行使恢复权的时间，是在贷款人提出取消赎回权的程序之后，程序结束之前。贷款人行使取消赎回权的程序之前，借款人通过主张选择权，纠正导致抵押合同到期应付的问题，可以使合同恢复到原来的履行状态。

（2）借款人行使恢复权的条件。要使合同恢复到原来的效力状态，借款人除向贷款人提出恢复抵押合同效力的请求外，还必须改正导致抵押合同到期应付的问题，并承担相应的费用。①为恢复抵押合同继续履行的状态，借款人应当改正导致抵押合同到期应付的问题。比如借款人连续 12 个月没有占有、使用房屋，没有按时支付应付的灾害保险费、市政收费等，借款人必须占有、使用房屋，支付相应的费用。②对于启动取消赎回权程序而支出的各项成本和费用，如贷款人支付的、符合通常标准的律师费，贷款人可以通过计入借款人

---

〔1〕 See Model Mortgage Form (Home Equity Conversion), Mortgage 11, Reinstatement.

〔2〕 See 24 C. F. R. § 206. 125 Acquision and sale of the property. (a) Initial action by the mortgagee, (3). Model Mortgage Form (Home Equity Conversion), Mortgage 11, Reinstatement.

本金余额的方式,由借款人承担。

(3)借款人行使恢复权的效果。一经借款人提出恢复抵押合同的要求,抵押合同及抵押合同所担保的义务即恢复到其原来的效力状态,就好像贷款人未提出立即偿还全额债务一样。

3. 对借款人恢复权的限制[1]

通常情况下,借款人行使恢复权,可以使 HECM 抵押合同恢复到原有的效力状态。对此,贷款人无权拒绝。但是在特殊情形中,《联邦条例》和 HECM 抵押合同条款都对借款人的行使恢复权进行了必要的限制。有下列情形之一,对于借款人提出的恢复请求,贷款人不负必须同意的义务:①过去的两年内,贷款人启动取消赎回权程序之后,已经接受过借款人的恢复请求;现在,贷款人再次通知借款人抵押合同到期应付,并再次启动取消赎回权程序。②如果允许借款人行使恢复权,将妨碍贷款人基于其他理由启动取消赎回权程序。③抵押合同恢复到原来的效力状态,将影响贷款人抵押权的优先次序。

在特定情形下限制借款人行使恢复权,这是在借款人与贷款人之间进行利益衡量的结果。保护借款人权益,尤其是保护借款人的程序性权益,一直是 HECM 反向抵押借款合同制度的基本原则。在借款人仍然健在,而由于借款人的行为导致 HECM 抵押合同到期应付的情况下,美国《联邦条例》和 HECM 抵押合同赋予借款人选择权,使借款人在一定期间内进行利益衡量,作出于己有利的选择。在借款人选择让贷款人启动取消赎回权程序,或借款人未作出选择,而由贷款人启动取消赎回权程序情况下,为保护借款人利益,《联邦条

[1] See 24 C. F. R. § 206. 125 Acquision and sale of the property. (a) Initial action by the mortgagee, (3)(ⅰ)(ⅱ)(ⅲ). Model Mortgage Form (Home Equity Conversion), Mortgage 11, Reinstatement.

例》和 HECM 抵押合同再次赋予借款人恢复权，使其有机会纠正导致抵押合同到期应付的问题，使抵押合同恢复原来的效力状态，得以继续履行。同时，为保护贷款人抵押权益，在借款人行使恢复权可能危及贷款人抵押权利益的情形下，《联邦条例》与 HECM 抵押合同又对借款人恢复权进行必要的限制。

五、反向抵押合同中借款人赎回权保护

赎回(Redemption)，是指设定抵押或质押的财产，在债务人履行债务后解除担保，返还担保物。[1] 对于已经设定抵押权的房屋，抵押人当然可以在抵押期间内，通过清偿全部债务的方法，解除抵押物上的负担，即行使赎回权(Right of Redemption)。赎回权实质上是抵押人或债务人通过清偿债务，以解除并涂销设定于抵押物之上的抵押权的权利。如果债务到期后的一定期间内，债务人或抵押人没有以清偿全部债务的方式行使赎回权，抵押人即面临取消赎回权(Foreclosure)的风险。所谓取消赎回权，又称终止赎回权，原指终止抵押物赎回权之诉，即抵押人未在规定期限内清偿抵押债务时，抵押权人有权起诉请求终止抵押人对抵押物的回赎权，由抵押权人取得抵押物的所有权或变卖抵押物以清偿债务；现在一般是指依法执行留置权、信托合同或抵押权。[2] 英美法系的取消赎回权制度，对应大陆法系的抵押权人行使抵押权，通过司法程序把抵押物变现，以变现金额受偿债权的程序。

(一)有赎回权的反向抵押与无赎回权的反向抵押

我国学者在研究反向抵押借款合同制度时，以反向抵押借款合

[1] 薛波主编：《元照英美法词典》(缩印版)，北京大学出版社 2013 年版，第 1162 页。
[2] 同上注，第 566 页。

同到期后，借款人是否有权赎回房屋为标准，把反向抵押借款区分为“无赎回权的反向抵押借款”和“有赎回权的反向抵押借款”。学者认为，无赎回权的反向抵押借款，是指申请人（借款人）或申请人的继承人在房主身故、永久搬离或出售抵押房屋之前，不能通过清偿借款本息的方式把房屋的抵押权赎回的住房反向抵押借款方式。[1] 有赎回权的反向抵押借款，是指申请人（借款人）或申请人的继承人在房主身故、永久搬离或出售抵押房屋之前，可以通过清偿借款本息的方式把房屋的抵押权赎回的住房反向抵押借款方式。[2] 也有学者认为，有赎回权的反向抵押借款，是指当借款合同结束时，借款人的继承人有权利将借款本息偿付后获得住房抵押权的住房反向抵押。[3] 以此为前提，有学者进一步研究了无赎回权的反向抵押借款的产品定价和有赎回权的反向抵押借款的产品定价。[4] 以借款人是否享有“赎回权”为标准对反向抵押合同进行分类，将对借款人的权益产生重大影响。因为如果借款人选择无赎回权反向抵押借款，借款人不能通过出售房屋、偿清借款本息的方法结束借贷关系，理性的借款人一般也不会在去世前主动搬离房屋，将房屋交由金融机构处理，所以，对于无赎回权的反向抵押借款来说，一般情况下，在屋主去世后，房屋由贷款机构收回出售、拍卖，用以偿还借款本息，并获得一定利润。[5]

从法律角度分析，借款人赎回权有以下两方面问题需要探讨。

---

〔1〕 参见范子文：《中国住房反向抵押贷款研究》，中国农业出版社 2011 年版，第 170 页；范子文：《无赎回权的住房反向抵押贷款定价研究——基于保险精算方法》，载柴效武等：《反向抵押贷款产品定价》，浙江大学出版社 2008 年版。

〔2〕 参见范子文：《中国住房反向抵押贷款研究》，中国农业出版社 2011 年版，第 171 页。

〔3〕 参见韩再：《住房反向抵押贷款运作机制》，中国金融出版社 2014 年版，第 146 页。

〔4〕 参见向为民、伯彦村：《双生命模型下无赎回权住房反抵押贷款定价研究》，载《研究与探索》2015 年第 14 期。

〔5〕 参见范子文：《中国住房反向抵押贷款研究》，中国农业出版社 2011 年版，第 171 页。

第一,把反向抵押借款分为有赎回权的反向抵押借款与无赎回权的反向抵押借款,这种分类方法是否妥当？第二,当反向抵押合同到期,借款人或其继承人要行使赎回权,他们以什么价格行使赎回权？是必须清偿全部债务,还是仅以房屋的现值进行清偿？探讨这两个问题对于研究反向抵押制度及借款人权益保护,具有重要意义。前者涉及反向抵押借款合同制度设置的合理性,以及反向抵押制度与现行人抵押法律制度的衔接问题,后者涉及反向抵押制度中借款人权益保护的程度问题。

(二)赎回权的制度考察与借款人赎回权的含义

1. 英美法系赎回权制度考察

依英美法学者的见解,近代法上的 Mortgage,从其本义来说,是指为担保债务人债务的履行,由债务人将一定的财产权利转移给债权人,债权人在债务人不履行义务时,可以取得担保财产的绝对所有权。[1] 在 1066 年威廉征服英格兰之前的盎格鲁－撒克逊时期,有关抵押的制度安排已经存在,而美国的现行抵押法律制度主要源于 14 世纪的英国普通法。[2] 在 14～15 世纪,英国普通法的抵押实质是自由地产权的转让,这种转让取决于随后的条件;无论出于何种原因,如果抵押人没有按照预定的时间向抵押权人偿还借款,将导致对抵押人而言十分残酷的结果。因为抵押权人对抵押的不动产的权利具

〔1〕 参见许明月:《抵押权制度研究》,法律出版社 1998 年版,第 47 页。

〔2〕 See Johnny L. Woodruff, *Certiorari to In Re BFP: The Eve of Decision to a Dozen Years of Durrett Conflict—Will Resolution of the Issue Solve the Real Problem?* 24 Memphis State University Law Review Summer 773(1994).

有绝对性,抵押人因而丧失不动产上的所有利益。[1] 里托顿于1475年对让与抵押用"mort - gage"一词指称。他指出:"为何我们称之为Mortgage,因为债务人能否在期限内履行债务尚未可知,若债务人未能履行,则依据契约条件的记载,他将永远丧失对于这块土地的权利,故对于债务人而言,这无异于宣告其权利身故。"这一阶段,抵押成为土地的流质形态,债务人非但会丧失土地的权利,还须负担(土地抵押价值)不足部分的债务,故对债务人而言极为苛酷。[2] 这种状况一直延续到17世纪,当时的贷款人要求与借款人订立协议,将借款人的土地所有权转让给贷款人,在借款人还清债务以后,贷款人再将土地还给借款人;如果借款人在约定的时间内没有还清债务,贷款人就不再交还土地,而成为抵押土地的绝对所有人;普通法院会严格执行该协议。[3]

显然,这种行使抵押权的方法对于抵押人是不公平的,法院开始允许通过公开拍卖的方法取消赎回权,因为这样可以得到抵押物的市场价格;同时,如果拍卖价格超过债务额,也允许抵押人保留两者的差额。[4] 这种变革发生在英国查理一世(1625 ~ 1649年)时期。在此期间,衡平法院认为,Mortgage的本质是为了贷款给债权人予担保,并不在于土地所有权的移转。公平起见,抵押债务人即使在清偿期限经过后,也得清偿债务取回抵押物,抵押权人不得约定采取"流质"的方式剥夺债务人的权利。抵押人所享有的这项权利称为"衡平

---

〔1〕 See Rene Faulkner, *BFP v. Resolution Trust Corp.: Interpretations of Section* 548 *of the Bankruptcy Code and the Potential Effects on Mortgages and the Economy*, 17 Whittier Law Review 579 (1996).

〔2〕 参见刘得宽:《民法诸问题与新展望》,中国政法大学出版社2002年版,第428 ~433页。

〔3〕 参见李进之、王久华等:《美国财产法》,法律出版社1999年版,第157页。

〔4〕 See Eric S. Palace, *In Re BFP: Just a Band - Aid? —Looking for a Stable Solution that Balances Creditors' and Debtors' Rights Under Bankruptcy Code Section* 548(A)(2), 15 Annual Review of Banking Law 359(1996).

法上的赎回权”,即超过约定的清偿日期,债务人仍可以清偿本息的方式,向衡平法院请求救济取回土地的所有权。这样一来,抵押权人在约定的还款日期经过后,不能对抵押物取得绝对的所有权。同时,为避免抵押人长期不行使赎回权给抵押权人带来权利状态不稳定及其他损害,衡平法院允许抵押权人提起“取消赎回权”之诉,法院裁定抵押人于一定期限(通常为 6 个月)内行使赎回权,否则其权利将永久丧失,抵押物归抵押权人绝对所有。[1] 1925 年,英国制定了财产法,修正不动产法,规定所有的抵押权均须登记,债务人不履行债务时,债权人可以申请法院拍卖抵押物,如果拍卖不成功,则由抵押权人取得抵押物的权利;权利证书交由抵押权人占有,与登记具有相同的效力。[2]

在承继英国普通法、衡平法抵押制度的基础上,美国建立了相应的抵押制度。英国衡平法法院通过指定清偿日期,抵押人没有在这一截止日期还款,衡平赎回权即被取消的做法,被移植到美国,称为绝对实现抵押权(Strict Foreclosure)。[3] 在担保物价值超过担保的债务的情形下,绝对实现抵押权对抵押人并不公正。在 19 世纪,美国多数州通过立法,对抵押权人诉请法院判决取消衡平赎回权的权利作出新的规定:抵押权人应在法院的监督下,公开拍卖不动产,将清偿欠款后多余出售收入,分配给次位优先受偿权人和抵押人。这种方法称为司法实现抵押权(Judicial Foreclosure)。同时,为避免司法实现抵押权的高额成本,抵押权人创立了非司法实现抵押权

[1] 参见[美]约翰·G. 斯普兰克林:《美国财产法精解》,钟书峰译,北京大学出版社 2009 年版,第 346 页。

[2] 参见刘得宽:《民法诸问题与新展望》,中国政法大学出版社 2002 年版,第 433 ~ 434 页。

[3] See Georgina W. Kwan, *Mortgagor Protection Laws: A Proposal for Mortgage Foreclosure Reform in Hawai'i*, 24 University of Hawai'i Law Review 245 (2001).

(Power of Sale Mortgage)的形式,即通过抵押文件规定,抵押人同意在没有法院参与的情况下,通过公开拍卖取消衡平赎回权。[1] 目前,美国绝大多数州可以适用司法实现抵押权程序,有大约60%的州允许适用非司法实现抵押权程序。[2] 除此之外,绝对实现抵押权在康涅狄格州,伊利诺伊州和佛蒙特州的法律中仍然存在。[3]

2. 大陆法系抵押权实现制度考察

在大陆法系,Hypothec 又作 Hypothek,译为抵押、抵押贷款。[4] 抵押权(Hypotheca; Hypothek; Hypotheque; Mortgage),是指债权人对于债务人或第三人不移转占有,继续使用收益,而供担保之物(原则上为不动产),于债务人不履行时,得就其卖得价金受清偿之担保物权。[5] 民法上的物,具有使用价值与交换价值。抵押权,不以占有标的物为内容,不表现为对标的物的使用价值的支配。抵押权是对标的物的交换价值具有支配性,所以,在抵押物所担保的债权未受清偿时,抵押权人即得对抵押物的交换价值,行使价值权,将其变为一定的价值(通常为金钱),使债权获得优先受偿。[6] 因为抵押权不像一般物权一样对于物之实质为支配,而在于物之变价之取得,故有价值权之称。[7]

大陆法系抵押权制度也经历了与英美法系 Mortgage 制度相近

---

〔1〕 参见[美]约翰·G. 斯普兰克林:《美国财产法精解》,钟书峰译,北京大学出版社2009年版,第346页。

〔2〕 See Grant S. Nelson, Dale A. Whitman, *Reforming Foreclosure: The Uniform Nonjudicial Foreclosure Act*, 53 Duke Law Journal 1399 (2004).

〔3〕 See Georgina W. Kwan, *Mortgagor Protection Laws: A Proposal for Mortgage Foreclosure Reform in Hawai'i*, 24 University of Hawai'i Law Review 245 (2001).

〔4〕 《朗氏德汉双解大词典》(修订版),外语教学与研究出版社2010年版,第934页。

〔5〕 参见史尚宽:《物权法论》,中国政法大学出版社2000年版,第250页。

〔6〕 参见谢在全:《民法物权》(中册),中国政法大学出版社2011年版,第608页。

〔7〕 参见史尚宽:《物权法论》,中国政法大学出版社2000年版,第251页。

的演变过程。罗马法上的担保制度经历了从信托到质押,再到抵押的发展过程。[1] 信托原为当事人一方用市民法转让的方式(要式买卖或拟诉弃权),移转其物的所有权于他方,他方则凭信用,在约定的情况下,仍把原物归还物主;在债务关系中,信托的担保作用体现为债权人通过要式买卖或拟诉弃权而取得担保物的市民法所有权,对担保物享有一切物权;债权人在受清偿后,应将担保物归还债务人,债权到期而未受清偿的,债权人可以将担保物出卖以受偿债务,并把余款退还给债务人。[2] 因此,在罗马法中,即使最古老的信托担保方式,虽然债权人取得担保物的所有权,但并不意味着债务人不能以清偿债务的方式,再重新取得担保物的所有权。同时,即使债权人最终通过信托,实现债权,也需要出卖信托物,并把变现金额与债权之间的余额偿还给债务人。因此,在信托担保时期,不存在债务人无赎回信托物所有权的情形。

信托担保方式对债权人给予充分保障,但对债务人极为不利。所以,罗马法又发展出质权担保,代替了信托担保。质权担保,是指为了担保债权,债权人可以在给付没有履行前留置债务人或第三人交付的质物,并于债务人给付迟延时,出卖质物以清偿债务的担保方式;质权设定无须烦琐的设立形式,只须交付质物即可,而且质押只移转物件的占有,而不移转其所有权,债权人不能像信托那样随便出卖质物;质权是一种物权,质权人于债权已届清偿期而未受清偿的,得追及质物而出卖之,就卖得的价金而受清偿。[3] 显然,在质权担保中,债权人对担保物享有质权,债务人对担保物享有所有权,债务人当然有权在债务到期时清偿债务,以消灭质权,保留完整的所有权。

---

〔1〕 参见许明月:《抵押权制度研究》,法律出版社 1998 年版,第 10 页。

〔2〕 参见周枏:《罗马法原论》,商务印书馆 1994 年版,第 423 ~ 424 页。

〔3〕 同上注,第 425 页。

在现代抵押法律制度中,债权人对抵押物享有抵押权,只是支配抵押物交换价值的权利,而不能直接取得抵押物的所有权。为了担保债务履行,债务人或抵押人可以用抵押物的交换价值,为债权人设定抵押权。债务人或抵押人当然可以通过清偿债务的方式,消灭抵押权,故不存在无赎回权的抵押。

3. 反向抵押合同中借款人赎回权的含义

借款人赎回权,是指在合同履行期间或合同到期应付时,借款人(抵押人)或其继承人向贷款人(抵押权人)清偿借款本金、利息及费用,以消灭抵押权的权利。借款人赎回权的本质在于消灭抵押权,使所有权恢复到原来的圆满状态。对于我国学者提出的有赎回权的反向抵押与无赎回权的反向抵押分类,有以下几点需要说明:

第一,借款人行使赎回权的客体不是所有权或抵押权,而是通过偿清债务的方式消灭抵押权。一方面,在现代抵押法律制度中,债务人或第三人无须把标的物的所有权转让给债权人,以担保债权实现。债务人或第三人仅是在所有物上设立价值性的抵押权。所以,在反向抵押制度中,借款人也无须行使赎回抵押物的所有权。另一方面,除非有后顺位的抵押权存在,抵押人为获得顺位利益,在清偿债务后可以取得先顺位的抵押权,通常情况下,抵押人不会取得抵押权。在反向抵押借款合同中,贷款人设定抵押权后,一般不允许借款人就房屋再为他人设定后顺位的抵押权。所以,借款人清偿债务后,债权消灭,为担保债务实现的抵押权随之消灭。借款人可以请求不动产登记机关涂销抵押权。

第二,从赎回权与抵押权的制度考察可以看出,并不存在自始抵押人无赎回权的问题。从英美法系与大陆法系担保制度的发展过程来看,二者都经历了债务人转移担保物所有权给债权人,再至给债权人设立价值性的抵押权的过程。即使债务人把所有权转让给债权人,债务人也可以通过清偿债务的方式,赎回担保物的所有权,这是债务人享有的基本权利。在反向抵押借款合同中,借款人为了获得贷款人授信,与贷款人订立设定抵押权的协议,贷款人因此取得抵押权。在借款人还清债务以后,抵押权消灭。如果借款人在约定的时间内没有还清债务,贷款人可以启动取消赎回权程序,通过司法程序实现抵押权,也可以通过非司法程序实现抵押权,并不存在"无赎回权的住房反向抵押"问题。

第三,我国学者对住房反向抵押进行分类时,没有注明"无赎回权的住房反向抵押"与"有赎回权的住房反向抵押"的文献出处,无法探究这一分类的渊源。英语中的"Foreclosure",译为取消赎回权。按文义解释,无赎回权或许是我国学者把该词理解成"没有赎回权",然后直译为"无赎回权"的结果。

第四,从抵押制度在英国和美国的发展来看,如果逾期不能偿还债务而丧失抵押物的所有权,对抵押人过于严苛,显失公正。随着不动产登记制度的完善,流质抵押已为英国衡平法所不采,所以,在现代抵押法律制度中,不存在抵押人"无赎回权"问题。反向抵押借款制度就是要使拥有房屋的老年人能在自己的房屋中居住,安享舒适的退休生活,而不必出卖房屋。[1] 如果老年人在抵押房屋后不能通过偿还借款本息、费用的方式"赎回"房屋,以消灭抵押权,这无异于强迫老年人把房屋出卖给金融机构,这有悖于设立反向抵押借款合同制度的初衷。

所以,在 HECM 抵押合同中,借款人为贷款人设定抵押权后,"房屋所有权仍然登记在抵押人名下,他们可以把承受反向抵押债务

---

〔1〕 See Meghan Galloway & Richard Kantor eds., *Reverse Mortgages: Elements, Considerations and Market Developments*, Nova Science Publishers, Inc., 2013, p. 7.

的房屋留给自己的受益人,就如房屋上没有设定反向抵押一样。"[1]对于无赎回权的反向抵押,正如美国学者所言,"反向抵押借款合同,是借款人通过在房屋上设定物上负担(Lien)而获得担保,并不是借款人要把房屋的所有权转让给贷款人以换得按月支付的借款,这是一个普通的误解"[2]。

(三)HECM抵押合同中借款人及其继承人赎回权保护

1. 借款人及其继承人的选择权

如上所述,当HECM抵押合同到期,借款人及其继承人可以在以下几种方案中进行选择:第一,如果继承人有充裕的资金或可以融得资金,他可以偿还借款人所欠贷款人本息、费用,从而消灭抵押权,自己继承房屋所有权。第二,出售房屋,偿还贷款余额,保留剩余部分的售房收入;如果出售房屋的收入不足偿还借款余额,出售房屋的价格也不得低于房屋评估价格的95%。第三,与贷款人签订一份新的合同,以避免贷款人取消赎回权。第四,继承人对上述几种方案不做选择,由贷款人起动取消赎回权程序。[3] 借款人及其继承人应当在合同到期之日起30日内作出选择。这一期间过短,可能导致房屋价值高于借款余额,给借款人或其继承人造成损失。对此,贷款人有权将这一期间延长到6个月。如果房屋的出售收入不足以偿还贷款余额,即发生了住房和城市发展部承保的风险,就差额部分,贷款人有权请求住房和城市发展部承担。借款人和其继承人对差额部分免

---

[1] See Annie E. Nelson, *Reverse Mortgages: Changes Brought about by the Housing and Economic Recovery Act*, 13 North Carolina Banking Institute 337(2009).

[2] See Debra Pogrund Stark, Jessica M. Choplin & Joseph A. Mikels, *Complex Decision - making and Cognitive Aging Call for Enhanced Protection of Seniors Contemplating Reverse Mortgages*, 46 Arizona State Law Journal 299(2014).

[3] See 24 C. F. R. § 206. 125(a) (2) (ⅱ).

责,贷款人对其无追偿权。

2. 借款人及其继承人行使赎回权时偿还债务的金额

如果借款人及其继承人想通过行使赎回权的方式消灭抵押权,以保留房屋所有权,借款人及其继承人需要清偿全部债务余额,还是按照房屋的现值偿还债务,这是一个需要探讨的问题。对此问题,住房和城市发展部历经了让借款人及其继承人按照房屋的现值与债务额,以两者中较少者为标准行使赎回权,到清偿全部债务后才行使赎回权,再到按照房屋现值与债务额,以两者中较少者为标准行使赎回权的态度转变过程。

(1)以清偿借款余额的方式行使赎回权。在 HECM 反向抵押借款合同中,由于受住房和城市发展部承保,合同到期后,抵押人应通知住房和城市发展部部长;必要时经部长同意,且除非抵押人身故,抵押权人应当通知抵押人,抵押已经到期,应予全额偿还抵押余额(Mortgage Balance),包括累计利息和抵押保险费。[1] 通过偿还借款本金、利息、抵押保险费等相关费用的方式清偿债务,这是借款人及其继承人行使赎回权的基本方式,也是债务应当清偿的应有之义。

(2)以抵押物的现值行使赎回权。在传统抵押借款合同中,借款人及其继承人要行使赎回权,应全额清偿借款余额。即使借款人放弃赎回权,任由抵押权人以房屋变现金额全部优先受偿,但是,当房屋的变现金额不足以清偿债务时,抵押权人对两者之间的差额部分,仍然有权向抵押人或其继承人追偿。问题在于 HECM 反向抵押借款是无追偿权的借款。这意味着借款合同到期后,如果借款人没有偿还借款余额,且房屋的变现金额不足以偿还借款余额,贷款人对借款人的其他财产没有追偿权。1994 年,住房和城市发展部发行的

[1] See 24 C. F. R. § 206. 125(a) (2).

HECM 手册规定:“HECM 反向抵押是一种无追偿权借款。”这意味着 HECM 反向抵押借款合同中借款人(他或她的遗产)的欠款,不会超过借款余额或房屋的价值,无论哪一个较少;除了房屋之外,没有其他财产必须用于清偿债务。[1]

对于借款余额与抵押房屋变现金额之间的关系,可分两种情形分析:第一,如果合同到期时借款余额低于房屋变现金额,以实际借款余额确定借款人或其继承人应偿还的金额;第二,如果合同到期时借款余额超出变现金额(通常表现为合同到期时房屋的评估价格),那么借款余额按照房屋的价值确定。无论哪种情形,借款人及其继承人都按照两者中金额较少者,确定清偿责任。这是对 HECM 手册文本进行文义解释得出的结论。但是,这仅仅是问题的一个方面。另一方面,如果借款人或其继承人想通过行使赎回权的方式消灭抵押权,借款人或者其继承人是否可以按照借款余额或房屋变现金额中较少者的标准清偿债务,而不必清偿超过房屋变现金额部分的借款余额,就可以保留房屋所有权呢?

对于借款人及其继承人行使赎回权时以哪一种标准偿还借款余额,贷款人无追偿权规则对之有重要影响。合同到期后,如果借款余额大于房屋评估价格,这意味着发生了应由城市和发展部承保的风险。“与传统的抵押保险仅保护贷款人免予承担借款人的违约风险不同,反向抵押借款合同向借款人保证,借款人或借款人的遗产所欠款项永远不会超过房屋的价值。这意味着如果(抵押)房屋的价值少于借款余额,(借款人的)其他财产永远不会用来偿还抵押债务。这

---

[1] See HUD, 4235.1 REV - 1, Chapter 1. General Information, 1 - 3. C: The HECM is a "non - recourse loan". This means that the HECM borrower (or his or her estate) will never owe more than the loan balance or value of the property, whichever is less; and no assets other than the home must be used to repay the debt.

是反向抵押被称为无追偿权借款的原因。"[1]所以,在借款合同到期后,如果抵押物拍卖或变现金额低于借款余额,借款人或其继承人以房屋变现金额为限,就可以行使赎回权。这是借款人受无追偿权保护的引申含义。

(3)住房和城市发展部的态度转变。对于借款人及其继承人应以什么价格行使赎回权,2008 年 12 月,美国住房和城市管理部通过抵押权人信件(2008 - 38)表明了其态度:"一些这项计划(反向抵押借款)的参加者错误地推断了用语的含义,一位借款人(或借款人的房产)可以通过偿还抵押债务余额或者按房屋的评估价格,以两者之中较少者的方式清偿 HECM 的借款余额,从而保留房屋所有权。这是不正确的,这不是条款的真正含义。无追偿权仅仅意味着,如果借款人(或房屋价值)不能清偿到期的借款余额,贷款人可以采取的救济措施仅限于取消赎回权,借款人对于取消赎回权后的债务余额不负个人清偿责任……如果抵押到期应付,且借款人愿意保留房屋所有权,在任何时间,抵押债务必须全额清偿。"[2]对此,学者的传统观点也认为,借款人对抵押的房屋仍然享有所有权,因此,如果借款人要把所有权移转给他的继承人,或者继承人打算继承房屋所有权,那么借款人或其继承人必须清偿借款余额,即所有债务。[3] 无论是住房和城市发展部具有法律效力的信件,还是学者的传统观点,他们的出发点在于,贷款人对于超出抵押房屋价值部分的债权不得向借款人及其继承人追偿,但是,这并不意味着超出抵押房屋部分的债权就是自然债权或无效债权,更不是说借款人或其继承人偿还等同于合

---

〔1〕 See Tom Kelly, *The New Reverse Mortgage Formula: How to Convert Home Equity into Tax - Free Income*, John Wiley & Sons, Inc., 2005, p. 31.

〔2〕 See HUD, Mortgagee Letter 2008 - 38, Dec. 5, 2008.

〔3〕 See Jean Reilly, *Reverse Mortgages: Backing into the Future*, 5 Elder Law Journal 17 (1997).

同到期时房屋评估价格的借款余额,就等于偿还了所有债务。如果借款人或其继承人想保留所有权,他就应当清偿全部债务,即使是超出房屋价值而原本贷款人无追偿权的部分债权,也需清偿。

对于住房和城市发展部的上述态度,美国退休者协会提出批评,认为:"从1989年以来,住房和城市发展部明确表明,借款人或其继承人的欠款额永远不会超过合同到期时房屋的价格。但是2008年底,住房和城市发展部突然改变这一政策,认为借款人的继承人,包括其未登记为抵押人的尚存配偶,如果要保留房屋所有权,必须全额清偿抵押余额(借款余额),即使该余额超出了房屋的价格。这一做法不仅违反了住房和城市发展部自己的规定,也违反了借款人与贷款人之间的合同,否定了借款人支付抵押保险费的主要目的。"[1]

对于借款人或其继承人偿还借款余额的几种可选方案,住房和城市发展部作出进一步解释:第一,如果抵押尚未到期应付,借款人想保留房屋所有权,抵押债务可以随时全额偿还。第二,如果抵押已经到期应付,借款人(或其继承人)想保留房屋所有权,抵押债务必须全额清偿。贷款人可以帮助借款人(或其继承人)获得其他融资,以全额偿还借款余额。第三,无论抵押是否到期应付,在任何时候,借款人均可以按照抵押债务或房屋评估价格两者中较少者为价格,出售房屋。第四,如果抵押到期应付,借款人(或其继承人)不打算保留房屋产权,房屋至少应当按照尚未偿付的借款余额或房屋评估价格的95%进行出售。[2]

---

〔1〕 See En español, *HUD Targeted in Suit for Illegal Reverse Mortgage Foreclosure Actions*, AARP Press Center (March 8,2011), http://www.aarp.org/about-aarp/press-center/info-03-2011/hud_targeted_in_suit_for_illegal_reverse_mortgage_foreclosure_actions.html.

〔2〕 See HUD, Mortgagee Letter 2008-38, Dec. 5, 2008.

但是,对于借款人或其继承人而言,住房和城市发展部提出的上述规则是不公平的。理由在于:第一,在贷款人启动取消赎回权场合,通过司法拍卖变现程序,第三人可以按照房屋的市场价格取得房屋所有权;在借款人或其继承人出让房产场合,第三人可以按照房屋评估价格95%的价格,取得房屋所有权。作为房屋所有权人,借款人(抵押人)或其继承人为了保留本来属于自己财产或继承遗产的房屋所有权,却必须清偿超出房屋评估价格部分的借款余额。第二,在抵押保险合同中,抵押人(借款人)支付了首笔抵押保险费和每月抵押保险费,这是借款人及其继承人享有不受贷款人追偿利益的前提。住房和城市发展部在收取抵押保险费的情况下,承担借款余额超过房屋价值的风险。如果借款人或其继承人不能以房屋的变现金额为限清偿借款,以保留房屋所有权,而必须在清偿全部借款余额后才能保留房屋所有权,那么借款人支付的抵押保险费将完全失去其应有的意义与价值。

(4)住房和城市发展部的态度回归。2011年4月3日,住房和城市发展部通过新的抵押权人信件(2011-16),撤回了抵押权人信件(2008-38)。住房和城市发展部指出,抵押权人信件(2008-38)的目的是补充和解释《联邦条例》(24 C. F. R §206.125)和美国住房和城市发展部手册4235.1的内容。由于尚有不确定性,现住房和城市发展部撤回抵押权人信件(2008-38),关于该问题的新的指导规则将来颁布。[1] 显然,住房和城市发展部的解释模棱两可,但是,从表面上看,借款人或其继承人为保留房屋所有权而偿付借款余额问题,又回归到1994年4325.1 REV-1手册中提到的规则,即"两者

[1] See HUD, Mortgagee Letter 2011-16, Apr. 5, 2011.

中较少者”(Whichever is the less)规则。[1] 贷款人无追偿权,意味着借款人或其继承人对于借款本息与抵押房屋价值之间的差额不承担个人责任。[2] 所以,借款人或其继承人受到了双重保障:一方面,对于超出房屋价值部分的借款余额,贷款人无追偿权;另一方面,如果要保留房屋所有权,借款人或其继承人可以按照房屋评估价格的95%或借款余额,以两者中较少者为标准,偿还债务。

(四)养老抵押合同中被保险人及其继承人消灭抵押权的利益保护

如上所述,在HECM抵押合同中,借款人的房屋使用权、“适格未参与借款的配偶”的房屋使用权、合同到期后借款人选择权与恢复权、借款人及其继承人的赎回权都设有明确而周延的法律规则予以保护。与之相比,我国台湾地区不动产逆向抵押合同,限定借款人必须是无法定继承人的独身老年。因此,借款人除享有终身使用房屋的权利,以及清偿全部债务、消灭抵押权的权利之外[3],不享有合同到期后的选择权与恢复权,当然也不存在“适格未参与借款的配偶”的居住权问题,其权利内容设置相对简单。

抵押权是抵押权人对抵押物交换价值的支配权。在抵押合同中,抵押人可以通过全部清偿债务的方式消灭抵押权。问题在于,当幸福反向抵押养老保险合同到期,而房屋的评估价格不足以清偿全

---

[1] See Paul v. Black, *Reverse Mortgages and the Current Financial Crisis*, 8 Naela Journal 87 (2012).

[2] See Andrew C. Helman, *Putting Equity back in Reverse Mortgages: How State Legislatures Can Bring Fairness to Home Equity Conversion Mortgages*, 12 Marquette Elder's Advisor 415 (2011).

[3] 参见我国台湾地区“不动产逆向抵押作业规定”第19条第2项、第3项规定,合同履行期间,借款人不得为借款余额部分清偿;提前清偿者,应将逆向抵押借款余额全部清偿。

部债务，被保险人能否像 HECM 抵押合同中的借款人及其继承人那样，仅以房屋现在的评估价格，清偿部分债务，就可以消灭抵押权，从而保有房屋所有权。该问题与保险人对超出房屋变现金额的部分的债权，对被保险人（借款人）及其继承人有无追偿权密切相关。依幸福反向抵押养老保险合同约定，保险人对超出房屋变现部分的债权，对被保险人及其继承人无追偿权；被保险人及其继承人享有以房屋的变现金额为限，清偿全部债务的利益。所以，被保险人享有不受追偿的权利，与保险人对超出抵押房屋变现金额部分的债权无追偿权，这是一个问题的两个方面。按照养老抵押合同的上述约定，当合同到期，而房屋的评估价格低于被保险人的债务总额，被保险人及其继承人也可以按照房屋的评估价格清偿债务，消灭抵押权，从而保留房屋的所有权。

但是，幸福反向抵押养老保险合同制度与 HECM 反向抵押借款合同制度的一个重要区别是，前者仅设有承保被保险人长寿风险的延期年金保险合同，而后者设有承保老年人长寿、房屋贬值与价格波动、利率波动和贷款人违约等风险的抵押保险合同。如果由于被保险人长寿风险导致房屋变现金额低于借款余额，被保险人及其继承人以房屋的变现金额为限清偿债务，即可保留房屋所有权，对保险人尚属公平。但是，如果发生房屋贬值与价格波动风险，导致房屋变现金额低于借款余额，被保险人及其继承人仍以房屋变现金额清偿债务，从而保留房屋所有权，这种状况未必能为保险人所理解和接受。对此问题，我国既没有相关政策与制度予以规范，反向抵押养老保险合同也没有明确约定。

小　结

反向抵押合同是最高额抵押合同，是借款合同的从合同。借款人对设定抵押权的房屋享有占有、使用的权利。从保护贷款人利益出发,HECM 抵押合同要求借款人必须以房屋为主要居住地,限制借款人的房屋收益权。在养老抵押合同中,被保险人享有房屋短期出租权,对被保险人较为有利。在 HECM 抵押合同中,住房和城市发展部通过制定延长期规则,保护“适格未参与借款的配偶”的房屋居住权;因借款人的行为导致合同到期,除全部借款人身故原因外,尚存活的借款人享有一定的选择权和恢复权,即在纠正导致抵押合同到期应付的问题,或全额支付债务等方案之间进行选择与恢复合同效力的权利。在养老抵押合同中,缺乏保护“未参与投保配偶”房屋使用权的规则,被保险人也不享有相应的选择权与恢复权。HECM 抵押合同到期后,借款人或其继承人行使赎回权,以偿还借款本息及费用总额为限。由于借款人及其继承人受贷款人无追偿权保护,在房屋变现金额不足以清偿债务的场合,借款人或其继承人仅以房屋变现金额为限清偿债务,即可保留房屋所有权。对此,按照保险人无追偿权规则,当养老抵押合同到期,而房屋的评估价格低于被保险人负担的债务总额,为了保留房屋使用权,被保险人及其继承人享有按照房屋的评估价格清偿债务,消灭抵押权的权利。但是,我国法律与政策,以及反向抵押养老保险合同,都没有相关的规定与约定。

第五章　保险合同中借款人权益保护

现代社会,风险无处不在,无时不有。乌尔里希·贝克认为,风险至少是伴随着工业社会的产生而产生的,甚至有可能早在人类社会自身刚刚诞生时就已经出现了。[1] 老年人通过缔结反向抵押借款合同,满足了其"以房养老"需求。但是,这也意味着原来老年人承担的诸多风险,转由开办反向抵押借款业务的金融机构承担。因此,"很多借款人和专业人士表示,他们对反向抵押借款持怀疑态度,借款人的年龄超出预期后仍然能够领取借款,借款余额可能会超过正在缩水的房屋价值,导致借款人去世后,房屋的售价不足以弥补借款余额。为什么贷款人要为这样的借款进行融资,偿还借款的时间延迟到将来一个不确定的日期,更重要的是,如果房屋出售价格少于借款余额,贷款人还要承担损失风险。"[2]借款人与专业人士的疑问与担心不无道理。因为在反向抵押借款合同中,借款人可以终身在房屋中居住,有权终身领取借款,有生之年不用偿还借款,而且对于超出抵押房屋变现金额的债务,享有不受追偿的权利。贷款人不得向

---

〔1〕 参见[德]乌尔里希·贝克:《从工业社会到风险社会(上篇)——关于人类生存、社会结构和生态启蒙等问题的思考》,王武龙译,载《马克思主义与现实》2003 年第 3 期。

〔2〕 See Carolyn H. Sawyer, *Reverse Mortgages: An Innovative Tool for Elder Law Attorneys*, 26 Stetson Law Review 617(1996).

借款人及其继承人追偿。反向抵押借款合同制度的这些特点,使其蕴含了传统抵押借款合同所没有的借款人长寿风险、房屋贬值与价格波动风险、利率波动风险,以及贷款人违约等风险。作为一项完善的法律制度,反向抵押借款合同制度需要设计一套完整的应对机制,以化解、防范和分散这些风险。

一、两类反向抵押合同应对风险措施的比较

与传统抵押借款合同相同,在反向抵押借款合同中,贷款人对借款人的本息债权,有抵押权担保。如果借款人不能偿还债务,贷款人可以行使抵押权,通过法定程序把房屋拍卖变现,就变现金额优先受偿。与传统抵押借款合同不同的是,在反向抵押借款合同中,由于借款人及其继承人享有不受追偿的权利等,即使有抵押权担保,也难以保障贷款人债权的完全实现。为保障贷款人利益,一方面,反向抵押借款合同通过自身的条款设置,尽可能地分散和降低借款人的长寿风险与利率波动风险;另一方面,对于难以防范的房屋贬值与价格波动、贷款人违约及剩余部分的借款人长寿等风险,HECM 反向抵押借款合同制度中设有抵押保险合同,在保障贷款人债权实现的同时,也保障借款人的利益;幸福反向抵押养老保险合同制度中设有延期年金保险合同,承保被保险人的长寿风险。但是,这两类保险合同的运行机理与承保风险存在较大差异。同时,在这两类保险合同中,借款人与被保险人权益受到保护的程度也不尽相同。

与这两类反向抵押合同相比,我国台湾地区试办的不动产逆向抵押借款合同,由台湾土地银行代理政府部门与符合条件的老年人缔结不动产逆向抵押借款合同。政府部门作为贷款人向老年人支付借款,并作为抵押权人对房屋的变现金额享有优先受偿权。同时,政府部门承担合同履行期间的借款人长寿风险、房屋的贬值与价格波

动风险和利率波动等风险。由于该类合同制度中没有设置保险合同,故本章不再对其予以讨论。

(一)贷款人与保险人面临的一般风险与应对措施比较

1. 反向抵押合同中贷款人与保险人面临的一般风险

(1)贷款人与保险人债权没有借款人与被保险人经济收入的保障。传统抵押借款合同签订时,贷款人要对借款人的个人收入进行调查,确保借款人有合法收入,能够按期偿还借款本息。但是,在反向抵押借款合同中,合同的目的就是"满足老年房主在收入减少,医疗、住房及生活成本增高情况下的经济困难"[1],故在合同签订之际,虽然贷款人、保险人也要对借款人、被保险人的经济收入进行调查,但都没有把借款人与被保险人的合法经济收入作为订立合同的条件。因此,无论 HECM 反向抵押借款合同,还是幸福反向抵押养老保险合同,贷款人与保险人的债权均没有将借款人、被保险人经济收入作为偿还借款本息的保障。

(2)合同履行期间贷款人与保险人债权承担的风险逐渐增高。在传统抵押借款合同中,当房屋价格保持稳定时,借款余额始终低于房屋价格。贷款人一次性支付借款后,随着借款人按月偿还借款本息,借款余额逐渐减少,贷款人债权实现的风险也逐渐减小。在 HECM 反向抵押借款合同中,随着贷款人按期向借款人支付借款,借款人负担的债务总额(包括本金、利息和费用)逐渐增高。当房屋价格保持不变时,贷款人承担的风险也逐渐增大。由于借款人享有不受追偿的权利,当借款余额达到房屋价格的临界点时,贷款人仍负有按期支付借款的义务。如果没有妥善的保障措施,贷款人后一阶段

[1] See 12 U. S. C. § 1715Z - 20 (a), (1).

支付的借款,不但将成为无抵押权担保的债权,而且成为无请求力、无执行力的债权,贷款人承担着部分债权不能受偿的风险。同样,在幸福反向抵押养老保险合同中,被保险人得终身按月领取借款性质的养老金。如果被保险人生存年龄超出保险人预期,其领取养老金的总额(包括本金、利息和费用)将超出抵押房屋的变现金额。保险人也承担着后期债权不能实现的风险。

(3)贷款人与保险人债权没有确定的还款时间与期限的保障。在传统抵押借款合同中,从领取借款的次月开始,借款人每月按照等额本金或等额本息的方式,偿还一定数额的借款本息。贷款人债权每期实现的时间、金额,以及全部债权实现的时间,在合同签订时已经确定。与之不同的是,在 HECM 反向抵押借款合同中,无论借款人选择哪一种借款领取方式,只有当借款人搬离、出售房屋,身故或合同约定的其他条件成就时,整个合同才到期。此时,借款人或其继承人才负有清偿借款本息的义务。在合同到期这一不确定期限到来之前,贷款人无权请求借款人偿还借款本息。因此,贷款人承担着还款时间、期限不确定的风险。同样,在幸福反向抵押养老保险合同中,在被保险人身故、房屋转让等情形发生前,保险人只能以计入费用账户形式计取本金、利息和费用。只有当被保险人身故、房屋转让等情形发生时,整个合同到期,保险人才能停止支付养老金,并就房屋变现金额优先受偿。在此之前,保险人不得请求被保险人及其继承人清偿债务,所以,保险人债权实现也没有确定的时间和期限。

(4)贷款人与保险人债权实现,限于设定抵押权的房屋价值。在传统抵押借款合同中,借款人以其全部财产对贷款人承担责任。合同到期后,如果借款人不能偿还借款本息,贷款人除了行使抵押权,就抵押物变现金额优先受偿外,对于超出抵押物价值部分的债权,仍然可以向借款人请求偿还。如果借款人身故,其继承人在继承遗产的范围内负有清偿义务。所以，在传统抵押借款合同中，借款人以其所有的全部财产，对贷款人承担无限责任。但是，在 HECM 反向抵押借款合同与幸福反向抵押养老保险合同中，借款人与被保险人均享有不受追偿的权利。借款人和被保险人承担的债务，以合同到期时房屋的变现金额为限，承担“有限责任”。对于超出房屋变现金额部分的债权，贷款人与保险人无权请求借款人与被保险人，以其所有的其他进行财产偿还，也无权请求借款人与被保险人的继承人，在其继承被继承人其他遗产的范围内予以偿还。当然，这是针对无追偿权的反向抵押合同而言的。对于有追偿权的反向抵押借款合同，如新加坡职总英康合作社开办的反向抵押借款合同，贷款人对于超出抵押房屋变现金额部分的债权，仍然有权请求借款人偿还，或请求借款人的继承人在继承遗产的范围内清偿。

(5)贷款人债权实现面临的灾害风险。无论是传统抵押借款合同，还是反向抵押借款合同，由于合同履行期限较长，合同履行期间，房屋可能面临一系列灾害风险。这些灾害风险包括火灾或雷电、风暴和冰雹、爆炸、暴乱或民变、飞行器和车辆、突发及意外的烟熏、故意或蓄意损害、偷窃、物体坠落、冰雪或霜重压、水管意外漏水、管道系统突然损坏、水管冻结、人工电流造成的突发损失、火山爆发等。[1]一旦这些灾害风险发生，如果没有妥善的风险防范与分散机制，贷款人债权实现即面临巨大困难。

2. 两类反向抵押合同应对一般风险的措施比较

贷款人、保险人分别参与 HECM 反向抵押借款合同、反向抵押养老保险合同的目的在于获取经营利润。如果贷款人、保险人的债权实现没有相应的制度保障，那么贷款人和保险人就没有参与反向

[1] 参见齐瑞宗、肖志立：《美国保险法律与实务》，法律出版社 2005 年版，第 201～205 页。

抵押的动力,从而不愿参与、推广反向抵押借款合同和反向抵押养老保险合同。这样又会损害借款人和被保险人的利益。如上所述,贷款人与保险人的债权,缺乏像传统抵押借款合同那样的保障措施,所以,在反向抵押制度中,除以房屋设定抵押权,担保贷款人、保险人债权实现之外,还设置了一系列保障贷款人和保险人债权实现的措施与机制。

(1)本金限额与基本养老保险金额。HECM 借款合同中设定有本金限额,通过借款金额与房屋价值比,控制债务超过的可能性。在传统抵押借款合同中,贷款人为借款人设有首付比例。超出首付比例的购房款,贷款人才能向借款人提供借款。贷款人提供借款的比例,通常不超过房屋售价的 70%。与之不同的是,在 HECM 借款合同中,本金限额取决于房屋评估价格与住房和城市发展部承保限额中较低者,预期借款利率和借款人年龄等因素有关,而与借款人清偿债务的能力无关。这意味着借款人只能借出一定比例的房屋价值,而这一比例要根据借款人年龄和预期借款人利率来确定。[1] 借款人年龄越大,本金限额越高;反之,本金限额越低。本金限额一般是房屋评估价格的 30% ~70%。通过设置本金限额,一定程度上降低了债权金额超过房屋变现金额的风险。幸福反向抵押养老保险合同设定有"基本养老保险金额"。依合同约定,基本养老保险金额基于所抵押房屋的评估价格,并在考虑抵押房屋的折扣、长期预期增值、预期被保险人平均生存年限、利率、终身给付的成本等因素后确定,一经确定,将不能再进行变更。[2] 基本养老保险金额限定了被保险人每月可领取养老保险金的最高金额,降低了保险人债权数额超过房

---

〔1〕 See Carolyn H. Sawyer, *Reverse Mortgages: An Innovative Tool for Elder Law Attorneys*, 26 Stetson Law Review 617(1996).

〔2〕 参见《幸福房来宝老年人住房反向抵押养老保险(A 款)》第 2.1 条(1)。

屋变现金额的可能性,在一定程度了降低了保险人债权实现的风险。

(2)借款人维修、连续居住义务与被保险人维修、保养义务。在传统抵押借款合同中,对于设定抵押权的房屋,法律及合同没有规定或约定借款人负有维修和连续居住的义务。当然,借款人缔结传统抵押借款合同的目的,就是购买房屋自住。为了自住便利,借款人有主动装修、维护房屋,促使房屋保值、增值的动力,所以,法律及合同对借款人维修、居住义务没有必要规定或约定。但是,在 HECM 反向抵押借款合同中,面对居住多年、已设定抵押权,且最终可能会丧失所有权的房屋,老年借款人通常已经没有维修、保养房屋的动力。为确保房屋保值和增值,保障借款人债权实现,在 HECM 反向抵押借款合同制度中,通过法律规定及合同约定,借款人负有保持房屋处于维修良好状态的义务,以避免房屋贬值。同时,按照法律规定和合同约定,借款人搬离房屋或连续 12 个月不在房屋中居住,是 HECM 反向抵押借款合同到期的条件之一,从而降低了债务超过的可能性。在幸福反向抵押养老保险合同中,被保险人对房屋负有维修与保养义务。被保险人有义务保持合同项下抵押房屋处于良好状态,并承诺不会对抵押房屋疏于管理、怠于维护或有意损坏;如果被保险人违反维修与保养义务,保险人可以代为维修,并将维修费用直接从养老保险金中扣除;如果抵押房屋的评估价格低于同类房屋的评估价格 10% 以上的,保险人有权按照合同关于房屋毁损的约定,停止支付养老金。[1] 通过这些条款设置,确保房屋不会出现不当原因的贬值,一定程度上保障了保险人债权实现的可能性。

(3)财产保险合同。对于可能发生的诸如火灾、雷电、风暴、冰雹和爆炸等灾害风险,由房屋所有人通过财产保险合同分散这些风险

[1] 参见《幸福房来宝老年人住房反向抵押养老保险(A 款)》第 6.3 条。

是较为妥当的方案。但是,传统抵押借款合同与反向抵押借款合同对于是否要求借款人投保财产灾害保险的态度不完全相同。在传统抵押借款合同中,通常有要求借款人为抵押房屋投保财产保险的合同条款。但是,这一条款通常为选择性条款,借款人是否为抵押房屋投保财产保险,视贷款人对财产保险要求的强度而定。由于房屋不是贷款人债权实现的唯一保障,为降低借款人的借款成本,贷款人通常不会强求借款人必须订立财产保险合同。但是,在 HECM 反向抵押借款合同中,由于房屋是贷款人债权实现的唯一保障,所以,《联邦条例》规定,抵押人(借款人)必须为抵押房屋投保财产保险。[1] 同时,HECM 反向抵押借款合同约定,借款人必须支付的财产费用(Property Charges),包括财产税、风险保险费(Hazard Insurance Premiums)、洪灾保险费及土地租金等。[2] 同样,幸福反向抵押养老保险合同约定,被保险人必须按保险人指定的保险种类,为主险合同项下的抵押房屋定期购买财产保险,以防止因火灾或其他灾害对抵押房屋可能造成的损毁或灭失。[3] 所以,在反向抵押借款合同制度中,借款人与被保险人为房屋投保财产保险,这是一项法定或约定的借款人、被保险人必须履行的义务。一旦承保风险导致房屋损毁,作为抵押权人的贷款人与保险人,对于房屋受损的保险赔偿金,享有优先受偿的权利。就合同之间的关系而言,财产保险合同是外在于反向抵押借款合同之外的独立合同,二者形成合同联立关系,不属于本书研究的范围。

---

〔1〕 See 24 C. F. R. § 206. 205(a).

〔2〕 See Home Equity Conversion Mortgage Loan Agreement Fixed Interest Rate, Article 1 - Definitions, 1. 18. "Property Charges" and 2. 6. "Payment of Property Charges", Published 2/12/15.

〔3〕 参见《幸福房来宝老年人住房反向抵押养老保险(A 款)》第 6. 3 条。

前述一般风险及其应对措施,是从保障贷款人债权的角度进行初步比较和分析。这些应对措施只是部分地分散或降低了可能发生的风险,并没有完全防范和化解所有风险。为实现老年人“以房养老”的目的,反向抵押借款合同许多特殊的条款设计,是产生贷款人债权实现风险的根源。对于采取上述防范措施后仍然可能发生的风险,反向抵押借款合同制度需要采取特别的风险防范与分散措施。

(二)反向抵押合同蕴含的具体风险与应对措施

1. 反向抵押借款合同中蕴含的具体风险

在反向抵押借款合同中,由于借款人与被保险人享有不受贷款人和保险人追偿的权利等多方面因素,因此贷款人和保险人承担了传统抵押借款合同所没有的风险。这些风险包括以下几个方面:

(1)借款人与被保险人长寿风险。反向抵押借款是一项与长寿有关的借款。[1] 借款人寿命的不确定性是贷款人面临的主要风险之一。在 HECM 反向抵押借款合同中,无论借款人选择何种借款领取方式,只有当借款人身故,搬离、出售房屋或者有其他严重违约行为时,合同才到期。在此之前,贷款人既无权请求借款人清偿债务,也无权通过行使抵押权程序,实现债权。由于借款人身故的时间不确定,当借款人年龄达到贷款人根据国民生命表所确定的预期寿命时,按照贷款人测算,此时的借款余额也将达到抵押权设定时的房屋评估价格。此后,如果借款人仍然存活,即发生了借款人长寿风险。所以,“参与反向抵押借款合同的借款人能够领取的借款超过通过生命表计算的他们应得的,因而经济上最好的情形是,拥有房屋的老年人

---

〔1〕 See Vishaal B. Bhuyan eds., *Reverse Mortgages and Linked Securities*: *The Complete Guide to Risk*, *Pricing*, *and Regulation*, John Wiley & Sons, Inc., 2011, p. 3.

很健康,未来占用房屋的时间足够长,直到房屋的价值被利息消费尽,这也意味着,借款人是在与保险精算表(Actuarial Table)打赌。"[1]当借款人选择终身领取借款方式时,借款人长寿风险表现得更为明显。由于合同履行期间借款人无须偿还借款本息,而贷款人需按固定金额支付借款,直至借款人身故,期间,借款本息随时间延长而稳定增加。当借款本息总额达到房屋价值时,就会发生贷款人必须面对的临界风险。

在法国,反向抵押又被称为"Viager"[2],常在"Pension"(年金、退休金)一词之后,与"Pension"合译为"终身年金"。早期的一起终身年金合同的案例,可以说明贷款人所面临的借款人长寿风险。1965年,安德烈–弗郎索瓦·拉法利(Andre – Francois Raffray)先生与珍妮·卡尔蒙特(Jeanne Calment)女士协商,提出愿意每月支付卡尔蒙特女士500美元,直至她去世,以取得卡尔蒙特女士在乡下的住房产权。拉法利先生自信地认为,这是一笔好交易,因为当时卡尔蒙特女士已经90岁,而拉法利先生才45岁。拉法利先生于1995年12月29日去世,当时他77岁,已经支付卡尔蒙特女士180,000美元,该费用是房屋的市场价格的两倍。此后拉法利的妻子继续向卡尔蒙特女士支付借款,直到卡尔蒙特女士身故。卡尔蒙特女士比拉法利先生多活了两年,于1997年去世,享年122岁。[3] 同样,在幸福反向抵押养老保险合同中,被保险人有权终身领取养老保险金。在被保

---

〔1〕 See Nathalie Martin, *Consumer Scams and the Elderly: Preserving Independence through Shifting Default Rules*, 17 Elder Law Journal 1(2009).

〔2〕 Viager,作为形容词,译为终身的;作为名词,译为终身年金、养老金。参见《新法汉词典》,上海译文出版社2000年版,第1057页。

〔3〕 See Peter M. Mazonas, *The History of Reverse Mortgages: An Insider's View*, in Vishaal B. Bhuyan ed., Reverse Mortgages and Linked Securities: The Complete Guide to Risk, Pricing, and Regulation, John Wiley & Sons, Inc., 2011, p. 8.

险人有生之年,保险人负有按期支付养老保险金的义务。当被保险人年龄超出保险人根据生命周期表测算的预期年龄,保险人仍然负有向被保险人支付养老保险金的义务。因此,保险人承担了被保险人的长寿风险。

(2)利率波动风险。反向抵押合同履行期间较长。在合同约定按固定利率计取利息的情况下,贷款人与保险人要承担合同履行期间的利率波动风险。如果法定利率上升,超过合同约定的固定利率,由于抵押合同尚未到期,对于已经支付的借款(包括一次性支付借款或分期支付的借款),贷款人和保险人只能按低于法定利率的固定利率计取利息,而不能按现行的法定利率计取利息。同时,贷款人与保险人必须按约定的固定利率,继续向借款人支付借款,向被保险人支付养老保险金。这样,贷款人和保险人承担了合同履行期间的利率波动风险。

(3)房屋贬值与价格波动风险。无论是 HECM 反向抵押借款合同,还是幸福反向抵押养老保险合同,贷款人与保险人均承担着难以承受的房屋贬值与价格波动风险。近年来,“房地产市场的主流预期仍然处于整体升值状态,但是,一些位于旧的、老年人居住的较为稳定的社区,房价确实处于下降趋势”。[1] 当房屋价格下降时,贷款人暴露在一种不能承受的危险之中;作为担保的房屋,其下降的价格可能不再能够担保整个借款数额。[2] 房屋贬值与价格波动风险又可进

〔1〕 See Donna S. Harkness, *Predatory Lending Prevention Project: Prescribing a Cure for the Home Equity Loss Ailing the Elderly*, 10 Boston University Public Interest Law Journal 1 (2000).

〔2〕 See Joyce Moed, *Reverse Mortgages Popular, but Economy Adds to Risk*, Credit Union J., Sept. 15, 2008, p. 25. Cited from Annie E. Nelson, Reverse Mortgages: Changes Brought about by The Housing and Economic Recovery Act, 13 North Carolina Banking Institute 337 (2009).

一步区分为个体房价风险和聚合房价风险。[1] 个体房价风险是非系统性风险。该风险与房屋的地理位置、房屋结构、功能及装饰密切相关。房屋的价格由市场供求所决定,交易价格围绕其价值进行波动是市场经济的基本规律。合同履行期间,抵押房屋可能由于交通状况、环境变化而贬值。当合同到期,贷款人行使抵押权,房屋变现金额可能低于抵押权设定时的房屋的评估价格。贷款人因而承担了房屋贬值风险。对于个体房价风险,贷款人可以通过增加合同数量,以多地段、不同结构的房屋设定抵押权来分散这种风险。但是,对于地区性、全国性乃至全球经济不景气带来的房屋价值风险,此类聚合房价波动风险属于系统性风险,贷款人无法通过扩充样本容量的方式来分散这种聚合风险。我国有学者甚至认为,这种全国性的经济衰退导致的房屋价值风险是不可分散的。[2] 房屋价格波动风险最终表现为一种价值风险(Value Risk),即反向抵押借款的本金、利息和费用,可能超过房屋变现金额的风险。房屋的价格波动,最终会反映到开办反向抵押借款业务公司的股票价格上。在麦卡锡诉普罗维登希尔公司案(McCarthy v. Providential Corp.)中,被告普罗维登希尔公司在开办反向抵押借款业务时,正值加利福尼亚州不动产市场鼎盛时期,预期房屋价格以每年 5% 的幅度上升。然而,从 1988 年至 1994 年,加利福尼亚州的房屋价格却以每年 5% 的幅度下降。1994 年,普罗维登希尔公司反向抵押借款的账面价值是 51,000,000 美元,而实际账面价值减少了 33,000,000 美元。账面价值的减少使该

---

〔1〕 参见张茜:《我国反向抵押贷款的风险因素与定价研究》,山东大学 2013 年博士学位论文,第 48 ~ 49 页。

〔2〕 参见柴效武、杨梦:《反向抵押贷款产品定价的机理和方法体系研究》,科学出版社 2012 年版,第 32 页。

公司股票下跌了65%,由最高位的每股16美元跌至每股5美元。[1]

(4)贷款人与保险人违约风险。HECM反向抵押借款合同与反向抵押养老保险合同履行期限较长。如果合同履行期间,贷款人或保险人经营不善,导致其履行不能,无力按期向借款人、被保险人支付借款和养老保险金,借款人或被保险人将面临无法按期领取借款或养老保险金,不能按照原来的消费计划安排晚年生活,甚至难以维持生计的风险。

上述四类风险都是蕴含于反向抵押类合同之中的风险。其中,前三类风险由贷款人与保险人承担,第四类风险由借款人与被保险人承担。对于这四类商业经营风险,HECM反向抵押借款合同或通过条款设置,把这些风险消解于借款合同内部,或设置抵押保险合同,以内在风险外部化的形式,将这些风险限制在可防、可控的范围之内。幸福反向抵押养老保险合同中设置有延期年金保险合同,承保被保险人的长寿风险。对比HECM反向抵押借款合同与幸福反向抵押养老保险合同,这两类合同应对上述风险的措施有很大不同,反映出这两类合同在结构体系、应对风险能力等方面的差异。

2. HECM反向抵押借款合同应对上述风险的措施

借款人长寿风险、利率波动风险与房屋贬值与价格波动风险,都可能导致贷款人债权超过房屋的变现金额。对于超出房屋变现金额部分的债权,贷款人无权请求借款人以其享有的其他个人财产偿还,也无权请求借款人的继承人以其继承的房屋之外的其他财产予以偿还。贷款人违约风险表现为借款人面临无处领取借款的风险。对于上述四类风险,HECM反向抵押借款合同通过合同条款予以防范,或通过抵押保险合同,由住房和城市发展部作为保险人承保。

---

〔1〕 See Jean Reilly, *Reverse Mortgages: Backing into the Future*, 5 Elder Law Journal 17 (1997).

(1)对借款人长寿风险的预防与控制。对于借款人的长寿风险,HECM 反向抵押借款合同主要通过合同条款分散和防范风险的发生。如上所述,在 HECM 反向抵押借款合同中,借款人有 6 种借款领取方式:固定期限按月领取、修正型的固定期限领取、终身按月领取、修正型的终身按月领取、信用额度领取,以及合同签订后一次全额领取。借款人可以根据自身需要,在 6 种借款方式之间进行选择。但是,无论借款人选择哪一种领取方式,借款人可领取的借款总额,始终受到本金限额的限制。

如果借款人选择固定期限按月领取,本金限额就是借款人选定的固定期限内,按月领取的借款金额的总和。如果借款人选择信用额度领取或修正型的固定期限领取(信用额度 + 固定期限按月领取),本金限额即一定的信用额度,或被分割成一定的信用额度与固定期按月领取的总和。当借款人实际领取的借款额达到本金限额时,贷款人将停止向借款人支付借款。这样,通过本金限额与借款领取方式的相互关联与衔接,通常不会发生借款人的长寿风险。但是,当借款本金、利息与费用的总和,即借款余额达到房屋的评估价格,或达到住房和城市发展部承保的最大请求额时(以两者中较少者为准),如果借款人仍然存活,即发生了借款人的长寿风险,此时,贷款人将 HECM 反向抵押借款合同中的权利与义务,概括性地转让给住房和城市发展部。住房和城市发展部受让合同后,承担借款人长寿导致的利息风险。

借款人可以选择终身按月领取方式,或者选择修正型的终身按月领取方式。由于借款人可以终身领取借款,潜在的借款人长寿风险更为突出。为化解借款人长寿风险,在借款人选择终身按月领取场合,借款合同以假定借款人能存活至 100 周岁为前提,对本金限额进行分配。借款人每月可领取的借款额,为本金限额 ÷ [(100 - 最年轻借款人的年龄)×12];但借款仍需继续支付,直至抵押到期。[1]如果借款人选择修正型的终身按月领取,在本金限额内分配出一定的信用额度,剩余的本金限额部分,按最年轻的借款人能存活至100周岁进行分配。如果借款人实际存活年龄超过100周岁,尽管是小概率事件,但意味着发生了借款人长寿风险。对于此时借款人实际领取的借款额达到本金限额,相应借款余额(包括借款本息及费用)也达到抵押房屋的评估价格,或者达到住房和城市发展部承保的最大请求额的98%(以两者中金额较小者为准),贷款人有权将借款合同转让给住房和城市发展部,由该部承担借款人超过100周岁之后的长寿风险。

(2)对利率波动风险的防范措施。HECM借款合同履行期限长达数十年,期间可能发生利率的巨大波动。如上所述,2007年,住房和城市发展部规定,按月调整利率要根据一月期固定期限国债利率,或者根据一月期伦敦银行同业拆借利率进行计算,按年调整利率的计算方式基本消失。[2] 所以,无论是按一月期国债利率,还是按伦敦银行同业拆借利率,在长达数十年的借款合同履行过程中,借款的利率始终处于变动不居状态。在借款合同签订时,借款人与贷款人只能以当前的利率为根据,确定双方借款合同所使用的利率,并以月复利的形式计算利息,双方根本无法对合同签订之后的利率变动进行预测。“谨慎的贷款人认识到,进入一项固定利率的反向抵押借款合同,将把他们锁定在一段难以预期时间长短,可能也没有利润回报的

[1] See 24 C. F. R. § 206. 25, Calculation of payments(c).

[2] See Meghan Galloway & Richard Kantor eds., *Reverse Mortgages: Elements, Considerations and Market Developments*, Nova Science Publishers, Inc., 2013, p. 17.

合同中,没有任何积极的现金流可以抵消自己的经济损失。"[1]

为了防范利率波动风险,住房和城市发展部规定,借款合同可以采用两种利率方式,即可调整利率与固定利率。借款合同是采用可调整利率,还是采用固定利率,取决于贷款人提供的产品设计与市场力量的选择,即借款合同范本中的利率条款设置与借款人的要求。对此,住房和城市发展部没有对利率作出强制性规定。通常情况下,为了控制和防范利率波动风险,贷款人选择可调整利率。借款人每期应负担的利息随着利率的波动而增加或减少,贷款人不承担利率波动风险。贷款人的这种设计方案与借款人可选择的借款领取方式有关。在固定期限按月领取、修正型的固定期限领取、终身按月领取、修正型终身按月领取、信用额度领取这 5 种借款领取模式中,无论借款人选择哪一种借款领取方式,借款人都有权在合同签订之后的一定期间内领取借款。所以,只有把借款合同的利率约定为可调整利率,贷款人才能避免承担合同履行期间的利率波动风险。这意味着,在合同履行期间,无论借款人何时向贷款人请求支付借款,贷款人都只是以当时的利率计算该笔借款利息。如果领取借款后,利率发生变化,则以调整后的利率计算此后时间段的借款利息,贷款人不承担利率波动的风险。

如本书第三章所述,2007 年以前,只有个别贷款人提供固定利率的 HECM 反向抵押借款。这主要是因为固定利率的 HECM 反向抵押借款合同在二级市场中根本没有市场竞争力。作为二级市场的唯一购买者,房利美公司只购买可调整利率的 HECM 反向抵押借款合同。2008 年,住房和城市发展部发布抵押权人信件(2008 - 08),允

---

[1] See Donna S. Harkness, *Predatory Lending Prevention Project: Prescribing a cure for the Home Equity Loss Ailing the Elderly*, 10 Boston University Public Interest Law Journal 1 (2000).

许开办固定利率、一次性支付、封闭式反向抵押借款合同。[1] 2009年中期，房利美——HECM反向抵押借款的长期购买者，退出了反向抵押借款的二级市场。这种固定利率、一次性支付借款的反向抵押借款所占市场份额迅速上升，6个月内所占市场份额由10%上升到60%，到目前一直维持在65%～75%的市场份额。[2] 借款人、贷款人共同选择这种固定利率、一次性支付的封闭式反向抵押借款合同，与该类合同具有避免利率波动风险有直接关系。因为该类合同在签订之时，贷款人已将本金限额所确定的借款额一次性支付给借款人。此后的合同履行期间，借款人无权再向贷款人领取借款。因为借款利率固定，贷款人也不承担合同履行期间利率波动带来的风险。

（3）对房屋贬值与价格波动风险、贷款人违约风险的保险措施。对于这两类风险，有两种解决方案：一种方案是由当事人各方承担各自一方的风险。由于金融机构对于超出房屋变现金额部分的债权不享有追偿权，所以，该金融机构承担了房屋的贬值与价格波动风险。贷款人、保险人在借款利息之外，不再向借款人或被保险人（投保人）收取保险费，如我国反向抵押养老保险合同、美国的房屋持有人抵押、财务自由计划，以及我国台湾地区的不动产逆向抵押借款合同。借款人、被保险人则承担了贷款人、保险人的违约风险。另一种方案是通过设置抵押保险合同，把反向抵押借款合同的内部风险外部化，由第三人作为保险人承保这些风险。在HECM反向抵押借款合同制度中，美国住房和城市发展部下设联邦住房管理局，承保房屋贬值与价格波动风险和贷款人违约风险。这样，代表政府的住房和城市发展部，一方面作为政府机构，监督HECM反向抵押借款合同的签

[1] See HUD, Mortgagee Letter 2008-08, March 28, 2008.

[2] See Meghan Galloway & Richard Kantor eds., *Reverse Mortgages: Elements, Considerations and Market Developments*, Nova Science Publishers, Inc., 2013, p. 54.

订和履行过程;另一方面以保险人身份介入到合同中来,在收取保险费的同时,以政府财政收入为基础,托底承担 HECM 反向抵押借款合同履行过程中的借款人的长寿风险、房屋贬值与价格波动风险,以及贷款人违约风险。HECM 反向抵押借款合同发生风险的原因、风险类型、限制与防范风险的具体措施,以及保险分散机制,如图 5.1 所示:

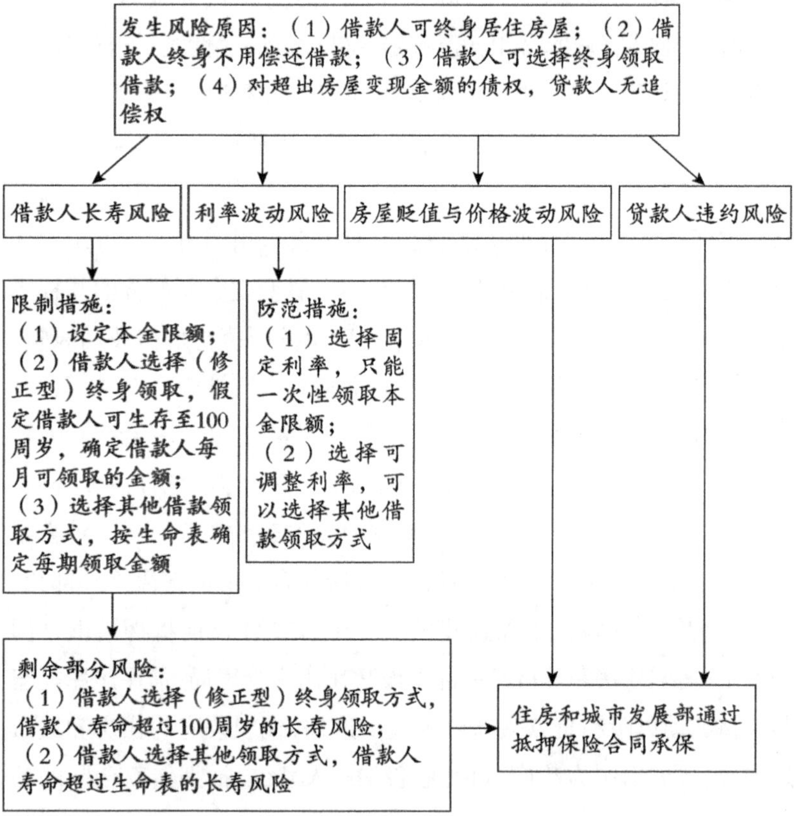

图 5.1　HECM 反向抵押借款合同制度中风险防范措施结构

3. 幸福反向抵押养老保险合同应对具体风险的措施

在幸福反向抵押养老保险合同中，被保险人可以终身在房屋中居住，可以终身领取养老保险金，有生之年不必偿还债务，对于超出抵押房屋变现金额部分的债务，享有不受追偿的权利。所以，幸福反向抵押养老合同也蕴含着被保险人长寿风险、利率波动风险、房屋贬值与价格波动风险，以及保险人违约风险。前三类风险是由保险人承担的风险。表现为，当合同到期而保险人享有的债权数额超过房屋的变现金额时，除以变现金额实现部分债权外，保险人无权请求被保险人以其所有的其他财产清偿剩余部分的债务，也无权请求被保险人的继承人在其继承被保险人遗产的范围内清偿债务。第四类风险是由被保险人承担的风险。如果保险人经营不善，无能力按期支付养老保险金，被保险人就面临着不能继续按期领取养老保险金，无法按原定计划安排晚年生活支出的风险。

对于被保险人长寿风险，幸福反向抵押养老保险合同通过其延期年金保险合同予以防范和化解。在幸福反向抵押养老保险合同中，被保险人对于养老保险金的领取方式没有选择权，只能按期终身领取。相应地，在被保险人有生之年，保险人负有按期支付养老保险金的义务。对于可能发生的被保险人长寿风险，幸福反向抵押养老保险合同根据预期被保险人平均生存年限，设置有延期年金保险合同。为此，根据缔结合同时被保险人的年龄不同，男性被保险人（投保人）需要以借款记账方式向保险人缴纳 8 年至 26 年的延期年金保费，女性被保险人（投保人）需要以借款记账方式向保险人缴纳 10 年至 29 年延期年金保费。[1] 根据保险人制作的费率表，在被保险人缴够延期年金保费的相应年度后，如果被保险人仍然健在，这意味着发

〔1〕 参见《幸福房来宝老年人住房反向抵押养老保险（A 款）》费率表。

生了被保险人长寿风险。第一阶段的养老借款合同终止履行，被保险人以养老保险金名义领取的借款停止支付，延期年金养老保险合同也停止计取保费。此后，保险人开始向被保险人支付真正意义上的养老保险金。

幸福反向抵押养老保险合同采固定利率，按年复利5.5%计取利息。[1] 所以，保险人承担了合同履行期间的利率波动风险。对于房屋贬值与价格波动风险，保险人在合同中承诺，处分抵押房屋所得不足以偿付被保险人应承担的养老保险相关费用时，不足部分由保险人自行承担。[2] 所以，保险人承担了合同履行期间的房屋贬值与价格波动风险。对于可能发生的保险人违约风险，由于没有特殊的风险分散与防范机制，被保险人承担了合同履行期间的保险人违约风险。幸福反向抵押养老保险合同分散与防范各种风险的结构，如图5.2所示：

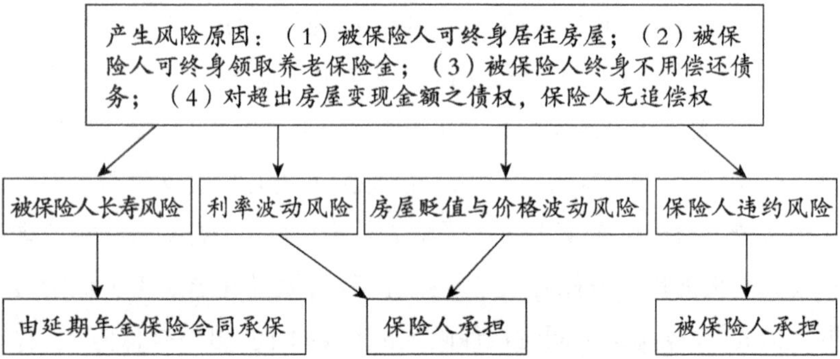

图5.2　幸福反向抵押养老保险合同风险防范结构

比较HECM反向抵押借款合同与幸福反向抵押养老保险合同，

〔1〕 参见《幸福房来宝老年人住房反向抵押养老保险（A款）》第5.3条。

〔2〕 参见《幸福房来宝老年人住房反向抵押养老保险（A款）》第6.2条。

基于相同的制度设立目的,两类合同都给予参与合同的老年人基本相同的权益保障,因而也蕴含了相同的风险。然而,在分散与防范这些风险的措施方面,两类反向抵押合同选择了不同的方式。对于HECM反向抵押借款合同而言,一方面,该合同通过内部条款设置,化解了合同蕴含的利率波动风险,并尽可能地分散了大部分的借款人长寿风险;另一方面,对于不能完全化解的借款人长寿风险、房屋贬值与价格波动风险和贷款人违约风险,则通过外部化的抵押保险合同,由住房和城市发展部承保。相比之下,在幸福反向抵押养老保险合同中,虽然延期年金保险合同有效化解了被保险人的长寿风险,但是,对于可能发生的房屋贬值与价格波动风险、利率波动风险,以及保险人违约风险,该合同却没有设置任何风险分散与防范机制,完全由保险人与被保险人各自承担。比较而言,幸福反向抵押养老保险合同分散与化解各类风险的措施,没有HECM反向抵押借款合同制度完善。

二、HECM抵押保险合同与借款人权益保护

美国拥有巨大的住房抵押市场。截至2003年中期,美国未付的抵押债务达到7.3万亿美元,有93%的1~4单元住房负担有抵押债务;而在1999年,这一债务额为5.2万亿美元,同样也有93%的1~4单元房屋的负有抵押债务。[1] 虽然有房屋抵押担保,贷款人的债权实现仍然面临着可能发生的借款人违约风险。为分散和防范借款人违约风险,避免房屋变现金额不能足额偿还借款余额的风险,在传统抵押合同之外,美国法律制度中另设有抵押保险合同制度,为贷款人

〔1〕 See Quintin Johnstone, *Privative Mortgage Insurance*, 39 Wake Forest Law Review Winter 783(2004).

提供保险。

(一)传统抵押借款合同中的抵押保险

1. 抵押保险的含义

对于传统抵押借款合同而言,抵押保险(Mortgage Insurance),是指针对抵押权人因抵押人履行迟延、抵押财产不足以偿付所欠债务,以及抵押人不能清偿抵押权人取消赎回权的费用可能遭受损失的风险而设立的保险。[1] 在传统抵押借款合同中,由于存在借款人违约风险,存在借款余额和实现抵押权的费用超过抵押财产价值的可能性,所以专门设立了抵押保险合同制度,由第三人承保这些风险。

目前,美国主要有三类机构作为保险人承办抵押保险业务。第一类是由私人公司开办的私人抵押保险(Private Mortgage Insurance, PMI)。私人公司开办的抵押保险,不属于全额保险,而仅对超出常规借款20% ~30%以上部分的借款金额提供保险。例如,借款与房产的价值比是80% ~85%,则借款保险额为17%;借款与房屋价值比为90% ~95%时,借款保险为25%。[2] 第二类是由退伍军人管理局(Veterans Administration, VA),向退伍军人及其配偶提供的抵押保险。该类保险也不是全额保险,而是债务总额的60%,且有最高额的限制。1959年的限额为7500美元,并逐年提高。[3] 第三类是由美国住房和城市发展部下设的联邦住房管理局,向中低收入家庭购买房屋设定抵押权时提供,承担全额损失的保险。[4] 这三类机构主

---

〔1〕 薛波主编:《元照英美法词典》(缩印版),北京大学出版社2013年版,第930页。

〔2〕 参见汪利娜:《美国的住宅抵押保险机制》,载《经济学动态》1997年第12期。

〔3〕 See *Federal Assistance in Financing Meddle - income Cooperative Apartments*, 68 Yale Law Journal 542(1959).

〔4〕 See Quintin Johnstone, *Privative Mortgage Insurance*, 39 Wake Forest Law Review Winter 783(2004).

要为符合条件的买房人购买自有住房，设定抵押权而提供保险，而不为商业经营活动提供抵押保险。

2. 联邦住房管理局为传统抵押借款合同提供的抵押保险

依据美国《全国住房法案》，美国联邦住房管理局成立于1934年[1]，后归属于美国住房和城市发展部。1949年，作为妥协的产物，美国国会通过《全国住房法案》第213部分，授权联邦住房管理局对公寓住房抵押借款提供全额保险，1950年，每年的保费额为尚未偿付债务余额的0.5%。[2] 联邦住房管理局是一个自给自足（Self - Sufficient）机构，以收取的保费形成保险基金（Mutual Mortgage Insurance Fund, MMIF）和通过取消赎回权，出售房屋收入向贷款人承担保险责任，并维持行政费用；如果保险基金用尽，联邦住房管理局有美国财政的支持。[3] 联邦住房管理局提供的房屋抵押保险计划的主要目的，是使第一次购买房屋的买房人，以及购买不太昂贵的房屋的买房人从中受益；对于联邦住房管理局提供抵押保险的住房抵押借款合同，如果借款人违约，贷款人可以把合同转让给联邦住房管理局，获得尚未偿付的本金和利息。[4]

美国联邦住房管理局主要为三类购买房屋的抵押借款合同提供保险：第一类是固定利率、分期偿还、平均支付、30年期和15年期的可转让抵押。第二类是累进还款式抵押（Graduated Payment Mortgage, GPM）。这是一种固定利率、30年期的抵押借款合同。最初每

---

〔1〕 See 12 U. S. C. § 1701 (2000).

〔2〕 See *Federal Assistance in Financing Meddle - income Cooperative Apartments*, 68 Yale Law Journal 542(1959).

〔3〕 See Brian M. Heaton, *Hoosier Inhospitality: Examining Excessive Foreclosure Rates in Indiana*, 39 Indiana Law Review 87 (2005).

〔4〕 See Brian Meltzer, *Institutional Financing: Home Loans in the* 1980s, 65 Chicago Bar Record September 84(1983).

月偿还的金额尚不足以偿还当期利息，每 12 个月末，偿还额增加 2.5% ~10%，尚未偿还的利息计入下期本金。第三类是价值增长型抵押(Growing Equity Mortgage, GEM)，这是一种开始以 30 年期、平均支付、分期偿还的抵押借款合同。每一年末，偿还金额增加3% ~ 5%，增加的金额全部用于偿还本金。这样，所有抵押债务在 12 年至 15 年内就清偿完毕。[1]

抵押保险合同主要为保护贷款人债权实现而设立。在联邦住房管理局提供的抵押保险中，借款人系投保人，向作为保险人的联邦住房管理局支付保费，贷款人是被保险人。保费由贷款人按月为保险人收取，收费标准为由联邦住房管理局根据具体情形进行调整。[2]

(二)HECM 抵押保险合同的含义与性质

1. HECM 抵押保险合同的含义

任何一项保险皆以有一个共同团体之存在为先决条件，这一团体由各个因某种危险事故发生而将遭受损失的人所组成。[3] 住房和城市发展部承保的 HECM 抵押保险合同，分别为借款人与贷款人两个团体提供保险：一方面，由于支付方(贷款人)违约，抵押人(借款人)不能按时收到借款，(住房和城市发展部)部长将采取必要行动，按抵押保险或附属合同的要求，向抵押人支付资金；[4] 另一方面，对于贷款人有权按抵押保险或附属合同获得的资金，部长将采取必要

---

〔1〕 See Brian Meltzer, *Institutional Financing: Home Loans in the* 1980s, 65 Chicago Bar Record September 84(1983).

〔2〕 See Brian Meltzer, *Institutional Financing: Home Loans in the* 1980s, 65 Chicago Bar Record September 84(1983).

〔3〕 参见江朝国：《保险法基础理论》，中国政法大学出版社 2002 年版，第 20 页。

〔4〕 See 12 § 1715z -20, (i), Protection of homeowner and lender. (1)(A).

措施,向贷款人提供不超过承保限额(最大请求额)的资金。[1] 部长可以采取的行动包括:第一,从保险基金中向抵押人和抵押权人支付资金;第二,尽管抵押人没有违约,从受保险的抵押权人处受让抵押,并根据转让的抵押保险请求计算和支付;第三,为了使已经支付或即将支付给抵押人的资金获得偿还,在任何时间,均可以向抵押人要求次级抵押(Subordinate Mortgage);第四,对任何交易方的违约行为,要求获得代位追偿权;第五,征收保险费用。[2] 在 HECM 抵押保险合同中,受到保险的抵押是一项已颁发抵押保险证书证明的抵押,或经保险专员(Commissioner)签署而受到保险的信用工具(the Credit Instrument)。[3] 与之相应的保险合同,是指一项由抵押保险证书所证明的合同,或者由保险专员签署的、与一项抵押保险有关的信用合同,该合同适用于《联邦条例》的相关规定。[4]

基于上述规定,借鉴抵押保险的含义,本书认为,HECM 抵押保险合同,是指为了分散 HECM 反向抵押借款合同履行过程中的借款人长寿、房屋贬值与价格波动及贷款人违约等风险,由借款人为投保人,以借款人和贷款人为被保险人,由联邦住房管理局作为保险人承保上述风险的,具有一定社会保障功能的合同。

2. HECM 抵押保险合同的性质

HECM 抵押保险合同是由住房和城市发展部承保的,有偿性责任保险合同。该合同兼具责任保险、年金保险与社会保障等多重性质。

第一,抵押保险合同的有偿性。如上所述,借款人与贷款人签订

〔1〕 See 12 § 1715z - 20,(i), Protection of homeowner and lender(1)(C).

〔2〕 See 12 § 1715z - 20,(i), Protection of homeowner and lender(2).

〔3〕 See 4 C. F. R. § 203. 251(i). Insured mortgage.

〔4〕 See 24 C. F. R. § 203. 251(j). Contract of Insurance.

HECM 反向抵押借款合同,贷款人向住房和城市发展部报送相关资料,由该部审查核准保险。住房和城市发展部并不是无偿为 HECM 反向抵押借款合同提供保险。借款人需要以投保人身份向住房和城市发展部支付相应的保险费。当然,从保险费支付形式来看,保险费是由贷款人代借款人向住房和城市发展部支付,并计入借款人的借款余额账户。标准型 HECM 抵押保险合同的保险费由两部分构成:一部分按借款人最大请求数额的2%计算,在签订借款合同时一次性支付;另一部分按照借款余额的0.5%计算,每年支付一次。[1] 按照《联邦条例》的规定,任何抵押保险费都应由抵押权人以现金形式向住房和城市发展部支付,直到抵押保险合同到期。[2] 所以,抵押保险合同是有偿性质的合同。

第二,抵押保险合同的责任保险性。责任保险承保的对象,是被保险人对第三人依照法律规定或合同约定应承担的民事赔偿责任,主要包括侵权责任(如公众责任保险)和违约责任(如医疗责任保险)。[3] 在 HECM 抵押保险合同中,无论是对借款人还是对贷款人,住房和城市发展部向其承担保险责任,都是以一方当事人向另一方当事人负有合同约定的给付义务为前提。对于借款人而言,当 HECM 抵押合同到期时,如果房屋的变现金额不足以清偿贷款人债权,剩余部分债权只是成为无担保债权,而不是非法债权。这意味着发生了 HECM 抵押保险合同承保的债务超过风险。此时,住房和城市发展部作为保险人,代替借款人,向贷款人承担剩余部分的债务清偿责任。对于贷款人而言,住房和城市发展部以保险人身份,代替贷款人继续向借款人履行资金出借义务。一方面,当借款余额达到最

---

〔1〕 See 24 C. F. R. § 206. 105, Amount of MIP.

〔2〕 Ibid.

〔3〕 参见刘金章、刘连生等:《责任保险》,西南财经大学出版社 2007 年版,第 40 页。

大请求额或房屋价值时(以两者中较小者为准),就意味着发生了住房和城市发展部承保的风险。贷款人将合同转让给住房和城市发展部,由该部继续向借款人履行合同约定的支付借款义务。另一方面,如果贷款人经营不善或陷入破产境地,而无能力继续向借款人履行支付借款义务,就意味着发生了保险合同承保的贷款人违约风险,住房和城市发展部代替贷款人,继续向借款人承担资金出借义务。所以,抵押保险合同属于责任保险性质的合同。

第三,抵押保险合同的年金保险性。在多种借款领取方式中,如果借款人选择终身领取或修正型的终身领取,而借款人存活超过了贷款人最初预设的100岁,此时即发生了借款人长寿风险。贷款人通常会将借款合同转让给保险人,由住房和城市发展部按照合同约定,继续按月向借款人支付借款金额。在这种情况下,前期借款人通过借款方式向保险人支付的保险费,就具有了年金保险的性质。

第四,抵押保险合同的政府保障性。HECM抵押保险合同不是由普通的商业保险机构承保,而是由美国住房和城市发展部下设的联邦住房管理局作为保险人,依据《美国法典》和《联邦条例》的规定承保。住房和城市发展部不但承保反向抵押借款合同履行过程中的各类风险,而且对合同签订的程序、内容负责审核、监督。当发生金融危机,导致全国房屋价格大幅度下跌,发生聚合性、系统性的房价风险时,众多抵押房屋的变现金额可能不足以偿还借款余额,可能引发住房和城市发展部持有的保险基金不足以清偿所有借款余额的情形。此时,美国政府将以其财政负担不足部分的差额。因此,从政府部门作为保险人介入HECM反向抵押借款合同的程度来看,HECM抵押保险合同具有一定政府保障的性质。

（三）HECM 抵押保险合同的地位与作用

1. HECM 抵押保险合同的地位

从合同之间的关系来看，在 HECM 反向抵押借款合同中，HECM 借款合同是主合同，HECM 抵押合同是从合同。通过 HECM 抵押合同，贷款人对房屋享有抵押权，就房屋的交换价值取得了优先受偿的权利。贷款人债权实现有担保物权作为保障。就 HECM 反向抵押借款合同与 HECM 抵押保险合同的关系而言，二者属于联立合同关系。HECM 抵押保险合同承保的是 HECM 反向抵押借款合同履行过程中可能发生的各类风险。首先，两份合同的成立具有关联性。HECM 抵押保险合同以 HECM 反向抵押借款合同的成立为前提。HECM 反向抵押借款合同不成立，HECM 抵押保险合同就没有相应可承保的风险，也就没有成立的必要。其次，两份合同的内容具有关联性。HECM 抵押保险承保的风险是借款人长寿风险、房屋贬值与价格波动风险以及贷款人违约风险，这些都是蕴含于 HECM 反向抵押借款合同履行过程中可能发生的风险。最后，住房和城市发展部所承保的风险，均属于 HECM 反向抵押借款合同权利、义务的内容。其中，既包括借款人向贷款人承担的清偿借款本息、费用的义务，也包括贷款人向借款人承担的继续履行资金出借的义务。保险人并没有承担 HECM 反向抵押借款合同之外的权利与义务。

2. HECM 抵押保险合同的作用

HECM 抵押保险合同是为借款人、贷款人的债权实现提供保障。其中，为贷款人的债权实现提供保险，这是 HECM 抵押保险合同的主要作用，也是 HECM 反向抵押借款合同具有市场竞争力，经受住了 2008 年金融危机考验的主要原因。HECM 抵押保险合同对贷款人债权实现的保险功能，主要表现在以下两个方面。

第一,窗口期规则对贷款人债权及时实现的保障作用。住房和城市发展部承保借款人债务超过的风险,给贷款人债权实现提供了充分的保障。一方面,住房和城市发展部汇集了贷款人替借款人支付的保费,形成一定规模的保险基金,承保了剩余部分的借款人长寿风险、房屋贬值与价格波动风险。另一方面,即使保险基金出现不足,住房和城市发展部有美国政府的财政支持,足以应对上述风险。但是,贷款人担心,不能恰好在 HECM 反向抵押借款合同达到最大请求额时将合同转让给住房和城市发展部,他们可能处在借款总额低于最大请求额,而支付一期借款后而又高于最大请求额的阶段。此时,贷款人仍然对借款人负有支付借款的法律义务。[1] 1995 年修订的《联邦条例》规定的窗口期规则,消除了贷款人的这种担心。当 HECM 反向抵押借款合同的借款总额等于或大于最大请求额的 98% 时,或借款人请求领取借款,而该笔借款将使借款余额超过最大请求额时,贷款人可以将合同转让给联邦住房和城市发展部。[2] 合同转让后,一方面,住房和城市发展部将借款余额支付给贷款人;另一方面,该部继续向借款人按期支付借款(根据每月应支付金额或任何未使用的信用额度),直至借款人去世或出售房屋。[3] 显然,窗口期规则对于保障贷款人债权及时实现,发挥了重要作用。

第二,贷款人启动取消赎回权程序后,HECM 抵押保险合同对贷款人债权实现的保障功能。HECM 抵押保险合同的主要功能是当抵押房屋的价值不足以清偿借款余额时,由保险人向贷款人足额补偿

---

〔1〕 See Jean Reilly, *Reverse Mortgages: Backing into the Future*, 5 Elder Law Journal 17 (1997).

〔2〕 See 24 C. F. R. § 206. 107, (a) (1).

〔3〕 See Carolyn H. Sawyer, *Reverse Mortgages: An Innovative Tool for Elder Law Attorneys*, 26 Stetson Law Review 617(1996).

两者之间的差额。[1] 窗口期规则只是 HECM 抵押保险合同对贷款人债权及时实现功能的一个方面。多数情况下，当 HECM 借款合同到期，贷款人需要通过启动取消赎回权程序，实现债权。贷款人启动取消赎回权主要发生在以下两种情形：一是借款人身故，或借款人连续 12 个月不再在房屋内居住，HECM 借款合同到期。此时，如果借款人或者其继承人不清偿债务，贷款人可以通过行使抵押权，出售房屋的方式取消赎回权。在出售房屋场合，如果房屋的评估价格低于借款本息，住房和城市发展部允许贷款人以房屋评估价格 95% 的价格，将房屋出售给第三人。二是借款人没有按期支付财产税、房屋保险费，因而被取消赎回权。[2] 贷款人启动取消赎回权程序后，如果房屋变现金额足以清偿债务，贷款人的债权全部实现，住房和城市发展部无须承担保险责任。如果房屋变现金额不足以清偿债务，就意味着发生了 HECM 抵押保险合同承保的债务超过风险。贷款人有权请求住房和城市发展部，支付借款余额与房屋变现金额之间的差额。

（四）HECM 抵押保险合同中借款人权益保护

从 HECM 抵押保险合同设置目的来看，该合同主要为保障贷款人债权实现而设立的。反向抵押借款合同没有确定的偿还债务日期，债务额可能超过房屋的价值。而反向抵押又是无追偿权抵押，贷款人不得就超出房屋价格的债权向债务人的其他财产追偿，请求偿还。同时，当 HECM 反向抵押借款合同到期，如果房屋的变现金额

---

〔1〕 See HUD, *A turning point in the History of HUD's Home Equity Conversion Mortgage Program*, U. S. Housing Market Conditions, First Quarter 2008, p. 6 – 7. http://www. huduser. org/periodicals/ushmc/spring08/ch1. pdf.

〔2〕 See Robert T. Cannon, *Keeping Grandma off the Street: Can HECM Reverse Mortgages keep more seniors from becoming Homeless?*, 8 NAELA Journal 67(2012).

在清偿债务后仍有剩余，剩余部分的财产仍然属于借款人，而不属于贷款人。正是由于上述原因，才需要设立 HECM 抵押保险合同，以保障贷款人债权的实现。同时，HECM 抵押保险合同对于保护借款人利益也具有重要意义。在反向抵押借款合同中，“借款人的欠款额不会超过房屋的价值”（The borrower never owe more than the house is worth）。[1] 或者说，“如果借款超出房屋价值，抵押保险将向贷款人承担超出部分的借款余额，贷款人不能向你的继承人或你的其他个人财产提出偿还请求”。[2] 这既是 HECM 反向抵押借款合同的主要特征之一，也是 HECM 抵押保险合同对借款人主要保护功能。围绕这一功能，HECM 抵押保险合同主要从以下两个方面，保护借款人、借款人配偶和借款人继承人的合法权益。

1. 保护借款人按期领取借款和终身房屋使用权

（1）保护借款人按期领取借款的权益。HECM 抵押保险合同保护借款人按期获得借款的权益。在 HECM 反向抵押借款合同到期前，借款人按期领取借款的权利，受到四重保障。第一重保障是，借款人与贷款人之间签订的 HECM 借款合同。贷款人应当按期履行合同，否则应向借款人支付迟延期间的利息。对此，本书第三章已经阐明，不再赘述。

第二重保障是，当发生借款人长寿风险时，住房和城市发展部从贷款人处受让合同，继续向借款人支付借款。在房屋持有人抵押、财务自由计划等无抵押保险的反向抵押借款合同中，就贷款人而言，即使借款本金、利息和费用总和超过房屋的价值，贷款人仍应继续履行合同，按期向借款人支付借款。对于 HECM 反向抵押借款合同，具

---

〔1〕 See Jean Reilly, *Reverse Mortgages: Backing into the Future*, 5 Elder Law Journal 17 (1997).

〔2〕 See Tom Kelly, *The New Reverse Mortgage Formula: How to Convert Home Equity into Tax – Free Income*, John Wiley & Sons, Inc., 2005, p. XX.

体操作有所不同。当借款人存活年龄超出贷款人预期，即发生借款人长寿风险，按照贷款人精算，此时，HECM 借款合同中借款余额将超过 HECM 抵押合同所设定的最大请求额。对于超过最大请求额部分，贷款人应继续支付的借款，由 HECM 抵押保险合同予以保障。如上所述，1995 年修订的《联邦条例》规定的窗口期规则，主要是保护贷款人及时将合同转让给住房和城市发展部。住房和城市发展部向贷款人给付借款余额后，作为保险人继续向借款人按期支付借款（根据每月支付数额或任何未使用的信用额度），直至借款人去世或出售房屋。[1]

第三重保障是，在贷款人不能按期支付借款，而发生违约风险的情况下，住房和城市发展部承担向借款人按期支付借款的义务。HECM 借款合同履行期间，贷款人可能由于各种原因而发生违约，不能按期支付借款。HECM 抵押保险合同为借款人按期领取借款提供保险。第一，住房和城市发展部向借款人支付资金。《美国法典》规定，由于有责任支付的一方（贷款人）违约，抵押人（借款人）没有收到受保险的抵押或附属合同（抵押借款合同）应支付的资金，（住房和城市发展部）向抵押人支付资金。[2] 作为《美国法典》的细化与执行规则，《联邦条例》规定：（住房和城市发展部）部长将对抵押人（借款人）提出的付款请求进行调查，如果部长认为抵押权人不能或不愿意支付抵押所担保的债务（借款），包括迟延罚款，部长将向抵押人支付包括迟延罚款部分的款项。[3] 第二，在向抵押人（借款人）支付资金后，（住房和城市发展部）部长与抵押权人（贷款人）有两种解决方

---

[1] See Carolyn H. Sawyer, *Reverse Mortgages: An Innovative Tool for Elder Law Attorneys*, 26 Stetson Law Review 617(1996).

[2] See 12 U. S. C. § 1715z－20 (i) (1) (A).

[3] See 24 C. F. R. § 206. 121(a).

案可供选择:第一种选择是请求偿还(Reimbursement)。在向抵押人支付借款后的30日内,部长可以请求抵押权人偿还支付的款项和支付之日起的利息。如果抵押权人依请求进行了偿还,抵押保险合同不受影响;抵押权人继续向抵押人支付款项。第二种选择是转让合同。在收到部长的支付请求后的30日内,抵押权人可以选择转让合同,部长将依照规定向抵押人支付扣除相关费用后的保险金额,[1]承担起第一抵押权人向抵押人(借款人)支付款项的所有义务。[2]

第四重保障是,当房屋发生贬值与价格波动风险,房屋变现金额不足以偿还借款余额时,由住房和城市发展部向贷款人支付两者的差额,保障贷款人债权实现。这样,贷款人就没有了支付借款的后顾之忧,不必担心房屋贬值与价格波动影响HECM借款合同到期后债权的实现。

这四重保障措施,第一重保障是,HECM借款合同的主要作用。第二重、第三重保障是HECM抵押保险合同直接保障借款人权益所发挥的作用。第四重保障是HECM抵押保险合同从保障贷款人债权实现角度,对借款人能按期领取借款而发挥的间接保护作用。

(2)保护借款人及其配偶的房屋使用权。如上所述,《美国法典》规定:“除非抵押(合同)规定,房屋所有人偿还借款的义务延迟至房屋所有人身故、房屋出售或(住房和城市发展部)部长颁布条例规定的其他情形,否则,(住房和城市发展部)部长不对房屋价值转换抵押提供保险。为实现这一目的,房屋所有人包括房屋所有人的配偶。”[3]基于《美国法典》的上述规定,“房屋所有人及其配偶身故、房屋出售或部长规定的其他情形”,HECM抵押合同才到期应付,这是

[1] See 24 C.F.R. §206.129(e)(3).

[2] See 24 C.F.R. §206.121(b).

[3] See 12 U.S.C. § 1715z-20(j).

住房和城市发展部承保 HECM 反向抵押借款合同的条件之一。关于借款人的房屋使用权,以及借款人"适格未参与借款的配偶"的房屋使用权,本书第四章已进行了讨论,不再赘述。住房和城市发展部以保险人身份,承保 HECM 反向抵押借款合同履行过程中的各类风险,使贷款人债权实现有了充分保障,同时使借款人及其"适格未参与借款的配偶"对房屋的使用权得到了较为充分的保障。只要借款人及其配偶生存,且履行法定义务及合同约定义务,"即使借款人已经用尽了房屋的价值,也不必被迫搬出房屋"[1]。

2. 保护借款人及其继承人享有不受追偿的权利

(1)贷款人无追偿权对于借款人的意义。"HECM 反向抵押借款是无追偿权借款(Non - recourse Loan)。这意味着借款人的欠款额不会超过借款余额或房屋的价值,以较少者为准;除了抵押的房屋,没有其他财产需要被用于偿还债务。"[2] 在英美法系中,"Recourse"译为追索权,是指债权人在主债务人不履行债务时,要求保证人履行债务的权利;票据持有人在票据被拒绝承兑或拒付时对开票人或背书人的求偿权。[3] Recourse loan 译为有追索权的借款,是指在借款人违反约定时,除以抵押财产清偿借款外,贷款人还有权要求以借款人或担保人的其他个人财产清偿借款的权利。[4] Non - recourse Loan,本书译为无追偿权借款,是指抵押借款合同到期后,贷款人(抵押权人)除了以借款人(抵押人)的抵押财产变现金额优先受偿债权之外,无权请求借款人以其本人的其他个人财产清偿债务

---

〔1〕 See *Reverse Mortgages: A Good Idea*? Consumer Rep., July 1, 1995, cited from Jean Reilly, *Reverse Mortgages: Backing into the Future*, 5 Elder Law Journal 17 (1997).

〔2〕 See HUD, Home Equity Conversion Mortgages 4235.1 REV - 1, Chapter 1. General Information, 1 - 3. C.

〔3〕 薛波主编:《元照英美法词典》(缩印版),北京大学出版社 2013 年版,第 1159 页。

〔4〕 同上注。

的借款。

由于独特的条款设计和较长的履行期限,反向抵押借款合同蕴含了借款人长寿、房屋贬值与价格波动、利率波动及贷款人违约等风险。当合同到期,即借款人身故、搬离、出售房屋或转让产权等事件发生时,借款人或其继承人应偿还借款本息及相关费用。如果抵押房屋的变现金额在清偿借款本息及费用后仍有剩余,剩余部分仍归借款人所有,或者作为遗产由借款人的继承人予以继承。如果房屋变现金额不足以偿还所有债务,就会发生对剩余部分的债务,借款人是否应当继续清偿,或者继承人是否应当以其继承的其他遗产继续清偿的问题。这涉及贷款人对于超出抵押房屋变现金额的债务有无追偿权问题。在 HECM 反向抵押借款合同中,借款人及其继承人享有不受追偿的权利。贷款人对超出抵押房屋变现金额的债权无追偿权。这一特征对于提高老年人参与反向抵押借款合同的积极性,免除老年人的后顾之忧,减少老年人参与合同时的家庭内部阻力,都具有重要意义。

(2)贷款人有追偿权的反向抵押借款合同。传统的抵押借款合同是贷款人有追偿权的合同。借款人应按照合同约定的期限和金额,分期向贷款人偿还借款的本息。如果借款人不能按期清偿债务,贷款人除了就抵押物的变现金额享有优先受偿权外,对于超出抵押物变现金额部分的债权,贷款人有权请求借款人以其享有产权的其他财产清偿。如果借款人身故,就未受偿部分的债权,贷款人可以请求继承人在其继承的其他遗产范围内予以清偿。概言之,贷款人对于超出抵押物价值部分的债权,对于借款人或其继承人享有追偿权。借款人对其债务,以其所有的全部财产对贷款人承担"无限责任"。

贷款人追偿权与借款人的"无限责任"是一个问题的两个方面,也是传统抵押借款合同中借款人、贷款人之间权利义务关系基本的表现形式。两者以特定的债权债务(借款本息)为联结点,以特定的抵押物(房屋)价值为限度,抵押合同建立起借款本息债权与房屋价值关系的桥梁,使其融合成为一个有机的整体。通过抵押担保关系,贷款人债权享有就抵押物价值的优先支配权,可以优先于借款人的其他债权人受偿。借款人凭抵押物价值获得贷款人的授信,取得借款。对于超出抵押物变现金额部分的债权,贷款人有权向借款人及其继承人追偿,借款人以全部个人财产对债权人承担民事责任。这是传统抵押借款合同的本质属性,也是民事债权债务关系的应有之义。

“所有的反向抵押都是无追偿权借款,借款人的欠款额永远不会超过房屋的价值。”[1]这一关于反向抵押的宣传性标语有其特指范围。因为就现在反向抵押借款合同而言,无追偿权的反向抵押借款占了绝大多数比例,但并非没有例外。如上所述,1997 年,新加坡职总英康合作社推出的反向抵押借款,是一种贷款人有追偿权的反向抵押合同。该合作社除了要求申请人必须为 62 岁以上的老年人外,其他条件也较为严苛。第一,申请人必须是该公司的保户;第二,如果是两个以上的借款人,只要最年轻的借款人届满 90 岁,就必须清偿所有借款;第三,当借款本息达到房屋评估价格的 80% 时,必须清偿借款本息;第四,贷款人对借款本息有追偿权,即当借款本息超出抵押房屋的价值时,房屋所有人及其继承人必须偿还超过之部分;第五,借款合同履行期间,该合作社发现抵押房屋价值下降时,亦可减少借款金额的给付额度。[2] 贷款人对超出房屋价值的债权享有追偿权,这意味着合同到期时,如果债务总额高于房屋评估价格或变现金

---

[1] See Jean Reilly, *Reverse Mortgages: Backing into the Future*, 5 Elder Law Journal 17 (1997).

[2] 参见潘秀菊、李智仁:《以房养老商品——反向抵押贷款制度之理论与实务》,台北,元照出版有限公司 2010 年版,第 26 ~ 27 页。

额,该合作社有权向借款人及其继承人追讨两者之间的差额。这使老年人担心长寿风险而被迫出售房屋,终至无家可归。因此,该类反向抵押借款合同在新加坡的发展并不理想。为了消除民众对该类反向抵押借款的疑虑,新加坡房屋发展局曾建议在反向抵押借款合同中加入“不追讨保证条款”。但是,这项建议并没有被接纳。2008年,新加坡职总英康合作社已经停办反向抵押借款业务。[1]

(3)借款人享有不受追偿权利的基本含义。借款人享有不受追偿的权利与贷款人无追偿权,这是一个问题的两个方面。对借款人而言,对于超出抵押房屋变现金额部分的债务,借款人无须清偿。这意味着借款人享有不受追偿的权利。对贷款人而言,对于超出抵押房屋变现金额部分的债权,贷款人无权请求借款人及其继承人清偿。这意味着贷款人无追偿权。借款人享有不受追偿的权利,具有多重含义。借款人享有不受追偿的权利,其基本含义是指抵押合同到期后,贷款人只能以房屋的变现金额,优先实现债权;如果抵押房屋的变现金额不足以偿还债权,对于超出部分的债权,借款人及其继承人无清偿义务,贷款人既不得请求借款人以其他个人财产偿还,也不得请求借款人的继承人在其继承借款人其他遗产的范围内偿还。

第一,借款人的“有限责任”与贷款人无追偿权。借款人享有不受追偿的权利,表现为借款人“有限责任”与贷款人无追偿权两个方面。在 HECM 反向抵押借款合同中,借款人对其借款本息及费用的偿还承担“有限责任”。作为反向抵押借款合同的附件之一,由借款人与贷款人共同签署的文件(Note)第4(C)条责任限制(Limitation of Liability)部分约定:“借款人对于本书件中的债务偿还不负有个人

---

[1] 参见潘秀菊、李智仁:《以房养老商品——反向抵押贷款制度之理论与实务》,台北,元照出版有限公司2010年版,第31页。

责任(Personal Liability)。贷款人只能通过出售担保契约(the Security Instrument)中所抵押的财产的方式来实现债权。如果本文件已经转让给(住房和城市发展部的)部长,对于转让时借款人所欠的,即未付债务与贷款人所收到的抵押保险收益之间的差额,包括复利,借款人不负有清偿义务。"[1]

第二,借款人"有限责任"与住房和城市发展部无追偿权。借款人的"有限责任"规则,对于接受转让的保险人同样适用。标准HECM抵押合同的统一条款第10条约定:"借款人对于抵押担保合同所担保的债务不承担个人责任。贷款人可以通过出售房屋实现债权。如果通过担保合同取消赎回权,那么贷款人不应获得一份针对借款人的清偿债务余额的判决。根据(住房和城市发展部)部长要求,如果这一担保合同由部长受让,对于受让时贷款人所得的保险收益与尚未偿还债务之间的差额,包括应付的利息,借款人不负责任。"[2]

因此,在HECM反向抵押借款合同中,房屋成为借款人偿还借款本息与费用等债务的唯一责任财产。无论是贷款人,还是从贷款人受让合同的住房和城市发展部,对于超出抵押房屋价值之外的债权,均无权请求借款人以其他的个人财产清偿。在借款人身故的情况下,贷款人和住房和城市发展部也无权请求借款人的继承人在其继承的其他遗产范围内予以清偿。

(4)借款人享有不受追偿权利的引申含义。从行使赎回权的角度看,在抵押合同到期后,如果借款人或其继承人想保留房屋所有

[1] See Model Fixed Rate Note Form (Home Equity Conversion), Note: 4. Manner of Payment, (C) Limitation of liability.

[2] See Model Mortgage Form (Home Equity Conversion), Mortgage: 10, No Deficiency Judgments.

权,借款人及其继承人仅以合同到期时抵押房屋的市场价格为限行使赎回权,而无须清偿全部债务。对于超出抵押房屋的现值部分的债务,借款人及其继承人无清偿义务。其中缘由,本书第四章关于借款人及其继承人赎回权保护部分已经阐明,此处不再赘述。

(5)借款人享有不受追偿的权利的深层含义。借款人享有不受追偿的权利的基本含义与引申含义,是以合同到期时房屋发生贬值或价格下降,或者发生借款人长寿风险(借款人存活年龄超出100岁)为前提,对合同可能产生的后果进行的分析。如果抵押权设定时房屋价值高于住房和城市发展部承保金额的上限,或抵押合同到期时房屋增值,同时发生借款人长寿风险,导致借款余额超出最高担保额,而房屋变现金额足以清偿借款余额的情况,借款人享有不受贷款人追偿的权利对于借款人、贷款人和住房和城市发展部具有什么意义呢？对此,有学者指出,“新的反向抵押(HECM反向抵押借款)没有规定贷款人可以分享你房屋的增值,在清偿抵押之后剩余的钱仍然属于你本人,或在你去世后属于你的遗产;根据法律规定,你或你的财产应当向贷款人偿还未付余额”。[1] 学者的这种观点是否有道理呢？对此,可分为以下两种情形讨论。

第一,抵押权设定时房屋的评估价格高于住房和城市发展部的承保限额,借款人以住房和城市发展部的承保限额为贷款人设定抵押权,合同履行期间房屋保值、增值,合同到期又发生借款人长寿风险。贷款人行使抵押权时,借款余额超出抵押权设定的最高请求额,但仍低于房屋的变现金额。在此情况下,贷款人仅可以在设定的最高抵押额之内,对房屋的变现金额享有优先受偿权。对于超过最高

---

〔1〕 See Tom Kelly, *The New Reverse Mortgage Formula: How to Convert Home Equity into Tax-Free Income*, John Wiley & Sons, Inc., 2005, p. XX.

请求额而未设定抵押权的部分房屋价值,属于借款人的其他个人的非责任财产,由借款人自由支配,或由其继承人继承。对于未受偿部分的债权,贷款人无权请求借款人以未设定抵押权的房屋价值部分予以清偿,也无权请求借款人的继承人,以该部分房屋价值作为遗产清偿。

第二,抵押权设定时房屋评估价格等于或少于住房和城市发展部承保限额,借款人以房屋评估价格为贷款人设定全额抵押,合同履行期间房屋增值,合同到期时发生了借款人长寿风险。在此情况下,借款人长寿风险导致借款余额超出了房屋抵押权设定时的最高请求额。HECM 抵押合同是最高额抵押合同。在抵押房屋发生增值场合,抵押权人仅对最高请求额之内的债权享有就抵押房屋变现金额优先受偿的权力。对于超出最高请求额之外的部分,即合同履行期间房屋增值部分的金额,抵押权人不享有优先受偿权,也不享有请求借款人继续清偿的权利。这是借款人受无追偿权保护更为深层的含义。这部分财产是借款人或其继承人无负担的非责任财产,归其自由支配。

(6)超出房屋价值的借款余额的风险负担。目前,美国各类反向抵押借款合同都是贷款人无追偿权模式,借款人享有不受追偿的权利。对于超出房屋变现金额部分的债权,贷款人无权向借款人及其继承人追偿。对于未设立抵押保险合同的反向抵押借款合同,如房屋持有人抵押和财务自由计划,超过抵押房屋变现金额部分的借款余额,由贷款人承担债权超出部分的损失。HECM 抵押保险合同承保了 HECM 抵押合同履行期间的各类风险。如果债务额将要超过房屋价值,即当反向抵押借款总额达到等于或大于最大请求额的98%时,或借款人请求领取借款而该笔借款将使借款余额超出最大请求额时，贷款人可将合同转让给联邦住房和城市发展部。[1] 住房和城市发展部向贷款人给付到期的借款余额，然后继续向借款人按期支付（根据每月支付数额或任何未使用的信用额度），直至借款人去世或出售房屋。[2] 对于超出抵押房屋变现金额部分的借款余额，由住房和城市发展部以保险基金承担损失。

在贷款人没有将合同转让给住房和城市发展部的场合，贷款人继续履行合同也可能会发生债务超过的问题。对此，住房和城市发展部部长助理约翰·维切尔（John Weicher）指出，"如果我们认为，抵押房屋没有相应的增值以偿还全部债务，贷款人因此需要抵押保险，那么到 2014 年 5 月 31 日，有 726 例贷款人在出售房屋之后需要提出补偿余额不足的请求。在借款到期的场合（通常是借款人身故的情况），贷款人通过取消赎回权或通过契约代替取消赎回权而获得房屋产权。然后，贷款人出售房屋，再向住房和城市发展部请求补足借款余额。如果贷款人在确定期限内没有售出房屋，请求数额将根据房屋的评估的价值确定"[3]。住房和城市发展部是抵押房屋的第二顺位抵押权人，在受让反向抵押借款合同之后，也受让了贷款人对借款人的债权，成为第一顺位抵押权人。此时借款人仍享有不受无追偿的权利，住房和城市发展部受无追偿权规则的约束。借款人及其继承人对超出房屋变现金额部分的借款余额没有清偿义务，仍然享有合同履行期间在房屋增值利益。在合同未到期场合，住房和城市发展部应继续履行合同，向借款人支付每期借款数额，对于超出房

---

[1] See 24 C. F. R. § 206.107, (a) (1).

[2] See Carolyn H. Sawyer, *Reverse Mortgages: An Innovative Tool for Elder Law Attorneys*, 26 Stetson Law Review 617(1996).

[3] See Tom Kelly, *The New Reverse Mortgage Formula: How to Convert Home Equity into Tax-Free Income*, John Wiley & Sons, Inc., 2005, p. 32.

屋变现金额的债权，在最高担保额之外无权请求借款人及其继承人偿还。

所以，“抵押保险对于反向抵押的未来发展至关重要，抵押保险给投资者提供保护，创造了市场的流动性。如果没有抵押保险，在让投资人参与到这项程序来时，反向抵押的开办者将面临巨大的困难”。[1] 这是 HECM 抵押保险合同对贷款人具有的意义，也是借款人权益受到保障的基础。

三、延期年金保险合同与被保险人权益保护

幸福反向抵押养老保险合同由养老借款合同、养老抵押合同和延期年金保险合同组合而成。延期年金保险合同承保被保险人的长寿风险，确保被保险人的寿命在超出保险人根据国民生命表所预测的年龄后，仍然可以请求保险人按期向被保险人给付养老保险金。在延期年金保险合同中，被保险人享有的基本权利包括身故和退保利益选择权、按期领取养老保险金的权利。同时，基于延期年金保险合同和保险人承诺，当房屋变现金额不足以清偿被保险人对保险人所负债务时，被保险人及其继承人享有不受追偿的权利。

（一）延期年金保险合同概述

年金，是指一项资金流的定期给付形式。年金是否是一种年金保险、能否获得保险保障功能，取决于两个基本条件：一是以保险方式承保生存风险（也包含死亡给付金，但不是寿险）；二是存在不确定的风险事件，这些风险事件具有可保性，比如，生死、婚嫁、生育、车祸

---

〔1〕 See Tom Kelly, *The New Reverse Mortgage Formula*: *How to Convert Home Equity into Tax - Free Income*, John Wiley & Sons, Inc., 2005, p. 33.

等。[1] 就此而言，虽然每一位民事主体生命有限，但其何时身故却是不确定的风险事件。幸福反向抵押养老保险合同通过内设的延期年金保险合同，承保被保险人（投保人）身故时间不确定的风险，使被保险人的寿命在超出特定期限后，仍然可以按合同约定金额，领取养老保险金。

1. 延期年金保险合同的含义与性质

本书所称延期年金保险合同，指在幸福反向抵押养老保险合同中，符合条件的投保人（被保险人），在特定期限中的每个保单年度初，以计入累积计息养老保险费用账户形式向保险人缴纳保费，当被保险人存活至特定期限经过后，得按照约定金额按期领取年金，直至身故的保险合同。[2]

在延期年金保险合同中，被保险人领取年金的时间延迟至特定期限之后。特定期限内，延期年金尚处于累积阶段，保险人要向投保人收取保费，并用于投资收益。这是延期年金保险与即付年金保险的主要区别。就法律性质而言，延期年金保险合同是一种人身保险合同。年金保险合同与寿险合同的基本原理相同，都是运用大数法则，由多数人分担少数被保险人的损失。但是，年金保险合同又不同于寿险合同。第一，寿险保险人的给付责任是以被保险人死亡事件发生为条件，而年金保险人的给付责任是在约定的给付期开始后，以被保险人生存为给付条件。第二，寿险的主要功能是为被保险人的遗属或受益人提供生活保障，减少被保险人死亡后对他人的生活造成的不利影响；年金保险的功能是为被保险人本身积累基金，使其在生存期间的生活得到保障。第三，两者的承保条件不同。购买寿险，

---

〔1〕 参见庹国柱、方明川：《年金保险》，北京大学出版社2010年版，第29页。

〔2〕 参见《幸福房来宝老年人住房反向抵押养老保险（A款）》第4.1条、第4.2条。

需要接受体检，提供可保证明，或向保险人真实地反映健康状况；而购买年金保险无须体检或健康证明。此外，在投保人道德风险、财务处理形式、保险合同关系终止情形及厘定费率依据等方面，年金保险与寿险保险均存在较大差异。[1]

2. 延期年金保险合同的特征

与 HECM 抵押保险合同相比，幸福反向抵押养老合同中的延期年金保险合同具有以下特征：

第一，利用大数法则和精算平衡原理承保老年人长寿风险。在年金保险合同中，保险人以某一类型的投保人群体的平均死亡率为基数，借助年金表，并利用大数法则，估算出该类型投保群体的总给付额。在此基础上，保险人运用损失分摊原则和精算平衡原理，对年金产品厘定合理费率，使参保人所缴纳的纯保费能够等于领取的预期年金保险给付金，在年金保险统筹基金的总水平上实现收支平衡。[2] 就延期年金保险合同而言，保险人所承保的是被保险人超出预期生存年龄的长寿风险。以 60 周岁的男性被保险人为例。该被保险人需缴纳 26 年的保费。当被保险人 86 周岁时，延期年金进入起付期，他才有资格领取年金。[3] 这就意味着对于 60 周岁的男性被保险人，延期年金保险合同承保其 86 周岁之后的长寿风险。

第二，年金保费的定期缴纳与“反向趸缴”。按缴费形式不同，年金保险可分为定额或定期缴费年金、灵活缴费年金，以及趸缴保费年金。定期或定额缴费年金，投保人按月、按季、按半年或按年向保险人缴纳保费。灵活缴费年金，是指不规定缴费次数和每次缴费的金额，投保人可以根据自己的经济条件和缴费能力灵活安排缴费，即使

---

〔1〕 参见庹国柱、方明川：《年金保险》，北京大学出版社 2010 年版，第 39～41 页。

〔2〕 同上注，第 33～34 页。

〔3〕 参见《幸福房来宝老年人住房反向抵押养老保险（A 款）》费率表。

投保人没有缴费，合同也不失去效力。趸缴保费年金，是指投保人在签订合同时，一次性缴清全部保费。在延期年金保险合同中，从形式上看，在特定期限内，保险人已经以自支自收的形式，把被保险人应缴保费计入相关费用账户，并向被保险人计取复利。或者说，被保险人是以定期、定额形式向保险人缴纳保费。实质上，无论是特定期限内的年金保险积累期间，还是特定期限后的保险人向被保险人支付养老保险金的给付期间内，老年人并未向保险人缴纳保费。只有在整个合同到期后，保险人通过行使抵押权，以抵押房屋的变现金额，实现其全部债权。这些债权中，就包括投保人（被保险人）在特定期限内应缴的保费及复利。此时，保险人才真正向投保人收取了保费。这是延期年金保险合同保费缴纳的“反向趸缴”特征。

第三，年金延期给付。按给付起始时间不同，年金保险可分为递延年金（Deferred Annuity）和即期年金（Immediate Annuity）。递延年金，是指投保人在缴纳保费一定期间之后才能领取年金。即期年金，是指投保人缴纳保费后即可领取年金。年金保险的起付时间与缴费形式有多种结合。趸缴保费年金的起付时间既可以是递延年金，也可以是即期年金。定期缴纳保费的年金保险，在起付年金之前必须有一定的递延期或等待期，所以，定期缴纳保费的年金只能是递延年金。延期年金保险属于递延年金。对于延期年金保险合同而言，特定期限是保费的累积期间。从形式上看，老年人并没有实际缴纳保费，是以借款形式向保险人缴纳了保费，并承担保费的复利计息。特定期限经过后，延期年金进入给付期。如果老年人仍然健在，他（她）可以按照合同约定的金额，继续领取养老保险金。

第四，年金定额终身给付。依合同履行期间年金给付水平是否变化，年金保险可分为定额年金、变额年金和递增性年金。定额年金（Fixed Annuity），是指每期的年金给付水平确定不变。变额年金，是指年金的给付水平不事先确定,根据缴费期间保险人投资组合的获利能力决定。递增性年金,是指年金给付水平根据消费物价指数上涨、年金受益人健康状况等因素,每隔一段时间递增一定比例。延期年金保险合同属于定额给付年金。保险人按照合同约定的固定金额,给付被保险人直至其身故。

第五,年金给付保证性由被保险人选择确定。依保险人是否向被保险人保证最短给付期限或最少给付总额为标准,年金保险合同分为保证性年金与非保证性年金。保证性年金可分为两类:一类是保证给付期限年金,除了向年金受益人提供终身给付的承诺外,还提供至少有一定给付期限的承诺,如 5 年或 10 年;另一类是保证给付额年金,除了向年金受益人提供终身给付外,还提供至少一定给付额度的承诺,如保费积累额。非保证年金,是指纯粹终身年金或定额给付终身年金,该类既不保证最短给付期限,也不保证最少给付金额的年金。从延期年金保险合同的内容来看,被保险人享有身故和退保利益选择权。如果被保险人选择不享有身故和退保利益,延期年金保险合同即为非保证性年金。保险人不向被保险人提供最短给付期限与最少给付金额的保证。如果被保险人选择享有身故和退保利益,延期保险合同即为保证给付额年金。当合同解除或被保险人身故时,保险人应当退还保单的现金价值。

第六,延期年金保险是商业年金保险。依承办机构不同,年金保险可分为商业保险年金与社会保险年金。商业年金保险由商业保险人承办,以实现个人的养老安排为目的。社会保险年金由政府开办,一般采用立法强制形式,以现收现付制为国民提供老年经济安全保障。延期年金保险合同系由从事商业保险的幸福人寿保险公司提供的商业保险年金产品。

3. 延期年金保险合同的地位与作用

在幸福反向抵押养老保险合同中,养老借款合同与养老抵押合同是主从合同关系。养老抵押合同通过为保险人设定抵押权,担保保险人在养老借款合同中借款债权的实现,是养老借款合同的从合同。养老借款合同与延期年金保险合同是合同联立关系,确定了保险人与被保险人双方主要的权利义务内容。进一步说,保险人与被保险人权利义务具有关联性,延期年金保险合同发挥着补充养老借款合同功能的作用。

第一,两类合同中保险人与被保险人权利义务具有关联性。如上所述,在特定期限内,被保险人领取的借款包括两方面内容:一方面,按照合同约定,在特定期限内,保险人按期向被保险人支付养老保险金。实质上,被保险人是以养老保险金形式,向保险人借款;另一方面,在特定期限内的每个保单年度初,被保险人都要以借款形式向保险人缴纳延期年金保费,并计入相关费用账户。由此,养老借款合同与延期年金保险合同的履行具有一定的关联性。保险人以自支自收的形式,完成了债务履行与债权行使两方面内容。保险人既履行养老借款合同中借款支付义务,又向被保险人收取了延期年金保险合同的保费。

第二,延期年金保险合同的补充养老功能。与养老借款合同所起作用相比,延期年金保险合同的主要功能是承保被保险人长寿风险,对养老借款合同起补充养老作用。在特定期限内,养老借款合同通过向被保险人支付养老保险金,发挥"以房养老"的主要制度功能。特定期限经过后,如果被保险人仍然健在,这意味着发生了被保险人长寿风险,延期年金保险合同才进入起付期。保险人才有义务向被保险人支付真正意义上的养老保险金。倘若特定期限内被保险人身故,延期年金保险合同尚未进入起付期,保险人不必支付养老保险金。

（二）延期年金保险合同中被保险人权益保护

1. 被保险人身故和退保利益选择权

依被保险人死亡后保险人是否退还保费或给付保单的现金价值为标准，年金保险可分为纯生存年金保险与退费式年金保险。纯生存年金保险，是指被保险人死亡后，保险人即可免除任何偿还给付责任，既不退还保费，也不给付保单的现金价值；退费式年金保险，是指当某项意外事故发生，保险人的年金给付责任终止，但年金受益人或指定受益人可以领取年金退费的年金；年金退费既可以发生在年金保单的积累期，也可以发生在给付阶段的保证给付期。[1] 比较而言，退费式年金保险对被保险人较有吸引力。

延期年金保险合同履行期间，被保险人持有的保单将积累相当金额的保费，因而具有一定的现金价值。与此相应，无论是被保险人身故还是合同履行期间被保险人行使解除权，保单的现金价值如何处理对保险人和被保险人都具有重要意义。对此，幸福反向抵押养老保险合同约定，被保险人对身故和退保利益享有选择权，可以在是否享有身故和退保利益之间进行选择。所以，幸福反向抵押养老保险合同中的延期年金保险合同，既可以是纯生存年金保险，也可以是退费式年金保险，被保险人有权在两种方式之间进行选择。第一种方式：当被保险人身故或主险合同提前解除、终止时，保险人不承担身故给付责任，也不退还延期年金产生的现金价值。第二种方式：在主险合同有效期间内，如果被保险人身故，保险人承担身故给付责任，身故给付金额为被保险人身故时延期年金产生的现金价值。身故保险金受益人由被保险人在签订合同时指定。如果保险合同提前

[1] 参见庹国柱、方明川：《年金保险》，北京大学出版社 2010 年版，第 47 ~48 页。

解除、终止，保险人在扣除相关的养老保险费用后，向被保险人退还延期年金产生的现金价值。[1]

被保险人选择是否享有延期年金的身故和退保利益，对被保险人每月可领取的基本养老保险金额会产生较大影响。同时，不同的选择对被保险人身故或合同解除后，被保险人或其继承人的利益也将产生重大影响。以房屋有效保险价值为100万元，年龄60周岁的男士为例。当选择无身故和退保利益时，他每月可领取的基本养老保险金额为2514元，每年应缴纳的延期年金保费为2544元；如果他选择有身故和退保利益，那么他每月可领取的基本养老保险金为2124元，每年应缴纳的延期年金保费金额为7107元。[2]

2. 身故保险金受益人指定权

身故保险金受益人指定权，是指被保险人选择享有身故和退保利益的情况下，被保险人指定当其身故时，由何人领取延期年金身故保险金利益的权利。[3] 在延期年金保险合同履行过程中，被保险人以借款形式向保险人缴纳年金保费。无论是特定期限内延期年金的积累期间，还是特定期限以后的延期年金支付期间，延期年金保险都有一定的现金价值。现金价值是指保险合同所具有的价值，通常体现为解除合同时，根据精算原理计算的，由保险公司退还的那部分金额，即投保人缴纳的延期年金所具有的价值。[4] 在被保险人选择享有身故和退保利益的情况下，保险人负有身故给付责任，即被保险人在保险合同约定的期间内身故，保险人按合同约定的金额给付身故

---

〔1〕 参见《幸福房来宝老年人住房反向抵押养老保险（A款）》第4.3条。

〔2〕 参见《幸福房来宝老年人住房反向抵押养老保险（A款）》费率表。

〔3〕 参见《幸福房来宝老年人住房反向抵押养老保险（A款）》注释10。

〔4〕 参见《幸福房来宝老年人住房反向抵押养老保险（A款）》注释9。

金。[1] 在幸福反向抵押养老保险合同履行期间，基于保险人或被保险人行使解除权使合同终止，被保险人有权请求被保险人退还延期年金的现金价值。如果合同因被保险人身故而终止，被保险人指定的受益人有权请求保险人退还延期年金的现金价值。

3. 按期领取延期年金的权利

按期领取养老保险金，这是老年人缔结反向抵押养老保险合同的主要权利，也是保险人负担的主给付义务。如上所述，反向抵押养老保险合同履行期间，保险人支付给被保险人的款项均称为养老保险金。但是，特定期限内与特定期限后，养老保险金的性质却完全不同。特定期限内，保险人以养老保险金名义向被保险人支付借款。特定期限后，延期年金保险合同进入支付阶段，保险人向被保险人支付真正意义上的养老保险金，即延期年金。

4. 被保险人享有不受追偿的权利

与 HECM 反向抵押借款合同中借款人受贷款人无追偿权保护相同，在幸福反向抵押养老保险合同中，对房屋变现金额之外的债务，被保险人享有不受追偿的权利。对于超出房屋变现金额部分的债权，保险人无权请求被保险人清偿，也无权请求被保险人的继承人，在其继承被保险人其他遗产的范围内清偿。在幸福反向抵押养老保险合同中，由于没有设置分散、防范房屋贬值与价格波动等风险的抵押保险机制，因此，对于未受偿部分的债权，完全成为没有请求力、没有强制执行力的债权，只能由保险人自担损失。

(1)被保险人享有不受追偿的权利的依据。中国保监会(现中国银保监会)在《〈反向抵押指导意见〉答记者问》中指出：老年人过世后，其房产处置所得在偿还保险公司已支付的养老保险相关费用

---

[1] 参见《幸福房来宝老年人住房反向抵押养老保险(A 款)》注释 8。

后,剩余部分仍然归法定继承人所有;如果房产处置所得不足以偿付保险公司已支付的养老保险相关费用,保险公司将承担房价不足的风险,不再向老年人的家属追偿。为执行上述政策,幸福反向抵押养老保险合同约定:如果处分抵押物所得不足以偿还被保险人应当承担的养老保险相关费用,不足部分由保险人自行承担。[1] 所以,无论是中国保监会政策性规定,还是幸福反向养老保险合同约定,都赋予了被保险人及其继承人享有不受追偿的权利。

(2)被保险人享有不受追偿权的含义。幸福反向抵押养老保险合同约定,被保险人身故后,若处分抵押房屋所得不足以偿付被保险人应承担养老保险相关费用,不足部分由保险人承担,不再就被保险人的债务向其继承人追偿(夫妻双方投保时有特别约定的,按特别约定处理)。[2] 依合同文本的内容,享有不受追偿权利的主体,是被保险人的继承人,而非被保险人本人。因为被保险人身故后,被保险人作为民事主体的权利能力已经丧失,主体资格消灭,权利义务无所依归,当然不存在被保险人享有不受追偿权的问题。当被保险人身故后,如果房屋处置所得不足以偿还被保险人所欠的养老保险相关费用,保险人不得就未受清偿部分的债权,向被保险人的继承人请求清偿,要求继承人在继承遗产的范围内偿还。所以,无论是中国保监会出台的指导性意见,还是从合同内容来看,被保险人不受追偿的权利,基本含义指被保险人的继承人,享有不受追偿的权利。

但是,“被保险人不受追偿的权利”本身也不是毫无意义。原因在于把不受追偿的权利限定于“被保险人身故”的情形,其文义过窄。

---

〔1〕 参见《幸福房来宝老年人住房反向抵押养老保险(A款)》第6.2条。

〔2〕 参见《幸福房来宝老年人住房反向抵押养老保险(A款)》第8.1条。

如果合同履行期间,无论是被保险人,还是保险人,双方均可依照法律规定或合同约定,依法解除合同。如果合同解除后房屋的变现金额不足以清偿养老保险费用,被保险人是否享有不受追偿的权利呢?幸福反向抵押养老保险合同约定被保险人享有合同解除权,即被保险人可以在合同履行期间退保,同时约定被保险人继承人不受追偿的权利,那么被保险人可否同时享有这两项权利带来的利益呢?被保险人因退保而解除合同的情形下是否享有不受追偿的权利,构成合同漏洞,有作扩大解释的余地。按照目的解释,被保险人不受追偿的权利旨在保护被保险人及其继承人,使其就缔结反向抵押养老保险合同后,仅以设定抵押权的房屋变现金额为限,对合同债务承担"有限责任"。在被保险人身故后,被保险人的继承人享有不受追偿的权利。举重以明轻,在被保险人健在而解除合同的情况下,被保险人当然也享有不受追偿的权利。因为在被保险人健在的情况下,被保险人享有按月领取养老保险金直至身故的权利。被保险人提出解除合同,保险人免除继续支付养老保险金的义务,已经对保险人较为有利。此时,令被保险人享有不受追偿的权利,对保险人而言,并没有获得更多利益。基于两方面考虑,被保险人不受追偿的权利既包括被保险人的继承人不受追偿的权利,又包括被保险人本人不受追偿的权利。

(3)被保险人不受追偿权的深层意义。在幸福反向抵押养老保险合同中,养老抵押合同主要是为保障保险人债权实现而订立的。基于养老抵押合同,保险人对被保险人的房屋享有抵押权,抵押权是保险人债权实现的担保。当被保险人解除幸福反向抵押养老保险合同,或被保险人身故致使合同到期,被保险人或其继承人欲保留房屋所有权,他们必须清偿债务,以消灭抵押权。问题在于,被保险人或其继承人是否必须清偿全部债务,抑或仅按房屋的现值清偿债务,即可保留房屋所有权？通常情况下，被保险人或其继承人需要清偿全部债务才能保留房屋所有权。因为根据房屋的评估价格，并考虑房屋的折扣、长期预期增值、预期被保险人平均生存年限、利率等因素后，保险人精算出基本养老保险金额。所以，当合同到期，房屋的变现金额通常不会超过抵押合同所设定的最高抵押额。被保险人清偿相关账户费用余额（借款本息及费用总和），不会超过抵押房屋的变现金额，也不会超过最高抵押额。例外情形下，如果合同履行期间房屋发生贬值或价格波动，导致房屋价格下跌，房屋的变现金额或最终评估价格低于保险人享有的债权及最高抵押额，不足以偿还被保险人应偿还的养老保险费用。此时，被保险人或其继承人是清偿全部的养老保险费用，还是仅按房屋的评估价格或拍卖价格清偿债务，就可以保留房屋所有权。

在 HECM 反向抵押借款合同中，借款人及其继承人享有不受追偿的权利有其引申含义。如前文所述，HECM 反向抵押借款合同到期后，合同进入清偿程序。由于房屋评估价格或变现金额，不足以清偿借款人所欠借款本息及费用，借款人或其继承人仅就房屋的评估价格或变现金额为限，行使赎回权，而不必清偿借款人所欠的借款本息及费用的总额，就可以保留房屋的所有权。原因有两个方面：一方面，借款人就超过抵押房屋变现金额部分的债务，已经向住房和城市发展部缴纳了保险费，由住房和城市发展中承担相应的债务超过风险。如果借款人或其继承人为行使赎回权，仍须向贷款人清偿全部借款本息和费用，那么，就相当于住房和城市发展部仅收取保费不承担保险责任。另一方面，就取得房屋所有权而言，作为第三人的其他任何民事主体，均可以按照抵押房屋的评估价格或拍卖价格，取得房屋所有权；而作为房屋所有权人的借款人或借款人的继承人，为什么必须支付超出房屋价格的借款本息及费用为代价才能赎回房屋呢？

所以,在 HECM 反向抵押借款合同中,借款人或其继承人按照房屋的评估价格或拍卖价格,偿还借款本息及费用,即可行使赎回权。按照相同情形相同处理的原则,在幸福反向抵押养老保险合同中,被保险人及其继承人享有不受追偿的权利。合同到期后,如果房屋的变现金额或评估价格不足以清偿欠保险人的全部债务,被保险人或其继承人仅需要按照抵押房屋的评估价格或变现金额偿还保险人相关养老保险费用,即可保留房屋所有权。原因在于:第一,幸福反向抵押养老保险合同中约定了被保险人享有不受追偿的权利,保险人应当信守承诺。第二,与 HECM 反向抵押借款合同中的理由相同。作为第三人的其他民事主体,均得以房屋的评估价格或拍卖价格,取得房屋所有权,那么,作为房屋所有权人的被保险人或被保险人的继承人,为什么必须支付超出房屋价格的养老保险费用才能保留房屋所有权呢?不同的是,在 HECM 反向抵押借款合同中,借款人为取得不受追偿的权利,向住房和城市发展部支付了保费,由该部向贷款人承保债务总额超过房屋变现金额的风险。在幸福反向抵押养老保险合同中,被保险人与保险人之间设有延期年金保险合同,保险人以借款记账形式收取被保险人保费,仅承保了被保险人的长寿风险。对于养老保险借款、利息及费用总额超过抵押房屋变现金额的其他风险,主要是房屋贬值与价格波动风险,被保险人并没有支付保费。保险人是在没有收取相应保费的情况下,自愿承担了房屋贬值与价格波动风险。

被保险人不受追偿的权利,对于被保险人及其继承人具有重要意义。无论是在被保险人生存期间合同被解除,还是被保险人身故后合同到期,如果房屋变更金额或评估价格不足以清偿被保险人欠保险人的所有债务,被保险人享有不受追偿的权利包含以下三重意义。首先,合同到期后,被保险人不必以自己的其他个人财产清偿不足部分的费用;被保险人的继承人,也不必以其继承的被保险人的其他财产,清偿尚未受偿部分的费用。其次,当被保险人选择享有“身故及退保利益”方案时,被保险人及其继承人在享有上述不受追偿权利的同时,被保险人或其指定受益人,可以请求保险人退还延期年金的现金价值。延期年金保险的现金价值,不属于被保险人及其继承人的责任财产。最后,如果房屋的评估价格或变现金额不足以清偿全部债务,而被保险人或其继承人想保留房屋所有权,被保险人或其继承人可以按照房屋的评估价格或拍卖价格,清偿欠保险人的养老保险费用。对于超过房屋价格部分的债务,被保险人不必清偿。

小　结

无论是 HECM 反向抵押借款合同,还是幸福反向抵押养老保险合同,贷款人与保险人的债权实现没有借款人与被保险人经济收入的保障,也没有确定的时间,并且限定于合同到期时房屋的变现金额。所以,随着合同按期履行,贷款人与保险人债权面临的风险也逐渐增高。在这两类合同中,都设有本金限额与基本养老保险金额的金额限制,要求借款人承担房屋维修和保养义务,同时为房屋投保财产保险,以保障贷款人和保险人债权实现。尽管如此,由于借款人与被保险人可以终身居住在房屋,可以终身领取借款和养老保险金,同时享有不受追偿的权利,因此,两类合同中仍然蕴含借款人与被保险人长寿风险、利率波动风险、房屋贬值与价格波动风险,以及贷款人和保险人违约风险。为分散与化解这些风险,HECM 反向抵押借款合同与幸福反向抵押养老保险合同,选择了不同解决方案。HECM 反向抵押借款合同通过 HECM 借款合同的条款设置,分散与化解了合同履行过程中的利率波动风险和大部分借款人长寿风险;同时,在

HECM 反向抵押借款合同之外设置抵押保险合同,把反向抵押借款合同蕴含的风险外部化,由住房和城市发展部承保房屋贬值与价格波动风险、贷款人违约风险和剩余部分的借款人长寿风险。抵押保险合同在保护借款人及其配偶房屋居住权、按期领取借款权利、不受追偿权等方面发挥着重要作用。幸福反向抵押养老保险合同中设有延期年金保险合同,承保被保险人的长寿风险。对于利率波动风险、房屋贬值与价格波动风险,由保险人承担。对于保险人违约风险,由被保险人承担。

第六章　我国反向抵押制度的建构与完善

有学者认为，“以房养老”不是大众产品，只是少数老人愿意接受的小众产品，能让老人们多一种养老选择，是除了政府养老以外的一种补充。[1] 就反向抵押制度而言，有学者指出，“反向按揭在中国的推行，始终存在不少制度性障碍，对该项产品的需求与供给都明显不足。如果不能对症下药，仅仅靠政府一时热心和几个名义上鼓励但没有实质扶持政策的文件，反向按揭要在中国起飞，还十分遥远”。[2] 本书认为，反向抵押养老保险合同能否成为大众产品，能否成为符合条件的老年人的养老选择，除了受传统文化、家庭观念和消费习惯等因素影响外，关键在于反向抵押制度的内在结构设计是否合理，能否妥善化解和分散合同履行过程中的各类风险，能否切实保障参与合同的老年人的正当权益，使该类合同在全国范围内大规模推广适用。与 HECM 反向抵押借款合同制度相比，反向抵押养老保险合同在制度设计上还存在不足。对于房屋贬值与价格波动风险及其他风险，反向抵押养老保险合同缺乏分散与防范该类风险的具体措施。保险公司在参与和推广该类产品时，还存在后顾之忧。反向

〔1〕 参见孟晓苏：《以房养老不是大众产品》，载《中国房地产业》2014 年第 Z1 期。

〔2〕 参见陈杰：《反向按揭发展为何举步蹒跚？》，载《社会观察》2015 年第 3 期。

抵押养老保险合同中的部分条款设计还不够严谨与合理,被保险人可以享有的多项程序性权利和实体性权利,未得到较好的保护,使该类产品难为老年人所接受。

一、反向抵押养老保险合同制度的不足

幸福反向抵押养老保险合同,是我国第一份在保障老年人对房屋的占有、使用、收益的前提下,通过为保险人设定抵押权,把房屋价值转换为可为老年人支配的现金收入,满足老年人日常生活需要,具有普遍适用性的合同。但是,无论是幸福反向抵押养老保险合同,还是安居乐反向抵押养老保险合同,两类合同的推广效果都不甚理想。与 HECM 反向抵押借款合同相比,反向抵押养老保险合同难以规模化推广的原因,除受传统文化、家庭观念等因素影响外,主要是合同的内在结构与整体制度设计,尚存在不足,仍有进一步提高和完善的空间。

(一)反向抵押养老保险合同制度存在的不足

1. 合同结构与内容复杂,难以被老年人理解

与反向抵押养老保险合同相比,反向抵押借款合同中的法律关系更为清晰,权利义务内容更加明确,更容易为老年人理解和接受。无论是反向抵押借款合同,还是反向抵押养老保险合同,其中的主要合同是借款合同,而不是保险合同。老年人与金融机构之间的法律关系,首先是借款合同法律关系,而不是保险合同法律关系。在借款合同的基础上,为了保障金融机构对老年人借款债权的实现,成立了反向抵押合同法律关系。通过反向抵押合同,金融机构对老年人的房屋享有了抵押权。早期的各种反向抵押借款合同制度,甚至目前我国台湾地区试行的不动产逆向抵押借款合同,都没有设立保险合

同。反向抵押借款合同履行过程中蕴含的各种风险,完全由老年人与金融机构各自承担。反向抵押借款合同制度的新近发展,为免除金融机构参与反向抵押的后顾之忧,在 HECM 反向抵押借款合同制度中,才设立抵押保险合同,承保反向抵押借款合同履行过程中蕴含的各类风险。反向抵押养老保险合同中,才设有延期年金保险合同,承保老年人的长寿风险。所以,在反向抵押借款合同制度之中设立抵押保险或延期年金保险合同,这是该制度发展到特定阶段的产物。我国反向抵押制度把合同定性的养老保险合同,有意或无意间掩盖了其借款合同的本质,且合同结构与权利义务复杂,增加了老年人理解与接受该类合同的难度。

2. 缺乏分散、防范房屋贬值与价格波动风险的保险机制

在幸福反向抵押养老保险合同中,延期年金保险合同仅承保了被保险人的长寿风险。被保险人可以终身在抵押房屋中居住,可以终身领取养老保险金。当合同到期,对于超出房屋变现金额部分的债务,被保险人及其继承人享有不受追偿的权利。这是反向抵押养老保险合同对被保险人最为有利的规则,也使该类合同蕴含了传统抵押借款合同所没有或可能性较低的房屋贬值与价格波动风险。一方面,被保险人享有不受追偿的权利。如果合同履行期间发生的各项保险费用,超过合同到期时房屋变现金额,对于超过部分的债务,被保险人不负清偿责任。另一方面,如果发生诸如 2008 年金融危机之类的经济风险,导致房屋价格大幅度下跌,且有大批合同到期,房屋的变现金额均不能足额实现保险人债权,此时,保险人就要独自承担房屋贬值与价格大幅度下降的风险。对于可能发生的房屋贬值与价格波动风险,保险人在未收取相应保费的情况下自愿承担风险,虽然对被保险人有利,却反映出了幸福反向抵押养老保险合同的设计缺陷。

3. 缺乏防范利率波动风险的机制

幸福反向抵押养老保险合同采取的是按年复利5.5%，固定利率的计息模式。[1] 采取按年复利计息，被保险人负担了较高的利息债务，对保险人较为有利。但采取固定利率的计息模式，却使保险人承担了合同履行期间的利率波动风险。幸福反向养老保险合同采取的是按月终身支付养老保险金的形式。在合同签订之后长达数年，甚至数十年的履行期间，无论中国人民银行授权全国银行间同业拆借中心公布的贷款市场报价利率（LPR）如何调整，保险人只能以固定利率向被保险人计收利息。如果贷款市场报价利率低于5.5%的固定利率，被保险人固然可获得稳定收益，但是，当贷款市场报价利率高于5.5%的固定利率时，一方面，保险人要按照合同约定，继续向被保险人以养老保险金形式支付借款；另一方面，保险人仅能以约定的，低于贷款市场报价利率的利率向被保险人计取利息。此时，保险人完全承担了该类合同所蕴含的利率波动风险。如果发生通货膨胀，货币贬值，贷款市场报价利率大幅上升，如我国20世纪90年代中期的情形[2]，保险人承担这种利率波动而引发的以低于贷款市场报价利率一倍以上的利率，继续向被保险人支付养老保险金（借款）的风险。

当然，即使发生房屋贬值与价格波动风险，发生了利率波动风险，最终导致房屋变现金额不足以清偿被保险人负担的全部债务，这也不意味着保险人负担不起这些损失。但是，从制度设置角度分析，

---

[1] 参见《幸福房来宝老年人住房反向抵押养老保险（A款）》第5.3条。

[2] 20世纪90年代中期，我国经济快速增长，房地产行业、开发区建设、股票市场等发展迅猛。但是，国家也出现了高货币发行、物价过快增长的问题，通货膨胀率和存贷利率大幅上涨。1996年，中国人民银行半年至一年的法定基准贷款利率为10.08%，5年以上的法定基准贷款利率为12.42%。

反向抵押养老保险合同的条款设计应当严谨细密,尽可能降低和化解各类风险。对于已经预见的各类风险,应当设置相应的风险防范与分散措施。合同条款之间应当密切配合,妥善处理缔约各方的合同权益。就幸福反向抵押养老保险合同而言,一方面,在借款合同与延期年金保险合同中,保险人已经获取了较高经济收益;另一方面,合同对房屋贬值与价格波动、利率波动风险未设置任何风险防范与分散机制,也未向被保险人收取任何费用,而完全由保险人承担这些风险。这是幸福反向抵押养老保险合同在制度设计上存在的主要缺陷。

4. 缺乏应对保险人不能按期支付的保险机制

从被保险人与保险人之间的法律关系来看,反向抵押养老保险合同履行期间,被保险人处于有利地位。在特定期限内,被保险人以养老保险金形式领取借款。同时,被保险人只是以借款计入费用账户的形式向保险人缴纳延期年金保险合同的保费。特定期限之后,被保险人开始从保险人处领取真正意义上的延期年金。只有在被保险人身故、搬离及出售房屋等情形发生时,保险人才可以通过法定程序行使抵押权,以房屋变现金额优先受偿债权。合同履行期间一般达数年或数十年,被保险人一直处于养老保险金领取状态,保险人一直处于养老保险金支付状态。合同履行期间,可能发生保险人经营不善,无力继续向被保险人支付养老金的情况。此时,反向抵押养老保险合同尚未到期。被保险人仍有权在房屋中继续居住,但其按期领取养老保险金的权利不能实现。这样,被保险人承担了保险人不能按期支付养老保险金的风险。

5. 保险人、被保险人的收入与支出利益失衡

在反向抵押养老保险合同中,被保险人可以终身在房屋中居住,可以终身领取养老保险金。同时,对超出房屋变现金额的账户费用,

被保险人享有不受追偿的权利。对于可能发生的被保险人长寿风险,被保险人以借款形式支付了延期年金保费。保险人在没有收取被保险人其他保费的情况下,承担了房屋贬值与价格波动风险、利率波动风险,在一定程度上降低了被保险人的交易成本。但是,这并不意味着被保险人在反向抵押养老保险合同中获得了超额利益。因为在特定期限内,被保险人以养老保险金形式向保险人领取借款,按年复利5.5%的利率向保险人支付利息。同时,特定期限也是延期年金的积累阶段,被保险人以借款记账的形式向保险人支付延期年金的保费,也是按年复利5.5%的利率向保险人支付利息。所以,在特定期限内,被保险人负担了双重的借款成本,而只领取了一份借款。被保险人实际上支出了一份借款,却计取了两份借款的利息。在特定期限之后,延期年金合同进入年金的领取阶段。

在延期年金保险合同中,被保险人为之付出更高的交易成本,保险人获得了较为丰厚的利润。通常情况下,年金给付额是按照大数法则在平均余命(Life Expectancy)的基础上确定的。所以,那些实际寿命超过平均余命的被保险人,就会获得超过自己支付的保费的经济利益。如果被保险人的实际寿命恰好等于平均余命,则其实际领取的年金,与其所缴纳的保费基本相当。如果被保险人的实际寿命短于平均余命,而被保险人选择不退还保单价值,则其所缴纳的一部分保费弥补了实际寿命超出平均余命的被保险人领取的年金。因此,在商业年金保险模式下,年金保险公司直接承担所有投保人的长寿风险,年金保险公司可以充分利用风险分摊的保险原理,将被保险人的长寿风险转由短寿者来分担,在财务上形成短寿者对长寿者的资源补贴机制。但是,幸福反向抵押养老保险合同中的延期年金保险合同,以60周岁的老年人投保为例。男性投保人需缴纳26年延期年金保费,女性投保人需缴纳29年的保费。这意味着,男性被保险人在87岁才能领取真正的养老保险年金,女性被保险人在90岁才能领取真正的养老保险金。[1]

据统计,2000年至2005年,中国人的平均寿命为71.6岁;[2] 2018年,我国居民的人均预期寿命达到77岁。那么,在延期年金合同履行的过程中,只有极少数的被保险人实际寿命能达到87岁或90岁以上。因此,也只有极少数的被保险人能够领取真正意义上的养老保险金。在被保险人选择无身故和退保利益的年金领取方式的情况下,被保险人身故或提前解除、终止保险合同,保险人不承担身故给付责任,也不退还延期年金的现金价值。[3] 如果被保险人的实际寿命,男性没有达到87岁,女性没有达到90岁,被保险人在特定期限内以借款形式购买的延期年金,相应的保单现金价值将归属于保险人,全部成为保险人的经营利润。在被保险人选择有身故和退保利益的年金领取方式的情况下,在保险合同有效期内,被保险人身故、提前解除或终止保险合同,保险人将退还延期年金产生的现金价值。从延期年金费率表来看,被保险人需缴纳两倍于第一种方案的延期年金年保费。如果被保险人存活期间,男性未达到86岁,女性未达到90岁,虽然被保险人的继承人有权领取延期年金的现金价值,但之前保险人收取两倍于无身故和退保利益年金的保费,使保险人获得了更多的,未实际支付借款,却按年复利5.5%利率计取的利息。最终,只有极少数的被保险人,男性超过86岁,女性超过90岁,才能够领取属于自己的真正意义上的延期年金。因此,从某种意义上说,在反向抵押养老保险合同中,被保险人承担了高昂的交易成

[1] 参见《幸福房来宝老年人住房反向抵押养老保险(A款)》费率表。

[2] 参见杨建伯:《中国人口平均寿命及流行病学意义》,载《中国地方病学杂志》2003年第2期。

[3] 参见《幸福房来宝老年人住房反向抵押养老保险(A款)》第4.3条。

本,而保险人取得了高额的经济利润。所以,延期年金保险合同设计可以实现被保险人"以房养老"的合同目的,被保险人可以终身领取养老保险金,用于生活日常支出。但是,被保险人为此要付出,远超出传统抵押借款合同的交易成本。

6. 政府部门作用发挥不足

各国及地区开展反向抵押借款合同的模式不同,政府在该制度中所起的作用也不尽相同。按照政府在反向抵押制度中所起作用的不同,反向抵押借款合同可分为政府主导型反向抵押、政府参与型反向抵押和政府指导型反向抵押三种类型。不动产逆向抵押借款合同是政府主导型反向抵押借款合同。台湾地区土地银行代理我国台湾地区相关部门,与符合条件的老年人签订不动产逆向抵押借款合同。我国台湾地区相关部门一方面作为贷款人,向老年人支付借款,另一方面作为抵押权人,通过对房屋设定抵押权,担保对老年人的借款债权优先受偿。同时,由于没有设置保险合同,我国台湾地区相关部门在没有收取任何费用的情况下,承担了合同履行期间的借款人长寿风险、利率波动风险和房屋的贬值与价格波动风险。

HECM 反向抵押借款合同是政府参与型反向抵押借款合同。美国住房和城市发展部,在 HECM 反向抵押借款合同制度中具有双重身份。该制度不但规定了准借款人前置的强制性咨询程序,由政府对咨询机构和人员进行资格认证,保障了准借款人缔结合同前的知情权,使准借款人对是否参与反向抵押借款合同作出清晰而理性的判断,而且政府以保险人身份,介入到反向抵押借款合同之中,以政府财政收入为支持,承保了合同履行过程中的风险。通过抵押保险合同,住房和城市发展部不但分散了合同履行期间的风险,确保借款人和贷款人双方权益免受侵害,而且有机会适时监督反向抵押借款合同的缔结、履行及清偿等各个环节。住房和城市发展部发现问题后，该部部长即以抵押权人信件的形式，表明政府对相关问题的态度和处理方案。在反向抵押借款合同制度之外，美国有较为成熟的房屋二级交易市场和资产证券化制度。通过二手房交易和资产证券化交易，贷款人和住房和城市发展部享有的抵押权能够顺利实现，前期支出的资金能顺利回笼。通过政府积极参与，HECM 反向抵押借款合同制度把个人资产与市场的融资功能相衔接，把市场机制与政府养老保障职能相衔接，把 HECM 反向抵押借款合同与外部市场交易机制相衔接，平衡保护了借款人与贷款人双方的权益，实现了“房产富有、现金贫困”的老年人把房屋价值转换为可支配现金收入的目的。

美国的房屋持有人抵押、财务自由计划是政府指导型反向抵押借款合同。美国政府既是反向抵押借款合同交易规则的制定者，又是房屋持有人抵押、财务自由计划交易缔结、履行的过程监督者。但是，这两类反向抵押借款合同，缺乏分散与防范房屋贬值与价格波动风险的机制。随着 2008 年美国金融危机的爆发，这两类反向抵押借款合同已经基本退出市场。我国保险公司开办的反向抵押养老保险合同，也属于政府指导型反向抵押。中国银保监会制定了反向抵押养老保险合同的基本交易规范，审批保险公司呈报的反向抵押养老保险合同范本，并负责监督其实施。但是，反向抵押养老保险合同的具体运作，完全依赖于市场力量。

反向抵押养老保险合同不仅是一种新的金融工具，而且是一种具有政策性的金融产品，发挥着养老保障功能。对于政府在反向抵押借款合同中的作用，有学者指出，政府是建立健全住房反向抵押贷款法律法规的主导力量，应负责对反向抵押贷款市场运作进行监管，支持建立风险分散机制,做好产品宣传和民众教育工作。[1] 从国外反向抵押借款合同的孕育、产生和发展历程来看,仅仅依靠老年人个人资源与市场力量,往往难以取得良好的运行效果和社会效果。反向抵押借款合同制度旨在保障或提高老年人在劳动能力下降或丧失、收入减少的情况下的生活质量。在反向抵押养老保险制度中,政府部门的职能不应局限于市场交易规则的制定者和交易行为的监督者,而应当充分利用老年人个人、市场与政府三方的资源与力量,参与到反向抵押养老保险合同中,切实保障老年人的各项正当权益。

(二)被保险人权益保护方面的不足

总结前文分析,与 HECM 反向抵押借款合同相比,在保障老年人权益方面,幸福反向抵押养老保险合同存在以下五个方面的不足。第一,由于未设置前置性强制咨询程序,被保险人缔结该类合同前的知情权难以保障。第二,被保险人对养老保险金领取方式与领取时间不享有选择权。被保险人不能根据自己的经济状况灵活调整领取的金额与时间。第三,合同履行期间,如果抵押房屋大幅增值,被保险人不享有根据房屋增值状况请求增加相应养老保险金的权利。第四,在夫妻一方参与合同的情况下,未缔结合同的一方对房屋的使用权未受到充分保障。第五,在夫妻共同参与合同的情况下,“总—分—总”的权利义务结构模式对保险人有利,对缔结合同的夫妻均有失妥当。

二、我国反向抵押的制度建构与完善

反向抵押制度是一项能够充分发挥“以房养老”功能的法律制

---

[1] 参见战峻峰、周海珍:《政府在住房反向抵押贷款中的作用分析》,载《2013 年中国保险与风险管理国际年会论文集》。

度。反向抵押养老保险合同名为保险合同，实质上，该合同由借款合同、抵押合同与延期年金保险合同组合而成。鉴于反向抵押养老保险合同存在的上述诸多不足，要真正发挥反向抵押制度的“以房养老”功能，可供选择的方案有两种。第一种方案，完善既有的反向抵押养老保险合同，健全其风险分散与防范机制。第二种方案，借鉴 HECM 反向抵押借款合同制度模式，以银行等金融机构为主体，直接以反向抵押借款合同的形式开办此类业务；同时，政府部门以抵押保险合同的形式介入到反向抵押借款合同签订、履行与结算的各个环节，在收取保费之外，以财政收入为支持，承保反向抵押借款合同蕴含的各类风险。

（一）完善反向抵押养老保险合同制度

目前，我国的房地产市场价格，在经历近 20 年时间的快速上涨后，正处于较大幅度的调整阶段。我国反向抵押养老保险合同中的延期年金保险合同，可以有效分散和防范被保险人的长寿风险。但是，反向抵押养老保险合同没有分散房屋贬值与价格波动风险的保险机制，缺乏应对保险人不能按期支付养老保险金的保险机制。由于风险防范机制不健全，从事该类合同的寿险公司不能、不敢、也不愿大胆地开拓市场。要坚持既有的反向抵押养老保险合同模式，就必须消除该合同的结构性缺陷，妥善分散和化解上述风险，使寿险公司可以放心大胆地开办该类业务，拓展市场。为此，可行的方案是，在延期年金保险合同之外，另设再保险合同。在缔结合同的同时，保险人为其签订的每笔反向抵押养老保险合同，向第三人投保责任保险，由第三人承保可能发生的房屋贬值与价格波动风险、保险人履行不能风险。这样，保险人把反向抵押养老保险合同所蕴含的，除被保险人长寿风险之外的其他风险外部化，转由从事综合保险业务的第三人承担。这一方案的弊端在于其必然增加被保险人经济负担。因为保险人会将投保再保险的保费，计入被保险人费用账户，由被保险人负担，并最终从房屋变现金额中支出。

（二）建构反向抵押借款合同制度

1. 借鉴 HECM 反向抵押借款合同制度

与反向抵押养老保险合同相比，反向抵押借款合同的内在结构相对简单，权利义务内容明确，更易为老年人理解和接受。在各类反向抵押借款合同中，HECM 反向抵押借款合同结构设计较为合理，对借款人各项程序性权益、实体性权益的保护措施较为完善。其中，多样化的借款领取模式既保障了借款人的选择权，又化解了合同蕴含的利率波动风险和部分借款人长寿风险。同时，合同仅对借款人已经领取的借款计取利息，降低了借款人的交易成本。其中的抵押保险合同，以政府财政为支持，妥善分散了单体房屋的贬值风险，化解了经济整体下行时房价下跌的系统性风险，以及剩余的借款人长寿风险。抵押保险合同功能在于，一方面使借款人按期领取借款获得保障，另一方面贷款人对借款人的债权得到充分保障，贷款人不必承担债权额超过房屋变现金额的风险。凭借这种借款人选择多元、借贷双方权益兼顾、各类风险妥善化解的合理设计，HECM 反向抵押借款合同制度在与其他类型的反向抵押借款合同竞争中胜出，经受住了 2008 年金融危机的考验。我国可以借鉴 HECM 反向抵押借款合同的制度设计，以反向抵押借款合同替代反向抵押养老保险合同，以抵押（责任）保险合同替代延期年金保险合同，并减少老年人在履行合同过程中承担的交易成本。

2. 银行等金融机构承担贷款人角色

以反向抵押借款合同实现“以房养老”，开办单位不限于从事寿险业务的保险公司。经政府部门批准,全国各类银行和金融机构皆可从事反向抵押借款业务。作为惠及数亿老年人的金融产品,其营销范围不应仅局限于北京、上海、深圳、武汉等一线城市,其更应向全国二、三、四线等城市推广。遍布全国各地的各银行机构将成为推广、宣传、营销反向抵押借款合同产品的积极参与者。依便利与就近原则,符合条件的老年人可以在同城从事该项业务的银行机构之间进行比较,选择能提供最优条件的金融机构,与之签订合同。为了获取更多的市场份额,各银行机构在利率设定、服务收费、服务内容之间展开竞争,参与反向抵押借款合同的借款人将获得更为有利的缔约条件。

3. 政府承担财产不足责任保险

(1)政府在反向抵押制度中的作用。政府在反向抵押制度中的不同作用,决定了反向抵押制度的不同性质。如上所述,从政府在合同中发挥的作用来看,HECM 反向抵押借款合同是政府参与型合同。HECM 反向抵押借款合同之所以具有竞争优势,不仅是因为住房和城市发展部对前置的强制性咨询程序进行监管,保障准借款人知情权,更是因为该部承保了反向抵押借款合同蕴含的房屋贬值与价格波动风险、借款人长寿风险,使其有机会以保险人的身份参与合同履行的全过程。对于 HECM 反向抵押借款合同履行过程中出现的新问题,住房和城市发展部通过发布抵押权人信件,指导贷款人及时作出相应调整。同时,住房和城市发展部及时推出新类型产品,适应市场变化。由于美国政府部门在 HECM 反向抵押借款合同中发挥的积极作用,该类合同不再完全依赖于市场竞争向老年人提供借款,而是市场力量与政府力量相结合,协力实现“以房养老”。所以,该类合同具有一定的社会保障功能,是社会养老保障制度的重要补充形式。

我国台湾地区试行的不动产逆向抵押借款合同是政府主导型合

同。该合同制度不是借助市场力量,即通过金融机构与保险公司提供资金的方式实现"以房养老"目的。我国台湾地区相关部门直接以贷款人身份,委托土地银行与符合条件的老年借款人签订不动产逆向抵押借款合同。由于借款人没有支付保险费,所以贷款人承担了合同履行过程中可能发生的房屋贬值风险与借款人的长寿风险。这是不动产逆向抵押贷款合同与HECM反向抵押借款合同,与反向抵押养老保险合同的重要区别。由于我国台湾地区相关部门的参与,并以地方财政收入向老年人提供借款,承担房屋贬值与价格波动风险、老年人长寿风险,所以,该类合同是养老保障制度的有机组成部分。

我国反向抵押养老保险合同系政府指导型合同。中国银保监会承担对反向抵押养老保险产品的试点资格申请与审核、试点产品与管理[1]、试点统计[2]等职能。中国银保监会代表政府对反向抵押养老保险合同的市场运行实施监督,确保该类合同试行符合国务院《养老服务若干意见》要求的"开展老年人住房反向抵押养老保险试点。鼓励养老机构投保责任保险,保险公司承保责任保险"。政府出台相应政策,鼓励金融机构和保险公司从事反向抵押养老保险业务,对于推动老年人实现"以房养老"的目的具有重大作用。我国可以借鉴HECM反向抵押借款合同的发展模式,由政府部门以保险人身份介入合同,发挥更积极的作用。

(2)政府以保险人身份承保反向抵押风险的必要性与可行性。第一,政府承保反向抵押借款合同履行过程中财产不足责任风险的必要性。反向抵押借款合同的功能之一在于补充传统家庭养老和社

---

〔1〕 参见《反向抵押养指导意见》第3条、第4条。

〔2〕 2015年1月4日,中国保监会下发《老年人住房反向抵押养老保险试点统计制度》(保监发〔2015〕2号),决定从2015年3月1日起,各保险公司要严格按照规定的指标、口径及要求报送统计数据,确保统计数据真实、准确、完整和及时。

会养老金保障的不足。借款人通过为贷款人设定抵押权,把累积于房屋中的价值转换为可自由支配的现金,以应对物价上涨、通货膨胀,保持和提高自己的生活质量和生活水平。反向抵押借款合同是社会保障体系的有益补充,政府介入的程度决定了反向抵押借款合同的性质,也决定了政府在老年人年老、丧失劳动能力的情况下是否尽到了法律规定的义务。

《中华人民共和国宪法》(以下简称《宪法》)第 45 条的规定,中华人民共和国公民在年老、疾病或者丧失劳动能力的情况下,有从国家和社会获得物质帮助的权利。《中华人民共和国老年人权益保障法》(以下简称《老年人权益保障法》)第 5 条的规定,国家建立多层次的社会保障体系,逐步提高对老年人的保障水平。因此,政府在公民年老、疾病和丧失劳动能力时提供必要的物质帮助是其法定义务。从反向抵押借款合同制度的设置初衷来看,该类合同以"房产富有、现金贫困"的老年人为服务对象。这些缔结"反向抵押"合同的老年人,由于年老而丧失部分或全部劳动能力,没有能力通过劳动获取报酬,以维持与改善生活状况,所领取的养老金又不足以应对生活支出。他们是国家提供养老保障的主要对象。我国政府可以借鉴 HECM 反向抵押借款合同中政府介入的模式,以保险人身份介入反向抵押借款合同中,借助市场的力量,把老年人的房屋价值转换为可支配的现金收入,间接地向这些老年人提供养老保障,履行法定义务。

第二,政府作为保险人承担财产不足责任风险的可行性。当然,政府是否把反向抵押借款合同作为养老保障的一种措施,以何种身份介入反向抵押借款合同,必须衡量其中的利与弊。在不动产逆向抵押贷款合同中,我国台湾地区相关部门直接以贷款人身份向老年人提供借款,并承担老年人的长寿风险、房屋贬值和房屋价格波动风险。这种方式固然有利于老年人的养老保障,但也增加了财政负担,不利于该制度大规模推广适用。HECM 反向抵押借款合同较好地把各金融机构的资金力量与政府力量结合在一起,通过承保合同履行过程中的房屋价格波动风险,政府有机会介入合同签订、履行的全过程。同时,住房和城市发展部所收取的保险费,不是由借款人直接支付,而是由贷款人支付,记入借款人账户。保险费收取数额,以弥补可能发生的房屋价格波动损失为限,住房和城市发展部并不计取利润,从而降低了借款人的交易成本。同时,住房和城市发展部可根据经济变化调整保险费率。从合同结构设计来看,虽然美国政府以财政收入为保障,承担了房屋贬值与价格的波动风险,但是,美国政府不是无偿提供这样的风险保障,而是向借款人收取保险费,以所汇集的保险基金向借款人和贷款人承担这样的风险。这是 HECM 反向抵押借款合同何以渡过 2008 年金融危机并在此后扩大发展、占领取绝对市场份额的主要原因。

我国反向抵押养老保险合同制度,可以借鉴 HECM 反向抵押借款合同的成功经验,把市场力量与政府力量有机地结合在一起。老年人以房屋为金融机构设定抵押权,从而获得借款,政府承保合同履行期间可能发生的房屋贬值与价格波动风险。仅从承担房屋贬值与价格波动风险而言,普通的商业保险公司也可以承保上述责任风险。但是,从保护借款人权益、降低交易成本、便于监督指导合同履行过程而言,尤其是从承受大范围、高强度的经济波动实力及资金保障能力而言,政府部门以国家财政为支撑,担任保险人角色最为妥当。如此设计,一方面,政府对年老而丧失劳动能力、生活无保障的老年人尽到了养老保障的法定义务,改变了反向抵押养老保险合同的性质;另一方面,政府以较少的财政投入撬动了庞大的资本市场与房地产市场,促进了资金的有益循环与房屋二手市场有序流动。

三、我国反向抵押制度中老年人权益保护

无论是完善既有的反向抵押养老保险合同，还是另设反向抵押借款合同，我国将来的反向抵押制度，需要在以下6个方面，加强对老年人权益的保护。

（一）设置前置性咨询程序，保障准借款人知情权

反向抵押借款合同的缔约主体一方是老年人，另一方则是具有绝地优势地位的金融机构，合同内容复杂，缔结程序烦琐，履行期限较长，设定抵押权的房屋又是老年人的安身立命之本。为充分保障准借款人知情权，避免银行、保险公司等金融机构在产品推介环节的误导、欺诈等侵犯老年消费者利益的情形发生，HECM反向抵押借款合同制度设置了前置性强制咨询制度。该制度对于保障老年人在决定是否参与反向抵押借款合同，选择于己有利的借款类型，以及确定最为妥当的借款领取方式都具有重要意义。

我国开展反向抵押类合同，可以借鉴前置性强制咨询制度，保障准借款人知情权。前置性强制咨询可以由政府内设部门进行，或由政府批准的社会中介机构开展。咨询人员应当有从事反向抵押借款业务的从业资格，政府部门对从业人员资格严格把关。咨询内容不限于反向抵押借款合同内容本身，还可以包括准借款人可选择的其他融资渠道及其他形式的“以房养老”方案。咨询结束，咨询机构应当为老年人发放咨询证书。老年人持咨询证书可向自己选中的银行等金融机构申请反向抵押借款。

（二）保障老年人借款领取方式的选择权

在幸福反向抵押养老保险合同中，无论是在特定期限内，还是在

特定期限之后,被保险人对于养老保险金领取方式并无选择权,只能签订终身按月领取的合同。从保障被保险人终身领取养老保险金角度来看,这种养老保险金领取方式对被保险人并无不利。但是,从实践出发,被保险人情况各有差异,有的被保险人需要稳定的现金流,以应对日常生活支出;有的被保险人需要在签订合同之时获得一笔年金,以清偿现有债务,消灭此前的抵押权,从而具备签订反向抵押类合同的资格条件;有的被保险人在将来某一不确定时间段内需要一笔现金,以应对可能发生的意外支出。如果被保险人当下没有现金需求,就令其按月领取,这无疑增大了被保险人的融资成本。HECM 反向抵押借款合同为借款人提供了 6 种借款领取方式:终身领取、固定期限领取、信用额度领取、修正型的终身领取、修正型的固定期限领取及一次性全额领取。多类型借款领取方式,赋予借款人根据自身对现金的需求情况进行选择的权利,增强了反向抵押借款合同的吸引力,使更多的符合条件的老年人愿意缔结该类合同,以备将来不时之需。同时,6 种借款领取方式与可调整利率与固定利率相结合,即固定利率与一次性全额领取相结合,可调整利率与其他 5 种借款领取方式相结合,有效地化解了合同履行过程中可能发生的利率波动风险。基于以上情形,我国反向抵押制度,可以借鉴 HECM 反向抵押借款合同设置的借款领取方式,使借款人有更多的选择权。同时,合同应当提供固定利率与可调整利率两种利率选择模式,把借款领取方式与利率选择模式相结合,化解合同履行过程中的利率波动风险。

(三)保护老年人及其继承人享有的不受追偿权

我国开展反向抵押借款合同,借款人及其继承人受贷款人无追偿权的保护,其含义、意义应当与 HECM 反向抵押借款合同中的贷款人无追偿权相同。在设立抵押保险制度的前提下,对于超出房屋变现金额部分的债权,贷款人对借款人无追偿权,也无权请求借款人的继承人在继承的其他遗产范围内偿还。对于超出房屋变现金额部分的债权,贷款人可以向保险人请求偿还。这是借款人缔结抵押保险合同、缴纳保险费的主要意义,也是借款人及其继承人受贷款人无追偿权保护的应有之义。另一方面,合同到期后,借款人只需以房屋的评估价格为限,清偿债务,就可以保留房屋所有权。当借款人身故导致合同到期,借款人的继承人按照房屋的评估现值为限清偿债务,也可以保留房屋所有权。对于超出抵押房屋评估价格部分的债权,借款人及其继承人无清偿义务,贷款人只能请求保险人偿还。

(四)保护老年人合同履行期间的再融资权

根据保险公司对于被保险人抵押房屋增值的处理方式不同,反向抵押养老保险合同可分为参与型反向抵押养老保险合同和非参与型反向抵押养老保险合同。在参与型反向抵押养老保险合同中,保险人可以按合同约定比例参与分享房产增值收益;在非参与型养老保险合同中,保险人无权参与分享房产增值,合同履行期间,抵押房产价值增长归被保险人或其继承人。[1] 幸福反向抵押养老保险合同属于非参与型反向抵押养老保险合同。依合同约定,基本养老保险金额在签订合同时由被保险人与保险人约定载明,该金额基于所抵押房屋的评估价格,并在考虑抵押房屋的折扣、长期预期增值、预期的被保险人平均生存年限、利率、终身给付的成本等因素后确定,一经确定,将不能再做变更。[2] 所以,在幸福反向抵押养老保险合同履

[1] 参见《反向抵押指导意见》第4条(二)(三)。

[2] 参见《幸福房来宝老年人住房反向抵押养老保险(A款)》第2.1条。

行期间,一方面,房屋的增值利益全部归被保险人享有,保险人并不参与分享;另一方面,即使合同履行期间房屋有较大空间的增值,被保险人也不得利用该增值部分再融资。被保险人通过房屋再融资的权利受到限制体现在两个方面。一方面,即使抵押房屋增值空间较大,被保险人无权请求保险人根据房屋增值部分重新计算养老保险金,调高养老保险金数额;另一方面,被保险人也不得利用房屋增值部分为其他债权人设定后顺位的抵押权,以获得更多融资。因为根据格式合同规定,如果被保险人以房屋向其他债权人设定抵押权,保险人将依据保险合同免除养老保险金给付责任。[1]

反向抵押借款合同履行期间长达数十年。如果合同履行期间抵押房屋有较大幅度的增值,而借款利率又跌落较多,是否应当赋予借款人以抵押房屋再融资的权利呢?从 HECM 反向抵押借款合同的发展历程来看,在 2004 年之前,对于已经签订 HECM 反向抵押借款合同的房屋,没有为之再融资设立特殊的办理程序。当房屋增值较高,可以用房屋增值部分再次融资时,借款人必须清偿现存的借款余额,再次支付预付抵押保险费,才能再次办理 HECM 反向抵押借款合同。2004 年 3 月,为执行《美国住房与经济机会法》第 201 部分,美国住房和城市发展部出台了新规则。新规则规定,借款人可以通过 HECM 反向抵押借款合同就房屋增值部分再融资,但是,就房屋新的评估价格(或最大请求额,以两者中较少者为准)与原评估价格之间的差额,借款人应当预付抵押保险费。在 2005 年至 2008 年,HECM 再融资借款占所有新开办的 HECM 反向抵押借款合同比例的 3.6% 至 6.8%;2009 年,HECM 再融资达到顶峰,有 9754 笔,达到

---

〔1〕 参见《幸福房来宝老年人住房反向抵押养老保险(A 款)》第 2.3 条。

8.5%的比例。[1]

对于我国将来要开展反向抵押借款合同，应当赋予借款人对合同履行期间房屋增值部分以再融资权，更好地保护了借款人把房屋价值转换为可支配的现金的权益。从长远来看，房地产市场的发展前景，伴随通货膨胀，多数房屋有保值和增值的趋势。赋予借款人就房屋增值部分再融资权，可以使借款人在有生之年充分利用房屋的交换价值；同时，对于贷款人权益也无损害，因为借款人就房屋增值部分应当缴纳责任保险费，即使将来房屋变现金额不足以清偿借款本息及费用，贷款人不必承担这部分损失，政府部门作为保险人承担抵押房屋变现金额与贷款人债权的差额部分。

（五）保护"未参与借款配偶"的房屋居住权

从幸福反向抵押养老保险合同内容来看，在夫妻一方符合签订合同的年龄与产权条件，而另一方不符合年龄或产权条件的情况下，保险人通常不会与符合条件的老年人签订合同。保险人选择只与夫妻双方都符合条件的老年人签订合同，客观上减少了将来发生纠纷的可能性，但也把夫妻一方符合条件的老年人排除在反向抵押养老保险市场之外。与之不同的是，在HECM反向抵押借款合同中，夫妻双方中只要有一方符合年龄和产权条件，即可与贷款人缔结HECM反向抵押借款合同。同时，对于因为不符合年龄或产权条件，而不能作为借款人参与合同的另一方配偶，HECM反向抵押借款合同也保护了其房屋居住权。这意味着，一方面，即使将来合同履行期间借款人身故，借款合同到期，作为借款人的"适格未参与借款的配

[1] See Consumer Financial Protection Bureau, *Reverse Mortgages Report to Congress*(June. 28, 2012), http://files. consumerfinance. gov/a/assets/documents/201206_cfpb_Reverse_Mortgage_Report. pdf.

偶”，他(她)仍然有权利继续在房屋中居住，直至将来身故、搬离或出售房屋；另一方面，“未参与借款的配偶”的权利仅限于在房屋中居住，他(她)没有权利领取借款，同时要承担妥善维修房屋的义务，避免房屋因管理不善而产生贬值的风险。当然，“未参与借款的配偶”在借款人身故后有权继续在房屋居住，使贷款人承担了计划之外的“未参与借款的配偶”的长寿风险。为化解这种风险，贷款人以借款人或“未参与借款的配偶”二人中年龄较小者的年龄作为计算借款人的本金限额的依据。

我国将来的反向抵押借款合同，可以设定借款人的年龄与产权条件，要求借款人必须达到一定的年龄，对抵押房屋享有所有权。但是，反向抵押借款合同应当保护与借款人同住的成年家属，尤其是借款人配偶对房屋的居住利益。赋予“未参与借款的配偶”在借款人身故后对房屋的居住权，虽然在一定程度上可能减少借款人可领取借款的额度，但从保障老年人权益角度来看，更符合借款人的利益。一方面，赋予“未参与借款的配偶”以居住权可以扩大反向抵押借款合同的适用范围，使尽可能多的符合借款人条件的老年人有机会缔结反向抵押借款合同，实现“以房养老”的目的；另一方面，可以免除老年人缔结合同的后顾之忧，避免家庭内部为是否参与反向抵押借款合同发生分歧。从贷款人角度来看，赋予“未参与借款的配偶”在借款人身故后对房屋以居住权益，并未损害贷款人利益。“未参与借款的配偶”的年龄已经作为考量借款人可领取的本金限额的重要因素之一。当借款人身故，已经发生的借款金额将继续计算利息，直至“未参与借款的配偶”身故、搬离或出售房屋。更为重要的是，保护“未参与借款的配偶”的房屋居住权益，可以避免借款人身故，贷款人起动抵押权实现程序，“未参与借款的配偶”无家可归的尴尬局面，从而保全了贷款人的声誉。

（六）夫妻权利义务一体化结构模式

在幸福反向抵押养老保险合同中，夫妻双方共享房屋所有权，共同投保时，采取"总—分—总"的权利、义务结构模式。夫妻作为一个合同主体与幸福人寿保险公司建立一种保险合同关系。但是，在计算夫妻可领取的基本养老保险金额时，却是按各自在房屋中的财产份额计算，并按合同约定方式定期分别支付；在承担责任方面，夫妻又成为一个责任共同体，因为夫妻一方身故，保险人停止支付身故方的养老保险金，而不调整尚存配偶的养老保险金；当另一方配偶也身故，且处分后身故一方的房屋份额不足以偿还其应承担的养老保险费用时，保险人将从处分先身故一方的财产份额所得款项补偿后身故一方的所欠费用。[1] 被保险人这种"总—分—总"的权利义务结构模式对保险人极为有利，对被保险人却有失公平。一方面，夫妻共同投保，却按各自所享房屋财产的份额计算各自可领取的保险金额，如一方先身故，保险人即停止支付先身故一方的养老保险金，无疑减少了保险人支出的养老保险金总额；另一方面，对于后身故一方的投保费用，保险人却有权以处分先身故一方的财产份额予以补偿，使保险人的债权实现得到了较为充分的保障。通过合同约定的连带责任形式，保险人降低了夫妻投保时的长寿风险，但也减少了夫妻所领取的养老保险金的总额。

与幸福反向抵押养老保险合同不同，在 HECM 反向抵押借款合同中，夫妻均符合借款人条件，作为共同借款人缔结合同时，夫妻始终作为一方权利义务共同体，与贷款人形成法律关系。第一，在确定夫妻可借款项的本金限额时，贷款人以夫妻二人中较小者的年龄作

---

〔1〕《幸福房来宝老年人住房反向抵押养老保险（A 款）》第 9.1 条、第 9.2 条。

为计算本金限额的基础,而不是按夫妻在共有房屋中的份额作为本金限额的基础;第二,在借款合同履行过程中,夫妻作为共同主体从贷款人处按合同约定的借款领取方式领取借款,并未区分夫妻各自领取的借款份额;第三,当作为共同借款人的一方身故时,作为另一方的尚存配偶,其领取借款的权利不受影响,该尚存配偶仍可以按合同约定的借款领取方式、金额领取借款,直至身故、搬离或出售房屋;第四,当另一方配偶也身故时,贷款人才得以启动抵押权实现程序,以房屋的变现金额受偿夫妻共同所欠的借款本息及费用。显然,当夫妻共同参与反向抵押合同时,对比幸福反向抵押养老保险合同,HECM 反向抵押借款合同对夫妻权益的保护更为周延,也更符合夫妻财产共同所有理论。无论将来我国的反向抵押采用哪种模式,都有必要采用夫妻权利义务一体化结构模式。

代 结 语

目前,我国人口老龄化日趋严重。如何解决人口老龄化带来的养老资金来源问题,是政府、社会,尤其是“房产富有、现金贫困”的老年人所面临的紧迫难题。在诸多“以房养老”方案中,反向抵押借款合同制度可以让老年人充分利用房屋的使用价值与交换价值,实现居家养老的目的。反向抵押借款合同制度不同于传统抵押借款合同制度。合同履行期间,借款人可以终身在房屋中居住,有权终身领取借款,有生之年不用偿还借款本息和费用。当合同到期,对于超出房屋价值或变现金额部分的债务,借款人及其继承人享有不受贷款人追偿的权利。这些保护借款人权益的制度安排,使反向抵押借款合同蕴含了传统抵押借款合同所没有的借款人长寿风险、房屋贬值与价格波动风险、利率波动风险和贷款人违约风险。为此,各个国家和地区开办的反向抵押借款合同,通过合同条款设计,或通过延期年金保险合同,或通过抵押保险机制,尽可能地分散和防范这些风险。在诸多反向抵押借款合同制度中,美国 HECM 反向抵押借款合同制度,一方面,通过合同自身条款设计,化解了利率波动风险和部分借款人长寿风险;另一方面,在 HECM 反向抵押借款合同之外另设抵押保险合同,由住房和城市发展部承保剩余部分的借款人长寿风险、房屋贬值与价格波动风险和贷款人违约风险。在HECM反向抵押借款合同与抵押保险合同之外,由吉利美公司负责的房屋二手市场确保HECM反向抵押借款合同到期后,房屋能够顺利售出变现,资金回笼;同时,贷款人利用资产证券化,把借款债权分割为可流通的债券,使有偿还保障的债权融入更为广阔的资本市场。这是HECM反向抵押借款合同得以房屋资产流转通畅、货币资金周转灵活的保障。与之相比,我国反向抵押养老保险合同中设有延期年金保险合同,可以有效化解被保险人的长寿风险。但是,对于可能发生的房屋贬值与价格波动风险、贷款人违约风险及利率波动风险,该合同缺乏有效分散与化解风险的机制,这是制度设计的不足之处。我国可以借鉴HECM反向抵押借款合同的制度设计,在银行等金融机构承担反向抵押借款合同中的贷款人角色的基础之上,由政府以保险人身份介入反向抵押借款合同,承保合同履行期间的借款人长寿风险、房屋贬值与价格波动风险。

除了需要妥善分散、化解各类风险外,反向抵押借款合同制度成功的关键在于合同中当事人各方权利、义务配置妥当,符合条件的老年人可以根据自己的需求,获得可支配的现金收入,愿意参与缔结合同。在各类反向抵押借款合同中,HECM反向抵押借款合同较好地保护了借款人的程序性权益和实体性权益。法律设的前置性强制咨询程序,有效保障了准借款人的知情权,使老年人在充分了解合同中双方的权利义务内容及法律效果后,作出是否缔结合同的意思表示。同时,为使老年人充分考虑,作出符合自己利益的真实意思表示,即使老年人已经签订合同,在合同成立后的犹豫期内,HECM借款合同赋予借款人合同撤回权,使老年人仍然有机会摆脱合同的拘束。此外,在合同签订与履行过程中,老年人享有借款领取方式选择权与变更权,享有合同履行状况的知情权,享有合同履行中止权与提前清偿权。通过赋予老年人这些程序性权利,充分保障了老年人根据自身的经济状况,自主决定何时领取借款、领取多少借款、何时暂停领取借款及何时清偿债务的权利。除此之外,HECM 借款合同设有贷款人迟延罚款规则、限制借款人购买年金保险措施,在保障借款人能按期领取借款的同时,避免了老年人把所借资金,投入到经济收益与借款利息不相匹配的年金保险之中。

幸福反向抵押养老保险合同约定,老年人享有签订合同后 30 日内的合同解除权。合同履行期间,当房屋因被征收、征用或拆迁,保险人停止支付养老保险金后的 60 日内,老年人有权与保险人就相关事项进行协商,达成补充协议的再磋商权。合同履行期限,老年人享有解除合同的权利。当夫妻共同缔结合同时,合同设计的“总—分—总”权利义务结构模式,即夫妻共同享有所有权,按房屋产权的份额计算和领取养老保险金,却又连带承担偿还债务的方式,对保险人极为有利,却与我国的夫妻共同财产制度,以及老年人受保险人无追偿权保护的原则相悖。就老年人享有的实体性权益而言,无论是 HECM 借款合同,还是养老借款合同,借款人依合同领取借款的权利有相应的保障,但借款人却为之负担了比传统抵押借款合同更重的经济负担。主要表现为老年人负担按复利计算的利息,以及支付保险费,承担缔约与履行合同产生的各项费用。与这两类合同相比较,不动产逆向抵押借款合同中老年人承担的义务、费用和利息相对较少,社会保障性更为突出。

反向抵押合同是最高额抵押合同,是借款合同的从合同。从保护贷款人利益出发,HECM 抵押合同要求借款人必须以房屋为主要居住地,限制借款人的房屋收益权。住房和城市发展部制定了合同到期后的延长期规则,保护“适格未参与借款的配偶”的房屋居住权。因借款人的行为导致合同到期,除全部借款人身故原因外,尚存活的借款人享有选择权和恢复权，即在纠正导致抵押合同到期应付的问题，或全额支付债务等方案之间进行选择与恢复合同效力的权利。HECM 抵押合同到期后，借款人或其继承人行使赎回权，以偿还借款本息及费用总额为限。由于借款人及其继承人受贷款人无追偿权保护，在房屋变现金额不足以清偿债务的场合，借款人或其继承人仅以房屋变现金额为限清偿债务，即可保留房屋所有权。同样，在幸福反向抵押养老保险合同中，按照保险人无追偿权规则，当养老抵押合同到期，而房屋的评估价格低于被保险人负担的债务总额，被保险人及其继承人享有按照房屋的评估价格清偿债务，消灭抵押权的权利。

要改变我国反向抵押养老保险合同的现状，真正发挥反向抵押制度的"以房养老"功能，目前可以选择的方案有两种。第一种方案，在降低被保险人负担的同时，完善既有的反向抵押养老保险合同。在延期年金保险合同之外，另设再保险合同。在缔结反向抵押养老保险合同的同时，保险人为其签订的每笔合同，向第三人投保责任保险，由第三人承保可能发生的房屋贬值与价格波动风险、保险人履行不能风险。第二种方案，借鉴 HECM 反向抵押借款合同制度模式，由银行等各类金融机构，直接以反向抵押借款合同的形式开办此类业务，由政府部门通过抵押保险形式介入合同签订、履行的各个环节，以财政为支持，承保合同过程履行中的各类风险。两种方案相比较，由银行等各类金融机构直接以反向抵押借款合同，由政府部门以抵押保险承保合同履行过程中的各类风险，更具有广泛适用性。无论选择哪一种方案，我国的反向抵押制度，有必要设置保障准借款人知情权的前置性咨询程序，要保障老年人借款领取方式的选择权，保护老年人及其继承人享有的贷款人无追偿权，保护老年人合同履行期间的再融资权，保护"未参与借款配偶"的房屋居住权。当夫妻共同缔结合同时,要采用夫妻权利义务一体化结构模式。无论采用哪种方案,要使反向抵押制度在全国范围内大规模推广应用,使众多符合条件、有意愿参加反向抵押的老年人实现“以房养老”的目的,我国尚有诸多配套的法律制度需要设立与完善。

参 考 文 献

一、中文著作

1. 崔建远:《合同法总论》(上卷),中国人民大学出版社 2011 年版。
2. 崔建远:《合同法总论》(中卷),中国人民大学出版社 2012 年版。
3. 崔建远:《合同法》,北京大学出版社 2013 年版。
4. 崔建远主编:《合同法》,法律出版社 2010 年版。
5. 崔建远:《物权:规范与学说》(上、下),清华大学出版社 2011 年版。
6. 韩世远:《合同法总论》,法律出版社 2011 年版。
7. 申卫星:《物权法原理》,中国人民大学出版社 2008 年版。
8. 何宝玉:《地产法原理与判例》,中国法制出版社 2013 年版。
9. 孙宪忠:《德国当代物权法》,法律出版社 1997 年版。
10. 苏永钦:《走入新世纪的私法自治》,中国政法大学出版社 2002 年版。
11. 苏永钦:《私法自治中的经济理性》,中国政法大学出版社 2004 年版。
12. 黄茂荣:《法学方法与现代民法》,中国政法大学出版社 2001 年版。
13. 谢在全:《民法物权论》(下册),中国政法大学出版社 1999 年版。
14. 许明月:《抵押权制度研究》,法律出版社 1998 年版。
15. 刘得宽:《民法诸问题与新展望》,中国政法大学出版社 2002 年版。
16. 李进之等:《美国财产法》,法律出版社 1999 年版。
17. 史尚宽:《物权法论》,中国政法大学出版社 2000 年版。
18. 谢在全:《民法物权》(中册),中国政法大学出版社 2011 年版。

19. 周枏:《罗马法原论》,商务印书馆 1994 年版。
20. 王泽鉴:《民法总则》,中国政法大学出版社 2001 年版。
21. 江朝国:《保险法基础理论》,中国政法大学出版社 2002 年版。
22. 章礼强:《民法本位论》,上海人民出版社 2013 年版。
23. 芮沐:《民法法律行为理论之全部(民总债合编)》,中国政法大学出版社 2003 年版。
24. 潘秀菊、李智仁:《以房养老商品——反向抵押贷款制度之理论与实务》,台北,元照出版有限公司 2010 年版。
25. 孙立平编译:《法国消费法典》,中国政法大学出版社 2012 年版。
26. 刘金章、刘连生、张晔:《责任保险》,西南财经大学出版社 2007 年版。
27. 林菊枝:《美国婚姻法》,台北,五南图书出版公司 1985 年版。
28. 姜向群、杜鹏主编:《中国人口老龄化和老龄事业发展报告》,中国人民大学出版社 2013 年版。
29. 李军:《人口老龄化经济效应分析》,社会科学文献出版社 2005 年版。
30. 方明川:《商业年金保险理论与实务》,首都经济贸易大学出版社 2000 年版。
31. 庹国柱、方明川:《年金保险》,北京大学出版社 2010 年版。
32. 李洪心:《人口老龄化与现代服务业发展关系研究》,北京师范大学出版社 2012 年版。
33. 费孝通:《乡土中国》,上海世纪出版集团、上海人民出版社 2013 年版。
34. 范子文:《中国住房反向抵押贷款研究》,中国农业出版社 2011 年版。
35. 袁志刚主编:《养老保险经济学》,上海人民出版社 2005 年版。
36. 柴效武、孟晓苏:《反向抵押贷款制度》,浙江大学出版社 2008 年版。
37. 柴效武、孟晓苏:《反向抵押贷款》,人民出版社 2009 年版。
38. 韩再:《住房反向抵押贷款运作机制》,中国金融出版社 2014 年版。
39. 肖健、胡军生、高云鹏主编:《老年心理学》,北京大学出版社 2013 年版。
40. 景天魁:《福利社会学》,北京师范大学出版社 2010 年版。
41. 郭士征主编:《社会保障学》,上海财经大学出版社 2009 年版。
42. 张严方:《消费者保护法研究》,法律出版社 2003 年版。

43. 张为华:《美国消费者保护法》,中国法制出版社2000年版。
44. 陈文君:《金融消费者保护监管研究》,上海财经大学出版社2011年版。
45. 齐瑞宗、肖志立:《美国保险法律与实务》,法律出版社2005年版。
46. 孙祁祥:《保险学》,北京大学出版社2005年版。
47. 马国泉:《金融消费者保护研究》,法律出版社2013年版。
48. 朱小平:《金融危机中的美国、中国与世界》,新星出版社2009年版。
49. 柴效武等:《反向抵押贷款产品定价》,浙江大学出版社2008年版。
50. 柴效武、杨梦:《反向抵押贷款产品定价的机理和方法体系研究》,科学出版社2012年版。
51. 胡建淼、江利红:《行政法学》,中国人民大学出版社2014年版。
52. 余凌云:《行政契约论》,中国人民大学出版社2000年版。
53. 柴效武:《以房养老理念》,浙江大学出版社2008年版。

二、中文译著

1. [美]E. 博登海默:《法理学——法哲学及其方法》,邓正来译,中国政法大学出版社1999年版。
2. [美]约翰·G. 斯普兰克林:《美国财产法精解》,钟书峰译,北京大学出版社2009年版。
3. [德]迪尔克·罗歇尔德斯:《德国债法总论》(第7版),沈小军、张金海译,中国人民大学出版社2014年版。
4. [德]齐佩利乌斯:《法学方法论》,金振豹译,法律出版社2009年版。
5. [奥]凯尔森:《法与国家的一般理论》,沈宗灵译,商务印书馆2014年版。
6. [日]星野英一:《私法中的人》,王闯译,中国法制出版社2004年版。
7. [德]迪特尔·梅迪库斯:《德国债法分论》,杜景林、卢谌译,法律出版社2007年版。
8. [德]鲍尔/施蒂尔纳:《德国物权法》(上册),张双根译,法律出版社2004年版。
9. [美]罗斯科·庞德:《通过法律的社会控制》,沈宗灵译,商务印书馆2011年版。

10. [美]凯特·斯丹德利:《家庭法》,屈广清译,中国政法大学出版社 2004 年版。

三、中文论文

1. 曾祥瑞、胡江涛:《住房逆抵押贷款研究》,载《中国房地产》1995 年第 6 期。
2. 孟晓苏:《论建立"反向抵押贷款"的寿险服务》,载《保险研究》2002 年第 12 期。
3. 柴效武:《住房反抵押贷款的供给机构选择与评析》,载《西安金融》2003 年第 6 期。
4. 鲁晓明:《解构住房反向抵押——一种新型抵押模式的解读与建构》,载《西南政法大学学报》2006 年第 4 期。
5. 鲁晓明:《论反向抵押权制度在〈民法典〉物权编之建构》,载《清华法学》2018 年第 5 期。
6. 李建伟:《住房反向抵押贷款制度研究》,载《中国不动产法研究》2007 年第 1 期。
7. 卢春荣:《消费者撤回权制度比较研究》,复旦大学 2012 年博士学位论文。
8. 余秋梅、孙伟增、郑思齐:《住房自有率与经济发展水平——基于中国 31 个省和地区的经验分析》,载《中国房地产》2014 年第 14 期。
9. 曾品杰:《论以房养老契约——以我国不动产逆向抵押贷款制度为中心》,载《月旦法学杂志》2014 年第 7 期。
10. 郑尧任、孙彰良:《"以房养老"活跃老化》,载《社会发展季刊》2010 年第 132 期。
11. 苏永钦:《从以房养老看物权的自由化——再谈民法作为自治与管制的工具》,载《第三届两岸民商法前沿论坛:社会变迁与民商法发展》,中国法制出版社 2015 年版。
12. 陈本寒:《我国遗赠扶养协议制度之完善》,载《政治与法律》2014 年第 6 期。
13. 邢会强:《投资者保护与证券法转型》,载郭峰、宋丽萍:《中国证券法学研究会 2010 年年会论文集:多层次资本市场建设与投资者权益保护》(下),知识产权出版社 2011 年版。

14. 何颖:《论金融消费者保护的立法原则》,载《法学》2010 年第 2 期。
15. 杨立新:《非传统销售方式购买商品的消费者反悔权及其适用》,载《法学》2014 年第 2 期。
16. 张学哲:《论消费者撤回权的构成与行使要件》,载《华东政法大学学报》2011 年第 1 期。
17. 王洪亮:《消费者撤回权的正当性基础》,载《法学》2010 年第 12 期。
18. 孙新强:《我国法律移植中的败笔——优先权》,载《中国法学》2011 年第 1 期。
19. 战峻峰、周海珍:《政府在住房反向抵押贷款中的作用分析》,载《2013 中国保险与风险管理国际年会论文集》。
20. 杨建伯:《中国人口平均寿命及流行病学意义》,载《中国地方病学杂志》2003 年第 2 期。
21. 苏永钦:《从以房养老谈几个民法观念》,载《月旦裁判时报》2015 年第 1 期。
22. [德]乌尔里希·贝克:《从工业社会到风险社会(上篇)——关于人类生存、社会结构和生态启蒙等问题的思考》,王武龙译,载《马克思主义与现实》2003 年第 3 期。
23. 向为民、伯彦村:《双生命模型下无赎回权住房反抵押贷款定价研究》,载《研究与探索》2015 年第 14 期。
24. 张茜:《我国反向抵押贷款的风险因素与定价研究》,山东大学 2013 年博士学位论文。
25. 彭真明、殷鑫:《论金融消费者知情权的法律保护》,载《法商研究》2011 年第 5 期。
26. 汪利娜:《美国的住宅抵押保险机制》,载《经济学动态》1997 年第 12 期。

四、中文报纸文章

1. 王皓:《京城出现"养老房屋银行",专业机构代空巢老人租房养老》,载《北京日报》2007 年 10 月 19 日,第 6 版。
2. 邓大洪:《以房养老能否绕过"南京模式"之殇》,载《中国商报》2013 年 9 月 24 日,第 7 版。

3. 王静:《以南京模式重回桌面为例谈以房养老模式的业务主体》,载《劳动保障世界》2012 年第 7 期。

4. 王成程:《"以房养老"在中国的实践分析》,载《价值工程》,2009 年第 3 期。

5. 孟晓苏:《以房养老不是大众产品》,载《中国房地产业》2014 年第 Z1 期。

6. 陈杰:《反向按揭发展为何举步蹒跚?》,载《社会观察》2015 年第 3 期。

五、中文合同范本

1.《幸福房来宝老年人住房反向抵押养老保险(A 款)》。

2.《人保寿险安居乐老年人住房反向抵押养老保险条款》。

六、英文著作

1. Warren Boroson, *The Reverse Mortgage Advantage: The Tax – Free, House – Rich Way to Retire Wealthy!*, The McGraw – Hill Companies, 2006.

2. Vishaal B. Bhuyan eds., *Reverse Mortgages and Linked Securities: The Complete Guide to Risk, Pricing, and Regulation*, John Wiley & Sons, Inc., 2011.

3. Gerald H. Redstone eds., *Financial Institutions and Services Series: Reverse Mortgages*, Nova Science Publishers, Inc., 2010.

4. Meghan Galloway & Richard Kantor eds., *Reverse Mortgages: Elements, Considerations and Market Developments*, Nova Science Publishers, Inc., 2013.

5. Tom Kelly, *The New Reverse Mortgage Formula: How to Convert Home Equity into Tax – Free Income*, John Wiley & Sons, Inc., 2005.

6. Customer Educ. Group, *Money from Home: A Consumer's Guide to Reverse Mortgage Options*, Fannie Mae, 1996.

7. Donald L. Redfoot, Ken Scholen & S. Kathi Brown, *Reverse Mortgages: Niche Product or Mainstream Solution? Report on the* 2006 *AARP National Survey of Reverse Mortgage Shoppers*, AARP, 2007.

七、英文论文

1. Celeste M. Hammond, *Reverse Mortgage: A Financial Planning Device for the Elderly*, 1 Elder Law Journal 75 (1993).

2. Wendy Little Schieke, *The Advisability of Reverse Mortgage to pay for Care*

Needs,47 Maryland Bar Journal 26(2014).

3. Dorothy E. Cumby, *Effects of Legislation on the Reverse Annuity Mortgages as a Means of Home Equity Conversion*, 13 Fordham Urban Law Journal 869(1984 – 1985).

4. Debra P. Stark, Jessica M. Choplin & Joseph A. Mikels, *Complex Decision – making and Cognitive aging call for enhanced Protection of Seniors Contemplating Reverse Mortgages*, 46 Arizona State Law Journal 299(2014).

5. Andrew C. Helman, *Putting Equity back in Reverse Mortgages: How State Legislatures can bring Fairness to Home Equity Conversion Mortgages*, 12 Marquette Elder's Advisor 415(2011).

6. Paul V. Black, *Reverse Mortgages and the Current Financial Crisis*, 8 NAELA Journal 87(2012).

7. William H. Tate, *Reverse Mortgages for the Low – income Elderly: an Economic Analysis* (Ph. D. diss, University of Florida, 1987).

8. Victoria C. Dawson, *Reverse Mortgage Facilitators Harvesting Benefits while Escaping Fiduciary Duties: who's Really Looking out for whom?*, 10 Fla. St. U. Business review 117 (2011).

9. Mary Helen McNeal, *Slow Lawyering: Representing Seniors in Light of Cognitive Changes Accompanying Aging*, 117 Penn State Law Review 1081(2013).

10. 14. Leslie R. Ramos, *Chapter 202: California Provides Further Protection for Seniors Contemplating Reverse Mortgage Loans*, 38 McGeorge Law Review 45 (2007).

11. Annie E. Nelson, *Reverse Mortgages: Changes Brought about by the Housing and Economic Recovery Act*, 13 North Carolina Banking Institute 337(2009).

12. Jean Reilly, *Reverse Mortgages: Backing into the Future*, 5 Elder Law Journal 17 (1997).

13. Carolyn H. Sawyer, *Reverse Mortgages: An Innovative Tool for Elder Law Attorneys*, 26 Stetson Law Review 617(1996).

14. Robert T. Cannon, *Keeping Grandma off the Street: Can HECM Reverse Mortgages Keep more Seniors from Becoming Homeless?* 8 NAELA Journal 67 (2012).

15. René L. Robertson, "*But it's my house too*": *HUD's Failure to Include Statutorily Required Protections for Non - Borrowing Spouses in Reverse Mortgage Regulations*, 27 Quinnipiac Probate Law Journal 94(2013).

16. John J. O'Brien Ⅲ, *Reverse Annuity Mortgages and the Lien Priority Problem*, 8 Annual Review of Banking Law 687(1989).

17. William L. Vallee, *Sale - Leaseback Transactions by Tax - exempt Entities and the Need for Congressional Guidelines*, 12 Fordham Urban Law Journal 352 (1983/1984).

18. Kenneth Allen Knapp, *The Influence of Family and Community ties on the Demand for the Home Equity Conversion Mortgages* (Ph. D. diss., the City University of New York, 2001).

19. Thomson Reuters, 50 *State Statutory Surveys*, *Financial Services Mortgages*, 0090 SURVEYS 74 (2014).

20. Kristine M. Young, *The Aging Population and Maturing Mortgage Loans: Ensuring a Secure Financial Lifeline for the Elderly through Mortgage Lending*, 16 Elder Law Journal 477(2009).

21. Donna S. Harkness, *Predatory Lending Prevention Project: Prescribing a cure for the Home Equity Loss Ailing the Elderly*, 10 Boston University Public Interest Law Journal 1(2000).

22. Johnny L. Woodruff, *Certiorari to In Re BFP: The Eve of Decision to a Dozen Years of Durrett Conflict—Will Resolution of the Issue Solve the Real Problem?*, 24Memphis State University Law Review Summer 773(1994).

23. Rene Faulkner, *BFP v. Resolution Trust Corp.*: *Interpretations of Section* 548 *of the Bankruptcy Code and the Potential Effects on Mortgages and the Economy*, 17 Whittier Law Review 579 (1996).

24. Eric S. Palace, *In Re BFP: Just a Band - Aid? —Looking for a Stable Solution that Balances Creditors' and Debtors' Rights Under Bankruptcy Code Section 548(A) (2)*, 15 Annual Review of Banking Law 359(1996).

25. Frank A. Hirsch, Jr., *The Evolution of a Suitability Standard in the Mortgage Lending Industry: The Subprime Meltdown fuels the Fires of Change*, 12 North Carolina Banking Institute 21(2008).

26. John H. Langbein, *The Twentieth - Century Revolution in Family Wealth Transmission*, 86 Michigan Law Review 722(1988).

27. Lauren E. Willis, *Decision - making and the Limits of Disclosure: The Problem of Predatory Lending Price*, 65 Maryland Law Review 707(2006).

28. Oren Bar - Gill, *Seduction by Plastic*, 98 Northwestern University Law Review 1373(2004).

29. Nathalie Martin, *Consumer Scams and the Elderly: Preserving Independence through Shifting Default Rules*, 17 Elder Law Journal 1(2009).

30. Julie R. Caggiano, Therese G. Franzén & Jennifer L. Dozier, *Mortgage and Predatory Lending Law Developments*, 64 Business Lawyer February 517 (2009).

31. Patricia E. Salkin, *A Quiet Crisis in America: Meeting the Affordable Housing Needs of the Invisible Low - Income Healthy Seniors*, 16 Georgetown Journal on Poverty Law & Policy, 285 (2009).

32. Quintin Johnstone, *Privative Mortgage Insurance*, 39 Wake Forest Law Review Winter 783(2004).

33. Georgina W. Kwan, *Mortgagor Protection Laws: A Proposal for Mortgage Foreclosure Reform in Hawai'i*, 24 University of Hawai'i Law Review 245 (2001).

34. Brian M. Heaton, *Hoosier Inhospitality: Examining Excessive Foreclosure Rates in Indiana*, 39 Indiana Law Review 87 (2005).

35. Grant S. Nelson, Dale A. Whitman, *Reforming Foreclosure: The Uniform Non-*

judicial Foreclosure Act, 53 Duke Law Journal 1399 (2004).

36. Brian Meltzer, *Institutional Financing: Home Loans in the* 1980s 65 Chicago Bar Record September 84 (1983).

37. The Yale Law Journal Company, Inc., *Federal Assistance in Financing Meddle – income Cooperative Apartments*,68 Yale Law Journal 542 (1959).

八、英文报纸及网络文章

1. Rone Tempest, *Culture: Life and Death and Real Estate in France: A Practice called Viager allows the Elderly to Sell their Homes but Retain Lifelong use of them. The Longer they Live, the more the Buyer has to Pay*, Los Angeles Times, 26 February, 1991, at A3.

2. Charles Duhigg, *Tapping into Homes Can Be Pitfall for the Elderly*, New York Times, 2 March 2008, at A1.

3. Emily Brandon, *How the Housing Law Affects Reverse Mortgages*, U. S. News & World Rep. ,18 Aug. 2008.

4. HUD, *HECM Program: Coming into its Own*, Research Works,8 Sept. 2008.

5. Donna Fuscaldo,*Reverse Mortgage for Less*, AARP,4 Oct。2010.

6. Kelly Greene, *Most Reverse Mortgages Dodge Credit – Crisis Woes*, Wall St. J. , 20 Sept,2008.

7. En español,*HUD Targeted in Suit for Illegal Reverse Mortgage Foreclosure Actions*, AARP Press Center,8 March 2011.

8. Consumer Financial Protection Bureau, *Reverse Mortgages Report to Congress*, 28 June 2012.

9. HUD,*A Turning Point in the History of HUD's Home Equity Conversion Mortgage Program*, U. S. Housing Market Conditions, First Quarter 2008.

九、英文案例

1. Ellison v. Wells Fargo Home Mortgage, Inc. , No. 09 – cv – 14175, 2010 U. S. Dist. LEXIS 108699 (E. D. Mi. Oct. 12, 2010).

2. Bennett v. Donovan, No. 11 – cv – 00498, Defendant's Motion to Dismiss Brief,

filed April 8, 2011.

3. Robert Bennett et al. , Plaintiffs, v. Shaun Donovan Secretary, Housing and Urban Development, Defendant. United States District Court, District of Columbia. Civil Action No. 11 - 0498 (ESH). July 15, 2011.

4. Robert Bennett, et al. , Appellants v. Shaun Donovan, in his capacity as Secretary of the United States Department of Housing and Urban Development, Appellee. United States Court of Appeals, District of Columbia Circuit. No. 11 - 5288. Argued Nov. 19, 2012.

5. Robert Bennett, et al. , Plaintiffs, v. Shaun Donovan, Secretary, Housing and Urban Development, Defendant. , United States District Court, District of Columbia. Civil Action No. 11 - 0498 (ESH) 797 F. Supp. 2d 69 (D. D. C. 2011). Sep. 30, 2013.

6. Mary P. Munoz, Plaintiff, v. Financial Freedom Senior Funding Corp. , Carteret Mortgage Corporation, Kathleen M. Miller, and Louis Soqui, Defendants. Case No. SACV 07 - 00710 - CJC (ANx). Aug. 18, 2008.

7. Plunkett v. Castro, Civil Action No. 14 - cv - 326 (ESH), Signed Aug. 28, 2014.

十、英文法律规范与规范性文件

1. 12 U. S. C. § 1715z - 20.

2. 24 CFR § 206.

3. 12 CFR § 226.

4. 24 CFR § 214. 313.

5. H. R. 5758 (IH) - Reverse Mortgage Proceeds Protection Act.

6. HUD, Mortgagee Letter 1990 - 17, May 29, 1990.

7. HUD. Mortgagee Letter 2008 - 12, May 6, 2008.

8. HUD, Mortgagee Letter 2008 - 38, Dec. 5, 2008.

9. HUD, Mortgagee Letter 2010 - 34, Sep. 21, 2010.

10. HUD. Mortgagee Letter 2011 - 01, Jan. 3, 2011.

11. HUD, Mortgagee Letter 2011 – 09, Feb. 4, 2011.

12. HUD. Mortgagee Letter 2011 – 16, Apr. 5, 2011.

13. HUD, Mortgagee Letter 2011 – 31. Aug. 26, 2011.

14. HUD, Mortgagee Letter 2014 – 07, Apr. 25, 2014.

15. HUD, Mortgagee Letter 2014 – 07, Apr. 25, 2014.

16. HUD, Mortgagee Letter 2015 – 02, Jan. 9, 2015.

17. HUD, Mortgage Letter, 2015 – 03, Jan. 29, 2015.

18. HUD, Mortgagee Letter 2015 – 15, June 12, 2015.

19. HUD, Home Equity Conversion Mortgages 4235. 1 REV – 1, Chapter 1. General Information.

20. HUD. Housing Counseling Program Handbook 7610. 1. Chapter 4. Reverse Mortgage Counseling (2010).

21. Housing and Economic Recovery Act of 2008, § 2122, Home Equity Conversion Mortgages.

22. California Civil Code, Chapter 8. Reverse Mortgages, § 1923. Reverse Mortgage.

23. Arizona Revised Statutes, Title 6. Banks and Financial Institutions (Refs & Annos) Chapter 17. Reverse Mortgages.

24. N. J. S. A. 46: 10B – 18. Reverse Annuity and Reverse Direct Payment Mortgages.

十一、英文合同范本

1. Home Equity Conversion Mortgage Adjustable – Rate Loan Agreement.

2. Home Equity Conversion Mortgage Loan Agreement (Fixed Interest rate).

3. Model Fixed Rate Note Form (Home Equity Conversion), Note.

4. Model Mortgage Form (Home Equity Conversion), Mortgage.